Tratado descritivo do Brasil em 1587

Gabriel Soares de Sousa

copyright Hedra
edição brasileira© Hedra 2020
organização© Fernanda Trindade Luciani
coordenação da coleção Ieda Lebensztayn

edição Jorge Sallum
coedição Suzana Salama
assistência editorial Paulo Henrique Pompermaier
capa e projeto gráfico Lucas Kröeff

ISBN 978-85-7715-645-0
corpo editorial Adriano Scatolin,
Antonio Valverde,
Caio Gagliardi,
Jorge Sallum,
Oliver Tolle,
Renato Ambrosio,
Ricardo Musse,
Ricardo Valle,
Silvio Rosa Filho,
Tales Ab'Saber,
Tâmis Parron

Grafia atualizada segundo o Acordo Ortográfico da Língua Portuguesa de 1990, em vigor no Brasil desde 2009.

Direitos reservados em língua portuguesa somente para o Brasil

EDITORA HEDRA LTDA.
R. Fradique Coutinho, 1139 (subsolo)
05416-011 São Paulo SP Brasil
Telefone/Fax +55 11 3097 8304

editora@hedra.com.br
www.hedra.com.br

Foi feito o depósito legal.

Tratado descritivo do Brasil em 1587

Gabriel Soares de Sousa

Fernanda Trindade Luciani
(*organização* e *prefácio*)

2ª edição

hedra

São Paulo   2020

Gabriel Soares de Sousa nasceu em Portugal, provavelmente na década de 1540, e chegou ao Brasil, proveniente do Reino e a caminho das Índias Orientais, em 1569. Não se sabe o que fez este viajante e explorador desistir de seguir viagem com o restante da tripulação e desembarcar no litoral da capitania da Bahia. Soares se fixou no Recôncavo, onde se estabeleceu como senhor de engenho e proprietário de terras, imóveis na cidade, bois e escravos. Após quinze anos vivendo na colônia, viajou à Corte espanhola com o intuito de solicitar ao rei Filipe II permissão para empreender uma expedição para além do rio São Francisco, em busca de pedras e metais preciosos. Enquanto esperava, em Madri, o despacho real, Gabriel Soares colocou no papel as lembranças dos dezessete anos em que viveu no Brasil, produzindo dois textos, *Roteiro geral com largas informações de toda a costa do Brasil* e *Memorial e declaração das grandezas da Bahia de Todos os Santos*, que enviou ao valido do rei, D. Cristóvão de Moura, em 1º de março de 1587. Após seus pedidos serem aceitos pela Coroa e em posse das concessões reais para realizar sua empreitada colonial, Soares retornou à Bahia em 1591 para, no mesmo ano, partir para o sertão, onde veio a falecer logo em seguida.

Tratado descritivo do Brasil em 1587 reúne dois textos de Gabriel Soares de Sousa enviados a um influente conselheiro do rei Filipe II de Espanha, no intuito de oferecer à Coroa informações acerca da situação da colônia portuguesa e demonstrar o conhecimento do autor sobre aquelas terras. O *Roteiro geral com largas informações de toda a costa do Brasil* e o *Memorial e declaração das grandezas da Bahia de Todos os Santos, de sua fertilidade e das notáveis partes que tem*, ainda que circulassem em cópias manuscritas pela Europa e fossem citados por religiosos e viajantes, permaneceram inéditos e anônimos ou apócrifos até o século XIX, quando foram recuperados, reunidos e publicados integralmente, com sua autoria restituída, pelo historiador brasileiro Francisco Adolfo de Varnhagen. Desde então, a obra tem despertado grande interesse dos estudiosos do início da colonização do Brasil e é considerada por muitos o mais importante texto quinhentista sobre o assunto. É fonte indispensável a diferentes áreas do conhecimento, como botânica, geografia, história e antropologia, pois as minuciosas descrições apresentadas por Soares fornecem preciosas informações a respeito da fauna, flora, acidentes geográficos, povos nativos e engenhos da costa do Brasil no século XVI, sobretudo da Bahia de Todos os Santos.

Fernanda Trindade Luciani é mestre em História Social pela Universidade de São Paulo (USP) na área de Brasil Colonial. Atualmente, é doutoranda pela Faculdade de Educação da mesma universidade e desenvolve pesquisa na área de História da Educação sobre reformas curriculares no século XXI.

Tratado descritivo do Brasil em 1587

Gabriel Soares de Sousa

Sumário

Introdução, *por Fernanda Trindade Luciani* 7

TRATADO DESCRITIVO DO BRASIL EM 1587 33
Epístola do autor a Dom Cristóvão de Moura............. 35
Primeira parte: Roteiro geral........................ 37
Segunda parte: Memorial e declaração 159

APÊNDICES 467
O Testamento de Gabriel Soares de Sousa 469
Ao Instituto Histórico do Brasil. 479
Breves comentários. 485

Introdução

FERNANDA TRINDADE LUCIANI

Inéditos e anônimos por mais de dois séculos, os manuscritos *Roteiro geral com largas informações de toda a costa do Brasil* e *Memorial e declaração das grandezas da Bahia de Todos os Santos, de sua fertilidade e das notáveis partes que tem* foram publicados apenas no século XIX, com o título *Tratado descritivo do Brasil em 1587*, cuja autoria foi atribuída a Gabriel Soares de Sousa. No entanto, eram textos conhecidos já no século XVI por meio de cópias manuscritas que circulavam não apenas na Península Ibérica, mas em outros países europeus, sendo citados desde então em relatos, memórias e tratados de viajantes, religiosos e homens que viviam na colônia ou exploravam as terras americanas. Quando finalmente publicados, despertaram grande interesse nos estudiosos dos primórdios da colonização do Brasil, e ainda nos dias de hoje são considerados um valioso documento, bastante solicitado pela historiografia. Para uma análise introdutória dessa obra, talvez seja conveniente observar os três tempos que compõem sua trajetória: o contexto em que foi produzida, o momento de sua publicação e seu emprego no presente.

As circunstâncias da vinda ao Brasil do português Gabriel Soares de Sousa, nascido provavelmente no início da década de 1540, são incertas, mas se sabe que chegou a terras americanas em 1569. Há indícios de que, quando decidiu desembarcar no litoral baiano, fazia parte de uma frota de três naus, comandada por Francisco Barreto, que partiu de Lisboa em direção a Monomotapa, hoje em Moçambique, com a finalidade de explorar as cobiçadas minas africanas. Não são conhecidas as razões que fizeram com que Soares ali permanecesse em vez de seguir viagem para o Oriente, que atraía na época a maior parte dos viajantes e exploradores; mas é fato que se casou na colônia e fixou moradia em uma região ao sul do Recôncavo baiano, onde ergueu um engenho de açúcar no rio Juquiriçá. Tornando-se um dos homens principais da capitania, proprietário de terras, casas na cidade, bois e escravos, chegou a ocupar o cargo de vereador da Câmara da Bahia.[1] Infelizmente, há pouca notícia a respeito da vida de Gabriel Soares na colônia ou das condições em que colheu as informações sobre a costa do Estado do Brasil e a capitania da Bahia de Todos os Santos. Os dados biográficos sobre o autor têm sido reiterados, com apenas alguns acréscimos, desde a pesquisa realizada por Varnhagen, em razão da pequena documentação disponível. Um dos poucos testemunhos que fornece alguma informação sobre a vida de

---

1. Segundo a Carta Régia de 16 de novembro de 1581, apresentada em Câmara em 19 de maio de 1582, citada por Varnhagen, Gabriel Soares de Sousa assinou, como vereador, o Auto de aclamação e juramento de fidelidade, prestado pelo Senado da Câmara da Bahia a Filipe II, em 25 de maio de 1582 (Cf. Francisco Adolfo de Varnhagen, *História Geral do Brasil*, edição crítica de Capistrano de Abreu e Rodolfo Garcia. 3ª ed. São Paulo: Melhoramentos, [s/d], tomo I, p. 468).

INTRODUÇÃO

Gabriel Soares é o testamento que ele escreveu em 1584, já com a intenção de deixar a colônia em viagem à corte real.[2]

Não se sabe por que esse respeitável senhor de engenho do Recôncavo deixou o Brasil justamente naquele momento. É conhecido apenas que, tendo herdado alguns mapas e pedras preciosas de seu irmão, João Coelho de Sousa, que falecera no Brasil em uma expedição pelo sertão à procura de diamantes, esmeraldas e ouro, Gabriel Soares partiu para a Espanha com a intenção de solicitar ao rei Filipe II (I de Portugal)[3] apoio a sua empreitada de exploração das terras coloniais para além do rio São Francisco, em busca de riquezas minerais.

DOS MANUSCRITOS AO TRATADO DESCRITIVO

Foi durante o tempo em que esperava, em Madri, o despacho real a respeito de suas solicitações que, no intuito de reforçar a importância de seu plano e demonstrar conhecimento sobre a colônia, Soares passou a limpo em um caderno suas lembranças

---

2. Seu testamento, lavrado em 21 de agosto de 1584, veio a público pela primeira vez em 1866, graças ao historiador Mello Moraes, que o fez copiar do documento original conservado no Livro Velho do Tombo do Mosteiro de São Bento, na Bahia; e está publicado nesta edição (Cf. Alexandre José Mello Moraes, *Brasil Histórico*. Rio de Janeiro: 2ª série, 1, 1866, pp. 248 e 251-52.).

3. Em 4 de agosto de 1578, D. Sebastião faleceu na batalha de Alcácer-Quibir, no Marrocos, em luta contra os mouros pela disputa da região. Era o fim um período de conquistas lusas iniciadas desde a Tomada de Ceuta em 1415. O rei, morrendo ainda jovem, não deixara herdeiros, e seu tio-avô, o Cardeal D. Henrique, acabou por assumir o trono português, governando até 1580, quando veio a falecer. Surgira, então, uma grave questão sucessória, e entre os candidatos ao trono estava o neto legítimo de D. Manuel I, Filipe II, rei da Espanha. Este assumiu o trono português, sob o título de Filipe I de Portugal, permanecendo no governo dos dois reinos até 1598, ano de sua morte. Sobre o tema, ver: Jean-Frédéric Schaub, *Portugal na Monarquia Hispânica, 1580-1640*. Lisboa: Livros Horizonte, 2001; Guida Marques, "O Estado do Brasil na União Ibérica", *Penélope*, nº27, 2002, pp. 7-35; e Roseli Santaella Stella, *O Domínio Espanhol no Brasil durante a Monarquia dos Filipes*. São Paulo: Unibero, 2000.

dos dezessete anos em que viveu no Estado do Brasil, como relata em carta, datada de 1º de março de 1587, que precedia esses seus escritos.[4] Essa epístola, enviada ao valido do rei, Cristóvão de Moura,[5] acompanhava os dois manuscritos que viriam a compor o *Tratado descritivo*: o primeiro, *Roteiro geral*, que descreve a costa brasileira desde o Maranhão até o Rio da Prata; e o segundo, *Memorial e declaração das grandezas da Bahia*, mais longo, no qual o autor oferece um minucioso relato das plantas, animais, rios, relevo, povos nativos, povoações, vilas e engenhos da capitania da Bahia, especialmente do Recôncavo. A produção de Gabriel Soares de Sousa compreende ainda um terceiro manuscrito, no qual dirige severas críticas aos Jesuítas da Bahia, por conta da ganância desses religiosos e de sua interferência nas questões referentes à mão-de-obra indígena.[6]

Em uma pequena apresentação que precedia o *Roteiro geral* e o *Memorial*, dedicada a Sua Majestade, sob o título "Descrição do que se contém neste caderno", Soares de Sousa justifica os manuscritos a Filipe II. Nesse breve texto, conhecido como "Proêmio", por assim ter sido nomeado por Varnhagen, o autor explica, como leal vassalo, que sua "pretensão é manifestar a

4. Essa valiosa carta, uma das peças-chave para que Varnhagen restituísse a autoria dos manuscritos *Roteiro geral* e *Memorial*, encontra-se publicada na presente edição, sob o título "Epístola do autor a D. Cristóvão de Moura".

5. D. Cristóvão de Moura e Távora (1538–1613) foi o principal articulador, junto à nobreza portuguesa, da sucessão do trono de Portugal em favor do rei espanhol após a morte de D. Sebastião. Com a ascensão de Filipe II ao trono, integrou o Conselho de Portugal e recebeu, em 1594, o título de Conde de Castelo Rodrigo.

6. Uma cópia desse terceiro documento, feita pelos jesuítas, que responderam a cada uma das críticas de Gabriel Soares, foi encontrada no arquivo da ordem em Roma pelo padre Serafim Leite, que a publicou com o título "Capítulos de Gabriel Soares de Sousa" (Cf. "Capítulos de Gabriel Soares de Sousa contra os Padres da Companhia de Jesus que residem no Brasil". *Anais da Biblioteca Nacional*, vol. 62, 1942, pp. 340–381).

INTRODUÇÃO

grandeza, fertilidade e outras grandes partes que têm a Bahia de Todos os Santos e demais Estados do Brasil", levando ao conhecimento do rei as condições em que se encontrava a colônia portuguesa, cujas terras tinham sido deixadas em estado de abandono pelos monarcas anteriores, justamente pela pouca notícia que dali lhes chegava. Continua sua justificativa argumentando que "a el-rei nosso senhor convém, e ao bem do seu serviço, que lhe mostre, por estas lembranças, os grandes merecimentos deste seu Estado, as qualidades e estranhezas dele, etc., para que lhe ponha os olhos e bafeje com seu poder". Gabriel Soares estava defendendo que apenas quando detentora de tal conhecimento é que a Coroa poderia proteger aquelas possessões e explorá-las adequadamente.[7]

Em 1590, após pelo menos quatro anos de espera, as solicitações de Gabriel Soares de Sousa foram atendidas por Filipe II. Entre as principais concessões reais estavam o título de capitão-mor e governador da conquista do Rio São Francisco, o direito de nomear seu sucessor em caso de falecimento e a permissão para prover por três anos todos os ofícios de justiça e de fazenda nas terras que fossem por ele ocupadas. Além disso, o rei incentivou esse empreendimento colonial por meio da distribuição de honras e mercês aos primeiros participantes da

[7]. Esse texto foi publicado pela primeira vez por Varnhagen, precedendo o "Roteiro geral" e o "Memorial", na edição de 1851 (Cf. Gabriel Soares de Sousa, *Tratado Descritivo do Brasil em 1587*. Edição castigada pelo estudo e exame de muitos códices manuscritos existentes no Brasil, em Portugal, Espanha e França e acrescentada de alguns comentários à obra feitos por Francisco Adolfo de Varnhagen. Rio de Janeiro: Tip. Universal de Laemmert, 1851) e posteriormente na edição espanhola, organizada por Cláudio Gans (Cf. Gabriel Soares de Sousa, *Derrotero general de la costa del Brasil y Memorial de las Grandezas de Bahia*. Madri: Cultura Hispânica, 1958). O documento encontra-se publicado na presente edição sob o título "Descrição do que se contém neste caderno".

expedição e da permissão ao governador-geral do Estado do Brasil, D. Francisco de Sousa,[8] para que cedesse duzentos índios flecheiros à empreitada.[9] Em posse desses privilégios reais, Gabriel Soares organizou uma armada com cerca de 360 homens para retornar ao Brasil em uma urca flamenga fretada pela Fazenda Real. Partiu de Lisboa em sete de abril de 1591, mas, antes que alcançasse seu objetivo final, a embarcação naufragou na enseada de Vazabarris,[10] no litoral sergipano, o que levou à morte de alguns tripulantes e à perda de parte do armamento. O nomeado capitão-mor e governador da conquista, contudo, não desistiu e caminhou até a Bahia com os sobreviventes para lá reorganizar a expedição com auxílio de D. Francisco de Sousa. Naquele mesmo ano de 1591 partiu para o sertão em direção à foz do Rio São Francisco em busca das tão sonhadas minas, mas a ele sucederia o mesmo que a seu irmão anos antes, vindo a falecer no início da viagem. As circunstâncias de sua morte não são claras, se causada por doença ou por vingança de índios aprisionados; o que se sabe é que em seguida à fatalidade seus

8. D. Francisco de Sousa (c.1540–1611), fidalgo português, residia na corte filipina, ocasião que o fez conhecer Gabriel Soares de Sousa, ao ser nomeado pelo rei Filipe II como sétimo governador-geral do Brasil, cargo que passou a exercer, na Bahia, a partir de 1591. Onze anos depois, retornou à Corte, onde iniciou negociações para voltar ao Brasil em busca de metais e pedras preciosas nas capitanias ao sul da Bahia. Permaneceu no reino até 1609, quando foi novamente instituído de um importante cargo na colônia, o de governador das capitanias do sul (Francisco de Assis Carvalho Franco. *Dicionário de Bandeirantes e Sertanistas do Brasil*. São Paulo: Itatiaia, 1986, pp. 399–400).

9. Os alvarás que concedem a Gabriel Soares de Sousa essas honras e mercês estão publicados em *Pauliceae Lusitana Monumenta Historica*. Lisboa: Real Gabinete Portugal de Leitura do Rio de Janeiro, 1956, tomo I, p. 407 e ss.

10. Esse topônimo é derivado da expressão portuguesa "dar em vaza-barris", que significava perder-se sem esperanças de salvação, pois aquela era uma região em que ocorriam frequentes naufrágios.

INTRODUÇÃO

ossos foram levados para a Capela do Mosteiro de São Bento na cidade de Salvador. Acredita-se que seu corpo tenha sido sepultado no lugar onde ainda hoje se encontra, no interior da capela, uma lápide com a inscrição "aqui jaz um pecador".[11]

Parece, portanto, que os manuscritos *Roteiro geral* e *Memorial*, endereçados a um dos mais influentes ministros de Filipe II, D. Cristóvão de Moura, para que chegassem ao conhecimento do rei, surtiram o efeito esperado por Gabriel Soares, que conseguiu as extraordinárias concessões reais para realizar sua expedição na colônia. E, apesar de suas ricas informações (é provavelmente a fonte documental mais completa a respeito do primeiro século de colonização do Brasil), não admira que esses textos não tenham sido publicados até o século XIX. Ainda que não fossem impressos, os escritos sobre o ultramar dos séculos XVI e XVII não permaneceram completamente desconhecidos dos leitores contemporâneos nem das gerações posteriores. Muitos textos correlatos e coevos aos manuscritos de Gabriel Soares tiveram a mesma sorte, desde a Carta de Pero Vaz de Caminha a D. Manuel I, datada de 1500, que só veio a ser publicada em 1817;[12] passando pelo *Diário de Navegação*, de Pero Lopes de Sousa, divulgado por Varnhagen em edição de 1839;[13]

---

11. Em seu testamento, Gabriel Soares de Sousa pedia que fosse enterrado na capela-mor do Mosteiro de São Bento e que sobre sua sepultura fosse colocada aquela mesma inscrição.

12. A carta de Pero Vaz ao rei permaneceu desconhecida por mais de dois séculos, conservada no Arquivo Nacional da Torre do Tombo, em Lisboa. Foi encontrada pelo secretário de Estado português José de Seabra da Silva, em 1773, noticiada pelo historiador espanhol Juan Bautista Muñoz e publicada pela primeira vez pelo padre Manuel Ayres de Cazal em sua *Corografia Brasílica* (Manuel Ayres de Cazal, *Corografia Brazílica, ou Relação Histórico-Geográfica do Reino do Brasil*. Rio de Janeiro: Impressão Régia, 1817).

13. Cf. Pero Lopes de Sousa, *Diário da navegação da armada que foi à terra do Brasil em 1530 sob a capitania-mor de Martim Afonso de Sousa, escrito por*

e pelos textos do jesuíta Fernão Cardim escritos entre 1583 e 1601, reunidos e publicados sob o título de *Tratados da terra e gente do Brasil* apenas em 1925;[14] até os manuscritos do frei franciscano Vicente do Salvador, *História do Brasil 1500-1627*, publicados na íntegra em 1888.[15] Uma das poucas exceções a essa prática é a *História da província de Santa Cruz*, de autoria do gramático Pero de Magalhães Gandavo, que foi escrita e impressa em língua portuguesa no próprio século XVI.[16]

No caso do *Tratado descritivo do Brasil*, o considerável circuito de sua distribuição e consumo, ainda que sob a forma anônima ou apócrifa, parece notório ao se verificar, por um lado, que cópias dos manuscritos são encontradas hoje em arquivos públicos e particulares de Portugal, Espanha, França, Inglaterra e Áustria e, por outro, que muitos autores fizeram referências a Gabriel Soares ou a seu texto, com autoria equivocada ou anônima, antes mesmo de sua primeira publicação. Entre eles destacam-se Pedro de Mariz, já no próprio século XVI, Frei Vicente de Salvador, Antônio Leon Pinelo e Simão de Vasconcelos, no século XVII, Frei Antônio de Santa Maria Ja-

seu irmão Pero Lopes de Sousa. Publicado por Francisco Adolfo de Varnhagen. Lisboa: Typ. da Sociedade Propagadora dos Conhecimentos Uteis, 1839.

14. Cf. Fernão Cardim, *Tratados da terra e gente do Brasil*. Introdução e notas de Batista Caetano, Capistrano de Abreu e Rodolfo Garcia. Rio de Janeiro: J. Leite e Cia., 1925. A obra reúne três manuscritos do autor: *Do clima e terra do Brasil*, *Do princípio e Origem dos índios do Brasil* e *Narrativa Epistolar*, este último havia sido publicado por Varnhagen em 1847 (Fernão Cardim, *Narrativa Epistolar de uma Viagem e Missão Jesuítica pela Bahia, Ilheos, Porto Seguro, Pernambuco, Espírito Santo, Rio de Janeiro, S. Vicente, (São Paulo), etc., desde o ano de 1583 ao de 1590*. Lisboa: Imprensa Nacional, 1847).

15. Cf. Vicente do Salvador, *História do Brasil 1500-1627*. Introdução de Capistrano de Abreu. Rio de Janeiro: Anais da Biblioteca Nacional, vol. 13, 1888.

16. Cf. Pero de Magalhães Gandavo, *História da Província de Santa Cruz & Tratado da Terra do Brasil*. Lisboa: Officina de Antônio Gonsalves, 1576.

INTRODUÇÃO

boatão, no século XVIII, e Pedro Manuel Ayres de Cazal e Von Martius, no século XIX.[17] Era comum esses tratados, memórias e relatos circularem apenas em cópias manuscritas, podendo ser alterados pelos copistas ou plagiados por outros autores. Além das referências a seu texto em obras posteriores, as solicitações de Gabriel Soares e as concessões reais foram evocadas por outros súditos que negociaram com a Coroa expedições mineradoras no ultramar. Seu processo de petições e concessões passou, portanto, a servir de modelo ou exemplo a outros exploradores coloniais.[18]

AS MERCÊS REAIS

Entre os discursos que os descobrimentos produziram e que tinham o rei por destinatário final, podem-se destacar as narrativas em estilo elevado dos grandes feitos dos vassalos no

17. Cf. Pedro de Mariz, *Diálogos de Vária História*. Coimbra: Officina de Antonio de Mariz, 1594; Frei Vicente do Salvador, *História do Brasil* [1627]. Rio de Janeiro: Anais da Biblioteca Nacional, vol.13, 1888; Antônio Leon Pinelo, *Epítome de la Biblioteca oriental y occidental, náutica y geográfica*. Madri: por Juan Gonzales, 1629; Simão de Vasconcelos, *Crônica da Companhia de Jesus no Estado do Brasil*. Lisboa: 1663, e *Notícias Curiosas e Necessárias das Cousas do Brasil*. Lisboa: por João da Costa, 1668; Frei Antonio de Santa Maria Jaboatão, *Novo Orbe Sefárico Brasílico ou Crônica dos Frades Menores do Brasil*. Lisboa: Officina de Antonio Vicente da Silva, 1761; Pedro Manuel Ayres de Cazal, *Corografia Brazílica, ou Relação Histórico-Geográfica do Reino do Brasil*. Rio de Janeiro: Impressão Régia, 1817; e Karl Friedrich Von Martius, *Nova Genera et Species Plantarum Brasiliensium*. Munique: 1823-1832, 3 vols., e *Herbarium Florae Brasiliensis*. Munique: 1837.

18. O acordo entre Gabriel Soares de Sousa e o rei Filipe II serviu de base não apenas às negociações de expedições em busca de pedras e metais preciosos referentes ao Estado do Brasil, como aos pedidos feitos pelo governador-geral D. Francisco de Sousa, que havia acompanhado as solicitações de Soares e o malogro de sua empreitada na Bahia, e até para expedições em Angola. (Cf. Rodrigo Ricupero. *Honras e Mercês. Poder e patrimônio nos primórdios do Brasil*. Tese de doutoramento apresentada na Faculdade de Filosofia, Letras e Ciências Humanas/USP, 2006, pp. 61-64).

ultramar, bem como os relatos descritivos dos recursos humanos e naturais da colônia. Diferenças à parte, ambos os tipos de texto perfaziam uma função político-social comum. Por um lado, seus autores os escreviam com o objetivo de obter privilégios reais; por outro, a Coroa se valia desses escritos, que, junto das correspondências coloniais, a aparelhavam para uma administração mais eficiente de suas distantes possessões ultramarinas. Essa tecnologia de poder se inscrevia em uma prática das monarquias ibéricas que consistia em centralizar a distribuição de mercês por serviços prestados.[19] Isso não se restringia ao reino e, expandido para o ultramar, viabilizava a colonização estreitando os laços entre vassalos e rei nos planos material, simbólico e informativo.[20]

Durante a União Ibérica, essa lógica cobrou importância ainda maior, pois o governo dos Habsburgo procedeu a uma reforma administrativa de fundo que resultou na reorganização das capitanias, no envio de mais oficiais régios à colônia e na criação de um conselho judicial na Bahia (Tribunal da Relação) – enfim, na aproximação entre a metrópole e o Brasil, que não estivera no centro das preocupações dos monarcas portugue-

---

19. Sobre a prática dos reinos ibéricos de distribuição de mercês, ver: Fernanda Olival, "Um rei e um reino que viviam da mercê", in: Fernanda Olival, As Ordens Militares e o Estado Moderno. Honra, Mercê e Venalidade em Portugal (1641–1789). Lisboa: Estar, 2000; e António Manuel Hespanha, "La Economia de la gracia", in: A. M. Hespanha, La Gracia del derecho: economia de la cultura en la Edad Moderna. Madri: Centro de Estudios Constitucionales, 1993.

20. Sobre os vínculos que eram criados entre os vassalos, que produziam conhecimento acerca do ultramar, e o rei, que lhes concedia privilégios por esse serviço, e sobre a importância dessa prática para a manutenção do império português, ver: Ronald Raminelli, Viagens Ultramarinas. Monarcas, vassalos e governo à distância. São Paulo: Alameda, 2008, p. 26 e ss.

ses.²¹ Interessado na descoberta de novas jazidas, Filipe II se mostrou especialmente generoso na concessão de mercês aos súditos que quisessem realizar expedições na colônia e entregar ao rei informações etnográficas, geográficas e botânicas. Essa prática de distribuição de privilégios incentivava os súditos a esforçarem-se por obtê-los por meio de guerras, descobertas, composição de relatos etc., os quais, por sua vez, facultavam à Coroa, sem grandes custos nem investimentos iniciais, acumular conhecimentos indispensáveis ao domínio das colônias e garantir superioridade técnica e política sobre os demais povos.²² Vale lembrar que nem todos os Estados adotavam essa mesma política para incentivar iniciativas particulares de exploração e de coleta de informações. Diferentemente dos impérios ibéricos, por exemplo, as Províncias Unidas dos Países Baixos e sua Companhia das Índias Ocidentais financiavam viagens de reconhecimento de seus, e mesmo de outros, territórios coloniais, ou encomendavam a seus funcionários relatórios que

21. Segundo António Manuel Hespanha, teria havido uma "modernização do sistema político português" durante o governo filipino. Em comparação com a "portuguesa", a forma "espanhola" de poder era mais centralizada, livre de limitações corporativas e, assim, mais eficaz; portanto mais "moderna". Tais novidades teriam alcançado também o Estado do Brasil, como argumentou Guida Marques (Cf. A.M. Hespanha, "O Governo dos Áustrias e a modernização da constituição política portuguesa", *Penélope*, 2, 1989, pp. 50-73; e Guida Marques, "O Estado do Brasil na União Ibérica", *Penélope*, n°27, 2002, pp. 7-35).
22. Sobre a formação da colônia e a prática da Coroa em integrar os vassalos à empresa colonial, ver: Ilana Blaj, *A Trama das Tensões. O Processo de Mercantilização de São Paulo Colonial (1681-1721)*. São Paulo: Humanitas, 2002; e Rodrigo Ricupero, *Formação da Elite Colonial*. São Paulo: Alameda, 2008.

descreviam a paisagem das terras do ultramar e suas atividades comerciais e agrícolas.[23]

As concessões de Filipe II a Gabriel Soares inserem-se nesse contexto da união das Coroas ibéricas de incentivo à expansão territorial e à procura por veios minerais nas possessões portuguesas. É um precioso exemplo da prática de distribuição de mercês em recompensa aos serviços prestados ao rei. Soares, como dito, arcaria com todos os custos e riscos da expedição, e parte de suas mercês apenas passariam a ter validade caso o empreendimento tivesse sucesso. Contudo, afora a expedição no alto São Francisco, os próprios manuscritos *Roteiro geral* e *Memorial* também se tornaram fatores para a aquisição de honras e mercês. Era um trunfo a mais para Gabriel Soares, que, assim, procurava nobilitar-se tanto pela espada quanto pela pena.

O CARÁTER PROMOCIONAL

O início da colonização portuguesa na América não produziu abundante documentação, nem oficial nem de particulares. Até o século XVII, como se sabe, as atenções da Coroa, dos exploradores, dos comerciantes e dos viajantes estavam voltadas para as Índias Orientais. Diante disso, o *Tratado descritivo do Brasil em 1587* se torna um dos mais importantes documentos

---

23. Os relatórios mais completos que temos sobre as capitanias de Pernambuco, Itamaracá, Paraíba e Rio Grande no século XVII foram produzidos durante o domínio neerlandês. Mesmo antes da conquista, uma relação dos engenhos e da quantidade de açúcar produzido naquelas capitanias foi elaborada, provavelmente em 1623, pelo judeu de origem portuguesa José Israel da Costa por encomenda da Companhia neerlandesa ("Açúcares que fizeram os engenhos de Pernambuco, Ilha de Itamaracá e Paraíba – ano 1623", in: *Fontes para a História do Brasil Holandês*. Textos editados por José Antonio Gonsalves de Mello; Organização de Leonardo Dantas Silva. 2ªed., Recife: Centro de Estudos Pernambucanos, 2004, vol.1, pp. 28–32).

para os interessados e especialistas no período colonial. Sua descrição permanece a melhor fonte de informação sobre a Bahia do século XVI e vem sendo amplamente utilizada pela historiografia desde o século XIX, além de servir a diferentes campos de pesquisa como a antropologia e a botânica.[24]

24. Além do próprio Adolfo de Varnhagen, no século XIX, Capistrano de Abreu, Paulo Prado, Gilberto Freyre, Almeida Prado e Sérgio Buarque de Holanda, até meados do século XX, debruçaram-se sobre o texto de Gabriel Soares e fizeram dele uma valiosa fonte em que se basearam para defender suas diferentes visões sobre o Brasil. Recentemente, pesquisadores também têm recorrido ao *Tratado* para abordarem os mais diversos temas, como: Ronaldo Vainfas, Stuart Schwartz, John Monteiro, Luis Felipe de Alencastro, Ronald Raminelli e Rodrigo Ricupero (Cf. João Capistrano de Abreu, *Capítulos de História colonial*. Anotada e prefaciada por José Honório Rodrigues. Belo Horizonte: Itatiaia; São Paulo: Publifolha, 2000 (1907); Paulo Prado, *Retrato do Brasil: ensaio sobre a tristeza brasileira*. Organizado por Carlos Augusto Calil. 8ª ed. São Paulo: Companhia das Letras, 1997 (1928); Gilberto Freyre, *Casa Grande e Senzala*. São Paulo: Global, 2006 (1933); João Fernando de Almeida Prado, *A Bahia e as Capitanias do Centro do Brasil (1530-1626)*. Coleção História da Formação da Sociedade Brasileira. São Paulo: Cia. Editora Nacional, 1945, 3 vols.; Sérgio Buarque de Holanda, *Visão do Paraíso*. São Paulo: Brasiliense, 1999 (1959); Ronaldo Vainfas, *A heresia dos índios: catolicismo e rebeldia no Brasil colonial*. São Paulo: Companhia das Letras, 1995, e *Ideologia e Escravidão*. Rio de Janeiro, Editora Vozes, 1986; Stuart Schwartz, *Segredos Internos: engenhos e escravos na sociedade colonial*. São Paulo: Companhia das Letras, 1995; Luis Felipe de Alencastro, *O trato dos viventes: formação do Brasil no Atlântico Sul*. São Paulo: Companhia das Letras, 2000; John M. Monteiro, *Negros da Terra*. São Paulo: Companhia das Letras, 1994, e "As 'Castas de Gentio' na América Portuguesa Quinhentista: Unidade, Diversidade e a Invenção dos Índios no Brasil", in: *Tupis, Tapuias e Historiadores. Estudos de História Indígena e do Indigenismo*. Tese Apresentada para o Concurso de Livre Docência Área de Etnologia/IFCH-Unicamp, Campinas, 2001 (Uma versão desse texto foi publicada pela primeira vez em inglês: "The Heathen Castes of sixteenth-Century Portuguese America: Unity, Diversity, and the Invention of the Brazilian Indians", *Hispanic American Historical Review*, 80:4, nov. 2000, pp. 697-719); Ronald Raminelli, *Imagens da colonização. A representação do índio de Caminha a Vieira*. Rio de Janeiro: Jorge Zahar, 1996, e *Viagens Ultramarinas. Monarcas, vassalos e governo à distância*. São Paulo: Alameda, 2008; Rodrigo Ricupero, *Formação da Elite Colonial*. São Paulo: Alameda, 2008).

O título atribuído por Varnhagen à obra de Gabriel Soares é aquele a que o próprio autor se refere, em duas passagens do texto, aos seus escritos: "como se verá neste Tratado", na introdução que precede os manuscritos, e "o conteúdo neste Tratado", no capítulo final do *Memorial*. A forma literária definida na época como "tratado" correspondia a uma dissertação, lançada em papel, a respeito de um determinado assunto. E Soares delimita claramente, logo na apresentação dos manuscritos, o assunto que se propõe a abordar: as riquezas e fertilidade da Bahia de Todos os Santos e dos demais estados do Brasil. Ao intitular o primeiro manuscrito de *Roteiro geral da costa Brasílica*, o autor o inscreve em um gênero corrente no século XVI, o dos "roteiros", empregado na descrição minuciosa de uma viagem ou de pontos e acidentes geográficos da costa de uma dada região, incluindo a exposição dos cabos, baixos, ilhas, portos, correntes, ventos, para guiar os navegantes. Com relação ao título do segundo texto, *Memorial e declaração das grandezas da Bahia*, interessa considerar duas acepções para o vocábulo "memorial". A primeira, mais evidente, significa um livro onde se guardam as lembranças ou um relato de memórias; sentido este de que Gabriel Soares se apropria ao escrever na carta a Cristóvão de Moura: "fiz [...] muitas lembranças por escrito do que me pareceu digno de notar". A outra acepção, não explicitada por Soares e de que acabamos de tratar, é o papel que se dá a alguém para pedir uma mercê ou a petição para lembrar a alguém o que se pede.[25]

---

25. Raphael Bluteau, *Vocabulario Portuguez & Latino*. Coimbra: Colégio das Artes, 1712–1728, 8 vols. e 2 suplementos; e Antônio de Moraes Silva, *Diccionario da Língua Portugueza*. 2ªed. Lisboa: Typographia Lacerdina, 1813 (1789), 2 vols.

INTRODUÇÃO

A obra de Gabriel Soares de Sousa, desde sua primeira edição no século xix, está dividida em duas partes, que correspondem aos dois manuscritos enviados ao valido de Filipe ii. A primeira parte, "Roteiro geral da costa brasílica", composta por 74 capítulos, inicia-se com um breve histórico da conquista do território americano pelos portugueses, desde a chegada de Pedro Álvares Cabral até a instituição das capitanias hereditárias no governo do rei D. João iii, retomando os limites da colônia estabelecidos pela divisão espacial do Novo Mundo segundo o Tratado de Tordesilhas. A isso segue a exposição da hidrografia, do relevo, das povoações e vilas e dos povos nativos ao longo do litoral do Estado do Brasil, entre a foz do rio Amazonas e o Rio da Prata, vislumbrando as possibilidades de pesca, criação de gado, roças e lavouras, assim como de portos e abrigadas para embarcações. Essa descrição da paisagem de norte a sul da costa brasileira está organizada segundo os limites hidrográficos que definiam as capitanias, para as quais o autor apresenta seu donatário, processo de ocupação e primeiros povoadores.

A uma exposição mais detalhada da capitania da Bahia é que Gabriel Soares dedica o "Memorial e declaração das grandezas da Bahia", a segunda parte do *Tratado,* mais longa e certamente mais importante. Nos seus 196 capítulos, o autor se propõe a

tratar e explicar o que se dela [Bahia] não sabe para que venham à notícia de todos os ocultos desta ilustre terra, por cujos merecimentos deve de ser mais estimada e reverenciada do que agora é.

Essa segunda parte tem início com a nomeação, por D. João iii, de Tomé de Sousa a capitão e governador-geral de todo o Estado do Brasil. Essa sucinta retomada histórica, que ocupa os cinco primeiros capítulos e compreende ainda a administração dos dois governadores-gerais subsequentes, Duarte da

Costa e Mem de Sá, tem o propósito de demonstrar as primeiras iniciativas da Coroa na América e de estabelecer uma comparação com a situação colonial no momento em que o autor está escrevendo, o que reforçaria as ideias, por ele defendidas, de abandono daquelas terras pelos últimos reis e da necessidade de intervenção real para sua defesa e prosperidade – note-se que a valoração pejorativa do recente passado português atendia à política pró-Castela de seu protetor, Cristóvão de Moura. Nos capítulos seguintes, apresenta a cidade de Salvador e a capitania da Bahia, sobretudo o Recôncavo, em uma detalhada descrição dos engenhos (com o nome de seus proprietários e tipo de energia motriz, se água ou bois), da hidrografia, da flora, da fauna e das populações nativas, com seus costumes, crenças, alianças, guerras e trajetória espacial. Por fim, aborda as maneiras de fortificar a Bahia e prospectar jazidas minerais, tudo "como convém ao serviço de El-rei Nosso Senhor e ao bem da terra".

Essas pormenorizadas exposições, que destacam perigos e potencialidades das possessões americanas, não são desinteressadas, voltadas apenas para o conhecimento em si mesmo. Soares de Sousa vislumbra sempre nos objetos relatados as possibilidades de engrandecer as riquezas da terra e de seus moradores e, ao mesmo tempo, da Coroa; em outras palavras, de concretizar o "projeto" colonial metropolitano. Pode-se dizer que o princípio organizacional do texto é demonstrar em caráter promocional – no que devemos considerar as prováveis hipérboles em suas descrições – quão proveitoso seria ao rei incentivar a exploração daquelas terras e, assim, lhe conceder as mercês requeridas para sua expedição pelo sertão. Ao descrever a hidrografia e o relevo da costa brasílica, por exemplo, Gabriel Soares se preocupa em detalhar as baías, rios navegáveis, ilhas, abrigadas e surgidouros; pormenores essenciais à defesa do território e a uma navegação segura para as embarcações metropolitanas.

O mesmo se passa com a exposição das sementes, frutas, legumes e árvores, para os quais, além do tamanho, forma, cor, cheiro e semelhanças com outros gêneros metropolitanos, o autor atenta sempre para seu proveito como alimento, suas propriedades medicinais ou o perigo que podem ocasionar a quem os comer. Para as árvores, em particular, destaca a qualidade de sua madeira, apontando a facilidade de lavrá-la e suas serventias na construção de embarcações, de estruturas de casas e de peças para os engenhos. Quanto à "animália", que inclui os mamíferos, peixes, répteis, aves e insetos, o caminho é o mesmo. Cumpre notar que Gabriel Soares os descreve minuciosamente, procurando compará-los a espécies conhecidas no universo cultural europeu, uma vez que tem por interlocutores agentes metropolitanos, a quem busca traduzir os dados coloniais como meio de persuadi-los a explorarem as terras americanas. É o caso da ave macucaguá: "de cor cinzenta, do tamanho de um grande pato, mas tem no peito mais titelas que dois galipavos, as quais são tenras como de perdiz, e da mesma cor [...] Tem o bico pardaço, da feição da galinha". Ademais, tem o cuidado de incluir, na descrição de cada espécie, características benéficas ou prejudiciais aos homens. Exemplos disso são os venenos de cobras e insetos, as pragas destruidoras das plantações, bem como as qualidades e doenças associadas a certos tipos de carnes e ovos.

O complexo panorama etnográfico sugerido por Gabriel Soares não deixa dúvidas de sua longa convivência com os índios, que formavam a maior parte da mão-de-obra escrava colonial até meados do século XVII. E, ao tratar dos diferentes grupos indígenas, como os Tupinambás, Tapuias, Aimorés, Tapanazes e Goitacazes, percebe-se que a maneira de expor e a intenção ao fazê-lo não se dão de forma distinta à adotada para a flora e fauna. Soares os toma ou como possíveis aliados nas guerras contra os inimigos estrangeiros ou como companheiros nas expedições pelo sertão; ou, ainda, como valiosa reserva de trabalho para a indústria açucareira.[26] Todos esses exemplos reforçam o teor radicalmente pragmático e promocional do *Tratado*, cujo objetivo, em última análise, consiste em destacar as potencialidades dos recursos naturais e das populações nativas americanas como fundamentais ao processo de conquista territorial e à manutenção do domínio colonial.

TRAJETÓRIA EDITORIAL

Antes da publicação completa dos manuscritos *Roteiro geral* e *Memorial*, organizada por Francisco Adolfo de Varnhagen, que uniu os dois textos sob o título *Tratado descritivo do Brasil em 1587*, alguns capítulos haviam sido impressos anônimos no periódico *O Patriota Brasileiro* (1830), em Paris, e na *Revista do Instituto Histórico e Geográfico Brasileiro* (1839), no Rio de Janeiro,[27] assim como haviam sido feitas duas edições, com o texto truncado e sem autoria. Uma é a organizada pelo frei brasileiro José Mariano da Conceição Veloso, que iniciou em Lisboa, pela Tipografia do Arco do Cego, uma impressão, não

26. Sobre a abordagem de Gabriel Soares de Sousa em relação aos grupos indígenas em seu *Tratado*, ver John M. Monteiro, "As 'Castas de Gentio' na América Portuguesa", *op. cit.*, pp. 18-24.

27. "Roteiro geral", *O Patriota Brasileiro*, Paris, 1830; "Extrato de um manuscrito que se conserva na Biblioteca de S.M. o Imperador e que tem por título Descripção Geográfica da América Portuguesa". *Revista do Instituto Histórico e Geográfico Brasileiro*, 1839.

INTRODUÇÃO

concluída, de um códice do século XVII intitulado *Descripção Geographica da América Portuguesa*;[28] e a outra é a edição da Academia Real das Ciências de Lisboa, que publicou, em 1825, a partir de um manuscrito incompleto e apócrifo, a obra *Notícia do Brasil* na "Colecção de Notícias para a Geografia das Nações Ultramarinas".[29] Os méritos de Varnhagen, que não são pequenos, consistiram no estabelecimento do texto obtido pelo cotejo de cerca de vinte códices encontrados em arquivos europeus e na Biblioteca Nacional do Rio de Janeiro, nos cuidadosos comentários a respeito de cada capítulo e no esclarecimento da autoria da obra.[30] Em 1839, o historiador, com apenas 22 anos de idade, após percorrer os acervos europeus que sabia guardarem algum códice com a cópia dos manuscritos – já que acreditara não ter encontrado o original – escreveu suas *Reflexões Críticas*, também publicadas na "Colecção de Notícias" da Academia de Lisboa. Nesse texto, que marcou a trajetória editorial do *Tratado*, Varnhagen defende a legitimidade da autoria

28. Essa edição é composta por setenta capítulos da primeira parte e mais setenta e quatro da segunda. Existe um exemplar dessa rara edição na biblioteca do Instituto Histórico e Geográfico Brasileiro, no Rio de Janeiro (*Descripção Geographica da América Portuguesa*. Lisboa: Tipografia do Arco do Cego. Sob a supervisão de Frei J. Mariano da Conceição Veloso. Sem autoria e sem data).

29. *Notícia do Brasil, descrição verdadeira da costa daquelle estado, que pertenceu à Coroa do Reyno de Portugal, sítio da Bahia de Todos os Santos*, in: "Colecção de Notícias para a História e Geografia das Nações Ultramarinas", Tomo III. Lisboa: Academia Real das Ciências, 1825.

30. Varnhagen explica que analisou cerca de vinte códices do texto de Gabriel Soares de Sousa: um na Biblioteca de Paris, em 1847; três na Biblioteca de Évora; três na Biblioteca Portuense; outros na Biblioteca das Necessidades em Lisboa; dois em Madri; três na Academia de Lisboa; outros três de "menos valor" no Rio de Janeiro; um na Torre do Tombo em Lisboa; e outro em Neuwied, que fora dado, na Bahia, ao príncipe Maximiliano ("Carta ao Instituto Histórico do Brasil", 1º de março de 1851, *Revista do Instituto Histórico e Geográfico Brasileiro*, Tomo XIV, 1851).

de Gabriel Soares de Sousa para o *Roteiro geral* e o *Memorial*, fixa a verdadeira data do texto e explica o método utilizado, os documentos analisados e as cópias encontradas que o fizeram chegar a tais conclusões.[31]

Em carta enviada de Madri ao Instituto Histórico e Geográfico Brasileiro, em 1851, Varnhagen então recomenda a publicação do *Tratado descritivo*.[32] Naquele mesmo ano, foram feitas duas publicações do texto completo estabelecido e comentado pelo historiador, uma na *Revista* do Instituto e outra pela Tipografia Universal de Laemmert.[33] O mesmo texto, apenas acrescido de um "Aditamento", no qual Varnhagen escreve uma pequena biografia de Gabriel Soares, foi impresso em 1879 pela Tipografia de João Inácio da Silva, no Rio de Janeiro.[34] Todas as publicações subsequentes se basearam no texto da edição de 1879,[35] inclusive a de 1945, sob o título *Notícia do Brasil*, organi-

---

31. Francisco Adolfo de Varnhagen, *Reflexões criticas sobre o escripto do seculo XVI impresso com o título de Notícias do Brasil no tomo III da Coll. de Not. Ultr. Acompanhadas de interessantes notícias bibliographicas e importantes Investigações históricas*. Lisboa: Typ. da Academia, 1839.

32. "Carta ao Instituto Histórico do Brasil" [1º de março de 1851], RIHGB, Tomo XIV, 1851. Carta publicada na presente edição.

33. Gabriel Soares de Sousa, *Tratado descritivo do Brasil em 1587*. Edição castigada pelo estudo e exame de muitos códices manuscritos existentes no Brasil, em Portugal, Espanha e França e acrescentada de alguns comentários à obra feitos por Francisco Adolfo de Varnhagen. *Revista do Instituto Histórico e Geográfico Brasileiro*, Tomo XIV, 1851; Gabriel Soares de Sousa, *Tratado descritivo do Brasil em 1587*. Edição castigada pelo estudo e exame de muitos códices manuscritos existentes no Brasil, em Portugal, Espanha e França e acrescentada de alguns comentários à obra feitos por Francisco Adolfo de Varnhagen. Rio de Janeiro: Tip. Universal de Laemmert, 1851.

34. Gabriel Soares de Sousa, *Tratado descritivo do Brasil em 1587*. Rio de Janeiro: Tip. de João Inácio da Silva, 1879.

35. Refiro-me aqui às edições de Gabriel Soares de Sousa de 1886, 1938, 1971, 1974 e 2000 (*Tratado descritivo do Brasil em 1587*. Rio de Janeiro: Tip. de João Inácio da Silva, Tip. Perseverança, 2ª edição do tomo XIV da *Revista do Instituto Histórico e Geográfico Brasileiro*, 1886; *Tratado descritivo do Brasil*.

INTRODUÇÃO

zada pelo médico brasileiro Antônio Pirajá da Silva, que, sem incluir os comentários de Varnhagen, realizou um cuidadoso trabalho, estabelecendo detalhadas notas lexicais, biográficas e históricas.[36] Além dessas publicações em português, existe uma edição em língua espanhola datada de 1958, *Derrotero general de la costa del Brasil y Memorial de las Grandezas de Bahia*, organizada pelo jornalista e historiador brasileiro Cláudio Ganns a partir de um manuscrito em espanhol.[37] A oitava edição, publicada pelo Ministério da Educação e da Cultura do Brasil em 1974 como parte da coleção "Brasiliensia Documenta", foi organizada pelo erudito paulista Edgard de Cerqueira Falcão, que, cotejando as edições anteriores, uniu os comentários de Varnhagen às notas de Pirajá da Silva e do etnólogo Frederico Edelweiss.[38] A edição mais recente, de 2000, organizada pelo historiador Leonardo Dantas, foi publicada pela editora pernambucana Massangana, da Fundação Joaquim Nabuco, dentro

---

São Paulo: Cia Editora Nacional, 1938; *Tratado descritivo do Brasil em 1587*. São Paulo: Companhia Editora Nacional, Série Brasiliana, 1971; *Notícia do Brasil*. Comentários e notas de Varnhagen, Pirajá da Silva e Edelweiss. São Paulo: Ed. Patrocinada pelo Dep. de Assuntos Culturais do Ministério da Educação e da Cultura, 1974; *Tratado descritivo do Brasil em 1587*. Recife: Massangana, 2000). Sobre a trajetória editorial da obra, ver: Gabriela Soares de Azevedo, *Leituras, notas, impressões e revelações do Tratado descritivo do Brasil em 1587 de Gabriel Soares de Sousa*. Dissertação de Mestrado, UERJ, 2007.

36. Gabriel Soares de Sousa, *Notícia do Brasil*. Introdução e notas de Manuel Antônio Pirajá da Silva. São Paulo: Martins, 1945, 2 vols. Vale compartilhar a surpresa de encontrar na Biblioteca Guita e José Mindlin um exemplar da edição de Gabriel Soares de 1879 que pertenceu a Pirajá da Silva, com *marginalia* desse minucioso médico e pesquisador brasileiro.

37. Gabriel Soares de Sousa, *Derrotero general de la costa del Brasil y Memorial de las Grandezas de Bahia*. Introdução de Cláudio Ganns e notas finais de Francisco Adolpho de Varnhagen. Madrid: Cultura Hispánica, 1958.

38. Gabriel Soares de Sousa, *Notícia do Brasil*. Comentários e notas de Varnhagen, Pirajá da Silva e Edelweiss. São Paulo: Ed. Patrocinada pelo Dep. de Assuntos Culturais do M.E.C., 1974.

da "Série Descobrimentos", e retoma, sem alterações, o texto da edição de 1879.[39]

A PRESENTE EDIÇÃO

Após mais de 150 anos desde sua primeira publicação integral, os textos do *Roteiro geral* e do *Memorial* disponíveis hoje em dia ainda são os que foram estabelecidos por Varnhagen em meados do século XIX. Diante disso, a presente edição é um esforço de restaurar ao leitor contemporâneo um códice alternativo de fins do século XVI ou início do XVII. Preservado na Biblioteca Guita e José Mindlin, o manuscrito contém a cópia dos dois textos de Gabriel Soares, que vêm precedidos pelo traslado da carta enviada a Cristóvão de Moura e pela breve apresentação intitulada "Descrição do que se contém neste caderno". O códice traz como referência na lombada a inscrição "Descripcion y noticias del Brasil. Sin autor. Anno 1587", o que sugere tratar-se de uma cópia espanhola.

Nossa intenção, portanto, é apresentar uma obra que contemple a edição de 1851, estabelecida por Varnhagen, a de 1879, revista por ele, mas publicada um ano após sua morte, e o referido códice. Para tanto, procuramos incorporar as variantes de cada um e definir os termos ou frases que nos pareceram mais acertados pelo contexto do trecho em questão. Mantivemos, em notas, no caso de divergências entre os textos, os excertos ou vocábulos variantes. Além disso, o leitor notará a flutuação da grafia em certos vocábulos neste próprio códice, — por exemplo, "pitiguar" e "pitigoar", "Pernambuco" e "Pernambuquo" —, que optamos por manter, em nome do interesse

---

39. Gabriel Soares de Sousa, *Tratado descritivo do Brasil em 1587*. Recife: Editora Massangana, 2000.

filológico que essas variantes possam suscitar. Vale ressaltar ainda que, como se observará, o códice que nos propomos a restaurar e que certamente não foi consultado por Varnhagen, guarda grande semelhança com o texto por ele estabelecido. Ademais de algumas frases presentes no manuscrito que não se encontram nas edições de 1851 e 1879 ou vice-versa, e de algumas palavras distintas, o que mais destoa entre as versões é a grafia dos nomes próprios, das plantas e das populações indígenas. Isso considerado, seria mais acertado dizer que Varnhagen, ao preparar a edição de 1851, tomou por base um único códice, possivelmente a cópia do acervo da Biblioteca de Évora, que ele tanto elogiou em carta ao Instituto Histórico Brasileiro. E, como essa epístola e os comentários do historiador a cada um dos capítulos fazem parte da trajetória editorial do *Tratado descritivo*, optamos por mantê-los nesta edição.

Por fim, faz-se necessário pontuar alguns critérios utilizados no estabelecimento do texto da presente edição. Com a intenção de facilitar a leitura para um público contemporâneo, fizemos a atualização ortográfica, restabelecendo os acentos e as formas verbais segundo a ortografia contemporânea e eliminando as maiúsculas desnecessárias; optamos pela pontuação moderna; desenvolvemos as abreviaturas; e preferimos colocar por extenso todos os numerais. Contudo, acreditamos ser adequado manter a grafia original dos nomes das frutas, animais, grupos indígenas e dos patrônimos e topônimos, assinalando em nota a grafia moderna, quando foi possível a identificação. Respeitamos também a divisão dos parágrafos e os intertítulos conforme ocorrem no códice.

BIBLIOGRAFIA

AZEVEDO, Gabriela Soares de. *Leituras, notas, impressões e revelações do Tratado descritivo do Brasil em 1587 de Gabriel Soares de Sousa*. Dissertação de Mestrado, UERJ, 2007.

BLUTEAU, Raphael. *Vocabulario Portuguez & Latino*. Coimbra: Colégio das Artes, 1712-1728, 8 vols. e 2 suplementos.

FRANCO, Francisco de Assis Carvalho. *Dicionário de Bandeirantes e Sertanistas do Brasil.* São Paulo: Itatiaia, 1986.

GANNS, Cláudio. "O Primeiro Historiador do Brasil em Espanhol". *Revista do Instituto Histórico e Geográfico Brasileiro*, vol. 238, jan/março, Rio de Janeiro, 1958, pp. 144-168.

HESPANHA, António Manuel. "La Economia de la gracia", in: A. M. Hespanha, *La Gracia del derecho: economia de la cultura em la Edad Moderna*. Madri: Centro de Estudios Constitucionales, 1993.

_____. "O Governo dos Áustrias e a modernização da constituição política portuguesa". *Penélope*, 2, 1989, pp. 50-73.

MARQUES, Guida. "O Estado do Brasil na União Ibérica". *Penélope*, n°27, 2002, pp. 7-35.

MONTEIRO, John M.. *Negros da Terra*. São Paulo: Companhia das Letras, 1994.

_____. "As 'Castas de Gentio' na América Portuguesa quinhentista: Unidade, diversidade e a invenção dos índios no Brasil. In: *Tupis, Tapuias e Historiadores. Estudos de História Indígena e do Indigenismo*. Tese Apresentada para o Concurso de Livre Docência Área de Etnologia/IFCH-Unicamp, Campinas, 2001.

MORAES, Alexandre José Mello. *Brasil Histórico*. Rio de Janeiro, 2ª série, 1, 1866.

MORAES SILVA, Antônio de. *Diccionario da Língua Portugueza*. 2ªed. Lisboa. Typographia Lacerdina, 1813 (1789), 2 vols.

OLIVAL, Fernanda. "Um rei e um reino que viviam da mercê", in: OLIVAL, Fernanda. *As Ordens Militares e o Estado moderno. Honra, mercê e venalidade em Portugal (1641-1789)*. Lisboa: Estar, 2000.

PIRAJÁ DA SILVA, Manuel Augusto. "Notas e comentários", in: Sousa, Gabriel Soares de. *Notícia do Brasil*. Introdução e notas de Manuel Antônio Pirajá da Silva. São Paulo: Ed. Patrocinada pelo Dep. de Assuntos Culturais do M.E.C., 1974.

RAMINELLI, Ronaldi. *Viagens ultramarinas. Monarcas, vassalos e governo à distância.* São Paulo: Alameda, 2008.

RICUPERO, Rodrigo. *Formação da Elite Colonial.* São Paulo: Alameda, 2008.

_____. *Honras e Mercês. Poder e patrimônio nos primórdios do Brasil.* Tese de doutoramento apresentada na Faculdade de Filosofia, Letras e Ciências Humanas/USP, 2006.

SCHAUB, Jean-Frédéric. *Portugal na Monarquia Hispânica, 1580-1640.* Lisboa: Livros Horizonte, 2001.

STELLA, Roseli Santaella. *O Domínio Espanhol no Brasil durante a Monarquia dos Filipes.* São Paulo: Unibero, 2000.

VARNHAGEN, Francisco Adolpho de. *Reflexões criticas sobre o escripto do seculo XVI impresso com o título de Notícias do Brasil no tomo 3º da Coll. De Not. Ultr. Acompanhadas de interessantes notícias bibliographicas e importantes investigações históricas.* Lisboa: Typ. da Academia, 1839. Rio de Janeiro: Revista do Instituto Histórico Geográfico Brasileiro, 1940.

_____. *História Geral do Brasil.* Edição crítica de Capistrano de Abreu e Rodolfo Garcia. 3ª ed. São Paulo: Melhoramentos, [s/d], tomo I.

_____. "Breves Comentários à precedente obra de Gabriel Soares", in: Sousa, Gabriel Soares de. *Tratado descritivo do Brasil em 1587.* Rio de Janeiro: Tip. de João Inácio da Silva, 1879, pp. XIII-XXVIII.

Textos de Gabriel Soares de Sousa

SOUSA, Gabriel Soares de. *Epístola do Autor a Dom Cristóvão de Moura* e *Declaração do que se contém neste caderno.* Biblioteca Guita e José Mindlin, Códice "Descripcion y noticias del Brasil. Sin autor. Anno 1587".

_____. *Roteiro geral com largas informações de toda a Costa que pertence ao Estado do Brasil e a descrição de muitos lugares dela, especialmente da Bahia de Todos os Santos.* Biblioteca Guita e José Mindlin, Códice "Descripcion y noticias del Brasil. Sin autor. Anno 1587".

_____. *Memorial e declaração das grandezas da Bahia de Todos os Santos, de sua fertilidade e das notáveis partes que tem.* Biblioteca Guita e José Mindlin, Códice "Descripcion y noticias del Brasil. Sin autor. Anno 1587".

_____. *Tratado descritivo do Brasil em 1587*. Edição castigada pelo estudo e exame de muitos códices manuscritos existentes no Brasil, em Portugal, Espanha e França e acrescentada de alguns comentários à obra feitos por Francisco Adolfo de Varnhagen. Rio de Janeiro: Typographia Universal de Laemmert, 1851.

_____. *Tratado descritivo do Brasil em 1587*. Edição castigada pelo estudo e exame de muitos códices manuscritos existentes no Brasil, em Portugal, Espanha e França e acrescentada de alguns comentários à obra feitos por Francisco Adolfo de Varnhagen. Segunda edição mais correta e acrescentada com um aditamento. Rio de Janeiro: Typographia de João Inácio da Silva, 1879.

_____. *Notícia do Brasil*. Introdução e notas de Manuel Augusto Pirajá da Silva. São Paulo: Martins, 1945, 2 vols.

_____. *Tratado descritivo do Brasil em 1587*. São Paulo: Companhia Editora Nacional, Série Brasiliana, 1971.

_____. *Notícia do Brasil*. Comentários e notas de Varnhagen, Pirajá da Silva e Edelweiss. São Paulo: edição patrocinada pelo Dep. de Assuntos Culturais do M.E.C., 1974.

_____. *Tratado descritivo do Brasil em 1587*. Organizado por Leonardo Dantas. Recife: Massangana, 2000.

TRATADO DESCRITIVO

DO BRASIL EM 1587

Epístola do autor a
Dom Cristóvão de Moura*

OBRIGADO de minha curiosidade, fiz por espaço de dezessete anos que residi no Estado do Brasil muitas lembranças por escrito do que me pareceu digno de notar, as quais tirei a limpo nesta Corte em este caderno, enquanto a dilação de meus requerimentos me deu para isso lugar, ao que me dispus entendendo convir ao serviço del-Rei nosso senhor, compadecendo-me da pouca notícia que nestes reinos se tem nas grandezas e estranhezas desta Província: no que anteparei algumas vezes movido do conhecimento de mim mesmo, entendendo que as obras que se escrevem não têm mais valor que o da reputação dos autores delas; mas, como minha intenção não foi escrever história que deleitasse com estilo e boa linguagem, não espero tirar louvor desta escritura e breve relação, em que se contém o que pude alcançar da cosmografia e descrição deste Estado, que a Vossa Senhoria ofereço e me fará mercê aceitá-la, como está merecendo a vontade com que o faço, passando pelos desconcertos dela, pois a confiança disso me fez suave o trabalho e tempo que em o escrever gastei, de cuja substância se podem fazer muitas lembranças a Sua Majestade para que folgue de as ter deste seu Estado. Para o engrandecer como está merecendo a quem

*. Transcrição, a partir do códice do acervo da Biblioteca Guita e José Mindlin (daqui por diante BGJM), da carta enviada por Gabriel Soares de Sousa a D. Cristóvão de Moura, valido do rei Filipe II. Ver nota 5 da Introdução.

Vossa Senhoria faça dar a valia que lhe é devida para os moradores dele rogarem a Nosso Senhor guarde a mui ilustre pessoa de Vossa Senhoria e lhe acrescente a vida por muitos anos. Em Madri, ao primeiro de março de mil quinhentos e oitenta e sete.

Primeira parte
Roteiro geral com largas informações de toda a costa que pertence ao Estado do Brasil e a descrição de muitos lugares dela, especialmente da Bahia de Todos os Santos

DECLARAÇÃO DO QUE SE
CONTÉM NESTE CADERNO

Como todas as coisas têm fim, convém que tenham princípio, e como o de minha pretensão é manifestar a grandeza, fertilidade e outras grandes partes que tem a Bahia de Todos os Santos e demais Estados do Brasil, do que os reis passados tanto se descuidaram, a el-rei nosso senhor convém, e ao bem do seu serviço, que lhe mostre, por estas lembranças, os grandes merecimentos deste seu Estado, as qualidades e estranhezas dele etc., para que lhe ponha os olhos e bafeje com o seu poder, o qual se engrandeça e estenda a felicidade, com que se engrandeceram todos os Estados que reinam debaixo de sua proteção, porque está muito desamparado depois que el-rei D. João III passou desta vida para a eterna,[1] o qual principiou com tanto zelo, que para o engrandecer meteu nisso tanto cabedal, como é notório, o qual se vivera mais dez anos deixara nele edificadas muitas cidades, vilas e fortalezas mui populosas, o que se não

1. O rei português D. João III (1502-1557), filho do rei D. Manuel, governou entre 1521 e 1557.

efetuou depois do seu falecimento, antes se arruinaram algumas povoações que em seu tempo se fizeram, em cujo reparo e acrescentamento estará bem empregado todo o cuidado que Sua Majestade mandar ter deste novo reino, para se edificar nele um grande império, o qual com pouca despesa destes reinos se fará tão soberano que seja um dos Estados do mundo porque terá de costa mais de mil léguas, como se verá por este *Tratado* no tocante à cosmografia dele, cuja terra é quase toda muito fértil, mui sadia, fresca e lavada de bons ares e regada de frescas e frias águas. Pela qual costa tem muitos, mui seguros e grandes portos, para nele entrarem grandes armadas, com muita facilidade, para as quais tem mais quantidade de madeira que nenhuma parte do mundo, e outros muitos aparelhos para se poderem fazer.

É esta província mui abastada de mantimentos de muita substância e menos trabalhosos que os de Espanha. Dão-se nela muitas carnes, assim naturais dela, como das de Portugal, e maravilhosos pescados; onde se dão melhores algodões que em outra parte sabida, e muitos açúcares tão bons como na ilha da Madeira. Tem muito pau de que se fazem as tintas. Em algumas partes dela se dá trigo, cevada e vinho muito bem, e em todas todos os frutos e sementes de Espanha, do que haverá muita qualidade, se Sua Majestade mandar prover nisso com muita instância e no descobrimento dos metais que nesta terra há, porque lhe não falta ferro, aço, cobre, ouro, esmeralda, cristal e muito salitre; em cuja costa sai do mar todos os anos muito bom âmbar; e de todas estas e outras podiam vir todos os anos a estes reinos em tanta abastança, que se escusem os que vêm a eles dos estrangeiros, o que se pode facilitar sem Sua Majestade meter mais cabedal neste Estado que o rendimento dele nos primeiros anos; com o que pode mandar fortificar e prover do necessário à sua defensão, o qual está hoje em tamanho perigo, que se nisso caírem os corsários, com mui pequena armada se senhorearão desta província, por razão de não estarem as povoações dela fortificadas, nem terem ordem com que possam resistir a qualquer afronta que se oferecer, do que vivem os moradores dela tão atemorizados que estão sempre com o fato entrouxado para se recolherem para o mato, como fazem com a vista de qualquer nau grande, temendo-se serem corsários, a esta afronta devia Sua Majestade mandar acudir com muita brevidade, pelo perigo que há na tardança, o que não convém que haja, porque se os estrangeiros se apoderarem desta terra custará muito lançá-los fora dela pelo grande aparelho que têm para nela se fortificarem, com o que se inquietará toda Espanha e custará a vida de muitos capitães e soldados, e muitos milhões de ouro em armadas e no aparelho delas, ao que agora se pode atalhar acudindo-lhe com a presteza devida. Não se crê que Sua Majestade não tenha a isto por falta de providência, pois lhe sobeja para as maiores empresas do mundo, mas de informação do sobredito, que lhe não tem dado quem disso tem obrigação. E como a eu também tenho de seu leal vassalo, satisfaço da minha parte com o que se contém neste Memorial, que ordenei pela maneira seguinte.

[1] Em que se declara quem foram os primeiros descobridores da província do Brasil, e como está arrumada A província do Brasil está situada além da linha equinocial da parte do sul, debaixo da qual começa ela a correr junto do rio que se diz das Amazonas, onde se principia o norte da linha de demarcação e repartição; e vai correndo esta linha pelo sertão desta província até 45 graus, pouco mais ou menos.

Esta terra se descobriu aos 24 dias do mês de abril de 1500 anos por Pedro Álvares Cabral,[2] que neste tempo ia por capitão-mor para a Índia por mandado de el-rei D. Manuel, em cujo nome tomou posse desta província, onde agora é a capitania de Porto Seguro, no lugar onde já esteve a vila de Santa Cruz, que assim se chamou por se aqui arvorar uma muito grande, por mando de Pedro Álvares Cabral, ao pé da qual mandou dizer, em seu dia, a 3 de maio, uma solene missa, com muita festa, pelo qual respeito se chama a vila do mesmo nome, e a província muitos anos foi nomeada por de Santa Cruz e de muitos Nova Lusitânia; e para solenidade desta posse plantou este capitão no mesmo lugar um padrão com as armas de Portugal, dos que trazia para o descobrimento da Índia para onde levava sua derrota.[3]

A estas partes foi depois mandado por Sua Alteza Gonçalo Coelho com três caravelas de armada, para que descobrisse esta costa, com as quais andou por elas muitos meses buscando-lhe os portos e rios, em muitos dos quais entrou e assentou marcos dos que para este descobrimento levava, no que passou grandes trabalhos pela pouca experiência e informação que se até então tinha de como a costa corria, e do curso dos ventos com que

---

2. Nas edições de Gabriel Soares de Sousa de 1851 e 1879, organizadas por Adolfo de Varnhagen, encontra-se "aos 25 dias do mês de abril". Talvez seja um erro tipográfico da edição de 1851 não corrigido nas edições posteriores, pois Varnhagen, em seus comentários a esse primeiro capítulo, assim se refere ao equívoco de Gabriel Soares: "A costa do Brasil foi avistada por Cabral aos 22 de abril, e não aos 24". *Tratado Descritivo do Brasil em 1587*, Rio de Janeiro, Typographia Universal de Laemmert, 1851; e *Tratado Descritivo do Brasil em 1587*, Rio de Janeiro, Typographia de João Inácio da Silva, 1879.

3. Derrota: rota.

se navegava. E recolhendo-se Gonçalo Coelho com perda de dois navios, com as informações que pode alcançar, as veio dar a el-rei D. João, o III, que já neste tempo reinava, o qual logo ordenou outra armada de caravelas que mandou a estas conquistas, a qual entregou a Cristóvão Jacques,[4] fidalgo da sua casa que nela foi por capitão-mor, o qual foi continuando no descobrimento desta costa e trabalhou um bom pedaço sobre aclarar a navegação dela, e plantou em muitas partes padrões que para isso levava.

Contestando com a obrigação do seu regimento, e andando correndo a costa, foi dar com a boca da Bahia, a que pôs o nome de Todos os Santos, pela qual entrou dentro, e andou especulando por ela todos os seus recôncavos, em um dos quais, a que chamam o rio do Paraguaçu, achou duas naus francesas que estavam ancoradas resgatando com o gentio, com as quais se pôs às bombardas, e as meteu no fundo, com o que se satisfez e se recolheu para o Reino, onde deu suas informações a Sua Alteza, que, com elas, e com as primeiras e outras que lhe tinha dado Pero Lopes de Sousa,[5] que por esta costa também tinha andado com outra armada, ordenou de fazer povoar essa província e repartir a terra dela em capitanias por pessoas que

---

4. Cristóvão Jacques era filho bastardo do fidalgo Pêro Jacques e veio ao Brasil a mando de D. Manuel, estabelecendo uma feitoria na capitania de Pernambuco. Esteve também no recôncavo da Bahia, na enseada do Iguape e no Paraguaçu, onde combateu e aprisionou naus francesas.

5. Em Varnhagen (1851 e 1879), "Pedro Lopes de Sousa". Pero Lopes de Sousa e seu irmão Martim Afonso de Sousa partiram em 1530 para o Brasil em missão ordenada pelo rei português D. João III. Em 1532, Pero Lopes decidiu retornar ao reino e nessa viagem enfrentou e aprisionou dois navios franceses ao largo de Pernambuco. Essa aventura lhe rendeu cinquenta léguas de terras no litoral do Brasil, oferecidas pela Coroa. A ele foram atribuídas as capitanias de Itamaracá, Santo Amaro e Santana.

se ofereciam a meter nisso todo o cabedal de suas fazendas,[6] do que faremos particular menção em seu lugar.

[2] **Em que se declara a repartição que fizeram os reis católicos de Castela com el-rei D. João II de Portugal** Para se ficar bem entendendo onde demora e se estende o Estado do Brasil, convém que em suma declaremos como se avieram os reis na repartição de suas conquistas, o que se fez por esta maneira. Os reis católicos de Castela, D. Fernando e D. Isabel, sua mulher,[7] tinham começado de entender no descobrimento das Índias Ocidentais e algumas ilhas, e porque esperavam de ir este descobrimento em tanto crescimento como foi, por atalharem as diferenças que sobre isso se podiam oferecer, concertaram-se com el-rei D. João, o II de Portugal,[8] se fizesse uma repartição líquida, para cada um mandar conquistar para sua parte livremente, sem escrúpulo de se prejudicarem. E acordados os reis desta maneira, deram conta deste concerto ao Papa, que além de o aprovar, o louvou muito. E como tiveram o consentimento de Sua Santidade, ordenaram a repartição desta concordância, fazendo baliza na ilha do Cabo Verde, de barlavento mais ocidental, que se entende a de Santo Antão, e contando dela vinte e um graus e meio equinociais de dezessete léguas e meia de cada grau, e lançada daqui uma linha meridiana de norte-sul,

---

6. Em Varnhagen (1851 e 1879), "repartir as terras dela em capitães e pessoas que se ofereceram".

7. Referência aos dois reis ibéricos, Isabel I de Castela e Fernando II de Aragão, cujo casamento resultou na unificação de seus reinos e na formação da atual Espanha.

8. Em Varnhagen (1851 e 1879) e nas edições que se seguiram, à exceção da organizada por Pirajá da Silva, "D. João, o III". É possível afirmar, contudo, que este trecho se refere ao rei português D. João II, que governou entre 1481-1495.

que ficassem as terras e ilhas que estavam por descobrir para a parte do Oriente, da Coroa de Portugal;[9] linha mental como está declarado, fica o Estado do Brasil da dita Coroa, qual se começa além da ponta do rio das Amazonas da banda de este,[10] pela terra dos charybas, donde se principia o norte desta província, e indo correndo esta linha pelo sertão dela ao sul parte o Brasil e conquistas dele além da Baía de São Matias, por quarenta e cinco graus pouco mais ou menos, distantes da linha equinocial, e altura do pólo antártico, e por esta conta tem de costa mil e cinquenta léguas, como pelas cartas se pode ver segundo a opinião de Pero Nunes,[11] que nesta arte atinou melhor que todos os do seu tempo.

[3] **Em que se declara o princípio de onde começa a correr a costa do Estado do Brasil**   Mostra-se claramente, segundo o que se contém neste capítulo atrás, que se começa a costa do Brasil além do rio das Amazonas da banda de oeste pela terra que se diz dos Caribas do rio de Vicente Pinzon,[12] que mora debaixo da linha. Desse rio de Vicente Pinzon à ponta do rio das Amazonas, a que chamam o cabo Corso, são quinze léguas, a qual ponta está debaixo da linha equinocial; dessa ponta do rio à outra ponta da banda de leste são trinta e seis léguas. E ao mar doze léguas da boca desse rio estão ilhas, as quais demoram em altura de um terço de grau da banda do sul. Essas

---

9. O acordo aqui descrito é o conhecido Tratado de Tordesilhas, assim denominado por ter sido assinado na povoação castelhana de Tordesillas, a 7 de junho de 1494, pelos reis de Portugal e Castela.
10. Em Varnhagen (1851 e 1879), "banda de oeste".
11. Em Varnhagen (1851 e 1879), "Pedro Nunes".
12. O então rio de Vicente Yañez Pinzon foi mais tarde chamado de Wiapoc ou Oyapoc, pelos franceses. A referência aqui é, portanto, ao atual rio Oiapoque, situado no Amapá.

ilhas se mostram na carta mais chegadas à terra, o que é erro
manifesto. Nessas ilhas há bons portos para surgirem navios,
mas para bem hão se de buscar de baixa-mar, nordeste-sudoeste, porque nesta conjunção se descobre melhor o canal. A
este rio chama o gentio de Mar Doce,[13] por ser um dos maiores
do mundo, o qual é muito povoado de gentio doméstico e bem
acondicionado, e segundo a informação que se deste rio tem,
vem do sertão mais de mil léguas até o mar; pelo qual há muitas ilhas grandes e pequenas quase todas povoadas de gentio
de diferentes nações e costumes, e muito dele costuma pelejar
com flechas ervadas. Mas toda a gente que por estas ilhas vive,
anda despida ao modo do mais gentio do Brasil e usam dos
mesmos mantimentos e muita parte dos seus costumes; e na
boca deste rio, e por ele acima algumas léguas, com parte da
costa da banda do leste, é povoado de Tapuyas, gente branda e
mais tratável e doméstica que o mais gentio que há na costa do
Brasil, de cujos costumes diremos adiante em seu lugar.

[4] Em que se dão em suma algumas informações que se têm deste rio das Amazonas   Como não há coisa que se encubra aos homens que querem cometer grandes empresas, não pôde estar encoberto este rio do mar Doce ou das Amazonas ao capitão Francisco de Orellana que,[14] andando na conquista do Peru em companhia do governador Francisco Pizarro,[15] e indo por seu mandado com certa gente de cavalo descobrindo

---

13. Mar Doce era o próprio rio Amazonas, assim designado pelas populações nativas pela sua extensão e volume de água.

14. Em Varnhagen (1851), "Francisco Arelhana". Conquistador espanhol,
Orellana (c.1490-1550) participou da conquista do Peru junto a Francisco
Pizarro.

15. Francisco Pizarro foi o conquistador do Peru que subjugou o Império
Inca, conquistando Cuzco em 1533 e fundando a cidade de Lima em 1535.

a terra, entrou por ela adentro tanto espaço que se achou perto do nascimento deste rio. E vendo-o caudaloso, fez junto dele embarcações, segundo o costume daquelas partes, em as quais se embarcou com a gente que trazia e se veio por este rio abaixo, em o qual se houveram de perder por levar grande fúria a correnteza, e com muito trabalho tornou a tomar porto em povoado, na qual jornada teve muitos encontros de guerra com o gentio e com um grande exército de mulheres que com ele pelejaram com arcos e flechas, de onde o rio tomou o nome das Amazonas. Livrando-se este capitão deste perigo e dos mais por onde passou, veio tanto por este rio abaixo até que chegou ao mar; e dele foi ter a uma ilha que se chama a Margarita,[16] donde se passou à Espanha. Dando suas informações ao imperador Carlos V, que está em glória, lhe ordenou uma armada de quatro naus para cometer esta empresa, em a qual partiu, do porto de São Lucar,[17] com sua mulher para ir povoar a boca deste rio, e o ir conquistando por ele acima, o que não houve efeito por na mesma boca deste rio falecer este capitão de sua doença, de onde sua mulher se tornou com a mesma armada para a Espanha.

Neste tempo, pouco mais ou menos, andava correndo a costa do Brasil em uma caravela, como aventureiro, Luís de Melo da Silva,[18] filho do alcaide-mor de Elvas, o qual, querendo passar a Pernambuco, desgarrou com o tempo e as águas por esta costa abaixo, e vindo correndo a ribeira, entrou no rio do

---

16. A Ilha de Margarita, que pertence à Venezuela, situa-se no mar do Caribe à nordeste de Caracas.
17. Sanlúcar de Barrameda é uma cidade espanhola na Província de Cádiz, Andaluzia, banhada pelo Oceano Atlântico.
18. Em Varnhagen (1851 e 1879), "Luís de Melo". Foi o segundo donatário da capitania do Maranhão, concedida pelo rei D. João III.

Maranhão, e neste das Amazonas, de cuja grandeza se contentou muito; e tomou língua do gentio de cuja facilidade ficou satisfeito,[19] e muito mais das grandes informações que na ilha da Margarita lhe deram alguns soldados, que ali achou, que ficaram da companhia do capitão Francisco de Orellana, os quais facilitaram a Luís de Melo a navegação deste rio, e que com pouco cabedal e trabalho adquirisse por ele acima muito ouro e prata, do que movido Luís de Melo, se veio à Espanha, e alcançou licença de el-rei D. João III de Portugal para armar a sua custa e cometer esta empresa, para o que se fez prestes na cidade de Lisboa; e partiu do porto dela com três naus e duas caravelas com as quais se perdeu nos baixos do Maranhão, com a maior parte da gente que levava; e ele com algumas pessoas escaparam nos batéis e uma caravela em que foi ter às Antilhas. E depois deste fidalgo ter em Portugal, se passou à Índia, onde acabou valorosos feitos; e vindo-se para o Reino muito rico e com tenção de tornar a cometer esta jornada, acabou no caminho em a nau São Francisco, que desapareceu sem até hoje se saber novas dele.

[5] **Que declara a costa da ponta do rio das Amazonas até o do Maranhão** A ponta do leste do rio das Amazonas está em um grau da banda do sul; desta ponta ao rio da Lama são trinta e cinco léguas, a qual está em altura de um grau e três quartos; e ainda que este rio se chame da Lama, podem entrar por ele adentro e estarem muito seguras de todo o tempo, naus de duzentos tonéis, o qual rio entra pela terra adentro muitas léguas.

---

19. Em Varnhagen (1851 e 1879), "de cuja fertilidade ficou satisfeito".

Deste rio à ponta dos baixos são nove léguas, a qual está na mesma altura de um grau e três quartos. Nesta ponta há abrigada para os barcos da costa poderem ancorar.

Da ponta dos baixos à ponta do rio Maranhão são dez léguas, onde chega a serra Escalvada, e entre ponta e ponta tem a costa algumas abrigadas, onde podem ancorar navios da costa, a qual ponta está em dois graus da banda do sul.

Até aqui se corre a costa noroeste-sueste e toma da quarta de leste-oeste; e dessa ponta do rio a outra ponta são dezessete léguas, a qual está em altura de dois graus e três quartos. Tem este rio do Maranhão na boca entre ponta e ponta delas para dentro uma ilha que se chama das Vacas, que será de três léguas, onde esteve Ayres da Cunha quando se perdeu com sua armada nestes baixos; e aqui nesta ilha estiveram também os filhos de João de Barros[20] e aí tiveram povoado, quando também se perderam nos baixos deste rio, onde fizeram pazes com o gentio Tapuya, que tem povoado parte desta costa, e por este rio acima, onde mandavam resgatar mantimentos e outras coisas para remédio de sua mantença.

Por este rio entrou um Bastião Marinho, piloto da costa, com um caravelão, e foi por ele acima algumas vinte léguas, onde achou muitas ilhas cheias de arvoredo e a terra delas alcantilada com sofrível fundo; e muitos braços em que entram

---

20. Recebendo de D. João III duas capitanias em parceria com Ayres da Cunha e Fernando Álvares de Andrade, João de Barros (c.1496-1570) decidiu financiar uma expedição para ocupar suas terras na região do atual Maranhão. Contudo, essas tentativas de colonização foram fracassadas e Barros perdeu grande parte de sua fortuna. Conhecido também por seus escritos e considerado um dos primeiros historiadores e gramáticos da língua portuguesa, publicou, entre outras obras, *Gramática da Língua Portuguesa* (1540) e a primeira parte de *Décadas da Ásia* (1552), uma narrativa dos feitos lusos nas Índias orientais.

muitos rios que se metem neste, o qual afirmou ser toda a terra fresca, cheia de arvoredo e povoada de gentio, e as ilhas também. Neste rio entra o de Pindaré, que vem de muito longe.

Para se entrar neste rio do Maranhão, vindo do mar em fora, há de se chegar bem à terra da banda de leste por fugir dos baixios e do aparcelado, e quem entrar por entre ela e a ilha entra seguro.

Quem houver de ir deste rio do Maranhão para o da Lama ou para o das Amazonas, há de se lançar por fora dos baixios com a sonda na mão, e não vá por menos de doze braças,[21] porque esta costa tem aqui dez léguas ao mar, vaza e enche nela a maré muito depressa, e em conjunção de Lua tem grandes macaréus;[22] mas para bem não se há de cometer o canal de nenhum destes rios senão de baixa-mar na costa, o que se pode saber pela Lua, o que convém que seja, pelos grandes perigos que nesta entrada se oferecem, assim de macaréus, como por espraiar e esparcelar o mar oito e dez léguas da terra, pelo que é forçado a chegar-se à terra de baixa-mar, pois então se descobre o canal mui bem; e neste rio do Maranhão não podem entrar, por este respeito, navios grandes.

[6] Em que se declara a costa do rio do Maranhão até o Rio Grande Atrás fica dito como a ponta de sudeste do rio do Maranhão, que se chama esparcelada, está em dois graus e três quartos. Desta ponta à baía dos Santos são treze léguas,

21. Medida de comprimento que equivale, no Brasil e em Portugal, à distância entre um punho e outro, ou entre a extremidade de uma mão aberta e a outra, em um adulto com os braços estendidos horizontalmente para os lados, o que acabou por se definir como equivalente a 2,2 metros.
22. Macaréu ou pororoca é o fenômeno natural de elevação das águas próximo à foz do rio, provocado pelo encontro das correntes fluviais com as águas oceânicas.

a qual está na mesma altura, e esta baía é muito suja e tem alguns ilhéus; mas também entram nela muitos navios da costa, onde têm surgidouro[23] e boa abrigada e maneira para se fazer aguada nela. Desta baía dos Santos ao rio de João de Lisboa são quatro léguas, o qual está na mesma altura, onde também entram caravelões, por terem nele grande abrigada. Do rio de João de Lisboa à baía dos Reis são nove léguas, a qual está em dois graus. Nesta baía estão algumas ilhas alagadas da maré de águas vivas por entre as quais entram caravelões e surgem à vontade. Desta baía ao rio do Meio são dezessete léguas, o qual está na mesma altura de dois graus, onde também entram caravelões. Entre este e a baía dos Reis entra outro rio que se chama do Parcel,[24] onde também os navios da costa têm boa colheita. Deste rio do Meio à baía do Ano Bom são onze léguas, a qual costa está na mesma altura de dois graus, aonde entram navios da costa e têm muito boa colheita, a qual baía tem um grande baixo. No meio e dentro dela se vêm meter no mar o Rio Grande dos Tapuyas, e se navega um grande espaço pela terra adentro e vem de muito longe; o qual se chama dos Tapuyas por eles virem por ele abaixo em canoas a mariscar ao mar desta baía, da qual à baía da Coroa são dez léguas; e está na mesma altura onde entram e surgem caravelões da costa. Da baía da Coroa até o Rio Grande são três léguas, onde começaremos o capítulo que segue. E corre-se a costa até aqui leste-oeste.

[7] Em que se declara a costa do Rio Grande até a do Jagoarive Como fica dito, o Rio Grande está em dois graus da parte do sul, o qual vem de muito longe e traz muita água, por

---
23. Surgidouro: ancoradouro.
24. Recife que aflora à água; leito do mar de pouca profundidade.

se meterem nele muitos rios; e, segundo a informação do gentio, nasce de uma lagoa em que se afirma acharem-se muitas pérolas. Perdendo-se, haverá dezesseis anos, um navio nos baixos do Maranhão, da gente que escapou dele que veio por terra, afirmou um Nicolau de Rezende, desta companhia, que a terra toda ao longo do mar até este Rio Grande era escalvada a maior parte dela, e outra cheia de palmares bravos, e que achara uma lagoa muito grande, que seria de vinte léguas pouco mais ou menos; e que ao longo dela era a terra fresca e coberta de arvoredo; e que mais adiante achara outra muito maior a que não vira o fim, mas que a terra que vizinhava com ela era fresca e escalvada, e que em uma e em outra havia grandes pescarias, de que se aproveitavam os Tapuyas que viviam por esta costa até este Rio Grande, dos quais disse que recebera com os mais companheiros bom tratamento. Por este Rio Grande entram navios da costa e têm nele boa colheita, o qual se navega com barcos algumas léguas. Deste Rio Grande ao dos Negros são sete léguas, o qual está em altura de dois graus e um quarto; e do rio dos Negros às Barreiras Vermelhas são seis léguas, que estão na mesma altura; e numa parte e noutra têm os navios da costa surgidouro e abrigada. Das Barreiras Vermelhas à ponta dos Fumos são quatro léguas, a qual está em dois graus e um terço. Desta ponta do rio da Cruz são sete léguas e está em dois graus e meio em que também têm colheita os navios da costa. Afirma o gentio que nasce este rio de uma lagoa, ou junto dela, onde também se criam pérolas, e chama-se este rio da Cruz, porque se metem nele perto do mar dois riachos, em direito um do outro, com que fica a água em cruz. Deste rio ao do Parcel são oito léguas, o qual está em dois graus e meio; e faz-se na boca deste rio uma baía toda esparcelada. Do rio do

Parcel à enseada do Macoripe são onze léguas, e está na mesma altura, a qual enseada é muito grande e ao longo dela navegam navios da costa; mas dentro, em toda, têm bom surgidouro e abrigo; e no rio das Ostras, que fica entre esta enseada e a do Parcel o têm também. Da enseada do Macoripe ao monte de Li são quinze léguas e está em altura de dois graus e dois terços, onde há porto e abrigada para os navios da costa; e entre este porto e a enseada de Macoripe têm os mesmos navios surgidouro e abrigada no porto que se diz dos parcéis. Do monte de Li ao rio Jagoarive são dez léguas, o qual está em dois graus e três quartos, e junto da barra deste rio se mete outro nele, que se chama o Rio Grande, que é extremo entre os Tapuyas e os pitiguoares.[25] Neste rio entram navios de honesto porte até onde se corre a costa leste-oeste; a terra daqui até o Maranhão é quase toda escalvada; e quem quiser navegar por ela e entrar em qualquer porto dos nomeados há de entrar neste rio de Jagoarive por entre os baixos e a terra porque tudo até o Maranhão defronte da costa são baixos, e pode navegar sempre por entre eles e a terra, por fundo de três braças e duas e meia, achando tudo limpo, e quanto se chegar mais à terra se achará mais fundo. Nesta boca do Jagoarive está uma enseada onde navios de todo o porte podem ancorar e estar seguros.

[8] Em que se declara a costa do rio de Jagoarive até o cabo de São Roque Do rio Jagoarive de que se trata acima até a baía dos Arrecifes são oito léguas, a qual demora em altura de três graus. Nesta baía se descobrem de baixa-mar muitas fontes de água doce muito boa, onde bebem os peixes-bois, de que aí há muitos, que se matam arpoando-os assim o gentio

---

25. Em Varnhagen (1851 e 1879), "pitigoares".

pitiguoar, que aqui vinha, como os caravelões da costa, que por aqui passam desgarrados, onde acham bom surgidouro e abrigada.

Desta baía ao rio São Miguel são sete léguas, a qual está em altura de três graus e dois terços, em a qual os navios da costa surgem por acharem nela boa abrigada. Desta baía ao Rio Grande são quatro léguas o qual está em altura de quatro graus. Este rio tem duas pontas saídas para o mar, e entre uma e outra há uma ilhota, que lhe faz duas barras, pelas quais entram navios da costa. Defronte deste rio se começam os baixos de São Roque, e deste Rio Grande ao cabo de São Roque são dez léguas, o qual está em altura de quatro graus e um seismo;[26] entre este cabo e a ponta do Rio Grande se faz de uma ponta a outra uma grande baía, cuja terra é boa e cheia de mato, em cuja ribeira ao longo do mar se acha muito sal feito. Defronte desta baía estão os baixos de São Roque, os quais arrebentam em três ordens, e entra-se nesta baía por cinco canais que vêm ter ao canal que está entre um arrecife e outro, pelos quais se acha fundo de duas, três, quatro e cinco braças, por onde entram os navios da costa à vontade.

[9] Em que se declara a costa do cabo de São Roque até o porto dos Búzios   Do cabo de São Roque até a ponta de Goaripari são seis léguas, a qual está em quatro graus e um quarto, onde a costa é limpa e a terra escalvada, de pouco arvoredo e sem gentio. De Goaripari à enseada da Itapitanga são sete léguas, a qual está em quatro graus e um quarto; da ponta desta enseada à ponta de Goaripari são tudo arrecifes, e entre eles e a terra entram naus francesas e surgem nesta enseada à

26. Sexto.

vontade, sobre a qual está um grande médão de areia;[27] a terra por aqui ao longo do mar está despovoada do gentio por ser estéril e fraca. Da Itapitanga ao rio Pequeno, a que os índios chamam Baquipe, são oito léguas, a qual está entre cinco graus e um seismo. Neste rio entram chalupas francesas a resgatar com o gentio e carregar do pau de tinta, as quais são das naus que se recolhem na enseada de Itapitanga.

Andando os filhos de João de Barros correndo esta costa, depois que se perderam, lhes mataram neste lugar os pitiguoares com favor dos franceses, induzidos deles muitos homens. Deste Rio Pequeno ao outro Rio Grande são três léguas, o qual está em altura de cinco graus e um quarto; neste Rio Grande podem entrar muitos navios de todo o porte, porque tem a barra funda de dezoito até seis braças, entra-se nele como pelo arrecife de Pernambuco, por ser da mesma feição. Tem este rio um baixo à entrada da banda do norte, onde corre água muito à vazante, e tem dentro algumas ilhas de mangues, pelo qual vão barcos por ele acima quinze ou vinte léguas e vem de muito longe. Esta terra do rio Grande é muito sofrível para este rio haver de se povoar, em o qual se metem muitas ribeiras em que se podem fazer engenhos de açúcar pelo sertão. Neste rio há muito pau de tinta, onde os franceses o vão carregar muitas vezes.

Do Rio Grande ao porto dos Búzios são dez léguas, e está em altura de cinco graus e dois terços; entre este porto e o rio estão uns lençóis de areia como os de Tapoam junto da Baía de Todos os Santos. Neste Rio Grande achou Diogo Paes de Pernambuco, língua[28] do gentio, um castelhano entre os pitiguoares, com os beiços furados como eles, entre os quais andava havia muito

---

27. Duna; monte de areia junto ao mar.
28. Intérprete, tradutor.

tempo, o qual se embarcou em uma nau para a França porque
servia de língua dos franceses entre os gentios nos seus resgates.
Neste porto dos Búzios entram caravelões da costa num riacho
que neste lugar se vem meter no mar.

[10] **Em que se declara a terra e costa do porto dos Búzios
até a baía da Traição, e como João de Barros mandou povoar a sua capitania** Do porto dos Búzios a Itacoatigara são
nove léguas, e este rio se chama deste nome por estar em uma
ponta dele uma pedra de feição de pipa como ilha, a que o gentio por este respeito pôs este nome, que quer dizer ponta da
pipa. Mas o próprio nome do rio é Garatuí, o qual está em altura de seis graus. Entre esta ponta e porto dos Búzios está a
enseada de Tabatingua,[29] onde também há surgidouro e abrigada para navios em que detrás da ponta costumavam ancorar
naus francesas e fazer sua carga de pau de tinta. De Itacoatigara ao rio de Goaramatai são duas léguas, o qual está em seis
graus esforçados; de Goaramatai ao rio de Caramative são duas
léguas, o qual está em seis graus e um quarto, e entre um e
outro rio está a enseada Aratipicaba, onde dos arrecifes para
dentro entram naus francesas e fazem sua carga.

Deste porto para baixo, pouco mais ou menos, se estende a
capitania de João de Barros, feitor que foi da casa da Índia, a
quem el-rei D. João III de Portugal fez mercê de cinquenta léguas de costa partindo com a capitania de Pero Lopes de Sousa,
de Tamaraqua.[30] Desejoso João de Barros de se aproveitar desta
mercê, fez à sua custa uma armada de navios em que embarcou
muitos moradores com todo o necessário para se poder povoar

29. Em Varnhagen (1851 e 1879), "Tabatinga".
30. Em Varnhagen (1851 e 1879), "Tamaracá".

esta sua capitania e em a qual mandou dois filhos que partiram com ela do Porto de Lisboa,[31] e prosseguindo logo sua viagem em busca da costa do Brasil foram tomar terra junto do rio do Maranhão, em cujos baixos se perderam. Deste naufrágio escapou muita gente, com a qual os filhos de João de Barros se recolheram em uma ilha que está na boca deste rio do Maranhão, onde passaram muitos trabalhos, por se não poderem comunicar desta ilha com os moradores da capitania de Pernambuco, e das demais capitanias, os quais depois de gastarem alguns anos, despovoaram e se vieram para este Reino. Nesta armada, e em outros navios que João de Barros depois mandou por sua conta em socorro de seus filhos, gastou muita soma de mil cruzados, sem desta despesa lhe resultar nenhum proveito, como fica dito atrás. Também lhe mataram os pitiguoares muita gente onde se chama o rio Pequeno.

[11] Em que se declara a costa da baía da Traição até a Paraíba Do rio de Camaratibe até a baía da Traição são duas léguas, a qual está em seis graus e um terço, onde ancoram naus francesas e entram dos arrecifes para dentro. Chama-se esta baía pelo gentio potiguoar Acajutibiró, e os portugueses, da Traição, por nela matarem uns poucos de castelhanos e portugueses que nesta costa se perderam.[32] Nesta baía fazem cada ano os franceses muito pau de tinta e carregam dele muitas naus. Desta baía da Traição ao rio Magoape são três léguas, o qual está em seis graus e meio. Do rio de Magoape ao da Parahyba são cinco léguas, o qual está em seis graus e três

---

31. Em Varnhagen (1851 e 1879), "mandou dois filhos seus que partiram com ela, e prosseguindo".
32. Em Varnhagen (1851 e 1879), "por com ela matarem".

quartos.³³ A este rio chamam na carta de marear o de São Domingos,³⁴ onde entram naus de duzentos tonéis, e no rio de Magoape entram caravelas da costa; mas o rio de São Domingos se navega muito pela terra dentro, de onde ele vem de bem longe. Tem este rio um ilhéu da boca para dentro que lhe faz duas barras, e pela que está da banda do norte entram caravelões dos que navegam por entre a terra e os arrecifes até Tamaraqua, e pela outra banda entram as naus grandes;³⁵ e porque entravam cada ano neste rio naus francesas a carregar do pau de tinta com que abatiam o que ia para o Reino das mais capitanias por conta dos portugueses e porque o gentio pitiguoar andava mui alevantado contra os moradores da capitania de Tamaraqua e Pernambuquo, com o favor dos franceses, com os quais fizeram nestas capitanias grandes danos, queimando engenhos e outras muitas fazendas, em que mataram muitos homens brancos e escravos. Assentou Sua Majestade de o mandar povoar e fortificar para o que mandou a isso Frutuoso Barbosa com muitos moradores, o que se começou a fazer com mui grande alvoroço dos moradores destas duas capitanias, mas foi Deus servido que lhe sucedesse mal com lhe matarem os pitiguares, em cuja companhia andavam muitos franceses, trinta e seis homens e alguns escravos numa cilada, com o qual sucesso se descontentaram muito os moradores de Pernambuquo; e se desavieram com Frutuoso Barbosa, de feição que se tornaram para suas casas, e ele ficou impossibilitado para poder pôr em efeito o que lhe era encomendado, o que se depois efetuou

33. Em BGJM, encontra-se "Desta baía da Traição ao rio Magoape são três léguas, o qual está em seis graus e três quartos".
34. O Rio São Domingos é atualmente o rio Paraíba do Norte, ou simplesmente rio Paraíba, e banha o Estado de mesmo nome.
35. Em Varnhagen (1851 e 1879), "e pela outra barra entram".

com o favor e ajuda que para isso deu Diogo Flores de Baldes, general da armada que foi ao estreito de Magalhães.[36]

[12] Em que se trata de como se tornou a cometer a povoação do rio da Parahiba Na Baía de Todos os Santos soube o general Diogo Flores, vindo aí do estreito de Magalhães, com seis naus que lhe ficaram da armada que levou, como os moradores de Pernambuquo e Tamaraqua pediam muito afincadamente ao governador Manuel Telles Barreto,[37] que era então do Estado do Brasil, que os fosse socorrer contra o gentio pitiguar que os ia destruindo, com o favor e ajuda dos franceses, os quais tinham neste rio da Parahiba quatro naus para carregar do pau da tinta;[38] e, posto este negócio em conselho, se assentou que o governador, naquela conjunção, não era bem que saísse da Bahia, pois não havia mais de seis meses que era a ela chegado, onde tinha por prover em grandes negócios convenientes ao serviço de Deus e de el-rei e ao bem comum, mas pois naquele porto estava o general Diogo Flores,[39] com aquela armada, e Diogo Vaz da Veiga com duas naus portuguesas da armada em que do Reino fora o governador, das quais vinha por capitão para o Reino, que um capitão e outro fossem fazer este socorro, indo por cabeça principal o capitão Diogo Flores de Baldes, o qual chegou a Pernambuquo com a armada

36. Diogo Flores de Valdez foi um general espanhol que partiu de Cadiz, em 1551, com uma armada para defender o Estreito de Magalhães dos corsários franceses.
37. Manuel Telles Barreto foi governador-geral entre 1582 e 1587. Assumiu este cargo em substituição a Cosme Rangel, no início do reinado de Filipe II de Espanha. Para se prevenir dos ataques inimigos e defender os portos, construiu fortificações e organizou a defesa.
38. Em Varnhagen (1851 e 1879), "quatro navios para carregar".
39. Em Varnhagen (1851 e 1879), "e do bem comum, mas que, pois naquele porto".

toda junta, com que veio o ouvidor geral Martim Leitão e o provedor-mor Martim Carvalho para, em Pernambuquo, a favorecerem com gente e mantimentos, como o fizeram, a qual gente foi por terra e o general por mar com esta armada, com a qual ancorou fora da barra, e não entrou dentro com mais que com a sua fragata e duas naus, uma das de Diogo Vaz da Veiga,[40] de que era capitão Pero Correa de Lacerda,[41] em a qual o mesmo Diogo Vaz ia, e com todos os batéis das outras naus. Em os franceses vendo esta armada puseram fogo às suas naus e lançaram-se com o gentio, com o qual fizeram mostras de quererem impedir a desembarcação, o que lhes não serviu de nada, que o general desembarcou a pé enxuto, sem lho poderem impedir, e chegou a gente de Pernambuquo e Tamaraqua por terra com muitos escravos e todos juntos ordenaram um forte de terra e faxina onde se recolheram, no qual Diogo Flores deixou cento e tantos homens dos seus soldados com um capitão para os caudilhar, que se chamava Francisco Castrejon que se amassou tão mal com Frutuoso Barbosa não o querendo conhecer por governador, que foi forçado a deixá-lo neste forte, só, e ir-se para Pernambuquo, de onde se queixou à Sua Majestade para que provesse sobre o caso, como lhe parecesse mais seu serviço. E sendo ausente Frutuoso Barbosa, veio o gentio por algumas vezes afrontar este forte e pô-lo em cerco, o qual sofreu mal o capitão Francisco Castrejon. E, apertado dos trabalhos, desamparou este forte e o largou aos contrários, passando-se por terra à capitania de Tamaracá, que é daí dezoito léguas, e pelo caminho lhe matou o gentio alguma gente que lhe ficou

---

40. Em Varnhagen (1851 e 1879), "sua fragata e uma nau das de Diogo Vaz da Veiga".
41. Em Varnhagen (1851 e 1879), "Pedro Corrêa de Lacerda".

atrás, como foram mulheres e outra gente fraca. Mas, sabendo os moradores de Pernambuquo este destroço, se ajuntaram e tornaram a este rio da Parahiba, com Frutuoso Barbosa e se tornaram a apoderar deste forte, o qual Sua Majestade tem agora socorrido com gente, munições e mantimentos necessários, a que se juntou uma aldeia do gentio Tupinamba, que se apartou dos pitiguares, e se veio viver à borda da água, para ajudar a favorecer este forte. Este rio da Paraiba é muito necessário fortificar-se, uma por tirar esta ladroeira dos franceses dele, outra por se povoar, pois é a terra capaz para isso, onde se podem fazer muitos engenhos de açúcar. E povoado este rio como convém, ficam seguros os engenhos da capitania de Tamaraqua e alguns da de Pernambuquo que não lavram com temor dos pitiguares, e outras se tornarão a reformar, que eles queimaram e destruíram. Dos quais pitiguares é bem que façamos este capítulo, que se segue, antes que saiamos do seu limite.

[13] **Que trata da vida e costumes do gentio pitiguar**
Não é bem que passemos já do rio da Paraiba, onde se acaba o limite por onde reside o gentio pitiguar, que tanto mal tem feito aos moradores das capitanias de Pernambuquo e Tamaraqua, e à gente dos navios que se perderam pela costa da Paraiba até o rio do Maranhão. Este gentio senhoreia esta terra do rio Grande até o da Paraíba,[42] onde se confinaram antigamente com outro gentio, que chamam os caytes, que são seus contrários, e se faziam crudelíssima guerra uns aos outros, e se fazem ainda agora pela banda do sertão onde agora vivem os caytés, e pela banda do rio Grande são fronteiros dos Tapuyas, que é a gente mais doméstica, com quem estão às vezes de guerra e às vezes

---

42. Em Varnhagen (1851 e 1879), "senhoreia esta costa".

de paz, e se ajudam uns aos outros contra os tabajaras, que vizinham com eles pela parte do sertão. Costumam estes pitiguares não perdoarem a ninguém dos seus contrários que cativam,[43] porque os matam e comem logo. E este gentio é de má estatura, baços de cor, como todo o outro gentio; não deixam criar nenhuns cabelos no corpo senão os da cabeça,[44] porque em eles nascendo os arrancam logo. Falam a língua dos topinambas[45] e caytes; têm os mesmos costumes e gentilidades,[46] o que declararemos ao diante no título dos Topinambas.[47] E este gentio é muito belicoso, guerreiro e atraiçoado, e amigo dos franceses, a quem fazem sempre boa companhia, e, industriados deles, inimigos dos portugueses. São grandes lavradores dos seus mantimentos, de que estão sempre mui providos, e são caçadores bons e tais flecheiros que não erram flechada que atirem. São grandes pescadores de linha, assim no mar como nos rios de água doce. Cantam, bailam, comem e bebem pela ordem dos Tupinambas, onde se declarará miudamente sua vida e costumes, que é quase o geral de todo o gentio da costa do Brasil.

[14] Em que se declara a costa do rio da Paraiba até Tamaraqua, e quem foi o seu primeiro capitão Do rio da Paraiba, que se diz também o rio de São Domingos, ao rio de Jagoarive, são duas léguas, em o qual entram barcos. Do rio de Jagoarive ao da Aramamá são duas léguas, o qual está em altura de sete graus, onde entram caravelões dos que navegam

---

43. Em Varnhagen (1851 e 1879), "a nenhum dos contrários que".
44. Em Varnhagen (1851 e 1879), "não deixam criar".
45. Em Varnhagen (1851 e 1879), "Tupinambás".
46. Paganismo.
47. No manuscrito da BGJM, "o que declaramos ao diante no título dos Tapuyas, digo Topinambás".

entre a terra e o arrecife. Deste rio ao da Abionabiaja são duas léguas, cuja terra é alagadiça quase toda, e entre um rio e outro ancoravam nos tempos passados naus francesas, das que entravam dos arrecifes para dentro.[48] Deste rio ao da Capivarimirim são seis léguas, o qual está em altura de seis graus e meio, cuja terra é toda chã. De Capivarimirim a Itamaracá são seis léguas, o qual está em altura de sete graus e meio,[49] cuja terra é toda chã. De Capivarimirim a Tamaraqua são seis léguas, e está em sete graus e um terço. Tamaraqua é uma ilha de duas léguas onde está a cabeça dessa capitania e a vila de Nossa Senhora da Conceição. Derredor desta ilha entram no salgado cinco ribeiras, em três das quais estão três engenhos; onde se fizeram mais, se não foram os pitiguares, que vêm correndo a terra por cima e assolando tudo. Até aqui, como já fica dito, tem o rio de Tamaraqua umas barreiras vermelhas na ponta da barra; e quem houver de entrar por ela adentro ponha-se nordeste-sudoeste com as barreiras, e entrará a barra à vontade, e daí para dentro o rio ensinará como hão de ir.[50] Por esta barra entram navios de cem tonéis, e mais, a qual fica da banda do sul da ilha, e a outra barra da banda do norte se entra ao sudeste, pela qual se servem caravelões da costa. De Tamaraqua ao rio de Igarusu[51] são duas léguas, onde se extrema esta capitania da de Pernambuquo. Desta capitania fez el-rei D. João, o III de Portugal, mercê a Pero Lopes de Sousa, que foi um fidalgo muito honrado, o qual, sendo mancebo, andou por esta costa

---

48. Em Varnhagen (1851 e 1879), "naus francesas, e daqui entravam para dentro".
49. Em Varnhagen (1851 e 1879), "altura de seis graus e meio".
50. Em Varnhagen (1851 e 1879), "ensinará por onde ir".
51. Na edição de Varnhagen de 1851, "Igarosu" ou "Igaruçú", e na de 1879, "Igaraçú".

com armada à sua custa, em pessoa foi povoar esta capitania
com moradores que para isso levou do porto de Lisboa de onde
partiu; no que gastou alguns anos e muitos mil cruzados com
muitos trabalhos e perigos em que se viu, assim no mar pelejando com algumas naus francesas que encontrava, de que os
franceses não saíram nunca bem, como na terra em brigas que
com eles teve de mistura com os pitiguares, de quem foi por
vezes cercado e ofendido, até que os fez afastar desta ilha de
Tamaraqua e vizinhança dela. E esta capitania não tem de costa
mais de vinte e cinco ou trinta léguas, por Pero Lopes de Sousa
não tomar as cinquenta léguas de costa que lhe fez mercê Sua
Alteza todas juntas, mas tomou aqui a metade e a outra demasia
junto à capitania de São Vicente, onde chamam Santo Amaro.

**[15] Que declara a costa do rio de Igarusu até Pernambu-
quo**   A vila dos Cosmos está junto ao rio de Igaruçu, que é
marco entre a capitania de Tamaraqua e a de Pernambuquo, a
qual vila será de duzentos vizinhos pouco mais ou menos, em
cujo termo há três engenhos de açúcar muito bons. Do rio de
Igarusu ao porto da vila de Olinda são quatro léguas, e está em
altura de oito graus. Neste porto de Olinda se entra pela boca
de um arrecife de pedra ao sul-sudoeste e depois norte-sul; e,
entrando para dentro ao longo do arrecife fica o rio Morto, pelo
qual entram até acima navios de cem tonéis até duzentos, tomam meia carga em cima e acabam de carregar onde chamam
o Poço defronte da boca do arrecife, onde convém que os navios estejam bem amarrados, porque trabalham aqui muito por
andar neste porto sempre o mar de levadio;[52] por esta boca
entra o salgado pela terra dentro uma légua ao pé da vila; e

52. Movediço; muito agitado.

defronte do surgidouro dos navios faz este rio outra volta deixando no meio uma ponta de areia onde está uma ermida do Corpo Santo. Neste lugar vivem alguns pescadores e oficiais da ribeira, e estão alguns armazéns em que os mercadores agasalham os açúcares e outras mercadorias. Desta ponta da areia da banda de dentro se navega este rio até o varadouro,[53] que está ao pé da vila, com caravelões e barcos, e do varadouro para cima se navega com barcos de navios obra de meia légua, onde se faz aguada fresca para os navios na ribeira que vem do engenho de Jerônimo de Albuquerque.[54] Também se metem neste rio outras ribeiras por onde vão os barcos dos navios a buscar os açúcares aos paços onde os trazem encaixados em carros; este esteiro[55] é limite do arrecife, é muito farto de peixe de redes que por aqui pescam e do marisco. Perto de uma légua da boca deste arrecife está outro boqueirão a que chamam a Barreta, por onde podem entrar barcos pequenos estando o mar bonançoso. Desta Barreta por diante corre este arrecife ao longo da terra duas léguas, e entre ele e ela se navega com barcos pequenos. E quem vem do mar em fora e puser os olhos na terra em que está situada esta vila,[56] parecer-lhe-á que é o cabo de Santo Agostinho, por ser muito semelhante a ele.

---

53. Lugar de pouco fundo junto ao litoral, onde se encalham embarcações.
54. Em Varnhagen (1851 e 1879), "para as naus da ribeira". Jerônimo de Albuquerque era irmão de D. Brites de Albuquerque, esposa do donatário da capitania de Pernambuco, Duarte Coelho. Após o falecimento do capitão-donatário, D. Brites tornou-se governadora e administradora da capitania, e confiou ao seu irmão o governo de Pernambuco. Em suas terras, nas proximidades de Olinda, fundou o primeiro engenho de açúcar de Pernambuco, o Nossa Senhora da Ajuda, depois denominado de Forno de Cal.
55. Braço, estuário.
56. Em Varnhagen (1851 e 1879), "com barcos pequenos que navegam quem navegam de mar em fora, e quem puser os olhos na terra".

[16] Do tamanho da vila de Olinda e da grandeza de seu termo, quem foi o primeiro povoador dela A vila de Olinda é a cabeça da capitania de Pernambuco, a qual povoou Duarte Coelho,[57] que foi um fidalgo, de cujo esforço e cavalaria escusamos tratar aqui em particular por não escurecer muito que dele dizem os livros da Índia, de cujos feitos estão cheios. Depois que Duarte Coelho veio da Índia a Portugal, a buscar satisfação de seus serviços, pediu a Sua Alteza que lhe fizesse mercê de uma capitania nesta costa, que lhe logo concedeu, abalizando-lha da boca do Rio de São Francisco da banda do nordeste,[58] e correndo dela pela costa cinquenta léguas contra Tamaraqua que se acabam no rio de Igarusu, como já fica dito. E como a este valoroso capitão sobejavam sempre espíritos para cometer grandes feitos,[59] não lhe faltaram para vir em pessoa povoar e conquistar esta sua capitania, onde veio com uma frota de navios que armou à sua custa, na qual trouxe sua mulher e filhos e muitos parentes de ambos, e outros moradores com as suas mulheres,[60] com a qual tomou este porto que se diz de Pernambuquo por uma pedra que junto dele está furada no mar, que quer dizer pela língua do gentio mar furado. Chegando Duarte Coelho a este porto desembarcou nele e fortificou-se, onde agora está a vila em um alto livre de padrastos,[61] da melhor maneira que foi possível, onde fez uma torre de pedra e cal, que ainda agora está na praça da vila, onde muitos anos teve grandes trabalhos de guerra com o gentio e franceses

57. O português Duarte Coelho (c.1485-1554) foi o primeiro donatário da Capitania de Pernambuco e chegou a essas terras em 1535.
58. Em Varnhagen (1851 e 1879), "noroeste".
59. Em Varnhagen (1851 e 1879), "sobravam sempre espíritos".
60. Em Varnhagen (1851 e 1879), "e outros moradores com a qual tomou".
61. Monte; conjunto de obras de defesa militar.

que em sua companhia andavam, dos quais foi cercado muitas vezes, malferido e mui apertado, onde lhe mataram muita gente; mas ele, com a constância de seu esforço, não desistiu nunca da sua pretensão, e não tão somente se defendeu valorosamente, mas ofendeu e resistiu aos inimigos, de maneira que os fez afastar da povoação e despejar as terras vizinhas aos moradores delas, onde depois seu filho, do mesmo nome, lhe fez tal guerra, maltratando e cativando neste gentio, que é o que se chama cayte, que o fez despejar a costa toda, como está hoje em dia,[62] e afastar mais de cinquenta léguas pelo sertão. Nestes trabalhos gastou Duarte Coelho, o velho, muitos mil cruzados que adquiriu na Índia, a qual despesa foi bem empregada, pois resultou dela ter hoje seu filho Jorge de Albuquerque Coelho dez mil cruzados de renda, que tanto lhe importa, a sua redízima e dízima do pescado e os foros que lhe pagam os engenhos, dos quais estão feitos em Pernambuquo cinquenta, que fazem tanto açúcar que estão os dízimos dele arrendados em dezenove mil cruzados cada ano. Esta vila de Olinda terá setecentos vizinhos, pouco mais ou menos, mas tem muitos mais no seu termo, porque em cada um destes engenhos vivem vinte e trinta vizinhos, fora os que vivem nas roças, afastados deles, que é muita gente; de maneira que, quando for necessário ajuntar-se esta gente com armas, pôr-se-ão em campo mais de três mil homens de peleja com os moradores da vila dos Cosmos, entre os quais haverá quatrocentos homens de cavalo. Esta gente pode trazer de suas fazendas quatro ou cinco mil escravos da Guiné e muitos do gentio da terra. É tão poderosa esta capitania que há nela mais de cem homens que têm de mil até cinco mil cruzados de renda, e há alguns de oito, dez mil

62. Em Varnhagen (1851 e 1879), "como esta o é hoje em dia".

cruzados de renda. Desta terra saíram muitos homens ricos para estes reinos que foram a ela muito pobres, com os quais entram cada ano desta capitania quarenta e cinquenta naus carregadas de açúcar e pau do brasil,[63] o qual é o mais fino que se acha em toda a costa; e importa tanto este pau a Sua Majestade que o tem agora novamente arrendado por tempo de dez anos por vinte mil cruzados cada ano. E parece terra tão rica e tão poderosa,[64] de onde saem tantos provimentos para estes reinos, que se devia de ter mais em conta a fortificação dela, e não consentir que esteja arriscada a um corsário a saquear e destruir, ao que se pode atalhar com pouca despesa e menos trabalho.

[17] Em que se declara a terra e costa que há do porto de Olinda até o cabo de Santo Agostinho Do porto de Olinda à ponta de Pero Cavarim são quatro léguas. Da ponta de Pero Cavarim ao rio de Jaboatão é uma légua, em o qual entram barcos. Do rio de Jaboatão ao cabo de Santo Agostinho são quatro léguas, o qual cabo está em oito graus e meio. Ao socairo[65] deste cabo da banda do norte podem surgir naus grandes quando cumprir, onde têm boa abrigada. Do Cabo até Pernambuquo corre-se a costa norte-sul.

Quem vem do mar em fora, para conhecer este cabo de Santo Agostinho, verá por cima dele uma serra selada, que é boa conhecença, porque por aquela parte não há outra serra da sua altura e feição, a qual está quase leste-oeste com o Cabo, e toma uma quarta de nordeste-sudoeste. E para quem vem ao longo da costa bota o Cabo fora com pouco mato e em manchas; e ver-lhe-ão que tem a banda do sul, cinco léguas afastado dele,

---

63. Em Varnhagen (1851 e 1879), "navios carregados de açúcar e pau-brasil".
64. Em Varnhagen (1851 e 1879), "E parece que será tão rica e tão poderosa".
65. No sopé; ao abrigo.

a ilha de Santo Aleixo, que é baixa e pequena. Até este Cabo é a terra povoada de engenhos de açúcar, e por junto dele passa um rio que se diz do Cabo, onde também estão alguns, o qual sai ao mar duas léguas do Cabo e mistura-se ao entrar no salgado com o rio do Ipojuqua,[66] que está duas léguas da banda do sul; neste rio entram e saem caravelões do serviço dos engenhos, que estão nos mesmos rios, onde se recolhem com tempo barcos da costa.

[18] Em que se declara a costa do cabo e rio do Ipojuqua até o rio de São Francisco   Já fica dito como se mete o rio de Ipojuqua como o do Cabo ao entrar no salgado, agora digamos como dele ao porto das Galinhas são duas léguas.[67] A terra que há entre este porto e o rio de Ipojuqua é toda alagadiça. Neste porto e rio das Galinhas entram barcos da costa. Do rio das Galinhas à ilha de Santo Aleixo é uma légua, em a qual há surgidouro e abrigo para as naus, e está afastada da terra firme uma légua; da ilha de Santo Aleixo ao rio de Maracaípe são seis léguas, onde entram caravelões, o qual tem uns ilhéus na boca. De Maracaípe ao rio Formoso são duas léguas, o qual tem um arrecife ao mar defronte de si, que tem um boqueirão por onde entram navios da costa, o qual está em nove graus, cuja terra é escalvada mas bem provida de caça. Do rio Formoso ao de Una são três léguas, o qual tem na boca uma ilha de mangues da banda do norte, a qual se alaga com a maré, e mais adiante, chegadas à terra, tem sete ilhetas de mato. Deste rio Una ao porto das Pedras são quatro léguas, o qual está em nove graus e meio. Entre este porto e o rio Una se faz uma enseada muito

---

66. Em Varnhagen (1851 e 1879), "ao entrar do salgado com o rio do Ipojuca".
67. No manuscrito da BGJM, "como dele ao rio das Galinhas".

grande,[68] onde podem surgir e barlaventear naus que nadem em fundo de cinco até sete braças, porque tanto tem de fundo.

E corre-se a costa do cabo de Santo Agostinho até este porto das Pedras nordeste-sudoeste. Deste porto ao rio Camaragipe são três léguas, cuja fronteira é de um banco de arrecifes que tem algumas abertas por onde entram barcos da costa, e ficam seguros de todo tempo entre os arrecifes e a terra. Neste rio de Camaragipe entram navios de honesto porte, e na ponta da barra dele da banda do sul tem umas barreiras vermelhas, cuja terra ao longo do mar é escalvada até o rio de Santo Antônio Mirim, que está dele duas léguas, onde também entram caravelões da costa. Do rio de Santo Antônio Mirim ao porto Velho dos Franceses são três léguas, onde eles costumam ancorar com as suas naus e resgatar[69] com o gentio. Do porto Velho dos Franceses ao rio de São Miguel são quatro léguas, que está em dez graus, em o qual entram navios da costa, e entre um e outro entra no mar o rio da Alagoa, onde também entram caravelões, o qual se diz da Alagoa, por nascer de uma que está afastada da costa, ao qual rio chamam os índios o porto de Jaraguoa.[70] Do rio de São Miguel ao porto Novo dos Franceses são duas léguas, defronte do qual fazem os arrecifes que vão correndo a costa, uma aberta por onde os franceses costumavam entrar com suas naus, e ancoravam entre o arrecife e a terra por ter fundo para isso, onde estavam muito seguros, e daqui faziam seu resgate com o gentio. Do porto Novo dos Franceses ao de Iapotiba[71] é uma légua, do qual ao rio de Cururuipe[72] são três

68. Em Varnhagen (1851 e 1879), "Entre este e o rio Una".
69. Negociar, trocar.
70. Em Varnhagen (1851 e 1879), "chamam os índios o porto Jaragoá".
71. Em Varnhagen (1851 e 1879), "Sapetiba".
72. Em Varnhagen (1851 e 1879), "Currurupe".

léguas em o qual entram navios da costa, cuja terra ao longo do mar é fraca, mas para dentro duas léguas é arresoada.[73] Deste rio de Cururuipe até o rio de São Francisco são seis léguas.

Da ponta da barra de Cururuipe,[74] contra o Rio de São Francisco se vai armando uma enseada de duas léguas, em a qual bem chegados à terra estão os arrecifes de D. Rodrigo, onde também se chama o porto dos Franceses por se eles costumarem recolher aqui com suas naus à abrigada desta enseada, e iam por entre os arrecifes e a terra, com suas lanchas, tomar carga do pau da tinta no rio de Cururuipe.

Aqui se perdeu o bispo do Brasil, D. Pero Fernandes Sardinha,[75] com sua nau vinda da Bahia para Lisboa, em a qual vinha Antônio Cardoso de Barros, provedor-mor que fora do Brasil, e dois cônegos, duas mulheres honradas e casadas, muitos homens nobres e outra muita gente, que seriam mais de cem pessoas brancas, fora escravos, a qual escapou toda deste naufrágio, mas não do gentio cayte, que neste tempo senhoreava esta costa da boca deste rio de São Francisco até o da Paraiba; depois que estes caytes roubaram este bispo e toda esta gente de quanto salvaram,[76] os despiram e amarraram a bom recado, e pouco a pouco os foram matando e comendo, sem escapar mais que dois índios da Bahia com um português que sabia a língua, filho do meirinho da correição. A terra que há por cima desta enseada até perto do rio de São Francisco é toda alagadiça, cuja água se ajunta toda em uma ribeira que se dela faz, a qual vai sair ou entrar do rio de São Francisco duas léguas da barra

---

73. Arrazoada; razoável.
74. Em Varnhagen (1851), "Currururipe".
75. Em Varnhagen (1851 e 1879), "Pedro Fernandes Sardinha".
76. No manuscrito da BGJM, "este bispo e gente".

para cima. Corre-se a costa do rio de São Francisco até o porto das Pedras nordeste-sudoeste,[77] e toma da quarta de norte-sul.

[19] **Que trata de quem são estes caytes, que foram moradores na costa de Pernambuco**   Parece que não é bem que passemos adiante do rio de São Francisco sem dizermos que gentio é este caité, que tanto mal tem feito aos portugueses nesta costa, o que agora cabe dizer deles.[78]

Este gentio, nos primeiros anos da conquista deste estado do Brasil, senhoreou desta costa da boca do rio de São Francisco até o rio da Paraiba, onde sempre teve guerra cruel com os pitiguares,[79] e se matavam e comiam uns aos outros em vingança de seus ódios, para execução da qual entravam muitas vezes pela terra dos pitiguares e lhes faziam muito dano. Da banda do rio de São Francisco guerreavam estes pitiguares em suas embarcações com os Tupinambas, que viviam da outra banda do rio,[80] em cuja terra entravam a fazer seus saltos, onde cativavam muitos, que comiam sem lhes perdoar.

As embarcações de que este gentio usava eram de uma palha comprida como a das esteiras de tábua que fazem em Santarém, a que eles chamam periperi, a qual palha fazem em molhos muito apertados, com umas varas como vime, a que eles chamam timbós, que são muito brandas e rijas, e com estes molhos atados em umas varas grossas faziam uma feição de embarcações, em que cabiam dez a doze índios, que se remavam muito bem, e nelas guerreavam com os Tupinambas neste

77. Em Varnhagen (1851 e 1879), "nornordeste susudoeste".
78. No manuscrito da BGJM, o período termina em "nesta costa".
79. No manuscrito da BGJM, "guerra cruel com os portugueses", possivelmente um erro do copista.
80. Em Varnhagen (1851 e 1879), "outra parte do rio".

rio de São Francisco, e se faziam uns aos outros muito dano. E aconteceu por muitas vezes fazerem os caités desta palha tamanhas embarcações que vinham nelas ao longo da costa fazer seus saltos aos topinambás junto da Bahia, que são cinquenta léguas. Pela parte do sertão, confinava este gentio com os Tapuyas e tupinais, e se faziam cruéis guerras, para cujas aldeias ordinariamente havia fronteiros, que as corriam e salteavam. E quando os caités matavam ou cativavam alguns contrários destes, tinham-no por mor honra, que não quando faziam outro tanto aos pitiguares nem aos topinambás. Este gentio é da mesma cor baça, e tem a vida e costumes dos pitiguares e a mesma língua, que é em tudo como a dos Tupinambas, em cujo título se dirá muito de suas gentilidades.

São estes caites mui belicosos e guerreiros, mas mui atraiçoados, sem nenhuma fé nem verdade, o qual fez os danos que fica declarado à gente da nau do bispo, a Duarte Coelho, e a muitos navios e caravelões que se perderam nesta costa, dos quais não escapou pessoa nenhuma, que não matassem e comessem, cujos danos Deus não permitiu que durassem mais tempo; mas ordenou de os destruir desta maneira. Confederaram-se os topinambas seus vizinhos com os tupinays,[81] pelo sertão, e ajuntaram-se uns com os outros pela banda de cima, de onde os tapuyas também apertavam estes caites, e deram-lhe nas costas, e de tal feição os apertaram, que os fizeram descer todos para baixo, junto do mar, onde os acabaram de desbaratar; e os que não puderam fugir para a serra do Aquetiba não escaparam de mortos ou cativos. Destes cativos iam comendo os vencedores quando queriam fazer suas festas, e venderam deles aos moradores de Pernambuquo e aos da Bahia infinidade de

81. Em Varnhagen (1851 e 1879), "tupinaês".

escravos a troco de qualquer coisa, ao que iam ordinariamente caravelões de resgate, e todos vinham carregados desta gente, a qual Duarte Coelho de Albuquerque por sua parte acabou de desbaratar.

E desta maneira se consumiu este gentio, do qual não há agora senão o que se lançou muito pela terra adentro, ou se misturou com seus contrários sendo seus escravos, ou se aliaram por ordem de seus casamentos. Por natureza, são estes caites grandes músicos e amigos de cantar e de bailar,[82] são grandes pescadores de linha e nadadores; também são mui cruéis uns para os outros para se venderem, o pai aos filhos, os irmãos e parentes uns aos outros; e de tal maneira são cruéis, que aconteceu o ano de 1571 no rio de São Francisco estando nele algumas embarcações da Bahia resgatando com este gentio, em uma de um Rodrigo Martins estavam alguns escravos resgatados, em que entrava uma índia caité, a qual enfadada de lhe chorar uma criança, sua filha, a lançou no rio, onde andou de baixo para cima um pedaço sem se afogar, até que de outra embarcação se lançou um índio a nado, por mandado de seu senhor, que a foi tirar, onde a batizaram e durou depois alguns dias.

E como no título dos Tupinambas se conta por extenso a vida e costumes, que toca a maior parte do gentio que vive na costa do Brasil, temos que basta por agora o que está dito dos Caites.[83]

[20] **Que trata da grandeza do rio de São Francisco e seu nascimento** Muito havia que dizer do rio de São Francisco, se lhe coubera fazê-lo neste lugar, do qual se não pode escrever

---

82. Em Varnhagen (1851 e 1879), "grandes músicos e amigos de bailar".
83. Em Varnhagen (1851 e 1879), "basta o que está dito até agora dos *Caités*".

aqui o que se deve dizer dele,[84] porque será escrever tudo o que temos dito, e não se poderá cumprir com o que está dito e prometido, que é tratar toda a costa em geral, e em particular da Bahia de Todos os Sanctos, a quem é necessário satisfazer com o devido. E este rio contente-se por ora de se dizer dele em suma o que for possível neste capítulo, para com brevidade chegarmos a quem está esperando por toda a costa.

Está o rio de São Francisco em altura de dez graus e um quarto, o qual tem na boca da barra duas léguas de largo, por onde entra a maré com o salgado para cima duas léguas somente, e daqui para cima é água doce, que a maré faz recuar outras duas léguas, não havendo água do monte. A este rio chama o gentio o Pará, o qual é mui nomeado entre todas as nações, das quais foi sempre muito povoado, e tiveram uns com outros sobre os sítios grandes guerras, por ser a terra muito fértil pelas suas ribeiras e por acharem nele grandes pescarias.

Ao longo deste rio vivem agora alguns caetés, de uma banda, e da outra vivem Tupinambas; mais acima vivem Tapuyas de diferentes castas, Tupinaes, amoupiras,[85] ubirajaras e amazonas; e além delas vive outro gentio, não tratado dos que comunicam com os portugueses, que se atavia com joias de ouro, de que há certas informações. Este gentio se afirma viver à vista da Alagoa Grande, tão afamada e desejada de descobrir, da qual este rio nasce. E é tão requestado este rio de todo o gentio, por ser muito farto de pescado e caça, e por a terra dele ser muito fértil como já fica dito; onde se dão mui bem toda a sorte de mantimentos naturais da terra.

84. No manuscrito da BGJM, "o que se pode dizer dele".
85. Em Varnhagen (1851 e 1879), *"Amoipiras"*.

Quem navega por esta costa conhece este rio quatro e cinco léguas ao mar pelas aguagens que dele saem furiosas e barrentas. Navega-se este rio com caravelões até a cachoeira que estará da barra vinte léguas, pouco mais ou menos, até onde tem muitas ilhas, que o fazem espraiar muito mais que na barra, por onde entram navios de cinquenta tonéis pelo canal do sudoeste, que é mais fundo que o do nordeste. Da barra deste rio até a primeira cachoeira há mais de trezentas ilhas;[86] no inverno não traz este rio água do monte, como os outros, nem corre muito; e no verão cresce de dez até quinze palmos. E começa a vir esta água do monte, de outubro por diante até janeiro, que é a força do verão destas partes; e neste tempo se alagam a maior parte destas ilhas, pelo que não criam nenhum arvoredo, nem mais que canas-bravas de que se fazem flechas.

Por cima desta cachoeira, que é de pedra viva, também se pode navegar este rio em barcos, se se lá fizerem, até o sumidouro, que pode estar da cachoeira oitenta ou noventa léguas, por onde também tem muitas ilhas. Este sumidouro se entende no lugar onde este rio sai de debaixo da terra, por onde vem escondido, dez ou doze léguas, no cabo das quais arrebenta até onde se pode navegar, e faz seu caminho até o mar. Por cima deste sumidouro está a terra cheia de mato, sem se sentir que vai o rio por baixo, e deste sumidouro para cima se pode também navegar em barcos, se os fizerem lá; os Índios se servem por ele em canoas, que para isso fazem. Está capaz este rio para se perto da barra dele fazer uma povoação valente de uma banda e outra da outra parte para segurança dos navios da

---

86. No manuscrito da BGJM, "há mais de trinta ilhas, digo de trezentas ilhas".

costa,[87] e dos que o tempo ali faz chegar, onde se perdem muitas vezes, e podem os moradores que nele viverem fazer grandes fazendas e engenhos até a cachoeira, derredor da qual há muito pau do brasil, que com pouco trabalho se pode carregar.

Depois que este Estado se descobriu por ordem dos reis passados, se trabalhou muito por se acabar de descobrir este rio, por todo o gentio que nele viveu, e por ele andou afirmar que pelo seu sertão havia serras de ouro e prata, à conta da qual informação se fizeram muitas entradas de todas as capitanias sem poder ninguém chegar ao cabo; com este desengano e sobre esta pretensão veio Duarte Coelho de Albuquerque[88] a Portugal da sua capitania de Pernambuquo a primeira vez, e a segunda também teve esse desengano;[89] mas desconcertou-se com Sua Alteza pelo não fartar das honras que pedia. E sendo governador deste Estado Luis de Brito de Almeida,[90] mandou entrar por este rio acima a um Bastião Álvares, que se dizia do Porto Seguro, o qual trabalhou por descobrir quanto pôde, no que gastou quatro anos e um grande pedaço da Fazenda de el-rei, sem poder chegar ao sumidouro, e por derradeiro veio acabar com quinze ou vinte homens entre o gentio topinamba, a cujas mãos foram mortos, o que lhe aconteceu por não ter cabedal da gente para se fazer temer, e por querer fazer esta jornada contra água, o que não aconteceu a João Coelho de

87. Em Varnhagen (1851 e 1879), "uma povoação valente de uma banda, e da outra para segurança".
88. Em Varnhagen (1851 e 1879), "Duarte Coelho".
89. Em Varnhagen (1851 e 1879), "e da segunda também teve desenho".
90. O português Brito de Almeida governou as capitanias do norte do Estado do Brasil, que tinha Salvador como capital, de 1572 à 1576, tornando-se governador de toda a colônia a partir de 1577. Empreendeu diversas bandeiras pelo interior do Brasil, para descoberta e mineração de pedras e metais preciosos, e fundou a cidade de Santa Luzia, na Bahia, que deu inicio à Capitania de Sergipe.

Sousa, porque chegou acima do sumidouro mais de cem léguas, como se verá do roteiro que se fez da sua jornada. A boca da barra deste rio corta o salgado a terra da banda do sudoeste, e faz ficar aquela ponta de areia e mato em ilha, que será de três léguas de comprido. E quando este rio enche com água do monte, não entra o salgado com a maré por ele acima, mas até a barra é água doce, e traz neste tempo grande correnteza.

[21] **Em que se declara a costa do rio de São Francisco até o de Seregipe** Do rio de São Francisco ao de Goaratibe[91] são duas léguas, em o qual entram barcos da costa e tem este rio na boca uma ilha, que é a que vem da ponta da barra do rio de São Francisco; este rio se navega pela terra dentro três léguas, e faz um braço na entrada junto do arrecife, por onde entra o salgado até entrar no rio de São Francisco uma légua da barra, por onde vão os barcos de um rio ao outro, o qual braço faz a ilha declarada. Do rio de Goaratibe a sete léguas está um riacho a que chamam de Aguaboa, pelo ela ser, o qual, como chega perto do salgado, faz uma volta ao longo dele, fazendo uma língua de terra estreita entre ele e o mar, de uma légua de comprido, e no cabo desta légua se mete o mar; entre um rio e outro é tudo praia de areia, onde se chama a enseada de Vazabarris, a qual tem diante de si tudo arrecifes de pedra, com alguns boqueirões para barcos pequenos, por onde podem entrar com bonança. Deste riacho de Aguaboa a uma légua está o rio de Ubirapatiba, por cuja barra podem entrar barcos e caravelões da costa com a proa ao lesnoroeste. A este rio vem o gentio Tupinamba mariscar, por achar por aqueles arrecifes muitos polvos, lagostins e caranguejos; e a pescar à linha, onde matam muito peixe, o

---

91. Em Varnhagen (1851 e 1879), "Guaratiba".

qual se navega pela terra adentro mais de três léguas. Deste rio Ubirapatiba a sete léguas está o rio de Seregipe em altura de onze graus e dois terços, por cuja barra com batéis diante costumavam entrar os franceses com suas naus do porte de cem tonéis para baixo, mas não tomavam dentro mais que meia carga, e fora da barra acabavam de carregar com suas lanchas, em que acabavam de acarretar o pau que ali resgatavam com os Tupinambas, onde também resgatavam com os mesmos algodão e pimenta da terra. Tem este rio duas léguas por ele acima a terra fraca, mas dali avante é muito boa para se poder povoar, onde convém muito que se faça uma povoação, assim para atalhar que não entrem ali franceses, como por segurar aquela costa do gentio que vive por este rio acima, o qual todos os anos faz muito dano, assim nos barcos que entram nela e no Rio Real no inverno com tempo, como em homens, que cometem este caminho para Pernambuquo fugindo à justiça, e no que pelo mesmo respeito fogem de Pernambuco para a Bahia, os quais de maravilha escapam que os não matem e comam. Tem este rio de Seregipe na barra de baixa-mar três braças, e dentro cinco e seis braças, cuja barra se entra lessudeste e oesnoroeste, e quem quer entrar pelo boqueirão do baixio vai com a proa ao norte; e como está dentro a loesnoroeste, vai demandar a ponta do sul, e dela para dentro se vai ao norte; e quem vem do mar em fora verá por cima deste rio um monte mais alto que os outros, da feição de um ovo, que está afastado da barra algumas seis léguas, pelo qual é a terra bem conhecida. A este monte chamam os índios Manhana, que quer dizer entre eles espia por se ver de todas as partes de muito longe. E corre-se a costa deste rio ao de São Francisco nordeste-sudoeste.[92]

92. Em Varnhagen (1851 e 1879), "nornordeste susudoeste".

[22] **Em que se declara a costa do rio de Seregipe até o rio Real** Deste rio de Seregipe de que acima dissemos, a quatro léguas está outro rio, que se diz de Cotigipe, cuja boca é de meia légua, no meio da qual tem uma ilha em que tem umas moitas verdes, a qual ilha faz duas barras a este rio; pela do sul podem entrar navios de oitenta tonéis, porque no mais debaixo tem de fundo duas braças de baixa-mar, e mais para dentro tem cinco braças; pela barra do norte entram caravelões da costa. Tem este rio à boca da barra uns bancos de areia que botam meia légua ao mar. Por este rio se navega três léguas, que tantas entra a maré por ele acima, o qual é muito farto de peixe e marisco, cuja terra é sofrível para se poder povoar e no sertão dela tem grandes matas de pau-brasil.

Deste rio de Cotegipe ao rio de Pereira, a que outros chamam de Canafístola, são quatro léguas. Do qual até Seregipe faz a terra outra enseada, a que também chamam de Vazabarris, no seio da qual está o rio Cotegipe, de que já falamos, a que muitos chamam do nome de enseada. Do rio de Pereira a duas léguas está a ponta do rio Real, donde se corre a costa até Sergipe nordeste-sudoeste.[93]

[23] **Que trata do rio Real e seus merecimentos** Parece que quem tem tamanho nome como o rio Real, que deve de ter merecimentos capazes dele, os quais convém que venham a terreiro, para que cheguem à notícia de todos. E comecemos na altura, em que está, que são doze graus escassos; a barra deste rio terá de ponta a ponta meia légua, em a qual tem dois canais, por onde entram navios da costa de quarenta toneladas, e pela barra do sudoeste podem entrar navios de sessenta tonéis,

---

93. Em Varnhagen (1851 e 1879), "nornordeste susudoeste".

estando com as balizas necessárias, porque tem dois mares em flor; da barra para dentro tem o rio muito fundo, onde se faz uma baía de mais de uma légua, onde os navios têm grande abrigada com todos os tempos, na qual há grandes pescarias de peixe-boi, e de toda a outra sorte de pescado, e muito marisco. Entra a maré por este rio acima seis ou sete léguas, e divide-se em três ou quatro esteiros onde se vêm meter outras ribeiras de água doce. Até onde chega o salgado, é a terra fraca e pouca dela servirá de mais que de criação de gado; mas donde se acaba a maré para cima é a terra muito boa e capaz para dar todas as novidades do que lhe plantarem, em a qual se podem fazer engenhos de açúcar, por se darem nela as canas muito bem.

Pelo sertão deste rio há muito pau do brasil, que com pouco trabalho todo pode vir ao mar, para se poder carregar para estes reinos. E para que esta costa esteja segura do gentio, e os franceses desenganados de não poderem vir resgatar com ele entre a Bahia e Pernambuquo, convém ao serviço de Sua Majestade que mande povoar e fortificar este rio, o que se pode fazer com pouca despesa de sua Fazenda, do que já el-rei D. Sebastião, que está em glória, foi informado, e mandou mui afincadamente a Luis de Brito, que neste tempo governava este Estado, que ordenasse com muita brevidade como se povoasse este rio, no que ele meteu todo o cabedal, mandando a isso Garcia d'Ávila, que é um dos principais moradores da Bahia, com muitos homens das ilhas e da terra, para que assentassem uma povoação onde parecesse melhor; o que fez pelo rio acima três léguas, onde o mesmo governador foi em pessoa com a força da gente que havia na Bahia,[94] quando foi dar guerra ao gentio daquela parte, o qual passou por esta nova povoação,

---

94. No manuscrito da BGJM, "força de guerra, digo gente que havia".

de cujo sítio ele e toda a companhia se descontentaram, e com razão, porque estava longe do mar, para se valerem da fartura dele, e longe da terra boa, que lhe pudesse responder com as novidades acostumadas. Donde se afastarem por temerem o gentio que por ali vivia, ao qual Luís de Brito deu tal castigo naquele tempo como se nunca deu naquelas partes,[95] porque mandou destruir os mais valorosos e maiores dos corsários capitães daquele gentio, que nunca houve naquela costa, sem lhe custar a vida a mais que a dois escravos, os quais principais do gentio foram mortos, e os seus que escaparam com vida ficaram cativos. E quando o governador recolheu, se despovoou este princípio de povoação, sem se tornar mais a bulir nisto, por se entender ser necessário fazer-se uma casa forte à custa de Sua Alteza, a qual Luís de Brito não ordenou por ser chegado o cabo de seu tempo, e suceder-lhe Lourenço da Veiga, que não buliu neste negócio pelos respeitos que não são sabidos para se aqui declararem.

[24] Em que se declara a terra que há do rio Real até o rio de Tapicuru   Do rio Real ao de Itapicuru[96] são quatro léguas, sem de um rio ao outro haver na costa por onde entre um barquinho, por tudo serem arrecifes ao longo da costa, cuja terra ao longo dela é muito fraca, que não serve senão para criações de gado. A boca deste rio é muito suja de pedras, mas podem-se quebrar umas pontas de baixa-mar de águas vivas, em que lhe fique canal aberto, para poderem por ele entrar caravelões da costa de meia água cheia por diante. Da boca deste rio para dentro faz-se uma maneira de baía, onde de baixa-mar podem

---

95. Em Varnhagen (1851 e 1879), "como se não deu naquelas partes".
96. Em Varnhagen (1851 e 1879), "Itapocurú".

nadar naus de duzentos tonéis; entra a maré por este rio acima
cinco léguas ou seis, as quais se podem navegar com barcos; e
onde se mistura o salgado com água doce para cima dez ou doze
léguas se podem também navegar com barquinhos pequenos;
e por aqui acima é a terra muito boa para se poder povoar,
porque dá muito bem todos os mantimentos que lhe plantam, e
dará muito bons canaviais de açúcar, porque quando Luís de
Brito foi dar guerra ao gentio do rio Real, se acharam pelas
roças destes índios, que viviam ao longo deste rio, mui grossas
e mui formosas canas-de-açúcar, pelo que, povoando-se este
rio, se podem fazer nele muitos engenhos de açúcar, porque
tem ribeiras que se nele metem muito acomodadas para isto;
neste mesmo tempo se achou entre este rio e o Real cinquenta
ou sessenta léguas pelo sertão, uma lagoa de quinhentas braças
de comprido e cem de largo, pouco mais ou menos, cuja água
é mais salgada que a do mar, a qual alagoa estava cercada de
um campo todo cheio de perrexil muito mais viçoso que o que
nasce ao longo do mar, e tocado por fora nos beiços era tão
salgado como se lhe dera o rocio do mar; neste mesmo campo
afastado desta alagoa quinhentas ou seiscentas braças estava
outra alagoa, ambas em um andar, cuja água era muito doce,
e o peixe que ambas tinham era de uma mesma sorte, e em
ambas havia muitos porcos-d'água, dos quais o gentio matou
muita quantidade deles. Este rio perto do mar é muito farto
de pescado e marisco e, para cima, de peixe de água doce, e
pela terra ao longo dele tem muita caça de toda a sorte, o qual
no verão traz mais água que o Mondego, e está em doze graus,
cujo nascimento é para a banda de leste mais de cem léguas do
mar,[97] e está povoado do gentio Tupinamba.

97. Na edição de 1851, "banda de loeste", e na de 1879, "banda do loeste".

[25] **Em que se declara a terra que há do Tapicuru até Tatuapara**   Do rio Itapicuru a Tatuapara são oito ou nove léguas, cuja terra ao longo do mar é muito fresca e baixa, e não serve senão para criação de gado; mas duas léguas pela terra adentro é sofrível para mantimentos, pela qual atravessam cinco rios e outras muitas ribeiras, que vêm sair no mar nestas oito léguas, de que não há que tratar, porque se metem no mar por cima dos arrecifes,[98] sem fazerem barra por onde possa andar um barquinho; porque toda esta costa do rio Real até Tatuapara ao longo do mar é cheia de arrecifes de pedra, que se espraiam muito, por onde não é possível lançar-se gente em terra, nem chegar nenhum barco se não for no Itapicuru, como fica dito.

Tatuapara é uma enseada, onde se mete um riacho deste nome, no qual entram caravelões da costa com preamar; nesta enseada têm os navios muito boa abrigada e surgidouro, do que se aproveitam os que andam pela costa. Aqui tem Garcia d'Ávila, que é um dos principais e mais ricos moradores da cidade do Salvador, uma povoação com grandes edifícios de casas de sua vivenda, e uma igreja de Nossa Senhora, mui ornada, toda de abóbada, na qual tem um capelão que lhe ministra os sacramentos.

Este Garcia d'Ávila tem toda sua fazenda em criações de vacas e éguas, e terá alguns dez currais por esta terra e ao diante;[99] e os padres da companhia[100] têm neste direito uma aldeia de índios forros Tupinambas, a qual se chama de Santo Antônio, onde haverá mais de trezentos homens de peleja; e

---

98. Em Varnhagen (1851 e 1879), "por se meterem no mar".
99. Em Varnhagen (1851 e 1879), "por esta terra adiante".
100. Os padres da Companhia de Jesus, ou jesuítas.

perto dessa aldeia têm os padres três currais de vacas, que granjeiam, os quais têm na aldeia uma formosa igreja de Santo Antônio, e um recolhimento onde estão sempre um padre de missa e um irmão, que doutrinam estes índios na nossa santa fé católica, no que os padres trabalham todo o possível; mas por demais, porque é este gentio tão bárbaro, que até hoje não há nenhum que viva como cristão, tanto que se aparta da conversação dos padres oito dias. Esta enseada de Tatuapara está a altura de doze graus esforçados e corre-se a costa daqui até o rio Real nordeste susudoeste.[101]

[26] Em que se declara a terra e costa de Tatuapara até o rio de Joane De Tatuapara ao rio Jacoipe são quatro léguas, as quais ao longo do mar são de terra baixa e fraca que estão ocupadas com currais de gado de Garcia d'Ávila e de outras pessoas chegadas à sua casa.[102] De Tatuapara até este rio não há onde possa entrar um barco, senão neste rio de Jacoipe e aqui com bonanças ainda com trabalho; mas, atrás uma légua, onde se chama o porto de Brás Afonso, onde os arrecifes que vêm de Tatuapara fazem uma aberta,[103] podem entrar caravelões, e do arrecife para dentro ficam seguros com todo o tempo. Este rio de Jacoipe se passa de baixa-mar acima da barra uma légua a vau, ao longo do qual tem o mesmo Garcia d'Ávila um curral de vacas. Deste rio de Jacuípe até o rio de Joane[104] são cinco léguas, até onde são tudo arrecifes, sem haver onde possa entrar

---

101. Em Varnhagen (1851 e 1879), "nornordesde susudoeste".
102. Em Varnhagen (1851 e 1879), "as quais ao longo do mar estão ocupadas por currais de gado, por serem de terra baixa e fraca; os quais currais são de Garcia D'Ávila".
103. No manuscrito da BGJM, "fazem uma enseada, digo aberta".
104. Em Varnhagen (1851 e 1879), "Joanne".

um barco, senão onde chamam o porto de Arambepe, onde os arrecifes fazem outra aberta, por onde com bonança podem entrar barcos, e ficarem dentro dos arrecifes seguros.

De Jacoipe a Arambepe são duas léguas onde se perdeu a nau Santa Clara, que ia para a Índia, estando sobre amarra, e foi tanto o tempo que sobreveio, que a fez ir à caceia,[105] que foi forçado cortarem-lhe o mastro grande, o que não bastou para se remediar, e os oficiais da nau, desconfiados da salvação, sendo meia-noite, deram à vela do traquete[106] para ancorarem em terra e salvarem as vidas, o que lhe sucedeu pelo contrário; porque sendo esta costa toda limpa, afastada dos arrecifes, foram varar por cima de uma laje, não se sabendo outra de Pernambuco até a Bahia, a qual laje está um tiro de falcão ao mar dos arrecifes, onde se esta nau fez em pedaços, e morreram neste naufrágio passante de trezentos homens, com Luis d'Alter d'Andrade,[107] que ia por capitão desta nau para a Índia. Toda esta terra até o rio de Joane, três léguas do mar para o sertão, está povoada de currais de vacas de pessoas diversas; e nesta comarca, três léguas do mar, têm os padres da companhia duas aldeias de índios forros Tupinambas e de outras nações, em as quais terão setecentos homens de peleja pelo menos; os quais os padres doutrinam, como fica dito, da aldeia de Santo Antônio. Estas outras se dizem uma de Santo Espírito e a outra de São João, onde têm grandes igrejas da mesma advocação e recolhimento para os padres que nelas residem e para outros que muitas vezes se vão lá recrear. E à sombra e circuito destas aldeias têm quatro ou cinco currais de vacas ou mais, que

---

105. Condição de uma embarcação que se encontra descaída do rumo ou à deriva.
106. Mastro da parte dianteira da embarcação.
107. Em Varnhagen (1851 e 1879), "Luiz de Alter de Andrade".

granjeiam, de que se ajudam a sustentar. Por onde estas aldeias estão é a terra boa, onde se dão todos os mantimentos da terra muito bem, por ser muito fresca, com muitas ribeiras de água; neste limite lança o mar fora todos os anos muito âmbar pelo inverno, que estes índios vão buscar, o qual dão aos padres. E corre-se esta costa de Tatuapara até este rio de Joane nordeste susudoeste.[108]

[27] Em que se declara a costa do rio de Joane até a Bahia
O rio Joane traz tanta água, quando se mete no mar, como o Zezere quando se mete no Tejo, o qual entra no mar por cima dos arrecifes, onde espraia muito, o qual se passa de maré vazia a vau por junto da barra; mas não pode entrar por ela nenhuma jangada, por ser tudo pedra viva, e de preamar não tem sobre si três palmos de água, a qual anda ali sempre mui levantada. Este rio está em altura de doze graus e dois terços. Deste rio até Tapoam são três léguas, cuja terra é baixa e fraca, e não serve, ao longo do mar, mais que para gado; e até quatro léguas pela terra dentro está este limite e a terra dele ocupada com currais de vacas. Esta terra e outra tanta além do rio de Joanne é do conselho da cidade do Salvador. A Tapuam é uma ponta saída ao mar, com uma pedra do cabo cercada dele, a que o gentio chama deste nome, que quer dizer pedra baixa; defronte desta ponta, num alto, está uma fazenda de Sebastião Luís, com ermida de São Francisco. Este posto é o que na carta de marear se chama os Lençóis de Areia[109] por onde se conhece a entrada da Bahia; e para o sertão, duas léguas, está uma grossa fazenda de Garcia d'Ávila, com outra ermida de São Francisco, mui

---

108. Em Varnhagen (1851 e 1879), "nornordesde susudoeste".
109. São altíssimas dunas do litoral norte que podem ser avistadas do mar e, dessa forma, indicavam aos navegantes a proximidade da Bahia.

concertada e limpa. Desta ponta de Tapuam a duas léguas está o rio Vermelho, que é uma ribeira assim chamada, que se aqui vem meter no mar, até onde são tudo arrecifes cerrados, sem entrada nenhuma. Neste rio Vermelho pode desembarcar gente, com bonança, e estarem barcos da costa ancorados nesta boca dele, não sendo travessia na costa nem ventos mareiros; até aqui está toda a terra ao longo do mar ocupada com criações de gado vacum. E pela terra adentro,[110] duas léguas, têm os padres da companhia uma grossa fazenda, com dois currais de vacas, na qual têm umas casas de refrigério, onde se vão recrear e convalescer das enfermidades, e levam a folgar os governadores, onde tem um jardim muito fresco, com um formoso tanque de água e uma ermida muito concertada, onde os padres, quando lá estão, dizem missa. Deste rio Vermelho até a ponta do Padrão[111] é uma légua e corre-se a costa do rio de Joane à ponta do Padrão nordeste-sudoeste.[112]

[28] Em que se declara como Francisco Pereira Coutinho foi povoar a Bahia de Todos os Santos e os trabalhos que nisso teve Quem quiser saber quem foi Francisco Pereira Coutinho, vá aos livros da Índia,[113] e sabê-lo-á; e verá seu grande valor e heroicos feitos, dignos de diferente descanso do que teve na conquista do Brasil, onde lhe coube por sorte a capitania da Bahia de Todos os Santos, de que lhe fez mercê el-rei D. João o III, de gloriosa memória, pela primeira vez, da terra que há da ponta do Padrão até o rio de São Francisco, ao longo do mar; e,

---

110. No manuscrito da BGJM, "e pela dentro".
111. Atual largo do Farol da Barra, na Barra de Santo Antônio, situado na entrada da Bahia, em Salvador.
112. Em Varnhagen (1851 e 1879), "nornordesde susudoeste".
113. Em Varnhagen (1851 e 1879), "leia os livros".

para o sertão, de toda a terra que couber na demarcação deste Estado, depois lhe fez mercê da terra da Bahia com seus recôncavos. E como este esforçado capitão tinha o ânimo incansável, não receou de ir povoar a sua capitania em pessoa, e fez-se prestes com muitos moradores casados e outros solteiros,[114] que embarcou em uma armada, que fez à sua custa, com a qual partiu do porto de Lisboa. E com bom vento fez a sua viagem até entrar na Bahia e desembarcou na ponta do Padrão dela para dentro, e fortificou-se, onde agora chamam a Vila Velha, no qual sítio fez uma povoação e fortaleza sobre o mar, onde esteve de paz com o gentio os primeiros anos, no qual tempo os moradores fizeram suas roças e lavouras. Desta povoação para dentro fizeram uns homens poderosos, que com ele foram, dois engenhos de açúcar, que depois foram queimados pelo gentio, que se alevantou, e destruiu todas as roças e fazendas, pelas quais mataram muitos homens, e nos engenhos, quando deram neles. Pôs este alevantamento a Francisco Pereira em grande aperto, porque lhe cercaram a vila e fortaleza, tomando-lhe a água e mais mantimentos, os quais neste tempo lhe vinham por mar da capitania dos Ilheos, os quais iam buscar da vila as embarcações, com grande risco dos cercados, que estiveram nestes trabalhos, ora cercados, ora com tréguas, sete ou oito anos, nos quais passaram grandes fomes, doenças e mil infortúnios,[115] a quem este gentio Tupinamba matava gente cada dia, com o que se ia apoquentando muito; onde mataram um seu filho bastardo e alguns parentes e outros homens de nome, com o que a gente, que estava com Francisco Pereira, desesperadas de poder resistir tantos anos a tamanha e tão apertada guerra,

---

114. No manuscrito da BGJM, "muitos moradores casados e outros soldados".
115. No manuscrito da BGJM, "doenças e mil enfermidades, digo infortúnios".

se determinou com ele apertando-o que ordenasse de os pôr em
salvo, antes que se acabasse de consumir em poder de inimigos tão cruéis, que ainda não acabavam de matar um homem,
quando o espedaçavam e comiam. E vendo este capitão que
a sua gente, que era já tão pouca, mui determinada, ordenou
de a pôr em salvo e passou-se por mar com ela em uns caravelões que tinha no porto, para a capitania dos Ilheos;[116] do que
se espantou o gentio muito, e arrependido da ruim vizinhança
que lhe tinha feito, movido também de seu interesse, vendo que
como se foram os portugueses, lhe ia faltando os resgates que
eles lhes davam a troco de mantimentos, ordenaram de mandar
chamar Francisco Pereira, mandando-lhes prometer toda a paz
e boa amizade, o qual recado foi dele festejado, e embarcou-se
logo com alguma gente em um caravelão que tinha e em outro
em que vinha Diogo Álvares, de alcunha o Caramuru, grande
língua do gentio, e partiu-se para a Bahia, e querendo entrar
pela barra adentro, lhe sobreveio muito vento e tormentoso,
que o lançou sobre os baixos da ilha de Tapariqua,[117] onde deu
à costa; mas salvou-se a gente toda deste naufrágio, mas não
das mãos dos topinambas, que viviam nesta ilha, os quais se
ajuntaram, e à traição mataram a Francisco Pereira e à gente
do seu caravelão, do que escapou Diogo Álvares com os seus
com boa linguagem. Desta maneira acabou às mãos dos Tupinambas o esforçado cavaleiro Francisco Pereira Coutinho, cujo
esforço não puderam render os rumes[118] e malabares[119] da Índia,

116. Em Varnhagen (1851 e 1879), "E vendo este Capitão sua gente, que já era mui pouca, tão determinada, ordenou de a pôr em salvo e passou-se por mar com ela em um caravelão que tinha, para a capitania do ilheos".
117. Em Varnhagen (1851 e 1879), "Taparica". Hoje é a Ilha de Itaparica, no Estado da Bahia.
118. Designação dada aos turcos pelos europeus entre os séculos XVI e XVIII.
119. Natural ou habitante da região de Malabar, na Ásia.

e foi rendido destes bárbaros, o qual não somente gastou a vida nesta pretensão, mas quanto em muitos anos ganhou na Índia com tantas lançadas e espingardadas, e o que tinha em Portugal, com o que deixou sua mulher e filhos postos no hospital.[120]

[29] Em que se torna a correr a costa e explicar a terra dela da ponta do Padrão até o rio de Camamu   Não tratemos da Bahia mais particularmente por ora, porque lhe não cabe neste lugar dizer mais, para no seu se dizer o prometido, pois à sua conta se fez outro memorial,[121] de que pegaremos como acabarmos de correr a costa, e far-lhe-emos seu ofício da melhor maneira que soubermos.

E tornando à ponta do Padrão dela, que está em altura de treze graus esforçados, dizemos que desta ponta à do morro de São Paulo na ilha de Tinhare são nove ou dez léguas, a qual ponta está em treze graus e meio, e corre-se com a ponta do Padrão nordeste-sudoeste.

Faz esta ilha de Tinhare da banda do sul um morro escalvado, que se diz de São Paulo, a cuja abrigada ancoram naus de todo o porte, e quem quiser entrar desta ponta para dentro pode ir bem chegado ao morro e achará fundo de cinco e seis braças. Nesta ilha de Tinhare, junto do morro, esteve a primeira povoação da capitania dos Ilheos, donde despovoaram logo por não contentar a terra aos primeiros povoadores, a qual ilha está tão chegada à terra firme que no mais estreito não há mais canal que de um tiro de espingarda de terra a terra.

De Tinhare à ilha de Boipeba são quatro léguas; esta ilha possuem os padres da companhia do colégio da Bahia, a qual e

---

120. Hospital Real de Lisboa.
121. No manuscrito da BGJM, "se fez este memorial".

a de Tinhare estão povoadas de portugueses, que despejaram a terra firme com medo dos Aimores, que lhes destruíram as fazendas e mataram muitos escravos. De Boipeba ao rio de Camamu são três léguas, o qual está em quatorze graus. Tem esse rio de Camamu uma boca grande e nela uma ilha pequena perto da ponta da banda do norte, e tem bom canal para poderem entrar nele naus grandes, as quais hão de entrar chegadas à ponta da banda do sul, onde têm seis e sete braças de fundo. Da barra deste rio para dentro tem uma formosa baía, com muitas ribeiras que se nela metem, onde se podem fazer muitos engenhos. Este rio é muito grande e notável, e vem de muito longe, o qual se navega do salgado para cima ou seis léguas até a cachoeira, que lhe impede não se navegar muitas léguas, porque pelo sertão se pode navegar, porque traz sempre muita água, cuja terra com dez léguas de costa possuem os padres da companhia por lhes fazer dela doação Mem de Sá;[122] os quais padres a começaram a povoar e alguns outros moradores; mas todos despejaram por mandado dos Aimores,[123] que lhes deram tal trato, que os fez passar dali para as ilhas de Boipeba e Tinhare. E corre-se a costa desta ilha ao Camamu norte-sul pouco mais ou menos.

[30] **Em que se declara a terra que há do rio de Camamu até os Ilheos**   Este rio de Camamu está em altura de quatorze

---

122. Importante administrador colonial português, Mem de Sá (1500-1572) chegou ao Brasil em 28 de dezembro de 1557, tomando posse como terceiro governador-geral do Brasil no ano seguinte. Os catorze anos de seu governo se caracterizaram por consideráveis realizações, tais como: a fundação da cidade de São Sebastião do Rio de Janeiro; a expulsão dos franceses, em 1567; e o aldeamento de tribos indígenas em missões. Também incentivou a produção açucareira e estimulou o tráfico de escravos africanos para o Brasil, dificultando a escravidão dos indígenas já catequizados.

123. Na edição de 1851, "Aimorés", e na de 1879, "*Aymorés*".

graus; e dele ao das Contas são seis léguas, cuja costa se corre
norte-sul. Tem este rio das Contas, a que os índios chamam
Jusiape, para o conhecer quem vem de mar em fora, sobre
a boca uns campinhos descobertos do mato, e ao mar uma
pedra como ilhéu que está na mesma boca, pela qual entram
navios de honesto porte, porque tem fundo e canal para isso
bem chegado a esta pedra. Este rio vem de muito longe e traz
mais água sempre que o Tejo, o qual se navega da barra para
dentro sete ou oito léguas até a Cachoeira, e dela para cima
se pode também navegar, por ter fundo para isso. E é muito
farto de pescado e marisco e de muita caça, cuja terra é grossa
e boa, e tem muitas ribeiras para engenhos que se vêm meter
neste rio, os quais se deixam de fazer por respeito dos Aimores,
pelo que não está povoado, o qual está em catorze graus e um
quarto. Deste rio das Contas a duas léguas está outro rio, que
se chama Avemoam,[124] e dele a uma légua está outro rio que se
chama Japarape, os quais se passam a vau ao longo do mar, que
também estão despovoados. De Japarape ao rio de Taipe são
três léguas; este rio de Taipe[125] vem de muito longe, no qual se
metem muitas ribeiras que o fazem caudaloso, cujo nascimento
é de uma lagoa que tem em si duas ilhas. Da lagoa para baixo
e perto do mar tem outra ilha e um engenho mui possante de
Luís Álvares de Espinha,[126] junto do qual engenho está uma
lagoa grande de água doce, em que se tomam muitas arraias e
outro peixe do mar e muitos peixes-bois, coisa que faz grande
espanto, por se não achar peixe do mar em nenhumas alagoas.
De Taipe ao rio de São Jorge, que é o dos Ilheos, são duas léguas,

124. Em Varnhagen (1851 e 1879), "Amemoão".
125. Em Varnhagen (1851), "Taype".
126. Em Varnhagen (1851 e 1879), "Luís Álvares de Espenha".

a qual terra é toda boa, e está muita aproveitada com engenhos de açúcar, ainda que estão mui apertados com esta praga dos Aimores; e para se conhecer a barra dos Ilheos há de se vir correndo a costa à vista da praia para se poderem ver os ilhéus, porque são pequenos, e três; e entre a terra e o ilhéu grande há bom surgidouro, e os navios que houverem de entrar no rio vão pelo canal que está norte-sul como o ilhéu grande onde os navios estão seguros com todo o tempo, e também estão à sombra do ilhéu grande. Este rio tem alguns braços que se navegam com caravelões e barcos para serviços dos engenhos que tem;[127] cuja terra é muito fértil e grossa e de muita caça; e o rio tem grandes pescarias e muito marisco, o qual está em altura de quinze graus escassos, e corre-se a costa dele ao Rio das Contas norte-sul.

[31] Em que se contém como se começou de povoar a capitania dos Ilheos por ordem de Jorge de Figueiredo Correa Quando el-rei D. João de Portugal, o terceiro no nome, repartiu parte da terra da costa do Brasil em capitanias,[128] fez mercê de uma delas, com cinquenta léguas de costa, a Jorge de Figueiredo Correa, escrivão da sua Fazenda, a qual se começa da ponta da baía do Salvador da banda do sul, que se entende da ilha de Tinhare, como está julgado por sentença que sobre este caso deu Mem de Sá sendo governador, e Brás Fragoso sendo ouvidor-geral e provedor-mor do Brasil, e vai correndo ao longo da costa cinquenta léguas. E como Jorge de Figueiredo por respeito de seu cargo não podia ir povoar esta sua capitania em pessoa,[129] ordenou de o mandar fazer por outrem, para o

127. Em Varnhagen (1851 e 1879), "barcas para serviço".
128. Em Varnhagen (1851 e 1879), "Quando el-rei D. João 3º repartiu".
129. Em Varnhagen (1851 e 1879), "esta capitania".

que fez prestes à custa de sua fazenda uma frota de navios com muitos moradores, providos do necessário para a nova povoação. E mandou por seu logo-tenente a um cavaleiro castelhano muito esforçado,[130] experimentado e prudente, que se chamava Francisco Romeiro, o qual partiu do porto de Lisboa com sua frota, e fez sua viagem para esta costa do Brasil, e foi ancorar e desembarcar no porto de Tinhare, e começou a povoar em cima do morro de São Paulo, do qual sítio se não satisfez. E como foi bem visto e descoberto do rio dos Ilheos, que assim se chama pelos que tem defronte da barra, de onde a capitania tomou o nome, se passou com toda a gente para este rio, onde se fortificou e assentou a vila de São Jorge, onde agora está, em a qual teve, nos primeiros anos, muitos trabalhos de guerra com o gentio; mas como eram Tupiniquins, gente melhor acondicionada que o outro gentio, fez pazes com eles, e fez-lhe tal companhia que com seu favor foi a capitania em grande crescimento, onde homens ricos de Lisboa mandaram fazer engenhos de açúcar, com o que a terra se enobreceu muito; a qual capitania Jerônimo de Alarcão, filho segundo de Jorge de Figueiredo, com licença de Sua Alteza, vendeu a Lucas Giraldes, que nela meteu grande cabedal, com que a engrandeceu de maneira que veio a ter oito engenhos ou nove. Mas deu nesta terra esta praga dos Aimores, de feição que não há aí já mais que seis engenhos, e estes não fazem açúcar, nem há morador que ouse plantar canas, porque em indo os escravos ou homens ao campo não escapam a estes alarves, com medo dos quais foge a gente dos Ilheos para a Bahia, e tem a terra quase despovoada, a qual se despovoará de todo, se Sua Majestade com muita instância não lhe valer. Esta vila foi muito abastada e rica, e teve quatrocentos

130. Em Varnhagen (1851 e 1879), "a um castelhano muito esforçado".

ou quinhentos vizinhos; em a qual está um mosteiro dos padres da companhia, e outro que se agora começa, de São Bento, e não tem nenhuma fortificação nem modo para se defender de quem a quiser afrontar.

[32] **Em que se declara quem são os Aimores, sua vida e costumes**   Parece razão que não passemos avante sem declarar que gentio é este a que chamam Aimores, que tanto dano têm feito a esta capitania dos Ilheos, segundo fica dito, cuja costa era povoada dos Tupiniquins, os quais a despovoaram com medo destes brutos, e se foram viver ao sertão; dos quais Tupiniquins não há já nesta capitania senão duas aldeias, que estão junto dos engenhos de Henrique Luís,[131] as quais têm já muito pouca gente.

Descendem estes Aimores de outros gentios a que chamam Tapuyas, dos quais no tempo atrás se ausentaram certos casais,[132] e foram-se para umas serras mui ásperas, fugindo a um desbarate, em que os puseram seus contrários, onde residiram muitos anos sem verem outra gente; e os que destes descenderam, vieram a perder a linguagem e fizeram outra nova que se não entende de nenhuma outra nação do gentio de todo este Estado do Brasil. E são estes Aimores tão selvagens que, dos outros bárbaros, são havidos por mais que bárbaros, e alguns se tomaram já vivos em Porto Seguro e nos Ilheos, que se deixaram morrer de bravos sem quererem comer. Começou este gentio a sair ao mar no rio das Caravelas, junto de Porto Seguro, e corre estes matos e praias até o rio Camamu, e daí veio a dar assaltos perto de Tinhare, e não descem à praia senão quando

---

131. Henrique Luís de Espinha, capitão-mor dos Ilhéus.
132. Em Varnhagen (1851 e 1879), "nos tempos de atrás".

vêm dar assaltos. Este gentio tem a cor do outro, mas são de
maiores corpos e mais robustos e forçosos; não têm barbas nem
cabelos mais no corpo que os da cabeça, porque os arrancam
todos; pelejam com arcos e flechas muito grandes, e são tamanhos frecheiros, que não erram nunca tiro; são mui ligeiros à
maravilha e grandes corredores. Não vivem estes bárbaros em
aldeias, nem casas, como o gentio, nem há quem lhas visse nem
saiba, nem desse com elas pelos matos até hoje; andam sempre
de uma para outra pelos campos e matos, dormem no chão sobre folhas e se lhes chove arrumam-se ao pé de uma árvore,[133]
onde engenham umas folhas por cima, quanto os cobre, assentando-se em cócaras; e não se lhe achou até agora outro rasto
de gasalhado. Não costumam estes alarves fazer roças, nem
plantar nenhuns mantimentos, mantêm-se das frutas silvestres e da caça que matam,[134] a qual comem crua ou mal assada,
quando têm fogo; machos e fêmeas todos andam tosquiados e
tosquiam-se com umas canas que cortam muito; a sua fala é
rouca da voz, a qual arrancam da garganta com muita força, e
não se poderá escrever, como vasconço.[135] Vivem estes bárbaros de saltear toda a sorte de gentio que encontram e nunca se
viram juntos mais que vinte até cinquenta frecheiros;[136] não
pelejam com ninguém de rosto a rosto; toda a sua briga é atraiçoada, dão assaltos pelas roças e caminhos por onde andam,
esperando o outro gentio e toda a sorte de criatura em ciladas
detrás das árvores, cada um por si, de onde não erram tiro, e

133. Em Varnhagen (1851 e 1879), "e se lhes chove arrimam-se".
134. Em Varnhagen (1851 e 1879), "alguns mantimentos" e "dos frutos silvestres".
135. Inicialmente atribuído a habitante do País Basco, designa indivíduo de linguagem ininteligível ou confusa.
136. Em Varnhagen (1851 e 1879), "vinte até trinta flecheiros".

todas as flechas empregam, e se lhe fazem rosto, logo fogem, cada um para sua parte; mas como veem a gente desmandada, fazem parada e buscam onde fiquem escondidos, até que passem os que seguem e dão-lhes nas costas, empregando suas flechas à vontade. Estes bárbaros não sabem nadar, e qualquer rio que se não passa a vau basta para defensão deles; mas para o passarem vão buscar a vau muitas léguas pelo rio acima. Comem estes selvagens carne humana por mantimento, o que não tem o outro gentio que a não come senão por vingança de suas brigas e antiguidade de seus ódios. A capitania de Porto Seguro e a dos Ilheos estão destruídas e quase despovoadas com o temor destes bárbaros, cujos engenhos não lavram açúcar por lhe terem mortos todos os escravos e gente deles, e a das mais fazendas, e os que escaparam de suas mãos lhes tomaram tamanho medo, que em se dizendo Aimores despejam as fazendas, e cada um trabalha por se pôr em salvo, o que também fazem os homens brancos, dos quais têm morto estes alarves de vinte e cinco anos a esta parte, que esta praga persegue estas duas capitanias, mais de trezentos homens portugueses e de três mil escravos. Costumam-se ordinariamente cartearem-se os moradores da Bahia com os dos Ilheos, e atravessavam os homens este caminho ao longo da praia, como lhes convinha, sem haver perigo nenhum, o que estes Aimores vieram a sentir, e determinaram-se de virem vigiar estas praias e esperar a gente que por elas passava, onde têm mortos, e com estes muitos homens e muitos mais escravos; e são estes salteadores tamanhos corredores, que lhes não escapava ninguém por pés, salvo os que se lhe metiam no mar, onde eles não se atrevem a entrar, mas andam-nos esperando que saiam à terra até a noite, que se recolhem; pelo que este caminho está vedado, e não atravessa ninguém por ele se não com muito risco de sua pessoa; e se se não busca algum remédio para destruírem estes alarves, eles destruirão as fazendas da Bahia, para onde vão caminhando de seu vagar. E como eles são tão esquivos, agrestes e inimigos de todo o gênero humano,[137] não foi possível saber mais de sua vida e costumes, e o que está dito pode bastar por agora;[138] e tornemos a pegar da costa, começando dos Ilheos por diante.

[33] **Em que se declara a costa do rio dos Ilheos até o rio Grande**   Para satisfazermos com o prometido convém que digamos que terra corre do rio de São Jorge dos Ilheos por diante, do qual a duas léguas está outro rio que se diz Cururuipe.[139] Deste rio a cinco léguas está outro rio, que se chama Patipe, e em nenhum deles podem entrar barcos, por não terem barra para isso, cuja costa é de praia e limpa, e terra por dentro baixa ao longo do mar. Deste rio ao rio Grande são sete léguas, o qual está em quinze graus e meio, e tem na boca três moitas de mato que do mar parecem ilhas, por onde é muito bom de conhecer. Na ponta da barra da banda do norte da parte de fora tem bom abrigo para ancorarem navios da costa, os quais entram neste rio se querem; em cujo canal na barra tem duas braças, depois uma e daí por diante três, e quatro e cinco braças. Este rio se navega por ele acima em barcos oito ou dez léguas; neste rio será uma povoação muito proveitosa por ser muito grande e ter grandes pescarias e muito marisco e caça, cuja terra é muito boa, onde se darão todos os mantimentos que lhe plantarem; e corre-se a costa deste rio Grande ao dos Ilheos norte-sul.

---

137. Em Varnhagen (1851 e 1879), "são tão esquivos inimigos de todo".
138. Em Varnhagen (1851 e 1879), "bastar por ora".
139. Em Varnhagen (1851 e 1879), "está o rio Cururupe".

Este rio vem de muito longe e traz sempre muita água e grande correnteza, pelo qual vieram abaixo alguns homens dos que foram à serra das Esmeraldas com Antônio Dias Adorno, os quais vieram em suas embarcações, a que chamam canoas, que são de um pau que tem a casca muito dura e o mais muito mole, o qual cavacam com qualquer ferramenta, de maneira que lhe deitam todo o miolo fora, e fica somente a casca; e há destas árvores algumas tamanhas que fazem delas canoas que levam de vinte pessoas para cima.

Bastião Fernandes Tourinho,[140] morador em Porto Seguro, com certos companheiros entrou pelo sertão, onde andou alguns meses à ventura, sem saber por onde caminhava, e meteu-se tanto pela terra adentro, que se achou em direito do Rio de Janeiro, o que souberam pela altura do sol, que este Bastião Fernandes sabia muito bem tomar, e por conhecerem a serra dos Órgãos, que cai sobre o Rio de Janeiro; e chegando ao campo grande acharam alagoas e riachos que se metiam neste Rio Grande; e indo com rosto ao noroeste, deram em algumas serras de pedras, por onde caminharam obra de trinta léguas, e tornando a leste alguns dias deram em uma aldeia de Tupiniquins, junto de um rio, que se chama Orabo-agipe;[141] e foram por ele abaixo com o rosto ao norte vinte e oito dias em canoas, em as quais andaram oitenta léguas. Este rio tem grande correnteza, e entram nele dois rios outros, um da banda do leste, e outro da banda do oeste, com os quais se vem meter este rio Orabo-agipe no rio Grande. E depois que entraram nele navegaram nas suas canoas por ele abaixo vinte e quatro dias, em os quais chegaram ao mar, vindo sempre com a proa ao oeste.

140. Em Varnhagen (1851 e 1879), "Sebastião Fernandes Tourinho".
141. Em Varnhagen (1851 e 1879), "Razo-Aguipe".

E fazendo esta gente sua viagem, achou no sertão deste rio no mais largo dele, que será em meio caminho do mar, vinte ilhas afastadas umas das outras uma légua, e a duas e três, e mais; e acharam quarenta léguas de barra, pouco mais ou menos, um sumidouro, que vai por baixo da terra mais de uma légua, quando é no verão, que no inverno traz tanta água que alaga tudo. Do sumidouro para cima tem este rio grande fundo, e a partes tem poços, que têm seis e sete braças, por onde se pode navegar em grandes embarcações; quase toda a terra de longo dele é muito boa.

[34] Em que se declara a costa do Rio Grande até o de Santa Cruz Do Rio Grande ao seu braço são duas léguas, pelo qual braço entram caravelões, que por ele vão entrar no mesmo Rio Grande meia légua da barra para cima. Do braço do Rio Grande ao rio Boiquisape são três léguas, e do Boiquisape à ponta dos baixos de Santo Antônio são quatro léguas, e da ponta de Santo Antônio ao seu rio é meia légua; do rio de Santo Antônio ao de Sernamdetibe[142] são duas léguas; e deste rio de Santo Antônio e da sua ponta até o rio de Sernamdetibe estão uns baixos com canal entre eles e a costa, por onde entram barcos pequenos. Pela ponta de Santo Antônio e mais ao mar ficam uns arrecifes do mesmo tamanho, com canal entre uns e outros. E defronte do rio de Santo Antônio têm estes arrecifes do mar um boqueirão, por onde pode entrar uma nau e ir ancorar pelo canal que se faz entre um arrecife e o outro, onde estará segura; no mesmo arrecife do mar está outro boqueirão, por onde podem entrar caravelões da costa, defronte do rio de Sernamdetibe, pelo qual se pode ir buscar o porto. Do rio de

---

142. Em Varnhagen (1851 e 1879), "Sernanbitibe".

Sernamdetibe ao de Santa Cruz são duas léguas, onde esteve um engenho de açúcar. Neste porto de Santa Cruz entram naus da Índia de todo o porte, as quais entram com a proa a oeste, e surgem em uma enseada como concha, onde estão muito seguras de todo o tempo. Este rio de Santa Cruz está em dezesseis graus e meio, e corre-se a costa do Rio Grande até esta de Santa Cruz nordeste-sudoeste, o que se há de fazer afastado da terra duas léguas, por amor dos baixos. Neste Porto de Santa Cruz esteve Pedro Álvares Cabral, quando ia para a Índia, e descobriu esta terra e aqui tomou posse dela, onde esteve a vila de Santa Cruz, a qual terra estava povoada então de Tupiniquins, que senhoreavam esta costa do rio Camamu até o de Cricare, de cuja vida e feitos diremos ao diante. Esta vila de Santa Cruz se despovoou donde esteve e a passaram para junto do rio de Sernamdetibe, pela terra ser mais sadia e acomodada para os moradores viverem.

[35] Em que se declara a costa e terra dela do rio de Santa Cruz até Porto Seguro Do rio de Santa Cruz ao de Itacumirim é meia légua, onde esteve o engenho de João da Rocha. Do rio de Itacumirim ao de Porto Seguro é meia légua; e entre um e outro está um riacho, que se diz de São Francisco, junto das barreiras vermelhas. Defronte do rio de Itacumirim até o de Santa Cruz vai uma ordem de arrecifes que tem quatro boqueirões, por onde entram barcos pequenos; e faz outra ordem de arrecifes baixos mais ao mar, que se começam defronte do engenho de João da Rocha, e por entre uns arrecifes e os outros é a barra do Porto Seguro, por onde entram naus de sessenta tonéis;[143] e se é navio grande, toma meia carga em Porto Seguro, e vai acabar de carregar em Santa Cruz.

Porto Seguro está em dezesseis graus e dois terços, e quem vem de mar em fora vá com boa vigia, por amor dos baixos. E para conhecer bem a terra, olhe para o pé da vila, que está em um alto, e verá umas barreiras vermelhas, que é bom alvo, ou baliza, para o conhecer.[144] Entra-se este rio leste-oeste com a proa nestas barreiras vermelhas até entrar dentro do arrecife; e como estiver dentro vá com a proa ao sul, e ficará dentro do rio. Da outra banda dos baixos e contra o sul está outra barra, por onde entram navios do mesmo porte; quem entrar por esta barra, como estiver dentro dela, descobrirá um riacho, que se diz de São Francisco; e como o descobrir, vá andando para dentro, até chegar ao porto. De Porto Seguro à vila de Santo Amaro é uma légua, onde está um pico mui alto em que está a ermida de Nossa Senhora da Ajuda, que faz muitos milagres. De Santo Amaro ao rio de Tororom[145] é uma légua, onde está um engenho, que foi de Manoel Rodrigues Magalhães,[146] e junto a este engenho uma povoação, que se diz de São Tiago do Alto, no qual rio entram caravelões. Deste rio de Tororom ao de Maniape são duas léguas, e antes de chegarem a ele estão as barreiras vermelhas, que parecem, a quem vem do mar, rochas de pedras. Do rio de Maniape ao de Urubuguape é uma légua, onde está o engenho de Gonçalo Pires. Do rio de Urubuguape ao rio do Frade é uma légua,[147] onde entram barcos, e chama-se do Frade por se nele afogar um, nos tempos atrás. Do rio do

---

143. Em Varnhagen (1851 e 1879), "entram navios".
144. Em Varnhagen (1851 e 1879), "para por ele a conhecer".
145. Em Varnhagen (1851 e 1879), "Tororam".
146. Em Varnhagen (1851), "Manuel Rodrigues Magalhães".
147. No manuscrito da BGJM, "rio dos Frades".

Frade ao de Insuasema[148] são duas léguas, onde esteve uma vila que se despovoou o ano de 1564, pela grande guerra que tinham os moradores dela com os Aimores. Neste lugar esteve um engenho, onde chamam a ponta do Cururumbabo.[149]

[36] **Em que se declara quem povoou a capitania de Porto Seguro**   Não é bem que passemos mais avante sem declararmos cuja é esta capitania do Porto Seguro, e quem foi o povoador dela, da qual fez el-rei D. João, o III de Portugal, mercê a Pero do Campo Tourinho,[150] que foi um cavaleiro natural da vila de Viana da foz de Lima, homem nobre, esforçado, prudente, e muito visto na arte do navegar;[151] cuja doação foi de cinquenta léguas de costa, como as mais que ficam declaradas.

Para Pero do Campo poder povoar esta capitania vendeu toda sua fazenda e ordenou à sua custa uma frota de navios, que fez prestes, em a qual se embarcou com sua mulher, Ignêz Fernandes Pinto, e filhos,[152] e muitos moradores, casados, seus parentes e amigos, e outra muita gente, com a qual se partiu do porto de Viana. E com bom tempo foi demandar a terra do Brasil, e foi tomar porto no rio de Porto Seguro, onde desembarcou com sua gente, e se fortificou no mesmo lugar, onde agora está a vila cabeça desta capitania, a qual em tempo de Pero do Campo floresceu e foi mui povoada de gente; o qual edificou

---

148. Em Varnhagen (1851 e 1879), "Juhuacema".
149. Em Varnhagen (1851 e 1879), "Cururumbabo".
150. Em Varnhagen (1851 e 1879), "Pedro de Campos Tourinho". Donatário da Capitania de Porto Seguro, Pero do Campo Tourinho chegou ao Brasil em 1535 para tomar posse de suas terras. Seus esforços resultaram no desbravamento do território e na fundação de vilas para alojar e defender os colonos, entre as quais estão as de Porto Seguro, Santo Amaro e Santa Cruz.
151. Em Varnhagen (1851 e 1879), "arte do marear".
152. No manuscrito da BGJM, "se embarcou com sua mulher e filhos".

mais a vila de Santa Cruz e a de Santo Amaro, de que já falamos; e em seu tempo se ordenaram alguns engenhos de açúcar, no que teve nos primeiros anos muito trabalho com a guerra que lhe fez o gentio Tupiniquim, que vivia naquela terra, o qual lhe foi tão cruel,[153] que o teve cercado por muitas vezes, e posto em grande aperto, com o que lhe mataram muita gente; mas, como assentaram pazes, ficou o gentio quieto, e daí por diante ajudou aos moradores fazer suas roças e fazendas, a troco do resgate que por isso lhe davam. Por morte de Pedro do Campo ficou esta capitania mal governada com seu filho Fernão do C. Tourinho,[154] e após ele durou pouco e se começou logo a desbaratar, a qual herdou uma filha de Pero do Campo, que se chamou Leonor do Campo, que nunca casou. Essa Leonor do Campo, com licença del-rei, vendeu esta capitania a D. João de Alencastro, primeiro duque de Aveiro, por cem mil-réis de juro, o qual a favoreceu muito com gente e capitão que a governasse, e com navios que a ela todos os anos mandava com mercadorias; onde mandou fazer, à sua custa, engenho de açúcar, e provocou a outras pessoas da cidade de Lisboa a que fizessem outros engenhos,[155] em cujo tempo os padres da companhia edificaram na vila de Porto Seguro um mosteiro, onde residem sempre dez ou doze religiosos, que governam ainda agora algumas aldeias de Tupiniquins cristãos, que estão nesta capitania; em a qual houve, em tempo do duque, sete ou oito engenhos de açúcar, onde se lavrava cada ano muito, que se trazia a este reino, e muito pau da tinta, do que na terra há muito. Nesta capitania se não deu nunca gado vacum por respeito de certa erva, que lhe

153. Em Varnhagen (1851 e 1879), "a qual lha fez tão cruel".
154. No manuscrito da BGJM, "com seu filho que após ele".
155. Em Varnhagen (1851 e 1879), "navio que ela todos os anos mandava, e com mercadorias; provocou a outras pessoas de Lisboa".

faz câmaras, de que vem a morrer; mas dá-se a outra criação, de éguas, jumentos e cabras, muito bem; dos jumentos há tanta quantidade na terra, que andam bravos pelo mato em bandos, e fazem nojo às novidades, os quais ficaram no campo dos moradores, que desta capitania se passaram para as outras, fugindo dos Aimores, no qual tem feito tamanha destruição, que não tem já mais que um engenho que faça açúcar, por terem mortos todos os escravos dos outros e muitos portugueses, pelo que estão despovoados e postos por terra, e a vila de Santo Amaro e a de Santa Cruz quase despovoadas de todo; e a vila de Porto Seguro está mais danificada e falta de moradores, em a qual se dão as canas-de-açúcar muito bem; e muitas uvas, figos, romãs, e todas as frutas de espinho, onde a água de flor é finíssima, e se leva a vender à Bahia por tal.[156] Esta capitania parte com a dos Ilheos pelo Rio Grande pouco mais ou menos; e pela outra parte com a do Espírito Santo, de Vasco Fernandes Coutinho, para onde imos caminhando.

[37] Em que se declara a terra e costa do Porto Seguro até o rio das Caravelas   Da vila de Porto Seguro à ponta Corurumbabo são oito léguas, cuja costa se corre norte-sul; esta ponta é baixa, e de areia, a qual aparece no cabo do arrecife e demora ao noroeste, e está em altura de dezessete graus e um quarto. Este arrecife é perigoso e corre afastado da terra légua e meia. Da ponta de Corurumbabo ao cabo das barreiras brancas são seis léguas, até onde corre este arrecife, que começa da ponta de Cururumbabo, pelo que até o cabo destas barreiras brancas se corre esta costa por aqui, afastado da terra légua e meia. Do cabo das barreiras brancas até ao rio das Caravelas

---

156. Em Varnhagen (1851 e 1879), "e se leva à Bahia a vender por tal".

são cinco ou seis léguas, em o qual caminho há alguns baixos, que arrebentam em frol, de que se hão de guardar com boa vigia os que por aqui passarem. Defronte de Jucuru está uma rodela de baixos, que não arrebentam, que é necessário que sejam bem vigiados; e corre-se a costa de Cururumbabo até o rio das Caravelas norte-sul, o qual está em dezoito graus.

Tem este rio na boca uma ilha de uma légua, que lhe faz duas barras, a qual está povoada com fazendas, e criações de vacas, que se dão nela muito bem. Por este rio acima entram caravelões da costa, mas tem na boca da barra muitas cabeças ruins, pelo qual entra a maré três ou quatro léguas, que se navegam com barcos.

A terra por este rio acima é muito boa, em que se dão todos os mantimentos que lhe plantam muito bem, e pode-se fazer aqui uma povoação, onde os moradores dela estarão muito providos de pescado e mariscos, e muita caça, que por toda aquela terra há. Este rio vem de muito longe, e pelo sertão é povoado do gentio bem acondicionado, e não faz mal aos homens brancos, que vão por ele acima para o sertão. Aqui neste rio foi desembarcar Antônio Dias Adorno com a gente que trouxe da Bahia, quando por mandado do governador Luís de Brito de Almeida foi ao sertão, no descobrimento das esmeraldas, e foi por este rio acima com cento e cinquenta homens, e quatrocentos índios de paz e escravos, e todos foram bem tratados e recebidos dos gentios, que acharam pelo sertão deste rio das Caravelas.

[38] Em que se declara a terra que há do rio das Caravelas até Cricare   Do rio das Caravelas até o rio de Peruipe são três léguas, as quais se navegam pelo canal indo correndo a costa. Neste rio entram caravelões da costa, junto da qual a terra faz uma ponta grossa ao mar de grande arvoredo, e toda a mais terra é baixa. Do direito desta ponta se começam os abrolhos e seus baixos, mas entre os baixos e a terra há fundo de seis e sete braças, uma légua ao mar somente, por onde vai o canal.

Deste rio Peruipe ao de Maruipe[157] são cinco léguas, o qual tem na boca uma barreira branca como lençol, por onde é bom de conhecer, o qual está dezoito graus e meio. Por este rio Maruipe entram caravelões da costa à vontade, e há maré por ele acima muito grande espaço, cuja terra é boa e para se fazer conta dela para se povoar, porque há nela grandes pescarias, muito marisco e caça.

Deste rio de Maruipe ao de Cricare são dez léguas, e corre-se a costa do rio das Caravelas até Cricare norte-sul, e toma da quarta nordeste-sudoeste, o qual rio Maruipe está em dezoito graus e três quartos,[158] pelo qual entram navios de honesto porto, e é muito capaz para se poder povoar, por a terra ser muito boa e de muita caça, e o rio de muito pescado e marisco, onde se podem fazer engenhos de açúcar, por se meterem nele muitas ribeiras de água, boas para eles. Este rio vem de muito longe, e navega-se quatro ou cinco léguas por ele acima; o qual tem na barra, da banda do sul quatro abertas, uma légua e mais uma da outra, as quais estão na terra firme por cima da costa, que é baixa e sem arvoredo, e de campinas. E quem vem do mar em fora parecem-lhe estas abertas bocas de rios,[159] por onde a terra é boa de conhecer. Até aqui senhorearam a costa os Tupiniquins, de que é bem que digamos neste capítulo que se segue antes que cheguemos à terra dos guoitacases.[160]

157. Em Varnhagen (1879), "Mocuripe".
158. No manuscrito da BGJM, "o qual rio está em".
159. No manuscrito da BGJM, "estas barreiras, digo abertas bocas".
160. Em Varnhagen (1851 e 1879), "Goaitacazes".

[39] **Em que se declara quem são os Tupiniquins e sua vida e costumes**   Já fica dito como o gentio Tupiniquim senhoreou e possuiu a terra da costa do Brasil, ao longo do mar, do rio de Camamu até o rio de Cricare, o qual tem agora despovoado toda esta comarca, fugindo dos Topinambás, seus contrários, que os apertaram por uma banda, e aos Aimores, que os ofendiam por outra;[161] pelo que se afastaram do mar, e, fugindo ao mau tratamento que lhes alguns homens brancos faziam, por serem pouco tementes a Deus. Pelo que não vivem agora junto ao mar mais que os que são cristãos de que já fizemos menção. Com este gentio tiveram os primeiros povoadores das capitanias dos Ilheos e Porto Seguro e os do Espírito Santo, nos primeiros anos, grandes guerras e trabalhos, de quem receberam muitos danos; mas, pelo tempo adiante, vieram a fazer pazes, que se cumpriram e guardaram bem de parte a parte, e de então para agora foram os Tupiniquins mui fiéis e verdadeiros aos portugueses. Este gentio e os Tupinaes descendem todos de um tronco, e não se têm por contrários verdadeiros, ainda que muitas vezes tivessem diferenças e guerras, os quais Tupinaes lhe ficavam nas cabeceiras pela banda do sertão, com quem a maior parte dos Tupiniquins agora estão misturados. Este gentio é da mesma cor baça e estatura que o outro gentio de que falamos, o qual tem a linguagem, vida e costumes e gentilidades dos Tupinambas, ainda que são seus contrários, em cujo título se declararão mui particularmente tudo o que se pôde alcançar. E ainda que são contrários os Tupiniquins dos Topinambas, não há entre eles na língua e costumes mais diferença da que têm os moradores de Lisboa dos da Beira; mas este gentio é mais doméstico e verdadeiro que todo outro da

---

161. No manuscrito da BGJM, "ofendiam por todas".

costa deste Estado. É gente de grande trabalho e serviço, e sempre nas guerras ajudaram aos portugueses, contra os Aimores, Tapuyas e Tamoios, como ainda hoje fazem esses poucos que se deixaram ficar junto ao mar e das nossas povoações, com quem vizinham muito bem, os quais são grandes pescadores de linha, caçadores e marinheiros, são valentes homens, caçam, pescam, cantam, bailam como os Tupinambas e nas coisas de guerra são mui industriosos, e homens para muito, de quem se faz muita conta a seu modo entre o gentio.

[40] **Em que se declara a costa de Cricare até o rio Doce, e do que se descobriu por ele acima, e pelo Açeçi** Do rio de Cricare até o rio Doce são dezessete léguas, as quais se correm pela costa norte-sul; o qual rio Doce está em altura de dezenove graus.

A terra deste rio, ao longo do mar, é baixa e afastada da costa; por ela adentro tem arrumada uma serra, que parece, a quem vem do mar em fora, que é a mesma costa. A boca deste rio é esparcelada bem uma légua e meia ao mar, mas tem seu canal, por onde entram navios de quarenta tonéis, o qual rio se navega pela terra adentro algumas léguas, cuja terra ao longo do rio por ali acima é muito boa, que dá todos os mantimentos acostumados muito bem, onde se darão muito bons canaviais de açúcar, se os plantarem, e se podem fazer alguns engenhos, por ter ribeiras mui acomodadas a eles. Este rio Doce vem de muito longe e corre até o mar quase leste-oeste, pelo qual um Bastião Fernandes Tourinho, de quem falamos, fez uma entrada navegando por ele acima, até onde o ajudou a maré, com certos companheiros,[162] e entrando por um braço acima,

---

162. No manuscrito da BGJM, "navegando por ele, até onde".

que se chama Mandi, onde desembarcou, caminhou por terra obra de vinte léguas, com o rosto a oés-sudoeste, onde foi dar com uma lagoa,[163] a que o gentio chama boca do mar, por ser muito grande e funda, da qual nasce um rio que se mete neste rio Doce, e leva muita água. Esta lagoa cresce às vezes tanto, que faz grande enchente nesse rio Doce. Desta lagoa corre este rio a leste, e dela a quarenta léguas tem uma cachoeira; e andando esta gente ao longo deste rio, que sai da lagoa mais de trinta léguas, se detiveram ali alguns dias; e tornando a caminhar, andaram quarenta dias com o rosto a oeste, e no cabo deles chegaram onde se mete este rio no Doce, e andaram nestes quarenta dias setenta léguas pouco mais ou menos. E como esta gente chegou a este rio Doce, e o acharam tão possante, fizeram nele canoas de casca, em que se embarcaram, e foram por ali acima, até onde se mete neste rio outro, a que chamam Açeçi, pelo qual entraram e foram quatro léguas, e no cabo delas desembarcaram e foram por terra com o rosto ao noroeste onze dias, e atravessaram o Açeçi, e andaram cinquenta léguas ao longo dele da banda ao sul trinta léguas. Aqui achou esta gente umas pedreiras, que têm umas pedras verdoengas, e tomam de azul que parecem turquescas,[164] e afirmou o gentio aqui vizinho que no cimo deste monte se tiravam pedras muito azuis, e que havia outras que, segundo sua informação, têm ouro muito descoberto. E quando esta gente passou o Açeçi a derradeira vez, dali cinco ou seis léguas da banda do norte, achou Bastião Fernandes uma pedreira de esmeraldas e outra de safiras, as quais estão ao pé de uma serra cheia de arvoredo do tamanho

163. Em Varnhagen (1851 e 1879), "a lés-sudoeste, e que foi dar".
164. Na edição de 1851, "umas pedreiras, umas pedras verdoengas, e tomam do azul, que parecem turquesquas", e na de 1879, "umas pedreiras, umas pedras verdoengas, e tomam do azul, que parecem turquescoas".

de uma légua, e quando esta gente ia do mar por este rio Doce acima sessenta ou setenta léguas da barra, acharam umas serras ao longo do rio de Arvoredo, e quase todas de pedra, em que também acharam pedras verdes; e indo mais acima quatro ou cinco léguas da banda do sul, está outra serra, em que afirma o gentio haver pedras verdes e vermelhas tão compridas como dedos, e outras azuis, todas mui resplandecentes.

Desta serra para a banda de leste pouco mais de uma légua está uma serra, que é quase toda de cristal muito fino, a qual terá em si muitas esmeraldas,[165] e outras pedras azuis. Com estas informações que Bastião Fernandes deu a Luís de Brito, sendo governador, mandou Antônio Dias Adorno, como já fica dito atrás, o qual achou ao pé desta serra, da banda de leste as esmeraldas, e da de oeste as safiras.[166] E umas e outras nascem no cristal, de onde trouxeram muitas e algumas muito grandes, mas todas baixas; mas presume-se que debaixo da terra as deve de haver finas, porque estas estavam à flor da terra. Em muitas partes achou esta gente pedras desacostumadas, de grande peso, que afirmam terem ouro e prata, do que não trouxeram amostras, por não poderem trazer mais que as primeiras e com trabalho; a qual gente se tornou para o mar pelo rio Grande abaixo, como já fica dito. E Antônio Dias Adorno, quando foi a estas pedras, as recolheu por terra, atravessando pelos tupinaes e por entre os Tupinambas, e com uns e outros teve grandes escaramuças,[167] e com muito trabalho e risco de sua pessoa chegou à Bahia e fazenda de Gabriel Soares de Sousa.

---

165. Em Varnhagen (1851 e 1879), "a qual cria em si".
166. Em Varnhagen (1851 e 1879), "da banda do norte as esmeraldas, e da de leste as safiras".
167. Em Varnhagen (1851 e 1879), "grandes encontros".

[41] Em que se declara a costa do rio Doce até a do Espírito Santo Do rio Doce ao dos Reis Magos são oito léguas; e faz a terra de um rio ao outro uma enseada grande, o qual rio está em dezenove graus e meio, e corre-se a costa de um a outro nordeste-sudoeste. Na boca deste rio dos Reis Magos estão três ilhas redondas, por onde é bom de conhecer, no qual entram navios da costa, cuja terra é muito fértil, e boa para se poder povoar, onde se podem fazer alguns engenhos de açúcar, por ter ribeiras que nele se metem, mui acomodadas para isso. Navega-se neste rio da barra para dentro quatro ou cinco léguas, em o qual há grandes pescarias e muito marisco; e no tempo que estava povoado de gentio, havia nele muitos mantimentos, e aqui iam resgatar os moradores do Espírito Santo, o que causava grande fertilidade da terra.[168]

Dos Reis Magos ao rio das Barreiras são oito léguas, do qual se faz pouca conta. Do rio das Barreiras à ponta do Tubarão são quatro léguas, sobre o qual está a serra do Mestre Álvaro; da ponta do Tubarão à ponta do morro de João Moreno são duas léguas, onde está a vila de Nossa Senhora da Vitória; entre uma ponta e outra está o rio do Espírito Santo, o qual tem defronte da barra meia légua ao mar uma lájea, de que se hão de guardar.[169] Em direito desta ponta da banda do norte, duas léguas pela terra dentro, está a serra do Mestre Álvaro, que é grande e redonda, a qual está afastada das outras serras; esta serra aparece a quem vem do mar em fora muito longe, que é por onde se conhece a barra; esta barra faz uma enseada grande, a qual tem umas ilhas dentro, e corre-se esta barra para dentro

---

168. Em Varnhagen (1851 e 1879), "grande fertilidade. Da terra dos Reis Magos ao rio".

169. Em Varnhagen (1851 e 1879), "defronte da barra meia légua ao mar uma légua".

nordeste-sudoeste.[170] A primeira ilha, que está nesta barra, se chama de D. Jorge, e mais para dentro está outra, que se diz de Valentim Nunes. Desta ilha para a Vila Velha estão quatro penedos grandes descobertos, e mais para cima está a ilha de Anna Vaz; mais avante está o ilhéu da Viúva; e no cabo desta baía está a ilha de Duarte de Lemos, "no cabo desta baía fica a ilha" onde está assentada a vila do Espírito Santo, a qual se edificou no tempo da guerra grande pelos goitacazes,[171] que apertaram muito com os povoadores da Vila Velha. Defronte da vila do Espírito Santo, da banda da Vila Velha, está um penedo mui alto a pique sobre o rio, ao pé do qual se não acha fundo; é capaz este penedo para se edificar sobre ele uma fortaleza, o que se pode fazer com pouca despesa, da qual se pode defender este rio ao poder do mundo todo. Este rio do Espírito Santo está em altura de vinte graus e um terço.

[42] Em que se declara como el-rei fez mercê da capitania do Espírito Santo a Vasco Fernandes Coutinho, e como a foi povoar em pessoa Razão tinha Vasco Fernandes Coutinho de se contentar com os grandes e heroicos feitos que tinha com as armas acabado nas partes da Índia, onde nos primeiros tempos de sua conquista se achou, no que gastou o melhor de sua idade; e passando-se para estes reinos em busca do galardão de seus trabalhos, pediu em satisfação deles à Sua Alteza licença para entrar em outros maiores, pedindo que lhe fizesse mercê de uma capitania na costa do Brasil, porque a queria ir povoar, e conquistar o sertão dela, a cujo requerimento el-rei D. João, o III de Portugal, satisfez fazendo-lhe mercê de cinquenta

---

170. Em Varnhagen (1851 e 1879), "e entra-se nordeste sudoeste".
171. Na edição de 1851, "no tempo da guerra pelos Goaitacazes", e na de 1879, "no tempo da guerra pelos *Guaitacazes*".

léguas de terra ao longo da costa no dito Estado, com toda a terra para o sertão, que coubesse na sua demarcação, começando onde acabasse Pero do Campo, capitão de Porto Seguro. Contente este fidalgo com a mercê que pediu, para satisfazer à grandeza de seus pensamentos, ordenou à sua custa uma frota de navios mui provida de moradores e das munições de guerra necessárias, com tudo o que mais convinha a esta empresa, em a qual se embarcaram, entre fidalgos e criados del-rei, sessenta pessoas, entre as quais foi D. Jorge de Menezes, o de Maluco, e D. Simão de Castelo Branco, que por mandado de Sua Alteza iam cumprir suas penitências a estas partes. Embarcado este valoroso capitão com sua gente na frota que estava prestes, partiu do porto de Lisboa com bom tempo, e fez sua viagem para o Brasil, onde chegou a salvamento, à sua capitania, em a qual desembarcou e povoou a vila de Nossa Senhora da Vitória, a que agora chamam a Vila Velha, onde se logo fortificou, a qual em breve tempo se fez uma nobre vila para aquelas partes. Derredor desta vila se fizeram logo quatro engenhos de açúcar mui bem providos e acabados, os quais começaram de lavrar açúcar, como tiveram canas para isso, que se na terra deram muito bem. Nestes primeiros tempos teve Vasco Fernandes Coutinho algumas escaramuças com o gentio seu vizinho, com a qual se houve de feição que, entendendo estes índios que não podiam ficar bem do partido,[172] se afastaram da vizinhança do mar por aquela parte, por escusarem brigas que da vizinhança se seguiam. A este gentio chamam Goaitazes,[173] de quem diremos adiante.

---

172. Ficar bem do partido: estar melhor.
173. Na edição de 1851, "Guaitacazes", e na de 1879, "*Guaytcazes*".

Como Vasco Fernandes viu o gentio quieto, e a sua capitania tanto avante, e em termos de florescer de bem em melhor, ordenou de vir para Portugal para se fazer prestes do necessário para ir conquistando a terra pelo sertão, até descobrir ouro e prata e a outros negócios que lhe convinham; e concertando suas coisas, como relevava, se partiu, e deixou a D. Jorge de Menezes para em sua ausência a governar, ao qual os Tupiniquins, de uma banda, e os goainases, da outra, fizeram tão crua guerra que lhe queimaram os engenhos e muitas fazendas, o desbarataram e mataram a flechadas; o que também fizeram depois a D. Simão de Castelo Branco, que lhe sucedeu na capitania, e a outra muita gente, e puseram a vila em cerco e em tal aperto que, não podendo os moradores dela resistir ao poder do gentio, a despovoaram de todo e se passaram à ilha de Duarte de Lemos, onde ainda estão; a qual ilha se afasta da terra firme um tiro de berço.[174]

Esta vila se povoou de novo com título do Espírito Santo, e muitos dos moradores, não se havendo ali por seguros do gentio, se passaram a outras capitanias. E tornando-se Vasco Fernandes para a sua capitania, vendo-a tão desbaratada, trabalhou todo o possível por tomar satisfação deste gentio, o que não foi em sua mão, por estar impossibilitado de gente e munições de guerra, e o gentio mui soberbo com as vitórias que tinha alcançado, antes viveu muitos anos afrontado dele naquela ilha, onde, a seu requerimento, o mandou socorrer Mem de Sá, que naquele tempo governava este Estado; o qual ordenou na Bahia uma armada bem fornecida de gente e armas, que era de navios da costa, mareáveis, da qual mandou por capitão a seu filho Fernão

---

174. Distância que percorria a munição do berço, peça curta de artilharia que atirava balas de ferro de pequeno calibre.

de Sá, que com ela foi entrar no rio de Cricare, onde ajuntou com ele a gente do Espírito Santo, que lhe mandou Vasco Fernandes Coutinho; e sendo a gente toda junta, desembarcou Fernão de Sá em terra, e deu sobre o gentio de maneira, que o pôs logo em desbarate nos primeiros encontros, o qual gentio se reformou e ajuntou logo, e apertou com Fernão de Sá, de maneira que o fez recolher para o mar, o que fez com tamanha desordem dos seus que, antes de poder chegar às embarcações, mataram a Fernão de Sá, com muita da sua gente, ao embarcar; mas, já agora, está esta capitania reformada, com duas vilas, em uma das quais está um mosteiro dos padres da companhia, e tem seus engenhos de açúcar e outras muitas fazendas. No povoar desta capitania gastou Vasco Fernandes Coutinho muitos mil cruzados, que adquiriu na Índia, e todo o patrimônio que tinha em Portugal, que todo para isso vendeu, o qual acabou nela tão pobremente, que chegou a darem-lhe de comer por amor de Deus, e não sei se teve um lençol seu, em que o amortalhassem. E seu filho, do mesmo nome, vive hoje na mesma capitania, tão necessitado que não tem mais de seu que o título de capitão e governador dela.

[43] Em que se vai declarando a costa do Espírito Santo até o cabo de São Tomé Do rio do Espírito Santo ao Guoarapari[175] são oito léguas, e faz-se entre um e outro rio uma enseada. Chegando a este rio de Guoarapari estão as serras, que dizem de Perocão, e corre-se a costa do morro de João Moreno até este rio, norte-sul; e defronte do morro de João Moreno está a ilha Escalvada. Do rio de Guoarapari à ponta de Liritibe[176]

---

175. Em Varnhagen (1851 e 1879), "Goarapari".
176. Em Varnhagen (1851 e 1879), "ponta do Leritibe".

são sete léguas, e corre-se a costa nordeste-sudoeste, cuja terra é muito alta; essa ponta tem, da banda do norte, três ilhas, obra de duas léguas ao mar e a primeira está meia légua da terra firme, as quais têm bom surgidouro; e estão essas ilhas defronte do rio Guoarapari. A terra deste rio até Liritibi é muito grossa e boa para povoar como a melhor do Brasil, a qual foi povoada dos guaianases. Esta ponta de Liritibi tem um arrecife ao mar, que boja bem uma légua e meia, a qual ponta é de terra baixa ao longo do mar. De Liritibi até Tapemirim são quatro ou cinco léguas, cuja costa se corre nordeste-sudoeste, a qual está em vinte graus e três quartos. De Tapemirim a Manage são cinco léguas, a qual está em vinte e um graus; de Manage ao rio de Paraiba são cinco léguas, e corre-se a costa nordeste-sudoeste, e toma da quarta ao norte-sul, o qual rio de Paraíba está em vinte e um graus e dois terços. Este rio de Paraíba tem barra e fundo por onde entram navios de honesto porte, o qual se pode tornar a povoar, porque derredor dele e ao longo do mar não há gentio que arrecear, porque todo vive afastado do mar.[177] Da Paraiba ao cabo de São Tomé são sete léguas, cuja costa se corre nordeste-sudoeste, o qual cabo está em vinte e dois graus. Pelo nome deste cabo o tomou a capitania também de São Tomé, até onde corre o limite dos Guaitacazes, de quem diremos em seu lugar.[178]

---

177. Em Varnhagen (1851 e 1879), "tornar a povoar, por derredor dele e ao longo do mar. Da Parahyba ao".

178. No manuscrito da BGJM, "Guoainazes", e em Varnhagem (1851 e 1879), "Guaytacazes". Optamos por Guaitacazes todas as vezes em que ocorrer esta divergência, pois, ainda que ambas sejam denominações de povos que viveram na costa do Brasil, os Guaianazes habitavam terras mais ao sul.

[44] **Em que se trata de como Pedro de Góis foi povoar a sua capitania de Paraíba ou de São Tomé**   Pero de Góis[179] foi um fidalgo muito honrado, cavaleiro e experimentado, o qual andou na costa do Brasil com Pero Lopes de Sousa, e se perdeu com ele no Rio da Prata; e pela afeição que tomou deste tempo à terra do Brasil, pediu a el-rei D. João, quando repartiu as capitanias da costa, que lhe fizesse mercê de uma,[180] da qual Sua Alteza lhe fez mercê, dando-lhe trinta léguas de terra ao longo da costa, que se começariam onde se acabasse a capitania de Vasco Fernandes Coutinho, e daí até onde acaba Martim Afonso de Sousa, e que, não as havendo entre uma capitania e outra, que lhe dava somente o que houvesse, o que não passaria dos baixos dos Pargos. Da qual capitania foi tomar posse em pessoa em uma frota de navios,[181] que à sua custa para isso fez, que proveu de moradores, armas e o mais necessário para tal empresa, com a qual frota se partiu do porto de Lisboa, e fez sua viagem com próspero tempo, e foi tomar terra e porto na sua capitania, e desembarcou no rio Paraíba, onde se fortificou, e fez uma povoação em que esteve pacificamente os primeiros dois anos em paz com os gentios Guaitacazes, seus vizinhos,[182] com quem teve depois guerra cinco ou seis anos, dos quais se defendeu com muito trabalho e risco de sua pessoa, por lhe armarem cada dia mil traições, fazendo pazes, que lhe logo quebravam, com o que lhe foram matando muita gente, assim nestas traições como em cercos, que lhe puseram, mui prolongados, com o que

---

179. Em Varnhagen (1851 e 1879), "Pedro de Goes".
180. Em Varnhagen (1851 e 1879), "as capitanias, que lhe".
181. Em Varnhagen (1851 e 1879), "foi tomar posse em uma frota de navios".
182. Em Varnhagen (1851 e 1879), "os primeiros dois anos, com os gentios Guaytacazes", e no manuscrito da BGJM, "os primeiros dois anos, em paz com os gentios Guoainazes".

padeceu cruéis fomes, o que não podendo os moradores sofrer apertaram com Pero de Góis rijamente, que a despovoasse, no que ele se determinou obrigado destes requerimentos e das necessidades em que o tinham posto os trabalhos, e ver que não era socorrido do reino como devera. E vendo-se já sem remédio, foi forçado a despejar a terra e passar-se com toda a gente para a capitania do Espírito Santo, onde estava a esse tempo Vasco Fernandes Coutinho, que lhe mandou para isso algumas embarcações. E como Pero de Góes teve embarcação, se tornou para estes reinos mui desbaratado, dos quais voltou a ir ao Brasil por capitão-mor do mar com Tomé de Sousa, que neste Estado foi o primeiro governador-geral, com quem ajudou a povoar e fortificar a cidade do Salvador, na Baía de Todos os Santos.[183]

Nesta povoação que Pero Góes fez na sua capitania gastou toda a sua fazenda que tinha no reino, e muitos mil cruzados de Martim Ferreira, que o favoreceu muito com pretensão de fazerem por conta da companhia grandes engenhos, o que não houve efeito pelos respeitos declarados neste capítulo.

[45] **Em que se diz quem são os Guaitacazes e de sua vida e costumes**   Pois que temos declarado quase toda a costa que senhoreavam os guaitacazes, não é bem que nos despeçamos dela passando por eles,[184] pois temos dito parte dos danos que fizeram aos povoadores da Capitania do Espírito Santo e aos da

---

183. Tomé de Sousa (1493-1573?), militar e político português que se destacara pelos grandes feitos nas Índias orientais e na África, foi nomeado por D. João III primeiro Governador Geral do Estado do Brasil, cargo criado em 1549 pela Coroa, no intuito de centralizar a administração colonial.
184. No manuscrito da BGJM, "que senhoreavam não é bem que".

Paraiba,[185] os quais antigamente partiam pela costa do mar da banda do sul com os Tamoios, e de norte com os Tapanazes,[186] que viviam entre eles, e os Tupiniquins, e como eram seus contrários, vieram a ter com eles tão cruel guerra que os fizeram despejar a ribeira do mar, e irem-se para o sertão, com o que ficaram senhores da costa até confinar com os Tupiniquins, cujos contrários também são, e se matam e comem uns aos outros, entre os quais estava por marco o rio de Cricare.

Este gentio foi o que fez despovoar a Pero de Góes, e que deu tantos trabalhos a Vasco Fernandes Coutinho. Este gentio tem a cor mais baça que os que dissemos atrás,[187] e tem diferente linguagem, é muito bárbaro, o qual não granjeia muita lavoura de mantimentos, plantam somente legumes, de que se mantêm, e da caça que matam às flechadas, porque são grandes flecheiros. Não costuma esta gente pelejar no mato, mas em campo descoberto, nem são muito amigos de comer carne humana, como o gentio atrás; não dormem em redes, mas no chão, com folhas debaixo de si. Costumavam estes bárbaros, por não terem outro remédio, andarem no mar nadando, esperando os tubarões com um pau muito agudo na mão, e, em remetendo o tubarão a eles, lhe davam com o pau, que lhe metiam pela garganta com tanta força que o afogavam, e matavam, e o traziam à terra, não para o comerem para o que se não punham em tamanho perigo, senão para lhes tirar os dentes, para os engastarem nas pontas das flechas. Tem este gentio muita parte dos costumes dos Tupinambas, assim no cantar, bailar, tingir-se de jenipapo, na feição do cabelo da cabeça e no arrancar os mais

---

185. Em Varnhagen (1851 e 1879), "povoadores do Espírito Santo".
186. Em Varnhagen (1851 e 1879), "Papanazes".
187. Em Varnhagen (1851 e 1879), "tem a cor mais branca que".

cabelos do corpo e outras gentilidades muitas que, por escusarem as prolixidades, as guardamos para se dizer uma só vez.

[46] Em que se declara, em suma, quem são os Papanases e seus costumes Parece conveniente este lugar para brevemente se dizer quem são os Papanazes, de quem atrás fizemos menção, e porque passamos o limite de sua vivenda nos tempos antigos, não é bem que os guardemos para mais longe.

Este gentio, como fica dito, viveu ao longo do mar entre a capitania de Porto Seguro e a do Espírito Santo, de onde foi lançado, pelos Tupiniquins, seus contrários, e pelos goaitacazes, que também o eram, e são hoje, seus inimigos, e uns e outros lhe fizeram tão cruel guerra que os fizeram sair para o sertão, onde agora têm sua vivenda, cuja linguagem entendem os Tupiniquins e guoaitacazes, ainda que mal. Este gentio dorme no chão, sobre folhas, como os guoaitacazes; também não se ocupa em grandes lavouras; mantêm-se estes selvagens de caça e peixe do rio, que matam; os quais são grandes flecheiros e pelejam com arcos e flechas, andam nus como o mais gentio, não consentem cabelos nenhuns no corpo, senão os da cabeça, pintam-se e enfeitam-se com penas de cores dos pássaros; cantam e bailam; têm muitas gentilidades, das que usam os Tupinambas. Mas, entre si, têm um costume que não é tão bárbaro, como todos os outros que todo o gentio costuma, que é, se um índio destes mata outro da mesma geração em alguma briga, ou por desastre, são obrigados os parentes do matador a entregá-lo aos parentes do morto, que logo o afogam e o enterram, estando uns e outros presentes, e todos neste ajuntamento fazem grande pranto, comendo e bebendo todos juntos por muitos dias, e assim ficam todos amigos; e sendo o caso que o matador fuja, de maneira que os parentes não o possam tomar, lhe tomam um filho ou filha, se o tem, ou irmão, e se não tem nem um nem outro, entregam pelo matador o parente mais chegado, ao qual não matam, mas fica cativo do mais próximo parente do morto, e com isso ficam todos contentes e amigos como o eram antes do acontecimento do morto.

[47] Em que se torna a dizer de como corre a costa do cabo de São Tomé até o cabo Frio   Do cabo de São Tomé à ilha de Santa Anna são oito léguas, e corre-se a costa nordeste-sudoeste. A terra firme desta costa é muito fértil e boa. Esta ilha de Santa Anna fica em vinte e dois graus e um terço, a qual está afastada da terra firme duas léguas para o mar, e tem duas ilhas junto de si.[188] E quem vem do mar em fora parece-lhe tudo uma coisa. Tem esta ilha da banda da costa um bom surgidouro e abrigada por ser limpo tudo, onde tem de fundo cinco e seis braças; e na terra firme defronte da ilha tem boa aguada, e na mesma ilha há boa água de uma lagoa. Por aqui não há de que guardar senão do que virem sobre a água.

E quem vem do mar em fora, para saber se está tanto avante como esta ilha, olhe para a terra firme, e verá em meio das serras um pico, que parece frade com capelo sobre as costas, o qual demora a oés-noroeste, e podem os navios entrar por qualquer das bandas da ilha como lhe mais servir o vento, e ancorar defronte entre ela e a terra firme.

Da ilha de Santa Ana à baía do Salvador são três léguas e dessa baía à baía Formosa são sete léguas; da baía Formosa ao cabo Frio são duas léguas. E corre-se a costa norte-sul. Até esta baía Formosa corriam os guoaitacazes no seu tempo, mas

---

188. Em Varnhagen (1851 e 1879), "tem dois ilhéus junto de si".

vivem já mais afastados do mar, pelo que não há que arrecear para se povoar qualquer parte desta costa do Espírito Santo até o cabo Frio.

[48] Em que se explicam os recôncavos do cabo Frio O cabo Frio está em vinte três graus; o qual parece, a quem vem de mar em fora, ilha redonda com uma forcada no meio, porque a terra, que está entre o cabo e as serras, é muito baixa, e quando se vem chegando a ele aparece uma rocha com riscos brancos, por onde é muito bom de conhecer. E, ainda que, pelo que se julga do mar, a terra do cabo parece ilha, e o não seja, por onde o parece, na verdade o cabo é ilha, porque o corta o mar por onde se não enxerga de fora, mas é de maneira que pode passar um navio por entre ele e a terra firme à vontade. E tem um baixo neste canal, bem no meio, de duas braças de fundo; o mais é alto, que basta para passar uma nau.

Perto do cabo estão umas ilhas, no meio das quais é limpo e bom porto para surgirem naus de todo porte, e não há senão guardar do que virem. Duas léguas do cabo, da banda do norte, está a baía Formosa, e defronte dela ficam as ilhas, e entre esta baía e as ilhas há bom surgidouro. No fim desta baía para o norte está a Casa da Pedra, perto da qual está um rio pequeno, que tem de fora bom surgidouro, e de dez até quinze braças de fundo, afastado um pouco de uma ilha que está na boca da baía. E perto desta ilha é alto para ancorarem naus, mas perigoso, porque se venta sudoeste e oeste, faz aqui dano no primeiro ímpeto, porque vem com muita fúria, como trovoada de Guiné, a qual trovoada é de vento seco e claro. Costumavam os franceses entrar por este rio pequeno e carregar o pau do brasil, que traziam para as naus que estavam surtas[189] na baía, ao longo das ilhas.[190] Por esta baía entra a maré muito pela terra adentro, que é muito baixa, onde de 20 de janeiro até todo o fevereiro se coalha a água muito depressa, e sem haver marinhas, tiram os índios o sal coalhado e duro, muito alvo, às mãos cheias, de debaixo da água, chegando-se sempre a maré, sem ficar nunca em seco.

[49] **Em que se declara a terra que há do cabo Frio até o Rio de Janeiro**   Do Cabo Frio ao Rio de Janeiro são dezoito léguas, que se repartem desta maneira: do Cabo Frio ao rio de Sacorema são oito léguas; de Sacorema às ilhas de Maricá são quatro léguas, e de Maricá ao Rio de Janeiro são seis léguas, cuja costa se corre leste-oeste; o qual Rio está em vinte e três graus, e tem sobre si umas serras mui altas, que se veem de muito longe, vindo do mar em fora, a que chamam os Órgãos, e uma destas serras parece do mar gávea de nau, por onde se conhece bem a terra. Este Rio tem de boca, de ponta a ponta, perto de meia légua, e na de lés-sudoeste tem um pico de pedra muito alto e mui a pique sobre a barra. Na outra ponta tem outro padrasto, mas não é tão alto nem tão áspero, e de um ao outro se defenderá a barra valorosamente. No meio desta barra, entre ponta e ponta, criou a natureza uma lájea de cinquenta braças de comprido e vinte e cinco de largo, onde se pode fazer uma fortaleza, que seja uma das melhores do mundo, o que se fará com pouca despesa, com o que se defenderá este Rio a todo o poder que o quiser entrar; porque o fundo da barra é, por junto dessa lájea, a tiro de espingarda dela, e forçado as

---

189. Surto: ancorado, fundeado.
190. Em Varnhagen (1851 e 1879), "ao abrigo das ilhas".

naus que quiserem entrar dentro hão de ir à fala dela, e não lhe ficará outro padrasto mais que o do pico de pedra, donde lhe podem chegar com artilharia grossa; mas é este pico tão áspero que parece impossível poder-se levar acima artilharia grossa, e segurando-se este pico ficará a fortaleza da lájea inexpugnável. E uma coisa e outra se pode fortificar com pouca despesa, pela muita pedra que para isso tem ao longo do mar, bem defronte, assim para cantaria como para alvenaria, e grande aparelho para se fazer muita cal de ostras, de que neste Rio há infinidade.

[50] Em que se declara a entrada do Rio de Janeiro e as ilhas que tem defronte Defronte da barra do Rio de Janeiro, ao sul dela quatro ou cinco léguas, estão duas ilhas baixas, e ao noroeste delas está um porto de areia bem chegado à terra, onde há abrigada do vento sul, sudeste, leste e noroeste, e como for outro vento convém fugir na volta de leste ou do norte, que serve para quem vem para o reino; e quem houver de ancorar aqui, pode-se chegar à terra até quatro ou cinco braças de fundo para ficar bem; e quem houver de entrar no Rio, dando-lhe o vento lugar, entre pela banda do leste, e sendo o vento oeste, vá pela barra de oeste, pelo meio do canal que está entre a ponta de Cara de Cão e a lájea; mas a barra de leste é melhor, por ser mais larga; e por cada uma delas tem fundo oito até doze braças até a ilha de Viragalham;[191] e quanto mais forem a oeste, tanto menos fundo acharão, depois que passarem a ilha, e para a banda de leste acharão mais fundo em passando a ilha de Viragalham, que se chama assim, por ser este o nome do

---

191. Ilha de Villegaignon, cujo nome é em homenagem ao almirante francês Nicolas Durand de Villegagnon, que a ocupou em 1555 na tentativa de estabelecer a França Antártica. Nela construiu o Forte Coligny, arrasado pelos portugueses liderados por Mem de Sá em 1560.

capitão francês, que esteve com uma fortaleza nesta ilha, que é a que Mem de Sá tomou e arrasou.

Defronte da barra deste Rio ao mar dela está uma ilha, a que chamam ilha Redonda; e afastado dela para a banda de leste, está outra ilha, a que chamam a ilha Rasa; e defronte destas ilhetas, entre elas e a ponta da lájea, estão três ilhéus em meio, e chegando à terra e a ponta da lájea está outra ilheta, a que chamam Jeribituba,[192] em derredor da qual estão quatro ilhotes.

[51] Em que particularmente se explica a baía do Rio de Janeiro da ponta do Pão de Açúcar para dentro É tamanha coisa o Rio de Janeiro da boca para dentro, que nos obriga a gastar o tempo em o declarar neste lugar, para que se veja como é capaz de se fazer mais conta dele do que se faz. E comecemos do Pão de Açúcar, que está da banda de fora da barra, que é um pico de pedra mui alto, da feição do nome que tem, do qual, à ponta da barra, que se diz de Cara de Cão, há pouco espaço; e a terra, que fica entre esta ponta e o Pão de Açúcar, é baixa e chã; e virando-se desta ponta para dentro da barra se chama Cidade Velha, onde se ela fundou primeiro.[193] Aqui se faz uma enseada, em que podem surgir navios, se quiserem, porque o fundo é de vasa, e tem cinco, seis, até sete braças. Esta enseada se chama de Francisco Velho, por ter aqui sua vivenda

---

192. Em Varnhagen (1851 e 1879), "ilha Raza: e defronte desta ilha e a ponta da lagoa estão três ilhas no meio, e chegando à terra está outro ilhote, a que chamam Jeribátuba".

193. A Cidade Velha, considerada o início da cidade do Rio de Janeiro, foi fundada por Estácio de Sá, em 1º de março de 1565, e situava-se entre o Pão de Açúcar e a Ponta de São João, chamada naquela época de Cara de Cão. No dia primeiro de março de 1567, o governador-geral Mem de Sá transferiu a cidade da área da Urca para o Morro do Castelo, por questões estratégicas, conservando-lhe o nome de São Sebastião do Rio de Janeiro.

e granjearia, a qual é afeiçoada em compasso até outra ponta adiante, que se chama da Carioqua, junto da qual entra uma ribeira, que se chama do mesmo nome, donde bebe a cidade. Da ponta da Cara de Cão à cidade pode ser meia légua; esta ponta de Cara de Cão fica quase em padrasto da lagoa,[194] mas não é muito grande por ela não ser muito alta.

A cidade se chama São Sebastião, a qual edificou Mem de Sá, em um alto, em uma ponta de terra que está defronte da ilha de Viragalham, a qual está lançada deste alto por uma ladeira abaixo; e tem em cima, no alto, um nobre mosteiro e colégio de padres da companhia, e ao pé dela está uma estância com artilharia para uma banda e para outra, um modo de fortaleza em uma ponta, que defende o porto, mas não a barra, por lá não chegar bem a artilharia.

Ao pé desta cidade, defronte da ponta do arrecife dela, tem bom surgidouro, que tem de fundo cinco e seis braças, e chegando-se mais à terra tem três e quatro braças, onde os navios têm abrigo para os ventos gerais do inverno, que são sul e su-sudeste. E quem quiser ir para dentro há de passar por um banco, que tem de preamar até vinte palmos de água; e passando este banco, virando para detrás da ponta da cidade, acharão bom fundo, onde os navios estão seguros de todo tempo, por a terra fazer aqui uma enseada. E quando os navios quiserem sair deste porto carregados, hão de botar fora por entre a ilha e a ponta da terra firme, pela banda do norte, e hão de rodear a ilha em redondo para tornarem a surgir defronte da cidade, e surgirão junto da ilha de Viragalham, entre ela e a cidade; no qual lugar acharão de fundo três braças, e três e meia, onde tem porto

---

194. Em Varnhagen (1851 e 1879), "padrasto da lájea".

morto e defronte deste porto é o desembarcadouro da cidade, onde se diz as casas de Manoel de Brito.

[52] Em que se explica a terra da baía do Rio de Janeiro da ponta da cidade para dentro até tornar à barra Na ponta desta cidade o ancoradouro dos navios, que está detrás da cidade, está uma ilheta que se diz a da Madeira,[195] por se tirar dela muita, a qual serve aos navios que aqui se recolhem de consertar as velas. E desta ponta a uma légua está outra ponta, fazendo a terra em meio uma enseada, onde está o porto, que se diz de Martim Afonso, onde entra nesta baía um riacho, que se diz Jabiburaçiqua;[196] defronte deste porto de Martim Afonso estão espalhados seis ilhéus de arvoredo. E desta ponta por diante se torna a terra a recolher, à maneira de enseada, e dali a meia légua faz outra ponta, e antes dela entra outro riacho no salgado, que se chama Unhaúma; e à ponta se chama Braço pequeno. Dessa ponta que se diz Braço pequeno por diante, foge a terra para trás muito, onde se faz um esteiro, por onde entra a maré três léguas; e fica a terra na boca deste esteiro, de ponta a ponta, um tiro de berço, donde começa a terra a fazer outra enseada, que de ponta a ponta são duas léguas, a qual terra é alta até a ponta. Defronte desta enseada está a ilha de Salvador Correa,[197] que se chama Pernapicu,[198] que tem três

---

195. A antiga Ilha da Madeira hoje é conhecida como Ilha das Cobras.
196. Em Varnhagen (1851 e 1879), "Yabubiracica".
197. Atual Ilha do Governador, na cidade do Rio de Janeiro. Seu nome é em homenagem a Salvador Correa de Sá, *o Velho*, que a recebeu como sesmaria em 1567 e onde construiu um engenho de açúcar. Militar português, ocupou por duas vezes o cargo de governador-geral do Rio de Janeiro entre 1578 a 1598, destacando-se na luta pela expulsão dos franceses e na administração do governo.
198. Em Varnhagen (1851 e 1879), "Parnápicú".

léguas de comprido, e uma de largo, na qual está um engenho de açúcar, que lavra com bois, que ele fez. Atravessando esta ilha por mar à cidade são duas léguas, a qual ilha tem em redor de si oito ou nove ilhas, que dão pau do brasil. Do cabo desta enseada grande e da ponta da terra alta, se faz outra enseada apertada na boca, em a qual se mete um rio que nasce ao pé da serra dos Órgãos, que está cinco léguas pela terra adentro, o qual se chama Magipe, e mais adiante légua e meia entra outro riacho nesta baía, que se chama Sururuí. Deste rio Sururuí a duas léguas, entra outro nesta baía, que se chama Macucu, que se navega pela terra adentro quatro léguas, em o qual se mete outro rio, que se chama dos Guoaiatacazes, que vem de muito longe. Defronte do rio Macucu está uma ilha, que se chama Curiata,[199] e desta ilha a uma légua está outra,[200] que se chama Pacata; e desta à de Salvador Correia é légua e meia; e estão estas ilhas todas três em direito leste-oeste umas das outras. E desta ilha Pacata direito ao sul estão seis ilhéus, e para o sudeste estão cinco, em duas carreiras. Da ponta do rio Macucu para a banda de leste se recolhe a terra e faz uma enseada até outra ponta da terra saída ao mar, em que entra um riacho, que se chama Baxindiba, e da ponta deste riacho à de Macucu é légua e meia. Defronte de Baxindiba, está outra ilha, cheia de arvoredo; de Baxindiba se torna a afastar a terra para dentro, fazendo outra enseada, com muitos mangues no meio, em a qual se mete outro rio, que se diz Suasunha,[201] e haverá de ponta a ponta duas léguas. E no meio, bem em direito das pontas, está outra ilha cheia de arvoredo,

---

199. Em Varnhagen (1851 e 1879), "Caiaiba".
200. Em Varnhagen (1879), "desta ilha a uma está outra".
201. Em Varnhagen (1851 e 1879), "Suaçuna".

e a outra ponta desta enseada se diz Mutungabo. Da ponta de Mutungabo se esconde a terra para dentro bem dois terços de légua, onde se mete um rio, que se chama Pau Doce, e faz uma volta, tornando a terra a sair para fora bem meia légua, onde faz outra ponta, que se chama Urumaré. Desta ponta à de Mutungabo é uma légua, e, bem em direito destas pontas, em meio desta enseada está outra ilha de arvoredo. Desta ponta de Mutungabo à de Macucu são quatro léguas; da ponta de Urumaré a dois terços de légua está outra ponta, onde se começam as barreiras vermelhas, que ficam defronte da cidade, onde bate o mar da baía; e defronte desta ponta, para o norte está uma ilha, que se diz de João Fernandes, diante da qual está outra mais pequena. Das barreiras vermelhas se vai afeiçoando a terra ao longo da água, como cabeça de cajado, onde se faz uma enseada que se chama de Piratininga, e a ponta e língua da terra dele vêm quase em direito de Viragalham, a qual ponta se chama de Lery, e o cotovelo desta língua de terra faz uma ponta defronte da de Cara de Cão, que fica em padrasto sobre a lájea da barra, em a qual ponta está outra lájea, que o salgado aparta de terra qualquer coisa, a qual fica ao pé do pico do padrasto, que está sobre a barra. Entram por esta barra do Rio de Janeiro naus de todo o porte, as quais podem estar neste rio seguras, como fica dito, de maneira que terá esta baía do Rio de Janeiro, em redondo, da ponta de Cara de Cão, andando por dentro até o mar, à outra ponta da lájea, vinte léguas pouco mais ou menos, que se navega em barcos, e pelo mais largo haverá de terra a terra seis léguas.

[53] **Que trata de como o governador Mem de Sá foi ao Rio de Janeiro** Não é bem que passemos avante sem pri-

meiro se dar conta da muita que os anos passados se teve com o Rio de Janeiro. E como el-rei D. João, o III de Portugal, fosse informado como os franceses tinham feito neste Rio uma fortaleza na ilha de Viragalham, que foi o capitão que nela residia, que se assim chamava, mandou a D. Duarte da Costa, que neste tempo era governador deste Estado, que ordenasse de espiar esta fortaleza e Barra do Rio, o que D. Duarte fez com muita diligência,[202] e avisou disso a Sua Alteza a tempo, que tinha eleito para governador-geral deste Estado a Mem de Sá, a quem encomendou particularmente muito que trabalhasse por lançar esta ladroeira fora deste Rio. E falecendo el-rei neste conflito, sucedeu no governo a rainha D. Catarina, sua mulher, que está em glória, sabendo da vontade de Sua Alteza, escreveu ao mesmo Mem de Sá, que com a brevidade possível fosse a este Rio e lançasse os franceses dele, ao que, obedecendo o governador, fez prestes a armada, que do reino para isso lhe fora, de que ia por capitão-mor Bartolomeu de Vasconcelos; à qual ajuntou outros navios de el-rei, que na Bahia havia, e dez ou doze caravelões; e feita a frota prestes, mandou embarcar nela as armas e munições de guerra e os mantimentos necessários, em a qual se embarcou a maior parte da gente nobre da Bahia, e os homens de armas que se puderam juntar, com muitos escravos e índios forros. E indo o governador com esta armada correndo a costa, de todas as capitanias levou gente que por sua vontade o quiseram acompanhar nesta empresa; e, seguindo sua viagem, chegou ao Rio de Janeiro com toda a armada junta, onde o vieram ajudar muitos dos moradores de São Vicente, onde foi

---

202. Em Varnhagen (1851 e 1879), "neste tempo era governador deste Estado, que D. Duarte fez com muita diligência".

recebido da fortaleza de Viragalham,[203] que neste tempo era ido à França, com muitas bombardadas, o que não foi bastante para Mem de Sá deixar de se chegar à fortaleza com os navios de maior porte a varejar com artilharia grossa; e com os navios pequenos mandou desembarcar a gente em uma ponta da ilha, onde mandou assestar artilharia, donde bateram a fortaleza rijamente. E como os franceses se viram apertados, despejaram o castelo e fortaleza uma noite, e lançaram-se na terra firme com o gentio Tamoio, que os favorecia muito; e entrada a fortaleza, mandou o governador recolher a artilharia e munições de guerra, que nela havia; e mandou-a desfazer e arrasar por terra, e avisou logo do sucedido à Rainha, numa nau francesa, que neste Rio tomou, e como houve monção se recolheu o governador para a Bahia, visitando as capitanias todas, aonde chegou a salvamento. Mas não alcançou esta vitória tanto a seu salvo, que lhe não custasse primeiro a vida de muitos portugueses e índios Tupinambas, que lhe os franceses mataram às bombardadas e espingardadas; mas, como a Rainha soube desta vitória, e entendendo quanto convinha à Coroa de Portugal povoar-se e fortificar-se o Rio de Janeiro, estranhou muito a Mem de Sá o arrasar a fortaleza que tomou aos franceses, e não deixar gente nela que a guardasse e defendesse, para se povoar este Rio, o que ele não fez por não ter gente que bastasse para poder defender esta fortaleza; e que logo se fizesse prestes e fosse povoar este Rio, e o fortificasse, edificando nele uma cidade, que se chamasse de São Sebastião; e para que isto pudesse fazer com mais facilidade, lhe mandou uma armada de três galeões, de que ia por capitão-mor Cristóvão de Barros, com a qual, e com

---

203. Em Varnhagen (1851 e 1879), "muitos moradores de São Vicente. E foi recebido".

dois navios del-rei que andavam na costa, e outros seis caravelões, se partiu o governador da Bahia com muitos moradores dela, que levavam muitos escravos consigo, e partiu-se para o Rio de Janeiro, onde lhe sucedeu o que neste capítulo se segue.

[54] **Que trata de como Mem de Sá foi povoar o Rio de Janeiro** Partindo Mem de Sá para o Rio de Janeiro, foi visitando as capitanias dos Ilheos, Porto Seguro e a do Espírito Santo, das quais levou muitos moradores, que como aventureiros os foram acompanhando com seus escravos, nesta jornada; e como chegou ao Rio de Janeiro viu que lhe havia de custar mais do que cuidava, como lhe custou; porque o achou fortificado dos franceses na terra firme, onde tinham feito cercas mui grandes e fortes de madeira, com seus baluartes e artilharia, que lhes umas naus que ali foram carregar de pau deixaram, com muitas espingardas. Nestas cercas estavam recolhidos com os franceses os índios Tamoios, que estavam já tão adestrados deles, que pelejavam muito bem com suas espingardas, para o que não lhes faltava pólvora nem o necessário, por de tudo estarem bem providos das naus acima ditas. Desembarcando o governador em terra, tiveram os portugueses grandes escaramuças com os franceses e Tamoios; mas uns e outros se recolheram contra sua vontade para as suas cercas, que logo foram cercadas e postas em grande aperto; mas, primeiro que fossem entradas, custou a vida a Estácio de Sá, sobrinho do governador, e a Gaspar Barbosa, pessoa de muito principal e de grande estima,[204] e a outros muitos homens e escravos, e, contudo, foram as cercas entradas, e muitos dos contrários mortos e os mais cativos. E como os Tamoios não tiveram entre si franceses, se recolhe-

---

204. Em Varnhagen (1851 e 1879), "pessoa de muito principal estima".

ram pela terra adentro, donde vinham muitas vezes fazer seus saltos, do que nunca saíram bem. E como Mem de Sá viu que tinha lançado os inimigos da porta, ordenou de fortificar este Rio, fazendo-lhe uma estância ao longo da água para defender a barra, a qual depois reedificou Christóvão de Barros, sendo capitão deste Rio; e assentou a cidade, que murou com muros de taipas com suas torres,[205] em que pôs artilharia necessária, onde edificou algumas igrejas, com sua casa de Misericórdia e hospital, e um mosteiro de padres da companhia, que agora é colégio, em que os padres ensinam latim, para o que lhe faz Sua Majestade mercê cada ano de dois mil cruzados.[206] E acabada de fortificar e povoar essa cidade, ordenou o governador de se tornar para a Bahia, deixando nela por capitão a seu sobrinho Salvador Correia de Sá, com muitos moradores e oficiais de justiça e de fazenda, convenientes ao serviço del-rei e ao bem da terra, o qual Salvador Correia defendeu esta cidade alguns anos mui valorosamente, fazendo guerra ao gentio, de que alcançou grandes vitórias, e dos franceses, que do Cabo Frio os vinham ajudar e favorecer, aos quais foi tomar, dentro do Cabo Frio, uma nau que passava de duzentos tonéis, com canoas que levou do Rio de Janeiro, com as quais a abalroou e tomou à força de armas. A esta cidade mandou depois el-rei D. Sebastião por capitão e governador Cristóvão de Barros, que a acrescentou, fazendo nela em seu tempo muitos serviços a Sua Alteza, que se não podem particularizar em tão pequeno espaço.

[55] Em que se trata de como foi governador do Rio de Janeiro Antônio Salema   Informado el-rei D. Sebastião, que

---

205. No manuscrito da BGJM, "taipas com suas terras".
206. Em Varnhagen (1851 e 1879), "o que lhe faz S.A. mercê".

glória haja, do Rio de Janeiro, e do muito para que estava disposto, ordenou de partir este Estado do Brasil em duas governanças, e deu uma delas ao Dr. Antônio Salema,[207] que estava na capitania de Pernambuco por mandado de Sua Alteza, com alçada, a qual repartição se estendia da capitania de Porto Seguro até São Vicente. Esta repartição se fez no ano de 1572; começava no limite em que partem as duas capitanias dos Ilheos e do Porto Seguro, e dali tudo para o sul; e a outra, do dito limite até tudo que há para o norte, deu a Luíz de Brito de Almeida. E era cabeça desta governança a cidade de São Sebastião do Rio de Janeiro,[208] onde o governador assistiu, e começou um engenho, que lhe Sua Alteza mandou fazer, para o que lhe mandou dar quatro mil cruzados, o qual se não acabou, sendo mui necessário para os moradores fazerem suas canas,[209] e para a terra ir em grande crescimento. No tempo que Antônio Salema governou o Rio de Janeiro, iam cada ano naus francesas resgatar com o gentio ao Cabo Frio, onde ancoravam com suas naus na baía que atrás fica declarado, e carregavam de pau da tinta à sua vontade; e vendo Antônio Salema tamanho desaforo, determinou de tirar essa ladroeira desse lugar, e fez-se prestes para ir fazer guerra ao gentio de Cabo Frio, para o que ajuntou quatrocentos homens brancos e setecentos índios, com os quais, por conselho de Christóvão de Barros, foram ambos em pessoa ao Cabo Frio, que está dezoito léguas do Rio, onde

207. Jurista português, formado em Coimbra, que veio ao Brasil como Desembargador da Casa de Suplicação no ano de 1570. Com a morte de Mem de Sá em 1572, então governador-geral, Salema foi nomeado pelo rei D. Sebastião governador das terras do sul do Estado do Brasil, como explica Gabriel Soares, governando entre 1574 e 1577.
208. No manuscrito da BGJM, "da capitania de Porto Seguro até São Vicente. E era cabeça desta".
209. Em Varnhagen (1851 e 1879), "fazerem suas casas".

acharam os Tamoios com cercas muito fortes, recolhidos nelas com alguns franceses dentro, onde uns e outros se defenderam valorosamente às espingardadas e flechadas; e, não podendo os franceses sofrer o aperto em que estavam, se lançaram com o governador, que lhes desse a vida, com que os Tamoios foram entrados, mortos infinitos, e cativos oito ou dez mil almas. E com essa vitória que os portugueses alcançaram, ficaram os Tamoios tão atemorizados, que despejaram a ribeira do mar, e se foram para o sertão, pelo que não tornaram mais naus francesas a Cabo Frio a resgatar. E porque deste sucesso fez Antônio Salema um tratado, havemos por escusado tratar mais deste caso neste capítulo.

[56] Em que se conclui com o Rio de Janeiro com a tornada de Salvador Correa a ele Vendo el-rei D. Sebastião, que haja glória, o pouco de que lhe servira dividir o Estado do Brasil em duas governanças, assentou de o tornar a ajuntar, como dantes andava, e o de mandar por capitão e governador ao Rio de Janeiro somente a Salvador Correa de Sá, e que viessem as apelações à Bahia, como dantes era; onde o dito Salvador Correa foi e está hoje em dia, onde tem feito muitos serviços a Sua Majestade, do modo como procede na governança e defensão desta cidade, e no fazer da guerra ao gentio, de que tem alcançado grandes vitórias, e também serviu a Sua Majestade em pelejar contra naus francesas,[210] que queriam entrar pela barra do Rio de Janeiro, o que lhe defendeu às bombardadas, e não quis consentir que comunicassem com a gente da terra, por se dizer trazerem cartas do senhor D. Antônio. E foi esta cidade em tanto crescimento em seu tempo, que pela

---

210. Em Varnhagen (1851 e 1879), "pelejar com três naus francesas".

engrandecer ordenou de fazer um engenho de açúcar na sua ilha, que faz muito açúcar; e favoreceu a Christóvão de Barros para mandar fazer outro, que também está moente e corrente, com os quais esta cidade está muito avante, e com um formoso colégio dos padres da Companhia, cujas obras Salvador Correa ajudou e favoreceu muito. Neste Rio de Janeiro se podem fazer muitos engenhos por ter terras e águas para isso, no qual se dão as vacas muito bem, e todo o gado de Espanha; onde se dá trigo, cevada, vinho, marmelos, romãs, figos e todas as frutas de espinho; é muito farto de pescado e marisco, e de todos os mantimentos que se dão na costa do Brasil; onde há muito pau do Brasil, e muito bom.

[57] Em que se declara a costa do Rio de Janeiro até São Vicente Da ponta da Cara de Cão do Rio de Janeiro à ponta do rio de Marambaia são nove léguas, onde se faz uma enseada; e defronte desta enseada está uma ilha de Arvoredo, que se chama a Ilha Grande, a qual faz de cada banda duas barras com a terra firme, porque tem em cada boca um penedo no meio, que lhe faz duas abertas, e navega-se por entre esta ilha e a terra firme com navios grandes e naus de todo porte. Ao mar desta ilha está um ilhéu, que se chama Jorge Grego.[211] Esta Ilha Grande está em vinte e três graus, a qual tem sete ou oito léguas de comprido, cuja terra é muito boa, toda cheia de arvoredo, com águas boas para engenhos. Quem vem do mar em fora parece-lhe esta ilha cabo de terra firme, por estar chegado à terra.

---

211. No manuscrito da BGJM, "João Grego". É a atual Ilha de Jorge Grego, localizada na baía da Ilha Grande, no Estado do Rio de Janeiro.

Esta ilha se deu de sesmaria a um desembargador que é falecido, e não a povoou, sendo ela tanto para se fazer muita conta dela; em a qual há muito bom porto para surgirem navios. Defronte desta ilha, na ponta dela da banda de oeste está a Angra dos Reis; e corre-se esta linha leste-oeste; e quem navegar por entre ela e a terra firme não tem que recear, porque tudo é limpo e sem baixo nenhum. Da ponta da Ilha Grande ao morro de Caruçu são nove léguas, o qual morro está em vinte e três graus e um quarto e tem um ilhéu na ponta, e entre ela e a Ilha Grande, na enseada junto à terra firme, tem duas ou três ilhetas de arvoredo. Do morro de Curuçu à Ilha das Couves são quatro léguas, a qual está chegada à terra; da Ilha das Couves ao porto dos Porcos são duas léguas, o qual porto é muito bom, e tem defronte uma ilha do mesmo nome. Do Porto dos Porcos à ilha de São Sebastião são cinco léguas, a qual está em vinte e quatro degraus, e tem cinco ou seis léguas de comprido, cuja terra é boa para se poder povoar. E para boa navegação há de se navegar entre esta ilha e a terra firme, mas acostar antes à banda da ilha, por ter mais fundo.

Ao sudoeste desta ilha está outra ilha, que se chama dos Alcatrazes, a qual tem três picos de pedra, e um deles muito mais comprido que os outros. Por dentro desta ilha de São Sebastião daí a três léguas ao sudoeste dela estão duas ilhetas; uma se diz da Vitória, e a outra, dos Búzios. Da ilha de São Sebastião ao Monte do Trigo são quatro léguas; do Monte do Trigo à barra de São Vicente são quatro léguas. E corre-se esta costa da Ilha Grande até São Vicente lés-nordeste e oés-sudoeste.

[58] Em que se declara quem é o gentio Tamoio de que tanto falamos Ainda que pareça ser já fora do seu lugar tratar aqui do gentio Tamoio, não lhe cabia outro, por a costa da terra que eles senhorearam passar além do Rio de Janeiro até Angra dos Reis, pelo que se não podia dizer deles em outra parte mais acomodada. Estes Tamoios, ao tempo que os portugueses descobriram esta província do Brasil, senhoreavam a costa dele desde o rio do cabo de São Tomé até a Angra dos Reis; do qual limite foram lançados para o sertão, onde agora vivem. Este gentio é grande de corpo e muito robusto, são valentes homens e mui belicosos, e contrários de todo o gentio senão dos Tupinambas, de quem se fazem parentes, cuja fala se parece muito uma com a outra, e têm as mesmas gentilidades, vida e costumes, e são amigos uns dos outros. São estes Tamoios mui inimigos dos guoaitacazes, de quem já falamos, com quem partem, segundo já fica dito, e cada dia se matam e comem uns aos outros. Por esta outra parte de São Vicente partem com os Goaynazes,[212] com quem também têm contínua guerra, sem se perdoarem. Pelejam estes índios com arcos e flechas, no que são mui destros e grandes caçadores e pescadores de linha, e grandes mergulhadores, e à flecha matam também muito peixe, de que se aproveitavam quando não tinham anzóis. As suas casas são mais fortes que as dos Tupinambas e do outro gentio, e têm as suas aldeias mui fortificadas com grandes cercas de madeira. São havidos estes Tamoios por grandes músicos entre todo o gentio e bailadores, os quais são grandes componedores de cantigas de improviso, pelo que são mui estimados do gentio, por onde quer que vão. Trazem os beiços debaixo furados e neles umas pontas de osso compridas com uma cabeça como prego, em que metem esta ponta para que não caia, a qual cabeça lhe fica de dentro do beiço por onde a

212. No manuscrito da BGJM, "Guoaitacazes".

metem.[213] Costumam mais nas suas festas enfeitarem-se com capas e carapuças de penas de cores de pássaros. Com este gentio tiveram grande entrada os franceses, de quem foram bem recebidos no Cabo Frio e no Rio de Janeiro, onde os deixaram fortificar e viver até que o governador Mem de Sá os foi lançar fora; e depois Antônio Salema, no Cabo Frio. Nestes dois rios costumavam os franceses resgatar cada ano mil quintais de pau do brasil, onde carregavam muitas naus, que traziam para França.

[59] Em que se declara a barra e povoações da capitania de São Vicente Está o rio e barra de São Vicente em altura de vinte e quatro graus e meio, o qual rio tem a boca grande e muito aberta, onde se diz a barra de Estêvão da Costa. E quem vem de mar em fora para conhecer a barra, verá sobre ela uma ilha com um monte, da feição de moela de galinha, com três mamilões. Por esta barra entram naus de todo o porte, as quais ficam dentro do rio mui seguras de todo o tempo, pelo qual entra a maré cercando a terra de maneira que fica em ilha muito chegada à terra firme, e faz este braço do rio muitas voltas. Na ponta desta barra, da banda de leste, está a vila de Nossa Senhora da Conceição;[214] e desta ponta à outra, que se diz de Estêvão da Costa, se estende a barra de São Vicente; e entrando por este rio acima está a terra toda povoada de uma banda e da outra de fazendas mui frescas; e antes que cheguem

---

213. Em Varnhagen (1851 e 1879), "os beiços furados" e "em que metem esta ponta, e para que não caia a tal cabeça".
214. Nossa Senhora da Conceição de Itanhaém foi a segunda povoação fundada por Martim Afonso, supostamente entre 1532 e 1534. Elevada à categoria de Vila em 1561, deu origem à atual cidade litorânea paulista de Itanhaém.

à vila estão os engenhos dos Esquertes de Frandes e o de José Adorno; e no rio está uma ilheta, além da qual, à mão direita, está a vila de São Vicente, que é cabeça desta capitania. Pelo sertão desta capitania nove léguas está a vila de São Paulo, onde geralmente se diz "o campo",[215] em a qual vila está um mosteiro dos padres da companhia, e derredor dela quatro ou cinco léguas estão quatro aldeias de índios forros cristãos, que os padres doutrinam; e servem-se desta vila para o mar pelo esteiro do Ramalho.[216] Tem vila mais dois ou três engenhos de açúcar na ilha e terra firme; mas todos fazem pouco açúcar, por não irem lá navios que o tragam. E aparta-se esta capitania de São Vicente, de Martim Afonso de Sousa, com a de Santo Amaro, de seu irmão Pero Lopes, pelo esteiro da vila de Santos, donde se começa a capitania da vila de Santo Amaro.

[60] **Em que se declara cuja é a capitania de São Vicente**
Parece que é necessário, antes de passar mais adiante, declarar cuja é a capitania de São Vicente, e quem foi o povoador dela, da qual fez el-rei D. João, o III de Portugal, mercê a Martim Afonso de Sousa, cuja fidalguia e esforço é tão notório a todos, que é escusado bulir, neste lugar, nisso, e os que dele não sabem muito vejam os livros da Índia, e verão os feitos maravilhosos que nela acabou, sendo capitão-mor do mar e depois governa-

---

215. Gabriel Soares de Sousa refere-se, aqui, à Vila de São Paulo do Campo de Piratininga, fundada em 1554 pelos jesuítas, que deu origem à atual cidade de São Paulo.

216. Referência ao colonizador português João Ramalho (1493-1580), que fundou uma povoação junto a sua casa, a qual foi elevada à categoria de vila em 1553 com o nome de Santo André da Borda do Campo. Não é possível afirmar que esta vila tenha dado origem às cidades de Santo André e São Bernardo do Campo, pois a vila colonial foi esvaziada em 1560 por ordem do governador, que determinou que sua população migrasse para São Paulo de Piratininga.

dor. Sendo este fidalgo mancebo, desejoso de cometer grandes empresas, aceitou esta capitania com cinquenta léguas da costa, como as de que já fizemos menção, a qual determinou de ir povoar em pessoa, para o que fez prestes uma frota de navios, que proveu de mantimentos e munições de guerra como convinha; em a qual embarcou muitos moradores casados que o acompanharam, com os quais se partiu do porto de Lisboa, donde começou a fazer sua viagem, e com próspero tempo chegou a esta província do Brasil, e no cabo da sua capitania tomou porto no rio que se agora chama de São Vicente, onde se fortificou e assentou a primeira vila, que se diz do mesmo nome do rio, que fez cabeça da capitania. E esta vila foi povoada de muita e honrada gente que nesta armada foi, a qual assentou em uma ilha, donde lançou os guoaianases, que é o gentio que a possuía e senhoreava aquela costa até conquistarem com os Tamoios;[217] a qual vila floresceu muito nestes primeiros anos, por ela ser a primeira onde se fez açúcar na costa do Brasil, donde se as outras capitanias proveram de canas-de-açúcar para plantarem, e de vacas para criarem e ainda agora floresce e tem em si um honrado mosteiro de padres da companhia, e alguns engenhos de açúcar, como fica dito. Com o gentio teve Martim Afonso pouco trabalho, por ser pouco belicoso e fácil de contentar, e como fez pazes com ele, e acabou de fortificar a vila de São Vicente e a da Conceição, se embarcou em certos navios que tinha, e foi correndo a costa descobrindo-a, e os rios dela até chegar ao Rio da Prata, pelo qual navegou muitos dias com muito trabalho, aonde perdeu alguns dos navios pelos baixos do mesmo Rio, em que se lhe afogou alguma gente, donde se tornou a recolher para a sua capitania, que acabou de fortificar

217. Em Varnhagen (1851 e 1879), "costa até contestarem com".

como pôde. E deixando nela quem a governasse e defendesse, se veio para Portugal chamado de Sua Alteza, que se houve por servido dele naquelas partes, de onde mandou para as da Índia. E depois de a governar se veio para estes reinos que também ajudou a governar com el-rei D. João, que o fez do seu Conselho de Estado; e o mesmo fez reinando el-rei D. Sebastião, no tempo em que governava a rainha D. Catarina, sua avó e depois o cardeal D. Henrique, para o que tinha todas as partes convenientes. Nestes felizes anos de Martim Afonso favoreceu muito esta sua capitania com navios e gente que a ela mandava, e deu ordem com que mercadores poderosos fossem e mandassem a ela fazer engenhos de açúcar e grandes fazendas, como tem até hoje em dia, do que já fizemos menção.

Tem este rio de São Vicente grande comodidade para se fortificar e defender, ao que é necessário acudir com brevidade, por ser mui importante esta fortificação ao serviço de Sua Majestade, porque, se se apoderarem desta terra os inimigos,[218] serão maus de lançar fora, pelo cômodo que têm na mesma terra, para se fortificarem nela e defenderem de quem os quiser lançar fora. Por morte de Martim Afonso herdou esta capitania seu filho primogênito, Pero Lopes de Sousa,[219] por cujo falecimento a herdou seu filho Lopo de Sousa.

[61] Em que se declara a capitania de Santo Amaro, e quem a povoou Está tão mística [220] a capitania de Santo Amaro com a de São Vicente,[221] que, se não foram de dois ir-

218. Em Varnhagen (1851 e 1879), "apoderarem dela os inimigos".
219. Em Varnhagen (1851 e 1879), "seu filho, Pero Lopes de Sousa".
220. Místico: próximo, contíguo, anexo.
221. Em Varnhagen (1851 e 1879), "capitania de São Vicente com a de Santo Amaro".

mãos, amassaram-se muito mal os moradores delas, as quais iremos dividindo como pudermos.²²² Indo pelo Rio de São Vicente acima, antes que cheguem à ilha que nele está, à mão direita dele, está a boca do esteiro e perto da vila de Santos, por onde entra a maré, cercando esta terra até se juntar com estoutro esteiro de São Vicente; e entrando por este esteiro de Santos, à mão esquerda dele está situada a vila do mesmo nome, a qual fica também em ilha cercada de água toda, e se navega com barcos, e lhe dá jurisdição da capitania de Santo Amaro; e tornando à ponta de Estevão da Costa, que está na boca da barra de São Vicente, dela a três léguas ao longo da costa está a vila de Santo Amaro, junto da qual está o engenho de Francisco de Barros. De Santo Amaro fez Pero Lopes de Sousa cabeça desta capitania. Desta vila de Santo Amaro à barra de Britioga são duas léguas, onde está uma torre com artilharia e bombardeiros,²²³ que se chama de São Filipe, por esta barra entra a maré cercando esta terra até se juntar com o esteiro de Santos, por onde fica Santo Amaro também em ilha, e avante da ponta onde está esta fortaleza,²²⁴ estão no rio duas ilhetas. Defronte da fortaleza de São Filipe faz a terra firme uma ponta muito chegada a estoutra, onde está outra torre com bombardeiros e artilharia, que se diz de São Tiago; e por entre uma e outra podem entrar naus grandes por ter fundo para isso, se destas

---

222. A palavra "mística" refere-se, portanto, à mistura ou junção das duas capitanias que, como Soares explica, por pertencerem a dois irmãos, São Vicente a Martim Afonso de Sousa, e Santo Amaro a Pero Lopes de Sousa, por vezes pareciam uma só. No início do século XVII Santo Amaro acabou sendo absorvida, por falta de recursos naturais de importância e por não ter ligações com o planalto, pela Capitania de São Vicente.

223. Em Varnhagen (1851 e 1879), "barra de Bertioga são duas léguas, onde está um forte com artilharia".

224. Em Varnhagen (1851 e 1879), "e da ponta onde".

fortalezas lho não impedirem; e passando avante destas torres pelo esteiro acima da banda da terra firme estão os rios seguintes, que estão povoados com engenhos e outras fazendas, os quais se vêm meter aqui no salgado: rio dos Lagartos, o Piraquê, o de São João, o de São Miguel, o da Trindade, o das Cobras, o do engenho de Paulo de Proença, o Rio dos Frades, onde está o engenho de Domingos Leitão, que é já da capitania de São Vicente, o de Santo Antônio,[225] o do engenho de Antônio do Vale, o de Manoel de Oliveira, concluindo, é marco entre a capitania de São Vicente e a de Santo Amaro o esteiro de Santos.

Atrás fica dito como Pero Lopes de Sousa não quis tomar as cinquenta léguas de costa de que lhe el-rei fez mercê todas juntas, e de que tomou metade, com Tamaraqua e a outra em Santo Amaro, de que agora tratamos. Esta capitania foi povoar em pessoa este fidalgo, e fez para o poder fazer uma frota de navios em que se embarcou com muitos moradores, com os quais partiu do porto de Lisboa e se foi à província do Brasil, por onde levava sua derrota, e foi tomar porto no de São Vicente, donde se negociou e fez as povoações e fortalezas acima ditas, no que passou grandes trabalhos e gastou muitos mil cruzados, a qual agora possui uma sua neta, por não ficar dele herdeiro varão a quem ela com a de Tamaraqua houvesse de vir.

[62] Em que se declara parte da fertilidade da terra de São Vicente Nestas capitanias de São Vicente e Santo Amaro são os ares frios e temperados, como na Espanha, cuja terra é mui sadia e de frescas e delgadas águas, em as quais se dá o açúcar muito bom,[226] e se dá trigo e cevada, do que se não usa

---

225. Em Varnhagen (1851 e 1879), "o de Santo Amaro".
226. Em Varnhagen (1851 e 1879), "muito bem".

na terra por os mantimentos dela serem muito bons e facílimos de granjear, de que os moradores são mui abastados e de muito pescado e marisco, onde se dão tamanhas ostras que têm a casca maior que um palmo, e há algumas muito façanhosas. Do trigo usam somente para fazerem hóstias e alguns mimos. Têm estas capitanias muita caça de porcos e veados, e outras muitas alimárias e aves, e criam-se aqui tantos porcos e tamanhos, que os esfolam para fazerem botas e couros de cadeiras, o que acham os moradores destas capitanias mais proveitosos e melhor que de couro das vacas, de que nestas capitanias há muita quantidade por se na terra darem melhor que na Espanha, onde as carnes são muito gordas e gostosas, e fazem vantagem às das outras capitanias, por a terra ser mais fria.

Dão-se nesta terra todas as frutas de espinho melhor que tem Espanha,[227] às quais a formiga não faz nojo, nem a outra coisa, por se não criar na terra como nas outras capitanias; dão-se nestas capitanias uvas, figos, romãs, maçãs e marmelos, em muita quantidade, e os moradores da vila de São Paulo têm já muitas vinhas; e há homens nela que colhem já duas pipas de vinho cada ano, e por causa das plantas é muito verde, e para se não avinagrar lhe dão uma fervura no fogo; e também há já nesta terra algumas oliveiras, que dão fruto, e muitas rosas, e os marmelos são tantos que os fazem de conserva, e tanta marmelada que a levam a vender por as outras capitanias. E não há dúvida se não que há nestas capitanias outra fruta melhor que é a prata, o que se não acaba de descobrir, por não ir à terra quem a saiba tirar das minas e fundir.

---

227. Em Varnhagen (1851 e 1879), "de espinho que tem Espanha".

[63] **Que trata de quem são os guoianazes e de seus costumes** Já fica dito como os Tamoios são fronteiros de outro gentio, que se chamam os guoianazes, os quais têm sua demarcação ao longo da costa por Angra dos Reis, e daí até o rio de Cananea, onde ficam vizinhando com outra casta de gentio, que se chama os Carijos. Estes guoianzes têm continuamente guerra com os Tamoios, de uma banda, e com os carijos da outra, e matam-se uns aos outros cruelmente; não são os guoaianazes maliciosos, nem refalsados, antes simples e bem acondicionados, e facílimos de crer em qualquer coisa. É gente de pouco trabalho, muito molar, não usam entre si lavoura, vivem da caça que matam e peixe que tomam nos rios, e das frutas silvestres que o mato dá; são grandes flecheiros e inimigos de carne humana. Não matam aos que cativam, mas aceitam-nos por seus escravos; se encontram com gente branca, não lhe fazem nenhum dano, antes boa companhia, e quem acerta de ter algum escravo guoianas[228] não espera dele nenhum serviço, porque é gente folgazã de natureza e não sabe trabalhar.[229] Não costuma este gentio fazer guerra a seus contrários, fora dos seus limites, nem os vão buscar nas suas vivendas, porque não sabem pelejar entre o mato, senão no campo onde vivem, e se defendem com seus arcos e flechas dos Tamoios, quando lhe vêm fazer guerra, com quem pelejam no campo mui valentemente às flechadas, as quais sabem empregar tão bem como os seus contrários. Não vive este gentio em aldeias com casas arrumadas, como os Tamoios seus vizinhos, mas em covas pelo campo, debaixo do chão, onde têm fogo de noite e de dia e fazem suas camas

---

228. Em Varnhagen (1851 e 1879), "Goayná".
229. No manuscrito da BGJM, "guoianas, e não sabe trabalhar, digo não espera dele nenhum serviço".

de rama e peles de alimárias que matam. A linguagem deste gentio é diferente da de seus vizinhos, mas entendem-se com os Carijos; são na cor e proporção do corpo como os Tamoios, e têm muitas gentilidades, como o mais gentio da costa.

[64] Em que se declara a costa do rio de Santo Amaro até a Cananea Atrás fica dito como se divide a capitania de São Vicente da de Santo Amaro pelo esteiro de Santos, e como a vila de Santo Amaro é cabeça desta capitania, da qual o rio da Cananea são vinte e cinco léguas ou trinta, antes do qual se acaba a capitania de Santo Amaro, e corre-se esta costa de Santo Amaro até a Cananea nordeste-sudoeste, e toma da quarta do leste-oeste, a qual terra é toda boa para se poder aproveitar, e tem muitos riachos, que se vêm meter no mar, entre os quais é um que está onze léguas, antes que cheguem a Cananea, a qual faz na boca uma enseada, que tem uma ilha junto ao rio, que se diz a ilha Branca. Este rio da Cananea está em vinte e cinco graus e meio, em o qual rio entram navios da costa, e se navega por ele acima algumas léguas, e é muito capaz para se poder povoar, e para se fazer muita conta dele, por ser mui abastado de pescado e marisco, e por ter muita caça, cuja terra é muito fértil, na qual se dão muitos mantimentos dos naturais, e se dará tudo o que lhe plantam, toda a criação de gado que lhe lançarem, por ter grande cômodo para isso. Tem o rio da Cananea na boca uma abra[230] grande, no meio da qual, bem defronte do rio, tem uma ilha, e nesta abra está grande porto e abrigada para os navios, onde podem estar seguras naus de todo o porte, porque tem fundo para isso.

---

230. Pequena enseada no mar ou em rios, própria para abrigar embarcações.

[65] **Em que se declara a costa da Cananea até o rio de São Francisco** Do rio da Cananea até o cabo do Padrão são cinco léguas, junto do qual está uma ilheta chegada à terra e chama-se este cabo do Padrão, por aqui se assentar um pelos primeiros descobridores desta costa. Do cabo do Padrão ao rio de Santo Antônio são oito léguas, o qual está em vinte e seis graus esforçados e dois terços.[231] Neste rio entram barcos da costa à vontade. Do rio de Santo Antônio ao Alagado são cinco léguas, e entre um e outro está uma ilheta chegada à terra.

Do rio Alagado ao de São Francisco são cinco léguas, o qual está em vinte seis graus e dois terços e tem na boca três ilhéus. Neste rio entram navios da costa, onde estão seguros de todo o tempo; chama-se este rio de São Francisco, porque afirmam os povoadores da capitania de São Vicente que se informaram do gentio de onde vinha este rio que entra no mar desta costa, e que lhe afirmaram ser um braço do Pará, a que os portugueses chamam de São Francisco, que é o que já dissemos, o que não parece possível, segundo o lugar onde se vai meter no mar tão distante deste. Por este rio entra a maré muito, por onde se navega barcos com barcos, no qual se metem muitas ribeiras. Este rio tem grandes pescarias e muito marisco, e a terra ao longo tem muita caça, e grande cômodo para se poder povoar, por ser muito fértil, e dará tudo o que lhe plantarem. A terra deste rio é alta e fragosa e povoada de gentio Carijo.

Corre-se esta costa da Cananea até o rio de São Francisco nordeste-sudoeste, e todas estas ilhas que estão por ela, e as que estão à boca do rio de São Francisco têm bom porte e surgidouro para os navios ancorarem.

231. Em Varnhagen (1851 e 1879), "está em vinte e seis esforçados e dois terços".

[66] **Em que se declara a costa do rio de São Francisco até a de Jumirim ou Itapucuru** Do rio de São Francisco ao dos Dragos são cinco léguas, pelo qual entram caravelões, e tem na boca três ilhéus. Do rio dos Dragos à baía das Seis Ilhas são cinco léguas; e dessa baía ao rio Itapucuru são quatro léguas, o qual está em vinte e oito graus escassos; e corre-se a costa do Itapucuru até o rio de São Francisco norte-sul.

Este rio acima dito, a que outros chamam Jumirim, tem a boca grande e ao mar dele três ilhetas, pela qual entram caravelões; e corre-se por ele acima leste-oeste, pelo qual entra a maré muito, onde há boas pescarias e muito marisco. A terra deste rio é alta e fragosa, e tem mais arvoredos que a terra atrás, especialmente águas vertentes ao mar. A terra do sertão é de campinas, como a da Espanha, e uma e outra é muito fértil e abastada de caça e muito acomodada para se poder povoar, porque se navega muito espaço por ela acima. Este rio está povoado de Carijos, contrários dos guoainazes, de que falamos. Já estes Carijos estão de paz com os portugueses, que vivem na capitania de São Vicente e Santo Amaro, os quais vêm por mar resgatar com eles neste rio, onde se contratam, sem entre uns nem outros haver desavença nenhuma.[232]

[67] **Em que se declara a terra que há de Itapicuru até o rio dos Patos** Do rio Itapicuru[233] até o rio dos Patos são quatro léguas, o qual está em vinte e oito graus. Este rio é muito grande, cuja boca se serra com a ilha de Santa Catarina, por onde entram os navios da costa, e a maré muito espaço, por onde se navega. Metem-se neste rio muitas ribeiras que vêm

---

232. Em Varnhagen (1851 e 1879), "sem entre uns e outros haver desavença alguma".

233. Em Varnhagen (1851 e 1879), "rio de Itapucuru".

do sertão; o qual é muito acomodado para se poder povoar, por a terra ser muito fértil para tudo que lhe plantarem, a qual tem muita caça de veados, de porcos e de muitas aves, e o rio é mui provido de marisco, e tem grandes pescarias até onde possuem a terra os Carijos, daqui por diante é a vivenda dos Tapuyas, e está por marco entre uns e outros este rio dos Patos.

À boca deste rio está situada a ilha de Santa Catarina, que vai fazendo abrigo à terra até junto de Itapucuru, que fica à maneira de enseada. Tem esta ilha de comprido oito léguas, e corre-se norte-sul, a qual da banda do mar não tem nenhum surgidouro, salvo um ilhéu, que está na ponta do sul, e outro que tem na ponta do norte; a qual ilha é coberta de grande arvoredo, e tem muitas ribeiras de água dentro e tem grande comodidade para se poder povoar, por ser a terra grossa muito boa e ter grandes portos, em que se podem estar seguras de todo tempo muitas naus. Mostra esta ilha uma baía grande, que vai por detrás, entre ela e a terra firme, onde há grande surgidouro e abrigada para naus de todo porte; nesta enseada que se faz da ilha para terra firme estão muitas ilhetas; está esta boca e ponta da ilha da banda do norte em vinte e oito graus de altura.

[68] Em que se declara parte dos costumes dos Carijos

Atrás fica dito como os Carijos são contrários dos guoainazes, e como se matam uns aos outros. Agora cabe aqui dizer deles o que se pode alcançar e saber de sua vida e costumes. Este gentio possui esta costa deste rio da Cananea, onde parte, com os guoianazes, na qual se fazem uns aos outros mui contínua e cruel guerra, pelejando com arcos e flechas, que os Carijos sabem tão bem manejar como seus vizinhos e contrários. Este gentio é doméstico, pouco belicoso, de boa razão; segundo seu costume, não come carne humana, nem mata homens brancos que com eles vão resgatar, sustentam-se da caça e do peixe que matam, e de suas lavouras que fazem, onde plantam mandioca e legumes como os Tamoios e Tupiniquins. Vivem estes índios em casas bem cobertas e tapadas com cascas de árvores, por amor do frio que há naquelas partes. Esta gente é de bom corpo, cuja linguagem é diferente da de seus vizinhos, fazem suas brigas com contrários em campo descoberto, especialmente com os guoainazes, com quem têm suas entradas de guerra; e como os desbaratados se acolhem ao mato se têm por seguros, porque nem uns nem outros sabem pelejar por entre ele. Costuma este gentio no inverno lançar sobre si umas peles da caça que matam, uma por diante, outra por detrás; têm mais muitas gentilidades, manhas e costumes como os Tupinambas, em cujo título se contam mui particularmente.

[69] Em que se declara a costa do rio dos Patos até o da Alagoa   Do rio dos Patos ao rio de D. Rodrigo[234] são oito léguas; e corre-se a costa norte-sul, até onde a terra é algum tanto alta, o qual porto está em vinte e oito graus e um quarto. Esse porto está no cabo da ilha de Santa Catarina, o qual está em uma baía que a terra faz para dentro, onde há grande abrigada e surgidouro para os navios estarem seguros de todos os ventos, tirando o nordeste, que cursa no verão e venta igual, com o qual se não encrespa o mar. Do porto de D. Rodrigo ao porto e rio da Lagoa, são treze léguas, o qual nome tomou por o porto ser uma calheta grande e redonda e fechada na boca, que parece a

---

234. Levava este nome por se ter ali abrigado D. Rodrigo D'Acuña, após seu naufrágio nesse litoral. É o atual Porto de Imbituba, localizado em uma enseada aberta no município homônimo, no litoral sul do Estado de Santa Catarina.

lagoa, onde também entram navios da costa e estão mui seguros. Do rio dos Patos até aqui é esta terra à vista do mar sem mato, mas está vestida de erva verde, como a de Espanha, onde se dão muito bem todos os frutos que lhe plantam; em a qual se
5 dará maravilhosamente a criação das vacas e todo o mais gado que lhe lançarem, por ser a terra fria e ter muitas águas para o gado beber. Esta terra é possuída dos Tapuyas, ainda que vivem algum tanto afastados do mar, por ser a terra desabrigada dos ventos; mas o porto de D. Rodrigo é suficiente para se poder
10 povoar, pela fertilidade da terra e pela comodidade que tem ao longo do mar de pescarias e muito marisco e por a terra ter muita caça. E o Porto da Alagoa, com que concluímos este capítulo, tem um ilhéu junto da boca da barra.

**[70] Em que se declara a costa do porto da Alagoa até o
15 rio de Martim Afonso**   Do porto da Alagoa ao porto e rio de Martim Afonso são vinte e duas léguas, as quais se correm pela costa nordeste-sudoeste e toma da quarta de norte-sul. Este rio está em trinta graus e um quarto; e chama-se de Martim Afonso de Sousa[235] por ele o descobrir, quando andou correndo
20 esta costa de São Vicente até o rio da Prata. Este rio tem muito bom porto de fora para navios grandes e dentro para os da costa, cuja terra é baixa e da qualidade da de trás. Tem este rio duas léguas ao mar uma ilha onde há bom porto e abrigada para surgirem navios de todo o porto; entra a maré por este rio
25 muito, onde há muito marisco, cuja terra é de campinas que estão sempre cheias de erva verde com algumas reboleiras[236] de mato, onde se dará tudo o que lhe plantarem, e se criará todo

---
235. Em Varnhagen (1851 e 1879), "Martim Afonso".
236. Reboleira: capão, moita, touceira.

o gado que lhe lançarem; por ser terra fria e ter muitas águas de alagoas, e ribeiras para o gado poder beber, pelo que este rio se pode povoar, onde os moradores que nele vai viver estarão mui descansados, o qual é povoado de Tapuyas como a mais terra atrás. Entre o porto da Alagoa e de Martim Afonso está o porto que se diz de Santa Maria e o que se diz da Terra Alta,[237] e em um e em outro podem surgir os caravelões da costa.

[71] Em que se declara a costa do rio de Martim Afonso até o porto de São Pedro

Do rio de Martim Afonso à baía dos arrecifes são dez léguas e da baía ao rio do porto de São Pedro são quinze léguas, o qual rio está em altura de trinta e um graus e meio, cuja costa se corre nordeste-sudoeste; da banda do sudoeste deste porto de São Pedro se faz uma ponta de areia, que boja ao mar légua e meia.[238] Neste porto há um bom surgidouro e abrigada para os navios entrarem seguros sobre amarra, em o qual se vem meter no salgado um rio de água doce.

Esta terra é muito baixa e não se vê de mar em fora senão de muito perto, e toda é de campos cobertos de erva verde, muito boa para mantença de criação de gado vacum e de toda a sorte, por onde há muitas lagoas e ribeiras de água para o gado beber. E tem esta terra algumas reboleiras de mato à vista umas das outras, onde há muita caça de veados e porcos que andam em bandos, e muitas outras alimárias e aves, e ao longo da costa há grandes pescarias e sítios acomodados para povoações com seus portos, onde entram caravelões, em a qual se darão todos os frutos que lhe plantarem, assim naturais como de Espanha;

---

237. No manuscrito da BGJM, "está o porto que se diz da Terra Alta".
238. No manuscrito da BGJM, "nordeste-sudoeste; deste porto de São Paulo".

e dos mantimentos de terra se aproveita o gentio Tapuya,[239] em suas roças e lavouras, que fazem afastadas do mar três ou quatro léguas, por estarem lá mais abrigados dos ventos do mar, que cursam no inverno, onde ao longo dele não têm nenhum abrigo, o porque lhe fica a lenha muito longe.

[72] Em que se conta como corre a costa do rio de São Pedro até o cabo de Santa Maria   Do porto de São Pedro ao cabo de Santa Maria são quarenta e duas léguas, as quais se correm pela costa nordeste-sudoeste, o qual está em trinta e quatro graus; e tem, da banda do sudeste, duas léguas ao mar, três ilhéus altos, que se dizem os Castilhos, entre os quais e a terra firme há boa abrigada e surgidouro para naus de todo o porte.

Toda esta terra é baixa, sem arvoredo; mas cheia de erva verde em todo o ano, há partes que têm algumas reboleiras de mato; a erva destes campos é muito boa para criação de gado de toda sorte, onde se dará muito bem por ser a terra muito temperada no inverno, e no verão lavada de bons ares frescos e sadios, pela qual há muitas águas frescas para os gados beberem, assim de lagoas como de ribeira, onde se darão todos os frutos de Espanha muito bem, como em São Vicente, e pelo Rio da Prata acima das povoações de castelhanos, onde se dá tanto trigo, que aconteceu o ano de 83 vir ao Rio de Janeiro uma das naus em que passou D. Alonso, vice-rei da província de Chile, que desembarcou em Buenos Aires, a qual carregou neste porto de trigo, que se vendeu no Rio de Janeiro a três

---

239. No manuscrito da BGJM, "caravelões, em a qual terra se aproveita o gentio".

reales a fanega,[240] o qual se dará muito bem do Rio de Janeiro por diante, donde se pode prover toda a costa do Brasil.

Esta costa desde o rio dos Patos até a boca do rio da Prata é povoada de Tapuyas, gente doméstica e bem acondicionada, que não come carne humana nem faz mal à gente branca que os comunica, como são os moradores da capitania de São Vicente, que vão em caravelões resgatar por esta costa com este gentio alguns escravos, cera da terra, porcos, galinhas e outras coisas, com quem não têm nunca desavenças; e porque a terra é muito rasa e descoberta aos ventos, e não tem matos nem abrigadas, não vivem estes Tapuyas ao longo do mar e têm suas povoações afastadas para o sertão, ao abrigo da terra, e vêm pescar e mariscar pela costa.

Não tratamos aqui da vida e costumes deste gentio, porque se declara ao diante do título dos Tapuyas, que vivem no sertão da Bahia, e ainda que vivam tão afastados destes, são todos uns e têm quase uma vida e costumes.

[73] Em que se declara a costa do cabo de Santa Maria até a boca do rio da Prata Do cabo de Santa Maria à ilha dos Lobos são quinze léguas, cuja costa se corre nor-nordeste su-sudoeste, a qual está em trinta e quatro graus e dois terços, cuja terra firme faz defronte da ilha, à maneira de ponta. Entre esta ponta e a ilha há boa abrigada e porto para navio. Desta ponta se vai recolhendo a terra para dentro até outra ponta, que esta outra ilha, que se diz a das Flores, que está légua e meia afastada desta ponta, que se chama do Arrecife, pelo haver daí para dentro até o Monte de Santo Ovidio, está na boca de um rio que se vem meter aqui no salgado.

---

240. Fanega: medida de cereais equivalente a 100 quilogramas.

Desta ponta da ilha dos Lobos, que está na boca do rio da Prata, à outra banda do rio, que se diz a ponta de Santo Antônio, são trinta e quatro léguas. Está o meio da boca do rio da Prata em trinta e cinco graus e dois terços; e ao mar quarenta léguas, bem em direito desta boca do rio está um ilhéu, cercado de baixos em redor dele, obra de duas léguas, onde se chama os baixos dos Castelhanos, porque aqui se perdeu uma nau sua, o qual ilhéu está na mesma altura de trinta e cinco graus e dois terços.

A terra junto da boca deste rio é da qualidade da outra terra do cabo de Santa Maria, onde se também dará grandemente o gado vacum e tudo o mais que lhe lançarem.

Deste rio da Prata, nem de sua grandeza não temos que dizer neste lugar, porque é tão nomeado que se não pode tratar dele sem grandes informações, do muito que se pode dizer dos seus recôncavos, ilhas, rios que nele se metem, fertilidades da terra e povoações que por ele acima têm feito os castelhanos que escaparam da armada que nele se perdeu em muitos anos, os quais se casaram com as índias da terra, de que nasceram grande multidão de mestiços, que agora têm povoado muitos lugares, o qual rio da Prata é povoado muitas léguas por ele acima dos Tapuyas atrás declarados.[241]

[74] Em que se declara a terra e costa da ponta do rio da Prata da banda do sul até além da Baía de São Matias A ponta do rio da Prata que se diz de Santo Antônio, que está da banda do sul, demora em trinta e seis graus e meio, defronte da qual são baixos uma légua ao mar. Da ponta de Santo Antônio ao Cabo Branco são vinte e duas léguas e fica-lhe em meio

---

241. No manuscrito da BGJM, "é povoado muitos lugares, digo léguas por".

uma enseada, que se diz de Santa Apolonia, a qual é cheia de baixos, e toda a costa de ponta a ponta, uma e duas léguas ao mar, são tudo baixos. Este Cabo Branco está em trinta e sete graus e dois terços, e corre-se a costa nordeste su-sudoeste. Do Cabo Branco ao Cabo das Correntes são vinte e cinco léguas, e fica entre um cabo e o outro a Angra das Areias, ao mar da qual sete ou oito léguas são tudo baixos. Este Cabo está em trinta e seis graus,[242] cuja costa se corre nor-nordeste su-sudoeste.[243] Do Cabo das Correntes ao Cabo Aparcelado são oitenta e seis léguas, e corre-se a costa de ponta a ponta lés-nordeste e oés-sudoeste, o qual Cabo Aparcelado está em quarenta e um graus, cuja costa é cheia de baixos, e apartes os tem cinco e seis léguas ao mar;[244] é toda de areia e a terra muito baixa, por onde se metem alguns esteiros no salgado, onde se podem recolher caravelões da costa, que são navios de uma só coberta que andam em seis e sete palmos de água. Deste Cabo Aparcelado se torna a recolher a terra para dentro leste-oeste, até a ponta da Baía de São Matias, que está na mesma altura de quarenta e um graus, que serão vinte e sete léguas, e da ponta Aparcelada a quatro léguas em uma enseada que faz a terra, está uma ilheta, e na ponta desta enseada, da banda de leste, está outra ilha, uma légua do mar.

Da ponta da Baía de São Matias até a ponta de terra do Marco são trinta e oito léguas, cuja costa se corre norte-sul, a qual é toda aparcelada, e antes de se chegar a esta ponta do Marco está outra ilha. A terra aqui é baixa e pouco proveitosa. Nesta ponta de Marco se acaba a demarcação da Coroa de

242. Em Varnhagen (1851 e 1879), "trinta e nove graus".
243. No manuscrito da BGJM, "se corre nor-nordeste".
244. No manuscrito da BGJM, "apartes os tem como seis léguas".

Portugal nesta costa do Brasil, que está em quarenta e quatro graus pouco mais ou menos, segundo a opinião do Dr. Pero Nunes, cosmógrafo del-rei D. Sebastião, que está em glória, que nesta arte foi em seu tempo o maior homem de Espanha.

Segunda parte
Memorial e declaração das grandezas da Bahia de Todos os Santos, de sua fertilidade e das notáveis partes que tem

[1] **Armada de Tomé de Sousa** Atrás fica dito, passando pela Bahia de Todos os Santos, que se não sofria naquele lugar tratar-se das grandezas dela, pois não cabiam ali, o que se faria ao diante mui largamente,[1] depois que se acabasse de correr a costa, com que temos já concluído. Da qual podemos agora tratar e explicar o que se dela não sabe para que venham à notícia de todos os ocultos desta ilustre terra, por cujos merecimentos deve de ser mais estimada e reverenciada do que agora é, ao que queremos satisfazer com singelo estilo, pois o não temos grave, mas fundado tudo na verdade.

Como el-rei D. João, o III de Portugal, soube da morte de Francisco Pereira Coutinho, sabendo já das grandes partes da Bahia, da fertilidade da terra, bons ares, maravilhosas águas e da bondade dos mantimentos dela, ordenou de a tomar à sua conta para a fazer povoar, como meio e coração de toda esta costa, e mandar edificar nela uma cidade, de onde pudesse ajudar e socorrer todas as mais capitanias e povoações dela como a membros seus; e pondo Sua Alteza em efeito esta determinação tão acertada, mandou fazer prestes uma armada e provê-la de

---

1. No manuscrito da BGJM, "ao diante largamente".

todo o necessário para esta empresa, em a qual mandou embarcar Tomé de Sousa do seu conselho, que elegeu para edificar esta nova cidade, de que o fez capitão e governador-geral de todo o Estado do Brasil; ao qual deu grande alçada e poderes em
5 seu regimento, com que quebrou as doações aos capitães proprietários, por terem demasiada alçada, assim no crime como no cível; de que eles agravaram à Sua Alteza, que no caso os não proveu, entendendo convir a si e a seu serviço. E como a dita armada estivesse prestes, partiu Tomé de Sousa do porto
10 de Lisboa aos dois dias de fevereiro de 1549 anos; e levando próspero vento chegou à Bahia de Todos os Santos, para onde levava sua derrota, aos vinte e nove dias de março do dito ano, e desembarcou no porto de Vila Velha,[2] povoação que Francisco Pereira edificou, onde pôs mil homens, convém a saber: seis-
15 centos soldados e quatrocentos degradados e alguns moradores casados, que consigo levou, e outros criados del-rei, que iam providos de cargos, que pelo tempo em diante serviram.

[2] Em que se contém quem foi Tomé de Sousa e de suas qualidades   Tomé de Sousa foi um fidalgo honrado, ainda
20 que bastardo, homem avisado, prudente e mui experimentado na guerra de África e da Índia, onde se mostrou mui valoroso cavaleiro em todos os encontros em que se achou; pelos quais serviços e grande experiência que tinha, mereceu fiar dele el-rei tamanha empresa como esta que lhe encarregou, confiando
25 de seus merecimentos e grandes qualidades que daria a conta dela que se dele esperava; a quem deu por ajudadores ao Dr. Pero Borges,[3] para com ele servir de ouvidor-geral e pôr o

---

2. No manuscrito da BGJM, "1549 anos, e elevando rota aos vinte e nove dias de março do dito ano, e desembarcou".

3. Em Varnhagen (1851 e 1879), "Pedro Borges".

governo da justiça em ordem em todas as capitanias; e a Antônio Cardoso de Barros para também ordenar neste Estado o tocante à Fazenda de Sua Alteza, porque até então não havia ordem em uma coisa nem noutra, e cada um vivia ao som da sua vontade. O qual Tomé de Sousa também levou em sua companhia padres da Companhia de Jesus, para doutrinarem e converterem o gentio na nossa santa fé católica, e a outros sacerdotes, para ministrarem os sacramentos nos tempos devidos. E no tempo que Tomé de Sousa desembarcou, achou na Vila Velha a um Diogo Álvares, de alcunha o Caramuru, grande língua do gentio, o qual, depois da morte de Francisco Pereira, fez pazes com o gentio; e, com elas feitas, se veio dos Ilheos a povoar o assento das casas em que dantes vivia, que era afastado da povoação, em o qual se fortificou e recolheu com cinco genros que tinha, e outros homens que o acompanharam, dos que escaparam da desventura de Francisco Pereira, com os quais, ora com armas, ora com boas razões, se foram defendendo e sustentando até a chegada de Tomé de Sousa, por cujo mandado Diogo Álvares quietou o gentio e o fez dar obediência ao governador, e oferecer-se ao servir; o qual gentio em seu tempo viveu muito quieto e recolhido, andando ordinariamente trabalhando na fortificação da cidade a troco do resgate que lhe por isso davam.

[3] Em que se declara como se edificou a cidade do Salvador Como Tomé de Sousa acabou de desembarcar a gente da armada e a assentou na Vila Velha, mandou descobrir a baía, e que lhe buscassem mais para dentro alguma abrigada melhor que a em que estava a armada para a tirarem daquele porto da Vila Velha, onde não estava segura, por ser muito desabrigado; e por se achar logo o porto e ancoradouro, que agora está defronte da cidade, mandou passar a frota para lá, por ser muito limpo e abrigado; e como teve a armada segura, mandou descobrir a terra bem, e achou que defronte do mesmo porto era o melhor sítio que por ali havia para edificar a cidade, e por respeito do porto assentou que não convinha fortificar-se no porto de Vila Velha, por defronte deste porto estar uma grande fonte, bem à borda do mar que servia para aguada dos navios e serviço da cidade,[4] o que pareceu bem a todas as pessoas do conselho que nisso assinaram. E tomada esta resolução, se pôs em ordem para este edifício, fazendo primeiro uma cerca muito forte de pau a pique, para os trabalhadores e soldados poderem estar seguros do gentio. Como foi acabada, arrumou a cidade dela para dentro, arruando-a[5] por boa ordem com as casas cobertas de palma, ao modo do gentio, em as quais por entretanto se agasalharam os moradores e soldados que vieram na armada.[6] E como todos foram agasalhados, ordenou de cercar esta cidade de muros de taipa grossa, o que fez com muita brevidade, com dois baluartes ao longo do mar e quatro da banda da terra, em cada um deles assentou muito formosa artilharia que para isso levava, com o que a cidade ficou muito bem fortificada para se segurarem do gentio; em a qual o governador fundou logo um colégio dos padres da Companhia, e outras igrejas e grandes casas, para viverem os governadores, casa da câmara, cadeia, alfândega, contos, fazendas, armazéns, e outras oficinas convenientes ao serviço de Sua Alteza.

[4] Em que se contém como el-rei mandou outra armada em favor de Tomé de Sousa   Logo no ano seguinte, de 1550,

4. Em Varnhagen (1851 e 1879), "à borda da água que".
5. Arruar: projetar ou construir ruas, caminhos.
6. Em Varnhagen (1851 e 1879), "agasalharam os mancebos e soldados".

se ordenou outra armada, com gente e mantimentos, em socorro desta nova cidade, da qual foi por capitão Simão da Gama de Andrade, com o galeão velho muito afamado e outros navios marchantes, em a qual foi o bispo D. Pero Fernandes Sardinha,[7] pessoa de muita autoridade, grande exemplo e extremado pregador, o qual levou toda a clerezia, ornamentos, sinos, peças de prata e outras alfaias do serviço da Igreja, e todo o mais conveniente ao serviço do culto divino; e somou a despesa que se fez no sobredito, e no cabedal que se meteu na artilharia, munições de guerra, soldos, mantimentos, ordenados dos oficiais, passante de trezentos mil cruzados.

E logo no ano seguinte, mandou Sua Alteza em favor desta cidade outra armada, e por capitão dela Antônio de Oliveira, com outros moradores casados e alguns forçados, em qual mandou a rainha D. Catarina, que está em glória, algumas donzelas de nobre geração, das que mandou criar e recolher em Lisboa no mosteiro das órfãs, as quais encomendou muito ao governador por suas cartas, para que as casasse com pessoas principais daquele tempo; a quem mandava dar em dote de casamento os ofícios do governo da fazenda e justiça,[8] com o que a cidade se foi enobrecendo, e com os escravos de Guiné, vacas e éguas que Sua Alteza mandou a esta nova cidade, para que se repartissem pelos moradores dela, e que pagassem o custo por seus soldos e ordenados, e o mais lhe mandava pagar em mercadorias pelo preço que custavam em Lisboa, por a este tempo não irem a essas partes mercadores, nem havia para quê, por na terra não haver ainda em que pudessem fazer seus empregados;[9] pelo

---

7. Em Varnhagen (1851 e 1879), "Pedro Fernandes Sardinha". D. Pero Fernandes (1496-1556) foi ordenado primeiro bispo do Brasil em 22 de junho de 1552.
8. No manuscrito da BGJM, "mandava dar de casamento do oficios".
9. No manuscrito da BGJM, "seus empregos".

qual respeito Sua Alteza mandava cada ano em socorro dos moradores desta cidade uma armada com degredados, moças órfãs, e muita fazenda, com o que a foi enobrecendo e povoando com muita presteza, do que as mais capitanias se foram também ajudando, as quais foram visitadas pelo governador e postas na ordem conveniente ao serviço del-rei, e ao bem de sua justiça e fazenda.

[5] **Em que se trata como D. Duarte da Costa foi governar o Brasil**   Como Tomé de Sousa acabou o seu tempo de governador,[10] que gastou tão bem gastado neste novo Estado do Brasil, requereu à Sua Alteza que o mandasse vir para este reino,[11] a cuja petição el-rei satisfez com mandar por governador a D. Duarte da Costa, do seu conselho, ao qual deu a armada conveniente a tal pessoa em que passou a este Estado, com a qual chegou a salvamento à Bahia de Todos os Santos, e desembarcou na cidade do Salvador, nome que lhe Sua Alteza mandou pôr; e lhe deu por armas uma pomba branca em campo verde, com um rolo à roda branco, com letras de ouro que dizem *Sic illa ad Arcam reversa est*,[12] e a pomba tem três folhas de oliva no bico; onde lhe foi dada posse da governança por Tomé de Sousa, que se logo embarcou na dita armada, e se veio para o reino, onde serviu a el-rei D. João e a seu neto,

---

10. No manuscrito da BGJM, "acabou de governar".
11. Em Varnhagen (1851 e 1879), "mandasse tornar para o reino".
12. No manuscrito da BGJM, "de ouro que dizem. E a pomba tem". A inscrição latina *Sic illa ad Arcam reversa est*, "Assim, ela [a pomba] voltou à arca", hoje lema da cidade de Salvador, é uma referência à pomba branca, primeiro animal a sair da Arca de Noé durante o dilúvio, que retornou de seu vôo com um ramo de oliveira no bico, indicando que havia terra fértil.

el-rei D. Sebastião, de veador,[13] e no mesmo cargo serviu depois à rainha D. Catarina enquanto viveu.

E tornando a D. Duarte, como tomou a posse da governança, trabalhou quanto foi possível, por fortificar e defender esta cidade do gentio que em seu tempo se alevantou, e cometeu grandes insultos, os quais ele emendou dissimulando alguns com muita prudência, e castigando outros com armas, fazendo-lhes crua guerra, a qual caudilhava seu filho, D. Álvaro da Costa, que nestes trabalhos o acompanhou, e se mostrou neles muito valoroso capitão.

Em todo o tempo que D. Duarte governou o Brasil, foi todos os anos favorecido e ajudado com armadas que do reino lhe mandavam, e em que lhe foram muitos moradores e gente forçada com todo o necessário, ao qual sucedeu Mem de Sá, em cujos feitos já tocamos, o qual foi também governar este Estado por mandado del-rei D. João III, a quem a fortuna favoreceu de feição em catorze anos, que foi governador do Brasil, que subjugou e desbaratou todo o gentio Tupinambá da comarca da Bahia e a todo o mais até o Rio de Janeiro, de cujos feitos se pode fazer um notável tratado; o qual Mem de Sá foi pouco favorecido destes reinos, por lhe falecer logo el-rei D. João, que com tanto fervor trabalhava por acrescentar e engrandecer este seu Estado, a quem a rainha D. Catarina, no tempo que governou estes reinos, foi imitando; mas como ela desistiu da governança deles, foram esfriando os favores e socorros que cada ano esta nova cidade recebia, para a qual não mandaram dali por diante mais que um galeão da armada, em que iam os governadores que depois a foram governar, pelo que este Estado tornou atrás

---

13. Veador da Casa Real: oficial-mor que fazia serviço junto aos reis no paço ou fora dele.

de como ia florescendo. E se esta cidade do Salvador cresceu em gente, edifícios e fazenda como agora tem, nasceu-lhe da grande fertilidade da terra, que ajudou aos moradores dela, de maneira que hoje tem no seu termo, da Bahia para dentro, qua-
5 renta engenhos de açúcar, mui prósperos edifícios, escravaria e outra muita fábrica, dos quais houvera muitos mais, se os moradores fossem favorecidos como convinha, e como eles estão merecendo por seus serviços, com os quais o governador Mem de Sá destruiu e desbaratou o gentio que vinha de redor da
10 Bahia, a quem queimou e assolou mais de trezentas aldeias,[14] e os que escaparam de mortos ou cativos fugiram para o sertão e se afastaram do mar mais de quarenta léguas, e com os mesmos moradores socorreu e ajudou o dito Mem de Sá as capitanias dos Ilheos, Porto Seguro e a do Espírito Santo, as quais estavam
15 mui apartadas do gentio daquelas partes, e com eles foi lançar por duas vezes os franceses fora do Rio de Janeiro, e a povoá-lo, onde acabaram muitos destes moradores sem até hoje ser dada nenhuma satisfação a seus filhos. E todos foram fazer estes e outros muitos serviços à sua custa, sem darem soldo nem man-
20 timentos, como se costuma na Índia e nas outras partes, e a troco desses serviços e despesas dos moradores desta cidade não se fez até hoje nenhuma honra nem mercê a nenhum deles, do que vivem mui escandalizados e descontentes.

[6] Em que se declara o clima da Bahia, como cruzam os
25 **ventos na sua costa e correm as águas nas monções**[15]   A Bahia de Todos os Santos está arrumada em treze graus e um terço, como fica dito atrás; onde os dias em todo o ano são

14. Em Varnhagen (1851 e 1879), "gentio que vivia de rededor" e "mais de trinta aldeias".
15. Em Varnhagen (1851 e 1879), "e correm as águas".

quase iguais com as noites e a diferença que têm os dias de verão aos do inverno é uma hora até hora e meia. E começa-se o inverno desta província no mês de abril, e acaba-se por todo o julho, em o qual tempo não faz frio que obrigue aos homens se chegarem ao fogo, senão ao gentio, porque andam despidos. Em todo este tempo do inverno correm as águas ao longo da costa a cem léguas ao mar dela, das partes do sul para os rumos do norte, por quatro e cinco meses, e às vezes cursam os ventos do sul, sudoeste e lés-sudeste, que há travessia na costa de Porto Seguro até o cabo Santo Agostinho.

Começa-se o verão em agosto como em Portugal em março, e dura até todo o mês de março, em o qual tempo reinam os ventos nordestes e lés-nordestes e correm as águas na costa ao som dos ventos da parte do norte para os rumos do sul,[16] pela qual razão se não navega ao longo desta costa senão com as monções ordinárias. Em todo o tempo do ano, quando chove,[17] fazem os céus da Bahia as mais formosas mostras de nuvens de mil cores e grande resplendor, que se nunca viram noutra parte, o que causa grande admiração. E há-se de notar que nesta comarca da Bahia, em rompendo a luz da manhã, nasce com ela juntamente o sol, assim no inverno como no verão. E em se recolhendo o sol à tarde, escurece juntamente o dia e cerra-se a noite logo,[18] a que matemáticos deem razões suficientes que satisfaçam a quem quiser saber este segredo, porque os mareantes e filósofos que a esta terra foram, nem outros homens de bom juízo não têm atinado até agora com a causa por que isso assim seja.

16. Em Varnhagen (1851 e 1879), "norte para o sul".
17. No manuscrito da BGJM, "quando não chove".
18. Em Varnhagen (1851 e 1879), "cerra-se a noite".

[7] **Em que se declara o sítio da cidade do Salvador** A cidade do Salvador está situada na Bahia de Todos os Santos uma légua da barra para dentro, em um alto, com o rosto ao poente, sobre o mar da mesma baía; a qual cidade foi murada e torreada em tempo do governador Tomé de Sousa, que a edificou, como atrás fica dito, cujos muros se vieram ao chão por serem de taipa e se não repararem nunca, no que se descuidaram os governadores, pelo que eles sabem, ou por se a cidade ir estendendo muito por fora dos muros; e, seja pelo que for, agora não há memória de onde eles estiveram. Terá esta cidade oitocentos vizinhos, pouco mais ou menos, e por fora dela, em todos os recôncavos da Bahia, haverá mais de dois mil vizinhos, dentre os quais e os da cidade, se pode ajuntar, quando cumprir, quinhentos homens de cavalo e mais de dois mil de pé, afora a gente dos navios que estão sempre no porto. Está no meio desta cidade uma honesta praça, em que se correm touros quando convém, em a qual estão da banda do sul umas nobres casas, em que se agasalham os governadores, e da banda do norte tem as casas do negócio da Fazenda, alfândega e armazéns; e da parte de leste tem a casa da Câmara, cadeia e outras casas de moradores, com que fica esta praça em quadra e o pelourinho no meio dela, a qual, da banda do poente, está desabafada com grande vista sobre o mar; onde estão assentadas algumas peças de artilharia grossa, donde a terra vai muito a pique sobre o mar; ao longo do qual é tudo rochedo mui áspero; e desta mesma banda da praça, dos cantos dela, descem dois caminhos em voltas para a praia, um da banda do norte, que é serventia para a fonte que se diz Pereira, e do desembarcadouro da gente dos navios; o caminho que está da parte do sul é serventia para Nossa Senhora da Conceição, onde está o desembarcadouro

geral das mercadorias, ao qual desembarcadouro vai ter outro
caminho de carro, por onde se estas mercadorias e outras coisas que aqui se desembarcam levam em carros para a cidade. E
tornando à praça, correndo dela para o norte, vai uma formosa
rua de mercadores até a sé, no cabo da qual, da banda do mar,
está situada a casa da Misericórdia e hospital, cuja igreja não é
grande, mas mui bem acabada e ornamentada; e se esta casa
não tem grandes oficinas e enfermarias, é por ser muito pobre e
não ter nenhuma renda de Sua Majestade, nem de pessoas particulares, e sustenta-se de esmolas que lhe fazem os moradores
da terra, que são muitas, mas são as necessidades mais, por a
muita gente do mar e degradados que destes reinos vão muito
pobres, os quais em suas necessidades não têm outro remédio
que o que lhes esta casa dá, cujas esmolas importam cada ano
três mil cruzados pouco mais ou menos, que se gastam com
muita ordem na cura dos enfermos e remédio dos necessitados.

[8] Em que se declara o sítio da cidade, da Sé por diante
A Sé da cidade do Salvador está situada com o rosto sobre o mar
da Bahia, defronte do ancoradouro das naus, com um tabuleiro
defronte da porta principal, bem a pique sobre o desembarcadouro, donde tem grande vista.

A igreja é de três naves, de honesta grandeza, alta e bem
assombrada, a qual tem cinco capelas muito bem feitas e orna-
mentadas, e dois altares nas ombreiras da capela-mor. Está esta
Sé em redondo cercada de terreiro, mas não está acabada da
torre dos sinos e da do relógio, o que lhe falta, e outras oficinas
muito necessárias, por ser muito pobre e não ter para fábrica
mais do que cem mil-réis para cada ano, e estes muito mal pagos. Serve-se nesta igreja o culto divino com cinco dignidades,

seis cônegos, dois meios cônegos, quatro capelães, um cura e um coadjutor, quatro moços de coro e mestre da capela, e muitos destes ministros não são sacerdotes; e ainda são tão poucos, fazem-se nela os ofícios divinos com muita solenidade, o que
5 custa ao bispo um grande pedaço da sua casa; por contentar os sacerdotes que prestam para isso, com lhes dar a cada um, um tanto com que queiram servir de cônegos e dignidades, do que os clérigos fogem, por não ter cada cônego mais de trinta mil-réis, e as dignidades a trinta e cinco, tirado o deão, que tem
10 quarenta mil-réis, o que lhes não basta para se vestirem. Pelo que querem antes ser capelães da Misericórdia ou dos engenhos, onde têm de partido sessenta mil-réis, casas em que morem e o comer;[19] e nestes lugares rendem-lhes suas ordens e pé de altar outro tanto. Está esta Sé muito necessitada de ornamentos, e
15 os de que se serve estão mui danificados; e de maneira que, nas festas principais, se aproveita o cabido dos das confrarias, onde os pedem emprestados; do que Sua Majestade não deve estar informado, que se o estivera, tivera já mandado prover esta necessidade em que está o culto divino, pois manda receber os
20 dízimos deste seu Estado, cuja cabeça está tão danificada, que convém acudir-lhe com remédio devido com muita presteza.

[9] Em que se declara como corre a cidade do Salvador da Sé por diante   Passando além da Sé pelo mesmo rumo do norte, corre outra rua mui larga, também ocupada com lojas
25 de mercadores, a qual vai dar consigo em um terreiro mui bem assentado e grande, onde se representam as festas a cavalo, por ser maior que a praça, o qual está cercado em quadro de nobres casas. E ocupa todo este terreiro e parte da rua da banda do

---

19. Em Varnhagen (1851 e 1879), "casa em que vivam e o de comer".

mar um suntuoso colégio dos padres da Companhia de Jesus,[20] com uma formosa e alegre igreja, onde serve o culto divino com mui ricos ornamentos, a qual os padres têm sempre mui limpa e cheirosa.

Tem este colégio grandes dormitórios e muito bem acabados, parte dos quais fica sobre o mar, com grande vista; cuja obra é de pedra e cal, com todas as escadas, portas e janelas de pedrarias, com varandas, e cubículos mui bem forrados, e as clausuras por baixo lajeadas com muita perfeição;[21] o qual colégio tem grandes cercas até o mar, com água muito boa dentro, e ao longo do mar tem umas terracenas,[22] onde recolhem o que lhes vai por mar de fora da cidade.[23] Tem este colégio, ordinariamente, oitenta religiosos, que se ocupam em pregar e confessar alguma parte deles, outros ensinam e aprendem teologia, artes, latim e casos de consciência,[24] com o que têm feito muito fruto na terra; o qual está muto rico, porque tem de Sua Majestade, cada ano, quatro mil cruzados e, d'avantagem, importar-lhe-á a outra renda que tem na terra outro tanto; porque tem muitos currais de vacas, onde se afirma que trazem mais de duas mil vacas de ventre, que nesta terra parem todos os anos,[25] e tem outra muita granjearia de suas roças e fazendas, onde tem todas as novidades dos mantimentos, que se na terra dão em muita abastança.

20. Em Varnhagen (1851 e 1879), "E ocupa este terreiro e parte".
21. Em Varnhagen (1851 e 1879), "bem forrados, e por baixo lajeados".
22. Terracena ou tercena: espécie de armazém, construído na beira de rios ou junto a cais para guardar cereais, armamentos, munições.
23. Em Varnhagen (1851 e 1879), "o que vem embarcado de fora".
24. Em Varnhagen (1851 e 1879), "outros ensinam latim, artes, teologia, e casos de consciência".
25. No manuscrito da BGJM, "naquelas terras".

[10] **Em que se declara como corre a cidade por este rumo até o cabo**　Passando avante do colégio vai outra rua muito comprida pelo mesmo rumo do norte, muito larga e povoada de casas de moradores,[26] além da qual, no arrabalde da cidade, em um alto dela, está um mosteiro de capuchos dos de Santo Antônio,[27] que há pouco tempo se começou de esmolas do povo, que lhes comprou este assento, e outros devotos que lhe deram outros chãos junto dele, em que lhe os moradores fizeram uma igreja, com a qual, e o mais recolhimento que está feito, se podem acomodar até vinte religiosos,[28] e pelo tempo adiante lhe farão outro recolhimento como os padres quiserem, os quais têm nesse recolhimento sua cerca com água dentro, a qual cerca vem correndo de cima, onde está o mosteiro, até o mar. E tornando deste mosteiro para a praça, pela banda da terra, vai a cidade muito bem arruada, com casas de moradores com seus quintais, os quais estão povoados de palmeiras carregadas de cocos e outras de tâmaras, e de laranjeiras e outras árvores de espinho, figueiras, romeiras e parreiras, com o que fica muito fresca; a qual cidade por esta banda da terra está toda cercada com uma ribeira de água, que serve de lavagem e de se regarem algumas hortas, que ao longo dela estão.

[11] **Em que se declara como corre a cidade da praça para a banda do sul**　Tornando à praça, pondo o rosto no sul, corre outra rua muito formosa de moradores, no cabo da qual está uma ermida de Santa Luzia, onde está uma estância com artilharia. E ao longo dessa rua lhe fica muito bem assentada,

---

26. Em Varnhagen (1851 e 1879), "casas e moradores".
27. Em Varnhagen (1851 e 1879), "mosteiro de capuchinhos de Santo Antônio".
28. No manuscrito da BGJM, "mais recolhimento, se podem".

também toda povoada de lojas de mercadores, e no topo dela está uma formosa igreja de Nossa Senhora da Ajuda com sua capela de abóbada;[29] no qual sítio, no princípio desta cidade, esteve a Sé. Passando mais avante com o rosto ao sul, no outro arrebalde da cidade, em um alto e campo largo, está situado um mosteiro de São Bento, com sua claustra, e largas oficinas, e seus dormitórios, em que se agasalham vinte religiosos que naquele mosteiro há, os quais têm sua cerca e horta com uma ribeira de água, que lhe nasce dentro, que é a que rodeia toda a cidade, como fica atrás dito. Esse mosteiro de São Bento é muito pobre, o qual se mantém de esmolas que pedem os frades pelas fazendas dos moradores, e não tem nenhuma renda de Sua Majestade, em quem será bem empregada, pelas necessidades que tem, cujos religiosos vivem santa e honesta vida, dando de si grande exemplo, e estão mui bem benquistos e bem recebidos do povo,[30] os quais haverá três anos que foram a esta cidade, com licença de Sua Majestade fundar este mosteiro, que lhes os moradores dela fizeram à sua custa, com grande fervor e alvoroço.

E não se faz aqui particular menção das outras ruas da cidade, porque são muitas, e fora nunca acabar querê-las particularizar.

[12] Em que se declaram outras partes que a cidade tem para notar Tem esta cidade grandes desembarcadouros, com três fontes na praia ao pé dela, em as quais os mareantes fazem

29. A primeira igreja de N. S. da Ajuda, edificada pelo jesuíta Padre Manuel da Nóbrega e seus companheiros, vindos com Tomé de Sousa, foi o primeiro templo na cidade de Salvador que serviu de Sé Catedral, enquanto se construía a definitiva.

30. Em Varnhagen (1851 e 1879), "estão benquistos e mui bem recebidos".

sua aguada, bem à borda do mar, das quais se serve também muita parte da cidade, por serem estas fontes de muito boa água. No principal desembarcadouro está uma fresca ermida de Nossa Senhora da Conceição,[31] que foi a primeira casa de oração e obra em que se Tomé de Sousa ocupou.

A vista desta cidade é mui aprazível ao longe, por estarem as casas com os quintais cheios de árvores, a saber: de palmeiras, que aparecem por cima dos telhados; e de laranjeiras, que todo o ano estão carregadas de laranjas, cuja vista de longe é mui alegre, especialmente do mar, por a cidade se estender muito ao longo dele, neste alto. Não tem a cidade nenhum padrasto, de onde a possam ofender, se a cercarem como ela merece, o que se pode fazer com lhe ficar dentro uma ribeira de água, que nasce junto dela, que agora a vai cercando toda, a qual se não bebe agora, por estar o nascimento dela pisado dos bois, que vão beber, e porcos; mas, limpa, é muito boa água, da qual se não aproveitam os moradores por haver outras muitas fontes de que bebe cada um, segundo a afeição que lhe tomam, e a de que lhe fica mais perto se ajuda por serem todas de boa água.

A terra que esta cidade tem, uma e duas léguas à roda, está quase toda ocupada com roças, que são como os casais de Portugal, onde se lavram muitos mantimentos, frutas e hortaliças, de onde se remedeia toda a gente da cidade que o não tem de sua lavra, a cuja praça se vai vender, do que está sempre mui provida, e o mais do tempo o está do pão, que se faz das farinhas que levam do reino a vender ordinariamente à Bahia, onde também levam muitos vinhos da ilha da Madeira e das Canárias, onde são mais brandos, e de melhor cheiro, e cor e suave sabor, que nas mesmas ilhas de onde os levam; os quais se vendem

---

31. Em Varnhagen (1851 e 1879), "uma fraca ermida".

em lojas abertas, e outros mantimentos de Espanha, e todas as drogas, sedas e panos de toda a sorte, e as mais mercadorias acostumadas.

[13] **Em que se declara o como se tratam os moradores da cidade do Salvador, e algumas qualidades suas** Na cidade do Salvador e seu termo há muitos moradores ricos de fazendas de raiz, peças de prata e ouro, jaezes de cavalos e alfaias de casa, entanto que há muitos homens que têm dois e três mil cruzados em joias de ouro e prata lavrada. Há na Bahia mais de cem moradores que têm cada ano de mil cruzados até cinco mil de renda, e outros que têm mais, cujas fazendas valem vinte mil até cinquenta e sessenta mil cruzados, e d'avantagem, os quais tratam suas pessoas mui honradamente, com muitos cavalos, criados e escravos, e com vestidos demasiados, especialmente as mulheres, que não vestem senão sedas, por a terra não ser fria, no que fazem grandes despesas, mormente entre a gente de menor condição; porque qualquer peão anda com calções e gibão de cetim ou damasco, e trazem as mulheres com vasquinhas e gibões do mesmo, os quais, como têm qualquer possibilidade, têm suas casas mui bem concertadas e na sua mesa serviço de prata, e trazem suas mulheres mui bem ataviadas de joias de ouro.

Tem esta cidade catorze peças de artilharia grossa, e quarenta, pouco mais ou menos, de artilharia miúda; a artilharia grossa está assentada nas estâncias atrás declaradas, e em outra que está na ponta do Padrão para defender a entrada da barra aos navios dos corsários, se a cometerem, donde não lhe podem fazer mais dano que afastá-los da carreira, para que não possam tomar o porto do primeiro bordo, porque é a barra muito grande e podem afastar as naus que quiserem, sem lhes a artilharia fazer nojo.[32]

[14] **Que trata de como se pode defender a Bahia com mais facilidade** Não parece despropósito dizer neste lugar, que tem el-rei nosso senhor obrigação de, com muita instância, mandar acudir ao desamparo em que esta cidade está, mandando-a cercar de muros e fortificar, como convém ao seu serviço e segurança dos moradores dela; porque está arriscada a ser saqueada de quatro corsários, que a forem cometer, por ser a gente espalhada por fora, e a da cidade não ter onde se possa defender, até que a gente das fazendas e engenhos a possa vir socorrer. Mas, enquanto não for cercada, não tem remédio mais fácil para se poder defender dos corsários que na baía entrarem, que pelo mar com quatro galeotas que com pouca despesa se podem fazer, e estarem sempre armadas; à sombra das quais podem pelejar muitas barcas dos engenhos, e outros barcos, em que se pode cavalgar artilharia, para poderem pelejar; e esta armada se pode favorecer com as naus do reino que de contínuo estão no porto oito e dez,[33] e daqui para cima até quinze e vinte, que estão tomando carga de açúcar e algodão, em as quais se pode meter gente da terra para a defender, e alguma artilharia com que ofender aos contrários, os quais, se não levarem a cidade no primeiro encontro, não a entrarão depois, porque pode ser socorrida por mar e por terra de muita gente portuguesa até a quantia de dois mil homens, de entre os quais podem sair dez mil escravos de peleja a saber: quatro mil pretos da Guiné, e seis mil índios da terra, mui bons flecheiros, que juntos com

32. Nojo: dano.
33. No manuscrito da BGJM, "e com esta armada do reino se podem favorecer as naus que".

a gente da cidade, se fará mui arrazoado exército, com a qual gente,[34] sendo bem caudilhada, se pode fazer muito dano a muitos homens de armas que saírem a terras onde se hão de achar mui embaraçados e pelejados por entre o mato, que é mui cego, e ser-lhes-á forçado recolher-se com muita pressa, o que Deus não permita que aconteça, pelo desapercebimento que esta cidade tem; do que sabem à certeza os ingleses, que a ela foram já, de onde podem tirar grande presa, da maneira que agora está, se a cometerem com qualquer armada, porque acharão no porto muitos navios carregados de açúcar e algodão, e muita soma dele recolhido pelas terracenas que estão na praia dos mercadores, e pela cidade se acham as lájeas cheias de mercadorias e de muito dinheiro de contado,[35] muitas peças de ouro e prata e muitas alfaias de casa.

[15] Em que se declaram as grandes qualidades que tem a Bahia de Todos os Santos El-rei D. João III de Portugal, que está em glória, estava tão afeiçoado ao Estado do Brasil, especialmente à Bahia de Todos os Santos, que, se vivera mais alguns anos, edificaria nele um dos mais notáveis reinos do mundo, e engrandecera a cidade do Salvador de feição que se pudera contar entre as mais notáveis de seus reinos, para o que ela estava mui capaz, e agora o está ainda mais em poder e aparelho para isso, porque é senhora desta baía, que é a maior e mais formosa que se sabe pelo mundo, assim em grandeza como em fertilidade e riqueza. Porque esta baía é grande e de bons ares, mui delgados e sadios, de muito frescas e delgadas

---

34. Em Varnhagen (1851 e 1879), "com o qual corpo de gente".
35. Em Varnhagen (1851 e 1879), "dos mercadores, tanto das mercadorias como de muito dinheiro de contato".

águas, e mui abastada de mantimentos naturais da terra, de muita caça, e muitos e mui saborosos pescados e frutas, a qual está arrumada pela maneira seguinte.

A baía se estende da ponta do Padrão ao morro de Tinhare, que demora um do outro nove ou dez léguas, ainda que o capitão da capitania dos Ilheos não quer consentir que se estenda senão da ponta da ilha de Tapariqua à do Padrão; mas está já averiguada por sentença, que se estende a baía da ponta do Padrão até Tinhare, como já fica dito; a qual sentença se deu por haver dúvida entre os rendeiros da capitania dos Ilheos e da Bahia, sobre a quem pertenciam os dízimos do pescado, que se pescava junto a este morro de Tinhare, o qual dízimo se sentenciou ao rendeiro da Bahia, por se averiguar estender-se a baía do morro para dentro, como na verdade se deve de entender.

[16] Em que se declaram as barras que tem a Bahia de Todos os Santos, e como está arrumada a ilha de Taparica, entre uma barra e a outra   Acima fica dito como dista a ponta de Tinhare da do Padrão nove ou dez léguas, entre as quais pontas da banda de dentro delas está lançada uma ilha de sete léguas de comprido que se chama Taparica, a qual Tomé de Sousa, sendo governador-geral do Brasil, deu de sesmaria a D. Antônio de Ataíde, primeiro conde de Castanheira, o que lhe Sua Alteza depois confirmou, e lhe fez nova doação dela, com título de capitão e governador; ao que veio com embargos a Câmara da cidade do Salvador, sobre o que contendem há mais de trinta anos, e lhe impediu sempre a jurisdição, sem até agora se averiguar esta causa. Deixa esta ilha entre si e o morro de Tinhare outra baía mui grande, com fundo e porto, em que podem entrar naus de todo o porte, e tem grande ancoradouro e abrigada à sombra do morro, de que se aproveitam muitas vezes as naus que vêm do reino, quando lhes escasseia o vento, e não podem entrar na baía da ilha para dentro. Da ponta desta ilha de Taparica à ponta do Padrão está a barra do leste, e entre a outra ponta da ilha e a ponta de Jaguaripe está a barra do loeste, por cada uma destas barras se nas duas linhas entra na baía com a proa ao norte. A barra do loeste se chama de Jaguoaripe por se meter nela um rio do mesmo nome. Haverá da terra firme a esta ponta da ilha, perto de uma légua de terra a terra, a qual barra é aparcelada por ser cheia de baixos de areia, mas tem um canal estreito por onde navegam, pelo qual entram caravelões da costa e barcas dos engenhos; mas há de ser com tempos bonançosos, porque com marulho[36] não se enxerga o canal. E corre grande perigo quem se aventura a cometer esta barra de Jaguoaripe com tempo fresco e tormentoso.

[17] Em que se declara como se navega pela barra de Santo Antônio para entrar na baía A barra principal da baía é a banda de leste, a que uns chamam a barra da cidade e outros de Santo Antônio, por estar junto dela, da banda de dentro em um alto, sua ermida; a qual barra tem de terra a terra duas léguas, e tanto dista da ponta do Padrão à terra de Taparica, e à ponta onde está o curral de Cosme Garção,[37] que é mais saída ao mar. Da banda da ilha tem esta barra uma légua de baixos de pedra, onde o mar anda o mais do tempo em flor. Por entre estes baixos há um canal por onde entram com bo-

---

36. Marulho: agitação das águas do mar.
37. Era o locotenente (lugar-tenente) do 1º Conde de Castanheira, D. Antônio de Ataíde, a quem Tomé de Sousa deu, em sesmaria, a ilha de Itaparica. O curral de Cosme Garção devia ocupar a região da atual Ponta do Garcês, próxima a Jaguaripe.

nança navios de quarenta tonéis, e fica a barra por onde as naus costumam entrar e sair da parte do Padrão, a qual tem uma légua de largo, que toda tem fundo, por onde entram naus da Índia de todo o porte, em o qual espaço não há baixo nenhum.
5 Por esta barra podem entrar as naus de noite e dia com todo o tempo, sem haver de que se guardar, e os pilotos, que sabem bem esta costa, se não podem alcançar esta barra com de dia, e conhecem a terra, quando a veem do mar em fora, marcando-se com a ponta do Padrão,[38] e como ficam a barlavento dela, na-
10 vegam com a proa ao norte e vão dar consigo no ancoradouro da cidade, onde ficam seguros sobre amarra de todos os ventos, tirado o sudoeste, que, quando venta, ainda que é muito rijo, no inverno, nunca passa a sua tormenta de vinte e quatro horas, em as quais se amarram os navios muito bem, e ficam
15 seguros desta tormenta, que de maravilha acontece, em o qual tempo se ajudam os navios uns aos outros, de maneira que não corre perigo, e deste porto da cidade, onde os navios ancoram, à ponta do Padrão, pode ser uma légua.

[18] Em que se declara o tamanho do mar da baía, em
20 **que podem andar naus à vela, e de algumas ilhas** Da banda da cidade à terra firme da outra banda, que chamam do Paraguoasu, são nove ou dez léguas de travessia, e fica neste meio uma ilha, que chamam a dos Frades, que tem duas léguas de comprido, e uma de largo. Ao norte desta ilha está outra,
25 que chamam de Maré, que tem uma légua de comprido e meia de largo; e dista uma ilha da outra três léguas.[39] Da ilha da

38. Em Varnhagen (1851 e 1879), "em fora, mareiam-se com a ponta".
39. A Ilha dos Frades e a Ilha de Maré, ambas na Baía de Todos os Santos, permanecem com o mesmo nome e pertencem atualmente ao município de Salvador.

Maré à terra firme da banda do poente haverá espaço de meia légua. Da ilha dos Frades à de Taparica são quatro léguas. Da cidade à ilha de Maré são seis léguas, e haverá outro tanto da mesma cidade à ilha dos Frades, de maneira que, da ponta da ilha de Taparica até a dos Frades, e à ilha de Maré, e dela à terra firme contra o rio de Matoim, e desta corda para a cidade, por todo este mar até a boca da barra, se pode barlaventear com naus de todo o porte, sem acharem baixos nenhuns, como se afastarem de terra um tiro de berço. Esta ilha dos Frades é de um João Nogueira, lavrador, o qual está de assento nela com seis ou sete lavradores, que nela têm da sua mão,[40] onde têm suas granjearias de roças de mantimentos, com criações de vacas e porcos; a qual ilha tem muitas águas, mas pequenas para engenhos, cuja terra é fraca para canaviais de açúcar. A ilha de Maré é muito boa terra para canaviais e algodoais e todos os mantimentos,[41] onde está um engenho de açúcar que lavra com bois, que é de Bartolomeu Pires, mestre da capela da sé, onde são assentados sua mão passante de[42] vinte moradores, os quais têm aqui uma igreja de Nossa Senhora das Neves, muito bem concertada, com seu cura, que administra os sacramentos a estes moradores.

[19] Em que se declara a terra da Bahia, da cidade até a ponta de Tapagipe, e as suas ilhas   Atrás fica dito como da cidade até a ponta do Padrão é uma légua; agora convém que vamos correndo toda a redondeza da Bahia e recôncavos dela, para se mostrar o muito que tem para ver, e que notar.

---

40. Ter alguém de sua mão: ter debaixo de sua proteção, auxiliar; alimentar.
41. Em Varnhagen (1851 e 1879), "para canaviais, e algodões, e todos".
42. Passante de: mais de, mais do que.

Começando da cidade para a ponta de Tapagipe, que é uma légua, no meio deste caminho se faz um engenho de água em uma ribeira chamada Água dos Meninos, o qual não será muito proveitoso por ser tão perto da cidade. Este engenho faz um morador dos principais da terra, que se diz Cristovão de Aguiar d'Altro,[43] e nesta ponta de Tapagipe estão umas olarias de Garcia de Ávila e um curral de vacas do mesmo, a qual ponta, bem chegada ao cabo dela, tem uma aberta pelos arrecifes, por onde entram caravelões, que com tempos se recolhem aqui, e da boca da barra para dentro em uma calheta onde estes caravelões e barcos estão seguros. Nesta ponta, quando se fundou a cidade, houve pareceres que ela se edificasse, por ficar mais segura e melhor assentada e muito forte, a qual está norte e sul com a ponta do Padrão.

Virando desta ponta sobre a mão direita está um esteiro mui fundo, por onde entram naus de quatrocentos tonéis, ao qual chamam Pirajá, o qual faz para dentro grandes voltas; em uma delas tem uma praia onde se põem os navios a monte muito à vontade, e se calafetam muito bem às marés,[44] porque com as águas vivas descobrem até a quilha, onde se queimam e calafetam bem.

Deste esteiro para dentro, ao longo desta ponta, estão três ilhetas povoadas e lavradas com canaviais e roças, e na terra desta ponta estão outras duas olarias de muita fábrica, por haver aqui muito e bom barro, donde se provêm dele os mais dos engenhos de açúcar da barra, porque se purga o açúcar com este barro.[45]

43. Na edição de 1851, "Christovam de Aguiar de Alto", e na de 1879, "Christovão de Aguiar de Altero".
44. No manuscrito da BGJM, "se calafetam as marés".
45. Em Varnhagen (1851 e 1879), "os mais dos engenhos, pois".

[20] **Em que se relata os engenhos de açúcar que há neste rio de Pirajá e sua terra**[46]   Entrando por este esteiro, pondo os olhos na terra firme, tem uma formosa vista de três engenhos de açúcar, e outras muitas fazendas mui formosas da vista do mar, e no cabo do salgado se mete nele uma formosa ribeira de água, com que mói um engenho de açúcar de Sua Majestade, que ali está feito com uma igreja de S. Bartolomeu, freguesia daquele limite, o qual engenho anda arrendado em seiscentas e cinquenta arrobas de açúcar branco cada ano. Pelo sertão deste engenho, meia légua dele, está outro de Diogo da Rocha de Sá, que mói com outra ribeira, o qual está muito ornado de edifícios com uma igreja de S. Sebastião, muito bem concertada. À mão esquerda deste engenho de Sua Majestade está outro de João de Barros Cardoso, meia légua para a banda da cidade até onde este esteiro faz um braço por onde se serve com suas barcas; o qual engenho tem grande aferida[47] e fábrica de escravos, grandes edifícios e outra muita granjearia de roças, canaviais e currais de vacas, onde também está uma ermida de Nossa Senhora de Encarnação, muito bem concertada de todo o necessário.[48] E entre um engenho e outro está uma casa de cozer meles[49] com muita fábrica, a qual é de Antônio Nunes Reimão. À mão direita deste engenho de Sua Majestade está outro de D. Leonor Soares, mulher que foi de Simão da Gama de Andrade, o qual

---

46. Em Varnhagen (1851 e 1879), "Em que se declaram os engenhos de açúcar que há neste rio de Pirajá".
47. Aferida: regato ou calha por onde a água cai para mover uma roda hidráulica.
48. No manuscrito da BGJM, "muito bem concertada".
49. Casa de meles: local onde provavelmente se realizava uma das etapas do fabrico do açúcar, sem chegar ao produto final; por isso a distinção que faz Gabriel Soares entre a casa de meles e o engenho, no qual se podia realizar todo o processo.

mói com uma ribeira de água com grande aferida e está bem fabricado. Este rio de Pirajá é muito farto de pescado e marisco, de que se mantêm a cidade e fazendas de sua vizinhança, em o qual andam sempre sete ou oito barcos de pescar com redes, onde se toma muito peixe, e no inverno, em tempo de tormenta, pescam dentro dele os pescadores de jangadas dos moradores da cidade e os das fazendas duas léguas à roda, e sempre tem peixe, de que todos se remedeiam.

[21] Em que se declara a terra e sítio das fazendas que há da boca de Pirajá até o rio de Matoim Por este rio de Pirajá abaixo, e da boca dele para fora ao longo do mar da baía, por ela acima, vai tudo povoado de formosas fazendas e tão alegres da vista do mar, que não cansam os olhos de olhar para elas.

E no princípio está uma de Antônio de Oliveira de Carvalhal, que foi alcaide-mor de Vila Velha, com uma ermida de São Brás; e vai correndo esta ribeira do mar da baía com esta formosura até Nossa Senhora da Escada, que é muito formosa igreja dos padres da Companhia, que a têm mui concertada; onde vão às vezes convalescer alguns padres de suas enfermidades, por ser o lugar para isso; a qual igreja está uma légua do rio de Pirajá e duas da cidade. De Nossa Senhora da Escada para cima se recolhe a terra para dentro até o porto de Paripe, que é daí uma légua, cujo espaço se chama Praia Grande, pelo ela ser e muito formosa, ao longo da qual está tudo povoado de mui alegres fazendas, e de um engenho de açúcar que mói com bois e está muito bem acabado, cujo senhorio se chama Francisco de Aguilar, homem principal, castelhano de nação. Deste porto de Paripe obra de quinhentas braças pela terra dentro está outro engenho de bois que foi de Vasco Rodrigues Lobato, todo cercado de canaviais de açúcar, de que se faz muitas arrobas.

Do porto de Paripe se vai à terra afeiçoando à maneira de ponta lançada ao mar, e corre assim obra de uma légua, onde está uma ermida de São Tomé em um alto, ao pé do qual ao longo do mar estão umas pegadas assinaladas em uma lájea, que diz o gentio, diziam seus antepassados, que andara por ali, havia muito tempo, um santo, que fizera aqueles sinais com os pés. Toda a terra por aqui é mui fresca, povoada de canaviais e pomares de árvores de espinho, e outras frutas da Espanha e da terra, de onde se ela torna a recolher para dentro, fazendo outra praia mui formosa e povoada de mui frescas fazendas, por cima das quais aparece a igreja de Nossa Senhora do Ó, freguesia da povoação de Paripe, que está junto dela, arruada e povoada de moradores, que é a mais antiga povoação e julgado[50] da Bahia.[51]

Desta praia se torna a terra a afeiçoar à maneira de ponta para o mar, e na mais saída a ele se chama a ponte do Toque-toque, de onde a terra torna a recuar para trás até a boca do rio de Matoim, tudo povoado de alegres fazendas. Do porto de Paripe ao rio Matoim são duas léguas, e de Matoim à cidade são cinco léguas.

[22] Em que se declara o tamanho do rio de Matoim e os engenhos que tem   Entra a maré pelo rio de Matoim acima quatro léguas, o qual tem de boca, de terra a terra, um tiro de berço uma da outra, e, entrando por ele acima mais de uma légua, vai povoado de muitas e mui frescas fazendas, fazendo algumas voltas, esteiros e enseadas, e no cabo desta légua se

50. Julgado: divisão territorial sobre a qual tem jurisdição o juiz ordinário.
51. São Tomé do Paripe é atualmente um bairro da cidade de Salvador, voltado para a Baía de Todos os Santos.

alarga o rio muito de terra à terra; e à mão direita por um braço acima está o famoso engenho de Paripe, que foi de Afonso de Torres e agora é de Baltasar Pereira, mercador. A este engenho pagam foro todas as fazendas que há no porto de Paripe, a que também chamam do Tubarão, até a boca de Matoim, e pelo rio acima duas léguas.

E virando deste engenho para cima sobre a mão direita, vai tudo povoado de fazendas, e em uma de Francisco Barbuda está uma ermida de São Bento e, mais adiante, noutra fazenda, de Cristóvão de Aguiar, está outra ermida de Nossa Senhora; e assim vai correndo esta terra até o cabo do Salgado mui povoada de nobres fazendas, mui ornadas de aposentos, e no cabo deste está um engenho de bois de duas moendas de Gaspar Dias Barbosa, peça de muito preço, o qual tem nele uma igreja de Santa Catarina. Junto deste engenho está uma ribeira em que se pode fazer um engenho de água muito bom, o qual se não faz por haver demanda sobre esta água, entre partes que a pretendem.

Da outra banda deste engenho está assentado outro que se diz de Bastião de Ponte,[52] que mói com uma ribeira que chamam Cotigipe, o qual engenho está muito adornado de edifícios mui aperfeiçoados; e tornando por este rio abaixo, sobre a mão direita obra de meia légua, está uma ilha de Jorge de Magalhães, mui formosa por estar toda lavrada de canaviais, e no meio dela em um alto tem umas nobres casas cercadas de laranjeiras arruadas, e outras árvores, coisa muito para ver; e descendo uma légua abaixo do engenho de Cotigipe está uma ribeira que se chama do Aratu, em a qual Sebastião de Faria tem feito um

---

52. Em Varnhagen (1851 e 1879), "Sebastião da Ponte".

soberbo engenho de água, com grandes edifícios de casas de purgar e de vivenda, e uma igreja de São Jerônimo, tudo de pedra e cal, no que gastou mais de treze mil cruzados.[53]

Meia légua deste engenho pelo rio abaixo está outra ribeira a que chamam de Carnuibusu,[54] onde não está engenho feito por haver litígio sobre esta água. Na boca desta ribeira está uma ilha muito fresca, que é de Nuno Fernandes. De Carnuibusu a uma légua está um engenho de bois,[55] de que é senhorio Jorge Antunes, o qual está mui petrechado de edifícios de casas, e tem uma igreja de Nossa Senhora do Rosário.

Deste engenho até a boca do rio será uma légua pouco mais ou menos, o qual está povoado de mui grandes fazendas, cujos edifícios e canaviais estão à vista deste rio, que é mui formoso e largo de alto até baixo.

Defronte da boca deste rio de Matuim está a ilha de Maré, que começa a correr dele para cima no comprimento dela, da qual fica dito atrás o que se podia dizer.

[23] Em que se declara a feição da terra da boca de Matoim até o esteiro de Metaripe e os engenhos que tem em si Saindo pela boca de Matuim fora, virando sobre a mão direita, vai a terra fabricada com fazendas e canaviais dali a meia légua, onde está outro engenho de Sebastião de Faria, de duas moendas que lavram com bois, o qual tem grandes edifícios, assim do engenho como de casas de purgar, de vivenda e de outras oficinas e tem uma formosa igreja de Nossa Senhora da Piedade, que é freguesia deste limite, a qual fazenda mostra tanto aparato da vista do mar que parece uma vila.

53. Em Varnhagen (1851 e 1879), "mais de doze mil cruzados".
54. Em Varnhagen (1851 e 1879), "Carnaibuçu".
55. Em Varnhagen (1851 e 1879), "Nuno Fernandes; a uma légua está".

E indo correndo a ribeira do Salgado deste engenho a meia légua, está tudo povoado de fazendas, e no cabo está uma que foi do deão da sé, com uma ermida de Nossa Senhora, bem concertada, a qual está em uma ponta da terra. Defronte desta ponta, bem chegada à terra firme, está uma ilha, que se diz de Pero Fernandes,[56] onde ele vivia com sua família e tem sua granjearia de canaviais e roças com água dentro.

Da fazenda do deão se começa ir armando a enseada que dizem de Jacarecanga, no meio da qual está um formoso engenho de bois de Cristóvão de Barros, até onde está tudo povoado de fazendas e lavradores de canaviais; este engenho tem mui grandes edifícios e uma igreja de Santo Antônio. Esta enseada está em feição de meia lua e terá, segundo a feição da terra, duas léguas, em a qual está uma ribeira de água em que se pode fazer um engenho, o qual se deixa de fazer por se não averiguar o litígio que sobre ela há;[57] e toda esta enseada à roda, sobre a vista da água, está povoada de fazendas e formosos canaviais.

E saindo desta enseada, virando sobre a ponta da mão direita, vai correndo a terra fazendo um canto em espaço de meia légua, em a qual estão dois engenhos de bois, um de Tristão Ribeiro[58] junto da ponta da enseada, defronte da qual à ilha de Maré está um ilhéu que se chama de Pacé,[59] de onde tomou o nome a terra firme deste limite. Este engenho de Tristão Ribeiro tem uma fresca ermida de Santa Ana. O outro engenho está no cabo desta terra que é de Dinis Gonçalves Varejão,[60]

---

56. Em Varnhagen (1851 e 1879), "Pedro Fernandes".
57. Em Varnhagen (1851 e 1879), "se deixa de fundar".
58. Em Varnhagen (1851 e 1879), "Tristão Rodrigo".
59. Atual Ilha do Topete na Baía de Todos os Santos.
60. Em Varnhagen (1851 e 1879), "Luís Golçalves Varejão".

em o qual tem outra igreja de Nossa Senhora do Rosário, que é freguesia desse limite.

  Deste engenho se torna a afeiçoar a terra fazendo ponta para o mar, que terá comprimento de meia légua, e no cabo dela se chama a ponta de Thomas Alegre, até onde está tudo povoado de fazendas e canaviais, em que entra uma casa de meles de Marcos da Costa. Defronte desta ponta está o fim da ilha de Maré, daqui torna a fugir a terra para dentro, fazendo um modo de enseada em espaço de uma légua, que toda está povoada de nobres fazendas e grandes canaviais, no cabo da qual está um formoso engenho de água de Thomas Alegre, que tem uma ermida de Santo Antônio mui bem concertada. Deste engenho a uma légua é o cabo Petinga, até onde está tudo povoado e plantado de canaviais mui formosos. Esta Pitanga é uma ribeira assim chamada, onde se pode fazer um formoso engenho de água, o que se não faz por haver contenda sobre a dita ribeira.

  Por aqui se serve o engenho de Miguel Batista, que está pela terra dentro meia légua, o qual tem mui ornados edifícios e uma ermida de Nossa Senhora mui concertada. E tornando atrás ao esteiro e porto de Pitanga, torna a terra a correr para o mar obra de meia légua, onde faz uma ponta em redondo, onde está uma formosa fazenda de André Monteiro, da qual torna a terra a recuar para trás meia légua por um esteiro acima, que se diz de Metaripe, onde está uma casa de meles de João Adrião, mercador; por este esteiro se serve a igreja, e julgado do lugar de Tayaçupina, que está meia légua pela terra dentro em um alto à vista do mar, povoação em que vivem muitos moradores que lavram neste sertão algodoais e mantimentos,[61] e a igreja é da invocação de Nossa Senhora do Ó.[62]

[24] Em que se declara o sítio da terra da boca do esteiro de Metaripe até a ponta de Mairape e dos engenhos que em si tem   Deste esteiro de Metaripe[63] ao de Caipe será meia légua, ou menos, a qual está toda lavrada e aproveitada de muitos canaviais que os moradores, que por esta terra vivem, têm feito. Neste esteiro de Caipe está um engenho de bois de duas moendas, peça de muita estima, o qual é de Martim Carvalho, onde tem uma ermida da Santíssima Trindade mui concertada com as mais oficinas necessárias.

Defronte deste esteiro de Caipe está um ilhéu de pedra meia légua no mar, que se diz Itapitanga, do qual esteiro corre a terra quase direita obra de uma légua ou mais, no cabo da qual está outro engenho de bois, fazenda muito grossa de escravos e canaviais, com nobres edifícios de casas, com uma fresca igreja de Nossa Senhora das Neves, muito bem acabada, o qual engenho é de André Fernandes Margalho, que o herdou de seu pai com muita fazenda. Ao longo desta terra, um tiro de berço, está estendida a ilha de Cururupeba, que é de meia légua de comprido, a qual é dos padres da Companhia, que a têm arrendada a sete ou oito moradores que nela vivem.[64]

---

61. Em Varnhagen (1851 e 1879), "sertão algodões e mantimentos".
62. No manuscrito da BGJM, "de Nossa Senhora".
63. Em Varnhagen (1851 e 1879), "Mataripe".
64. A Ilha de Cururupeba, assim nomeada por causa do índio Cururupeba que ali habitava e que resistiu por anos aos conquistadores portugueses, é atualmente a Ilha Madre de Deus, que faz parte do município de mesmo nome, localizado na região metropolitana de Salvador.

Entre esta ilha e a dos Frades estão duas ilhetas,[65] em cada uma das quais está um morador, que as lavram, e são de Antônio da Costa. Deste engenho de André Fernandes para cima vai fazendo a terra uma enseada de uma légua, no cabo da qual está o esteiro de Parnamirim; e defronte desta enseada, bem chegadas à terra firme, estão três ilhas; a primeira defronte do engenho, que é do mesmo André Fernandes, que tem perto de meia légua, onde tem alguns moradores, que lavram canas e mantimentos; e junto desta ilha está outra mais pequena, que é do mesmo, de onde tira lenha para o engenho; e mais avante de Parnamirim está outra ilha, que se diz a das Fontes, que é de João Nogueira, a qual é de meia légua, onde também vivem sete ou oito moradores. A terra de todas estas três ilhas é alta e muito boa.[66] Na boca do esteiro de Parnamirim está um engenho de bois de Belchior Dias Porcalho, que tem uma ermida de Santa Catarina. Por este esteiro de Parnamirim entra a maré uma légua, no cabo da qual está outro engenho de bois de Antônio da Costa, que está muito bem acabado. Este esteiro de uma parte e da outra está todo lavrado de canaviais e povoado de formosas fazendas, no meio do qual está uma ilha de Vicente Monteiro, toda lavrada com uma formosa fazenda. E tornado à boca deste esteiro, andando sobre a mão direita daí a uma légua, está tudo povoado de moradores, onde tem muito boas fazendas de canaviais e algodoais,[67] a qual terra se chama Tamarari, no meio da qual está uma igreja de Nossa Senhora, que é freguesia deste limite. Esta terra faz no cabo uma ponta, e virando dela sobre a mão direita vai fugindo a

65. Ilha de Bom Jesus dos Passos e Ilha de Santo Antônio, que pertencem ao atual município de Salvador.
66. No manuscrito da BGJM, "de todas estas ilhas".
67. Em Varnhagen (1851 e 1879), "canaviais e algodões".

terra para trás, até dar em outro esteiro que chamam Mairape,[68] onde se começam as terras de Mem de Sá, que agora são de seu genro, o conde de Linhares.

[25] **Em que se declara o rio de Serigipe, e terra dele à boca do Paragoasu**   Partindo com a terra de Tamarari começa a do engenho do conde de Linhares, a qual está muito metida para dentro fazendo uma maneira de enseada, a que chamam Mairape, a qual vai correndo até a boca do rio de Sirigipe, e terá a grandura de duas léguas que estão povoadas de mui grossas fazendas. Entra a maré por este rio de Sirigipe[69] passante de três léguas, onde se mete uma ribeira que se diz Tariri,[70] onde esteve já um engenho, que fez Antônio Dias Adorno, o qual se despovoou por lhe arrebentar um açude, que lhe custou muito a fazer, pelo que está em mortuário; mas não estará assim muito tempo, por ser a terra muito boa e para se meter nela muito cabedal.

Descendo por este esteiro abaixo, légua e meia sobre a mão direita, está situado o afamado engenho de Mem de Sá, que agora é do conde de Linhares, seu genro, o qual está mui fabricado de casa forte e de purgar, com grande máquina de escravos e outras benfeitorias, com uma igreja de Nossa Senhora da Piedade. Desta banda do engenho até a barra do rio que podem ser duas léguas, não vive nenhum morador; por ser necessária a terra para o meneio do engenho, e por ter perto da barra uma ribeira, onde se pode fazer outro engenho muito bom; mas, da outra banda do rio, de cima até abaixo, está tudo povoado de muitas fazendas, com mui formosos canaviais, entre os quais

68. Em Varnhagem (1851 e 1879), "Marapé".
69. Em Varnhagem (1851 e 1879), "Seregipe".
70. Na edição de 1851, "Tareiry", e na de 1879, "Traripe".

está uma, que foi de Gonçalo Annes, que se meteu frade de São Bento, onde os frades têm feito uma igreja do mesmo santo com seu recolhimento, onde dizem missa aos vizinhos. Na boca deste rio, fora da barra dele, está uma ilha que chamam Cajuaiba,[71] que será de uma légua de comprido e meia de largo, onde estão assentados dez ou doze moradores, que nela têm bons canaviais e roças de mantimentos, a qual é do conde de Linhares. Junto desta ilha está outra, pequena, despovoada, de muito boa terra. E, bem chegado à terra firme, na boca do rio da banda do engenho, está outra ilha,[72] de meia légua em quadra, por entre a qual e a terra firme escassamente pode passar um barco, a qual também, com as duas atrás, são do conde de Linhares. Da boca deste rio de Serigipe, virando ao sair dela sobre a mão direita, vai fazendo a terra grandes enseadas, em espaço de quatro léguas, até onde chamam o Açu,[73] por ter o mesmo nome uma ribeira que ali se vem meter no salgado, na qual se podem fazer dois engenhos, os quais não estão feitos por ser esta terra do engenho do conde de Linhares e não a querer vender nem aforar, pelo que vivem poucos moradores nela, onde o conde tem um formoso curral de vacas. Do cabo desta terra do conde à boca do rio Paragoaçu são três ou quatro léguas, despovoadas de fazendas, por a terra ser fraca e não servir para mais que para criação de vacas, onde estão alguns currais delas.

Esta terra foi dada a Brás Fragoso de sesmaria e pelo rio de Paragoaçu acima quatro léguas; a qual se vendeu a Francisco

---

71. Em Varnhagem (1851 e 1879), "Cajaíba". A Ilha de Caraíba, localizada na Baía de Todos os Santos, pertence atualmente ao município de São Francisco do Conde.
72. Em Varnhagem (1851 e 1879), "no cabo do rio".
73. Em Varnhagem (1851 e 1879), "Acúm". Atual rio Açu.

de Araújo, que agora a possui com algumas fazendas que nela fez, onde a terra é boa, que é pelo rio acima.

[26] Em que se declara a grandeza do rio Paraguaçu e os seus engenhos na terra del-rei Este rio de Paraguaçu é mui caudaloso e terá na boca de terra à terra um tiro de falcão, pelo qual entra a maré, que sobe por ele acima seis léguas; e de uma banda e da outra até a ilha dos Franceses, que são duas léguas, é a terra alta e fraca e mal povoada, salvo de alguns currais de vacas. Da barra deste rio para dentro está uma ilha de meia légua de comprido e de quinhentas braças de largo e há partes de menos, a qual se chama de Gaspar Dias Barbosa,[74] cuja terra é baixa e fraca. E tornando acima no cabo destas duas léguas está uma ilha, que chamam dos Franceses, mui alterosa, que terá em roda seiscentas braças, onde eles nos anos atrás chegavam com suas naus por ter fundo para isso,[75] e estavam nesta ilha seguros do gentio, com o qual faziam dela seus resgates à vontade. Desta ilha para cima se abre uma formosa baía, até a boca do rio da Água Doce, que serão duas léguas; e defronte desta ilha dos Franceses está uma casa de meles de Antônio Peneda. E saindo desta ilha para fora, pondo a vista sobre a mão direita, faz este rio um recôncavo de três léguas, coisa mui formosa, a que chamam Uguape; e olhando para a mão esquerda se estende perto de duas léguas, parte das quais estão ocupadas com três ilhéus despovoados, mas cheios de arvoredo, que se podem povoar, e de uma ilha de Antônio de Paiva, que está aproveitada com canaviais, onde a terra firme se vai apertando, que ficará acima desta ilha o rio de terra a terra

---

74. Atual Ilha de Monte Cristo, na Baía de Todos os Santos.
75. Em Varnhagem (1851 e 1879), "onde eles chegaram em tempo atrás".

uma meia légua. Mas, tornando à casa de meles de Antônio Peneda, virando dela para a enseada de Uguape, sobre a mão direita, daqui a duas léguas, é a terra fraca e não serve senão para currais de vacas. No meio deste caminho está uma ilha rasa, que Antônio Dias Adorno teve já cheia de mantimentos; além da qual está outra ilha, a que chamam da Ostra; de onde se tem tirado tanta quantidade que se fizeram de ostra mais de dez mil moios[76] de cal, e vai-se cada dia tirando tanta que faz espanto, sem se acabar. No cabo destas léguas começa a terra boa, que está povoada até o engenho de Antônio Lopes Ulhoa, de muitos canaviais e formosas fazendas, no que haverá espaço de uma légua. Este engenho mói com grande aferida, e está mui ornado com edifícios de pedra e cal, e a ribeira com que mói se chama Ubirapitanga. E indo deste engenho para cima, sobre a mão direita ao longo do salgado, vai povoada a terra de fazendas e canaviais, em que entra uma casa de meles de Antônio Rodrigues, e andando assim até junto do rio da Água Doce do Paraguaçu, que podem ser duas léguas, vão dar com o notável e bem assentado engenho de João de Brito de Almeida, que está senhoreando esta baía com a vista, o qual engenho é de pedra e cal, e tem grandes edifícios de casas, e muito formosa igreja de São João, de pedra e cal, o qual engenho tem mui grande aferida e mói com uma ribeira que vem a este sítio por uma levada[77] de uma légua, feita toda por pedra viva ao picão, com suas açudadas, com muros e botaréus[78] de pedra e cal, coisa muito forte. E antes de se chegar a este engenho, junto da terra dele estão três ilhéus de areia pequenos, cheios de mangues,

---

76. Moio: medida de capacidade equivalente a sessenta alqueires ou a aproximadamente oitocentos litros em Portugal.
77. Levada: elevação de terreno.
78. Botaréu: pilastra, escora.

onde se vai mariscar. Acima deste engenho um tiro de berço dele, entra nesta baía, que este rio aqui faz, o rio da Água Doce do Paraguoasu,[79] o qual terá na boca de terra a terra um tiro de falcão de espaço, e navega-se por ele acima até a cachoeira que pode ser a três léguas, com barcos grandes; e indo por ele acima sobre a mão direita tem poucas fazendas, por ser a terra do engenho de João de Brito. E antes de chegarem à cachoeira, à vista dele, está outro engenho de água mui bem acabado, o qual fez um Rodrigo Martins, mameluco, por sua conta, e de Luís de Brito de Almeida, junto do qual vivem muitos mamelucos com suas fazendas.

[27] Em que se declara a terra do rio de Paragoaçu, tocante à capitania de Dom Álvaro   Até agora tratamos neste capítulo atrás da grandeza do rio de Paragoasu, no tocante à terra del-rei, e daqui por diante convém tratar do mesmo rio, e declarar a terra da outra banda, que é da capitania de Dom Álvaro da Costa, que tem da boca da barra deste rio por ele acima dez léguas de terra, e ao longo do mar da baía até o rio de Jaguoaripe, e por ele acima, outras dez léguas; de que el-rei D. João lhe fez mercê, com título de capitão e governador desta terra, de que diremos neste capítulo.

Começando da cachoeira deste rio de Paragoasu para baixo, descendo sobre a mão direita, o qual rio está povoado de muitos moradores por onde faz muitos esteiros, em que se metem outras ribeiras, sem haver ainda nenhum engenho; e saindo pela boca fora deste rio à baía que o salgado nele faz, e virando sobre a mão direita obra de uma légua ao longo das ilhas de que já dissemos, se vai dar no braço que se diz de Igarusu; e

---

79. Em Varnhagem (1851 e 1879), "Paraguaçú".

por ele acima espaço de duas léguas vai o rio mui largo, cuja terra da parte esquerda é fraca, de campinas, e mal povoada de fazendas, e da banda direita é a terra boa,[80] mas muito fragosa e povoada de fazendas. No cabo destas duas léguas se aparta este rio em três braços, por onde entra a maré. E no braço da mão direita está o engenho de Lopo Fernandes, obra mui forte, e de pedra e cal assim o engenho como os mais edifícios, e a igreja, que é de Nossa Senhora da Graça, obra mui bem acabada, com seus canaviais ao redor do engenho, de que faz muito açúcar. Pelo braço do meio vai subindo a maré duas léguas, ao cabo das quais se mete nele uma formosa ribeira de água que se diz Igaraçu, onde pode fazer um engenho; e de uma banda e da outra é tudo povoado de roças e canaviais. Na ponta desta terra entre um esteiro e outro está uma ermida de São João; e pelo outro esteiro, que está à mão esquerda, está um próspero engenho de pedra e cal, com grandes edifícios de casas de vivenda e de purgar, e uma formosa igreja. Este engenho é copioso como os mais do rio, o qual edificou Antônio Adorno, cujos herdeiros o possuem agora. Neste rio de Paragoaçu e em todos os seus recôncavos, por onde entra o salgado, há muito marisco de toda a sorte, especialmente ostras muito grandes, onde em uma maré vazia quatro negros carregam um barco delas, e tem grandes pescarias, assim de rede como de linha, especialmente na baía que faz abaixo; que por uma banda tem duas léguas de comprido e por outra duas de largo, pouco mais ou menos, e em toda a terra deste rio há muita caça.

[28] Em que se declara o como corre a terra do rio de Paragoaçu ao longo do mar da Bahia até a boca de Jagoaripe

80. No manuscrito da BGJM, "mal povoada, e da banda".

e por este rio acima   Da boca do rio Paragoaçu,[81] onde se ele mete na baía grande, vai fazendo a terra umas enseadas de areia, obra de duas léguas, que estão povoadas de currais de vacas e de pescadores, e no cabo destas duas léguas faz a terra uma ponta de areia muito saída ao mar da baía a qual corta a maré a passos; e quando é cheia, fica parte desta ponta em ilha e passada da outra banda tem sete ou oito ilhéus de areia cheios de mangues; e tornando a correr a costa contra Jagoaripe,[82] se vai armando em enseadas obra de três léguas que estão povoadas, até em direito da ilha da Pedra, de currais de vacas e fazendas de gente pobre, que não plantam mais que mantimentos, de que se mantêm. Esta ilha da Pedra é de pouco mais de meia légua de comprido e tem muito menos de largura; e mais avante está outra ilha que tem mais de légua de comprido,[83] que se diz a de Fernão Vaz. Por detrás desta ilha vai correndo a costa da terra firme mui chegada e elas, a qual costa por detrás destas ilhas terá três léguas de espaço até chegar ao rio de Jagoaripe, tudo terra despovoada por ser fraca de campinas, onde se mete no salgado uma ribeira, que chamam Pujuqua[84] que servirá para um engenho, ainda que junto ao porto vem a água baixa, e será necessário fazer-se o engenho um pedaço pela terra adentro, por amor da aferida. E virando da boca de Jagoaripe para cima, daí a duas léguas, é a terra mui fraca, que não serve senão para vacas e roças de mantimentos; e do cabo destas duas léguas até a cachoeira é a terra sofrível e tem cinco ribeiras, que se vêm meter neste rio, em que se podem fazer cinco engenhos, os quais não são já feitos por o capitão desta

---

81. Em Varnhagem (1851 e 1879), "Do cabo do rio Paraguaçu".
82. Em Varnhagem (1851 e 1879), "Jaguaripe".
83. No manuscrito da BGJM, "meia légua de comprimento".
84. Em Varnhagem (1851 e 1879), "Pojuca".

terra não querer dar as águas menos de dois por cento do foro, que no cabo de um ano vem a montar oitenta a cem arrobas de açúcar, que valem a oitocentos réis cada arroba.

 Este rio de Jagoaripe é tamanho como o Douro, mas mais aprazível na frescura; navega-se até a cachoeira que está cinco léguas da barra e duas léguas abaixo da cachoeira é água doce, a qual o salgado com a força da maré faz recuar até a cachoeira. Junto da cachoeira virando sobre a mão direita, para baixo, está um engenho de água de Fernão Cabral de Ataíde, obra mui formosa e ornada de nobres edifícios de casas de vivenda e de outras oficinas e de uma igreja de São Bento mui bem acabada, o qual engenho está feito nas terras del-rei que estão livres de todo o foro, que costumam pôr os todos os capitães. Deste engenho para baixo vivem alguns moradores que têm suas roças e canaviais ao longo do rio, que o aformoseiam muito, em o qual se vêm meter três ribeiras por esta mesma banda capazes de três engenhos que se nelas podem mui bem fazer, duas léguas abaixo de Fernão Cabral. A mais terra desta banda até a Barra é rasa e de areia,[85] que não serve para mais que para lenha dos mesmos engenhos, a qual terra fica no cabo em língua estreita defronte da ilha de Fernão Vaz, a qual ponta tem uma ilhota no cabo, onde se vem ajuntar o rio de Irajahe[86] com o de Jagoaripe.

[29] Em que se explica o tamanho e formosura do rio Irajahe e seus recôncavos Correndo por esta ponta de entre ambos os rios acima com a mão direita ao longo da mesma terra, da ponta duas léguas pelo rio acima, é a terra fraca, que não

---

85. Em Varnhagem (1851 e 1879), "mas a terra desta banda é rasa".
86. Em Varnhagem (1851 e 1879), "Irajuhi".

serve senão para lenha dos engenhos; daqui para cima uma légua da cachoeira deste rio, é tudo povoado de canaviais e fazendas de moradores, até onde a água salgada se mete por dois esteiros acima, onde se ajuntam com ele duas ribeiras de água, em as quais estão dois engenhos, os quais deixemos estar para dizermos primeiro do rio de Irajahe, que vai por este meio um quarto de légua para cima, povoado de canaviais e fazendas em que entra uma casa de meles de muita fábrica de Gaspar de Freitas, além da qual, junto à cachoeira, está situado o engenho de Diogo Correa de Sande, que é uma das melhores peças da Bahia, porque está mui bem acabado, com grandes aposentos e outras oficinas, e uma fresca igreja de Vera Cruz.[87]

E tornando abaixo ao esteiro da mão direita, que se chama Caipe, indo por ele acima, está um soberbo engenho com grandes casas de purgar e de vivenda, e muitas outras oficinas, com uma grande e formosa igreja de São Lourenço, onde vivem muitos vizinhos em uma povoação que se diz a Graciosa. Esta terra é muito fértil e abastada de todos os mantimentos e de muitos canaviais de açúcar, a qual é de Gabriel Soares de Sousa; e deste engenho ao de Diogo Correa não há mais distância que quatrocentas braças de caminho de carro, e para vizinharem se servem os carros de um engenho ao outro por cima de duas pontes, e atravessam estes rios e ficam os engenhos à vista um do outro.

E tornando ao outro esteiro que fica da outra banda do rio de Irajahe, onde se mete a ribeira que se diz de Jaceru, com a qual mói outro engenho que agora novamente fez o mesmo Diogo Correa, o qual está mui bem acabado e aperfeiçoado com as oficinas necessárias; e todo este esteiro está povoado de fazendas de moradores com formosos canaviais; e descendo por

---

87. No manuscrito da BGJM, "oficinas, e uma igreja de Vera Cruz".

este rio abaixo ao longo da terra da mão direita, andando mais de uma légua, vai a terra povoada da mesma maneira, onde este rio é como o Tejo de Vila Franca para cima.

E daqui até em direito da ponta que divide este rio de Jagoaripe é a terra fraca, onde há três esteiros que entram por ela dentro duas léguas, em os quais se metem ribeiras com que se podem moer engenhos; mas a terra não é capaz para dar muitos anos canas. E abaixo deste esteiro está uma ilheta que chamam a do Sal, porque o gentio, quando vivia mais perto do mar, costumava-o fazer ali, defronte da qual está outra ilheta no cabo da ponta dentre ambos os rios.[88] Desta ilha até a ponta da barra haverá uma légua, tudo terra de pouca substância.

Desta terra à ilha de Fernão Vaz é perto de uma légua, e entre esta ilha e a de Taparica e a terra firme fica quase em quadra uma baía de uma légua, onde se mete a barra que se chama de Jagoaripe, de que se fez já menção.

[30] Em que se declara a terra que há da boca da barra de Jagoaripe até Juquirixaque, e daí até o rio de Una Da ponta da barra de Jagoaripe ao rio de Juquirixaque são quatro léguas ao longo do mar,[89] à feição de enseadas, quase pelo rumo de norte-sul, cuja terra é baixa e fraca, com pouco mato, pelo qual atravessam das campinas quatro ribeiras de pouco cabedal, a qual terra não serve para mais que para criações dc vacas. Este rio de Juquirixaque tem a barra pequena e baixa, por onde não podem entrar mais que caravelões da costa por ter uma légua na boca que a toma toda; da barra para dentro até a cachoeira é muito fundo, por onde podem navegar navios de

---

88. Em Varnhagem (1851 e 1879), "da ponta de ambos os rios".
89. Em Varnhagen (1851 e 1879), "barra de Jaguaripe" e "rio de Juquirijape".

cem tonéis e de mais; e de uma parte a outra pode haver quatro léguas. Este rio é tão formoso como o de Guoadiana, mas tem muito mais fundo; e tem, indo por ele acima, de uma banda e da outra até duas léguas, a terra fraca e pela maior parte de campinas, com muitos alagadiços, terra boa para vacas; e tem, indo por ele acima mais avante dois esteiros,[90] se podem fazer dois engenhos.

Do esteiro mais do cabo, para a banda da cachoeira uma légua toda de várzea, e terra mui grossa para canaviais; da outra banda é a terra mais somenos, e junto desta cachoeira se vem meter uma ribeira com grande aferida, onde Gabriel Soares[91] tem começado um engenho, em o qual tem feito grandes benfeitorias, e assentado uma aldeia de escravos com um feitor que os manda. Na barra deste rio tem uma roça com mantimentos, e gente com que se granjeia. Este rio é muito provido de pescado, marisco e muita caça, e frutas silvestres.

Da barra de Juquirixaque ao curral de Bastião da Ponte serão cinco léguas ao longo do mar, tudo despovoado em feição de enseada, onde se metem três ribeiras que nascem nas campinas desta terra, que não servem para mais que para criação de vacas. Toda esta baía e costa no inverno é mui desabrigada até a barra de Jagoaripe,[92] onde o tempo leste e lés-sudeste é travessia, e se toma aqui os caravelões da costa que se servem por esta barra, e eles não acertam com a boca de Juquirixaque para se recolherem dentro, não têm outro remédio senão varar em terra, onde não há perigo para as pessoas por ser tudo areia.[93] Este curral de Bastião da Ponte está em uma ponta saída ao mar com

90. No manuscrito da BGJM, "por ele mais avante".
91. Em Varnhagem (1851), "Gabriel Torres".
92. Em Varnhagem (1851 e 1879) "toda esta praia e costa".
93. No manuscrito da BGJM, "não há perigo por ser tudo areia".

o rosto no morro de Tinhare, da qual vai fugindo a terra para dentro, fazendo uma enseada até o rio Una, que será três léguas todas de praia. Por este rio entra a maré mais de duas léguas, no cabo das quais está situado o engenho de Bastião da Ponte, que tem duas moendas de água em uma casa que mói ambas com uma ribeira, o qual engenho é mui grande e forte e está mui bem fabricado de casas de vivenda e de purgar e outras oficinas, com uma formosa igreja de São Gonçalo,[94] com três capelas de abóbada; e por este rio Una vivem alguns moradores que nele têm feito grandes fazendas de canaviais e mantimentos.

[31] Em que se explica a terra do rio Una até Tinhare, e da ilha de Taparica com outras ilhas Da boca do rio Una a uma légua se mete no mar outro rio, que se diz Taraire,[95] pelo qual entra a maré duas ou três léguas, onde Fernão Ribeiro de Sousa[96] fez uma populosa fazenda com um engenho mui bem acabado e aperfeiçoado, com as oficinas acostumadas e uma igreja de Nossa Senhora do Rosário mui bem concertada, onde tem muitos homens de soldo para se defenderem da praga dos Aimores, que lhe fizeram já muito dano. E tornado à boca deste rio, que está mui vizinho da ilha de Tinhare, de onde vai correndo até o morro, fazendo uma enseada de obra de três léguas até a ponta do morro, onde se acaba o que se entende a Bahia de Todos os Santos. Esta ilha faz abrigada a esta terra

---

94. Em Varnhagem (1851 e 1879), "igreja de São Gens".
95. Em Varnhagem (1851 e 1879), "Tairiri".
96. Em Varnhagem (1851 e 1879), "Fernão Rodrigues de Sousa". É provável que seja Ribeiro, pois em um relatório de 1609 elaborado pelo sargento-mor Diogo de Campos aparece, entre os proprietários de engenho dessa mesma região, Fernão Ribeiro de Sousa. "Relação das Praças Fortes do Brasil de Diogo de Campos Moreno" (1609), *Revista do Instituto Arqueológico, Histórico e Geográfico Pernambucano*, vol.57, 1984.

até a ponta do Curral, por a sua terra ser alta, a qual é fraca para canaviais, onde vivem alguns moradores, que nela estão assentados da mão de Domingos Saraiva, que é o senhor desta ilha, o qual vivia nela e tem aí sua fazenda com grandes criações e uma ermida onde lhe dizem missa. Da boca deste rio de Tareiri a esta ilha pode ser um tiro de falcão. No mar que há entre esta ilha e a terra firme, há grandes pescarias e muito marisco, onde por muitas vezes no inverno lança o mar fora nesta ilha e nas praias de defronte até o Juquirixaque âmbar gris muito bom.

Tornado à ilha de Taparica, de que atrás se faz menção pela banda de Tinhare, não tem porto onde se possa desembarcar, por ser cercada de baixos de pedra, onde o mar quebra ordinariamente, a qual, pela banda de dentro da baía, tem muitos portos, onde os barcos podem desembarcar com todo tempo. Tem esta ilha, pela banda de dentro, grandes pontas e enseadas, onde com tormenta se recolhem as embarcações que vêm das outras partes da baía para a cidade.

Na ponta desta ilha de Taparica defronte da barra de Jagoaripe está uma ilheta junto a ela, que se diz de Lopo Rebelo, que está cheia de arvoredo, de onde se tira muita madeira. E daqui para dentro é povoada Taparica de alguns moradores, que vivem ao longo ao mar,[97] que lavram canas e mantimentos, e criam vacas. E daqui até Tamatarandiba[98] serão duas léguas de costa desta ilha, entre a qual e a de Tamatarandiba haverá espaço de um tiro de falcão. Esta ilha de Tamatarandiba tem uma légua de comprido, e meia de largo, cuja terra não serve para mais que para mantimentos, onde vivem seis ou sete moradores, a qual é do conde de Castanheira. Junto de Tamatarandiba,

97. Em Varnhagem (1851 e 1879), "que vivem junto ao mar".
98. Em Varnhagem (1851 e 1879), "Tamarantiba".

da banda da terra firme, está uma ilheta de São Gonçalo, cheia de arvoredo,[99] muito rasa, cuja terra é fraca e de areia, onde o mais do tempo estão diferentes pescadores de rede, por haver ali muitos lanços;[100] e diante dela estão três ilhéus rasos, fazendo uma ponta ao mar contra a outra que vem da banda do Paragoasu, e pode haver de uns aos outros uma légua; do mar contra a ponta de Taparica está outro ilhéu raso com arvoredo, que não serve senão a pescadores de redes. No cabo da ilha Tamatarandiba, entre ela e a de Taparica, estão três ilhéus de areia pequenos, e junto deles está uma ilheta, que chamam dos Porcos, que será de seiscentas braças em quadro. Mais avante, junto da terra de Taparica está outra ilheta, que se diz de João Fidalgo, onde vive um morador. Avante desta ilheta, em uma enseada grande que Taparica faz, está um engenho de açúcar que lavra com bois, o qual é de Gaspar Pacheco, por cujo porto se servem os moradores que vivem pelo sertão da ilha, onde tem uma igreja de Santa Cruz; e deste engenho a duas léguas está a ponta de Taparica, que é mais saída ao mar, que se chama ponta da Cruz, até onde está povoada a ilha de moradores, que lavram mantimentos e algumas canas. Desta ponta a uma légua ao norte está uma ilha que se diz a do Medo, cuja terra é rasa e despovoada por ser de areia e não ter água.

Da ponta de Taparica se torna a recolher a terra fazendo rosto para a cidade, a qual está toda povoada de moradores que lavram muitos mantimentos e canaviais. E na fazenda de Fernão de Sousa[101] está uma igreja mui bem concertada, da

---

99. Em Varnhagem (1851 e 1879), "está uma ilheta cheia de arvoredo".
100. Lanço: porção de peixe recolhida por uma rede.
101. No manuscrito da BGJM, "Simão de Sousa".

advocação de Nossa Senhora, onde os vizinhos desta banda têm missa aos domingos e dias santos.

E por aqui temos concluído com a redondeza da Bahia e suas ilhas, que são trinta e nove, a saber, vinte e duas ilhas e dezessete ilhéus, fora as ilhas que há dentro nos rios, que são dezesseis entre grandes e pequenas, que juntas todas fazem a soma de cinquenta e cinco; e tem a baía, da ponta do Padrão, andando-a por dentro sem entrar nos rios, até chegar à ponta do Tinhare, cinquenta e três léguas.

[32] Em que se contém quantas igrejas, engenhos e embarcações tem a Bahia Pois que acabamos de explicar a grandeza da Bahia e seus recôncavos, convém que lhe juntemos o seu poder, não tratando da gente, pois o fizemos atrás.

Mas comecemos nos engenhos, nomeando-os em suma, ainda que particularmente se dissesse de cada um seu pouco, havendo que dizer deles e de sua máquina muito, os quais são moentes e correntes trinta e seis, convém a saber: vinte e um que moem com água e quinze que moem com bois, e quatro que se andam fazendo. Tem mais oito casas de cozer meles de muita fábrica e mui proveitosas. Saem da Bahia cada ano destes engenhos passante de cento e vinte mil arrobas de açúcar, e muitas conservas. Tem a Bahia com seus recôncavos sessenta e duas igrejas, em que entra a Sé e três mosteiros de religiosos, das quais são dezesseis freguesias curadas, a saber: nove vigararias que paga Sua Majestade e outras sete pagam aos curas os fregueses, e a maior parte das outras igrejas têm capelães e suas confrarias, como em Lisboa; e todas essas igrejas estão mui concertadas, limpas e providas de ornamentos, em as quais, nos dias da festa dos oragos,[102] se lhe faz muita festa. Todas as vezes que cumprir ao serviço de Sua Majestade se ajuntarão na Bahia oitocentas embarcações,[103] a saber: de quarenta e cinco para setenta palmos de quilha, cem embarcações mui fortes, em cada uma das quais podem jogar dois falcões por proa e dois berços por banda; e de quarenta e quatro palmos de quilha até trinta e cinco se ajuntarão duzentas embarcações,[104] em as quais pode jogar pelo menos um berço por proa; e, se cumprir ajuntarem-se as mais pequenas embarcações, ajuntar-se-ão trezentos barcos de trinta e quatro palmos de quilha para baixo, e mais de duzentas canoas, e todas estas embarcações mui bem remadas. E são tantas as embarcações na Bahia, porque se servem todas as fazendas por mar, e não há pessoa que não tenha seu barco, canoa pelo menos, e não há engenho que não tenha de quatro embarcações para cima; e ainda com elas não são bem servidos.

[33] Em que se começa a declarar a fertilidade da Bahia e como se nela dá o gado da Espanha Pois se tem dado conta tão particular da grandura da Bahia de Todos os Santos e do seu poder, é bem que digamos a fertilidade dela um pedaço, e como produz em si as criações das aves e alimárias de Espanha e os frutos dela, que nesta terra se plantam.

Tratando em suma da fertilidade da terra, digo que acontece muitas vezes valer mais a novidade de uma fazenda que a propriedade, pelo que os homens se mantêm honradamente com

---

102. Em Varnhagem (1851 e 1879), "nos dias dos oragos".
103. Em Varnhagem (1851 e 1879), "na Bahia mil e quatrocentas embarcações".
104. Em Varnhagem (1851 e 1879), "se juntarão oitocentas embarcações".

pouco cabedal, se se querem acomodar com a terra e remediar com os mantimentos dela, do que é muito abastada e provida.

As primeiras vacas que foram à Bahia levaram-nas de Cabo Verde e depois de Pernambuquo, as quais se dão de feição que parem cada ano e não deixam nunca de parir por velhas; as novilhas, como são de ano, esperam o touro, e aos dois anos vêm paridas, pelo que acontece muitas vezes mamar o bezerro na novilha e a novilha na vaca, juntamente, o que se também vê nas éguas, cabras, ovelhas e porcas; e porque as novilhas esperam o touro de tão tenra idade, se não consentem nos currais os touros velhos, porque são pesados e derreiam as novilhas, quando as tomam; as vacas são muito gordas e dão muito leite, de que se faz muita manteiga e as mais coisas de leite que se fazem na Espanha; e depois de velhas criam algumas no bucho umas maças tamanhas como uma pela e maiores, e quando são ainda novas têm o carão de fora como o couro da banda do carnaz;[105] as peles das mais velhas são pretas e lisas que parecem vidradas no resplandor e brandura, umas e outras são muito leves e duras, e dizem que têm virtude.

As éguas foram à Bahia de Cabo Verde, das quais se inçou a terra, de modo que, custando em princípio a sessenta mil Réis e mais,[106] pelo que levaram lá muitas todos os anos e cavalos, multiplicaram de maneira que valem agora a dez e a doze mil Réis; e há homens que têm em suas granjearias quarenta e cinquenta, as quais parem cada ano; e esperam o cavalo poldras de um ano, como as vacas, e algumas vezes parem duas crianças juntas. São tão formosas as éguas da Bahia

105. Carnaz: lado interno do couro dos animais, oposto ao pelo.
106. No manuscrito da BGJM, "inçou a terra, em princípio valiam sessenta mil Réis".

como as melhores da Espanha, das quais nascem formosos cavalos e grandes corredores, os quais, até a idade de cinco anos, são bem acondicionados, e pela maior parte como passam daqui criam malícia e fazem-se mui desassossegados, mal arrendados e ciosos; assim eles como as éguas andam desferrados, mas não faltam por isso em nada por serem mui duros de cascos. Da Bahia levam os cavalos a Pernambuco por mercadoria, onde valem duzentos e trezentos cruzados e mais.

Os jumentos se dão da mesma maneira que as éguas, mas são de casta pequena; os cavalos não querem tomar as burras por nenhum caso, mas os asnos tomam as éguas por invenção e artifício, por elas serem grandes e eles pequenos que lhe não podem chegar, e as éguas esperamos bem, pelo que há poucas mulas, mas estas que ainda que são pequenas, são muito formosas, bem feitas e de muito trabalho.

As ovelhas foram de Portugal e as cabras de Cabo Verde,[107] as quais se dão muito bem, umas e outras parem, tirada a primeira paridura, duas crianças e muitas vezes três, as quais emprenham como são de quatro meses e parem cada ano pelo menos duas vezes, cuja carne é sempre muito gorda, mui sadia e saborosa; e quanto mais velha é melhor, e umas e outras dão muito e bom leite, de que se fazem queijos e manteiga.

Os cordeiros e cabritos são sempre muito gordos e saborosos; a carne dos bodes é gorda e muito dura; a dos carneiros é magra enquanto são novos e depois de velhos não tem preço; e criam sobre o cacho uma carne como ubre de vacas de três dedos de grosso.

---

107. Em Varnhagem (1851 e 1879), "As ovelhas e as cabras foram de Portugal e Cabo Verde".

As porcas parem infinidade de leitões, os quais são muito tenros e saborosos, e como a leitoa é de quatro meses espera o macho, pelo que multiplicam coisa de espanto, porque ordinariamente andam prenhes, de feição que parem três vezes por ano, se lhe não falta o macho. A carne dos porcos é muito sadia e saborosa, a qual se dá aos doentes como galinha, e come-se todo o ano por em nenhum tempo ser prejudicial, mas não fazem os toucinhos tão gordos como em Portugal, salvo os que se criam nas capitanias de São Vicente e nas do Rio de Janeiro.

As galinhas da Bahia são maiores e mais gordas que as de Portugal, e grandes poedeiras e muito saborosas; mas é de espantar que, como são de três meses, esperam o galo, e os frangões da mesma idade tomam as fêmeas, os quais são feitos galos e tão tenros, saborosos e gordos como se não viu em outra parte.

As pombas da Espanha se dão muito bem na Bahia,[108] mas fazem-lhes muito nojo as cobras que lhes comem os ovos e os filhos, pelo que se não podem criar em pombais.

Os galipavos[109] se criam e também fazem tão formosos como na Espanha, e d'avantagem, cuja carne é muito gorda e saborosa, os quais se criam sem mais cerimônias que as galinhas. E também se dão muito bem os patos e gansos da Espanha, cuja carne é muito gorda e saborosa.

[34] Em que se declara as árvores da Espanha que se dão na Bahia, e como se criam nela Parece razão que se ponha em capítulo particular os frutos da Espanha e de outras partes, que se dão na Bahia de Todos os Santos.

---

108. Em Varnhagem (1851 e 1879), "se dão na Bahia".
109. Peru.

E comecemos nas canas-de-açúcar, cuja planta levaram à capitania dos Ilheos das ilhas da Madeira e de Cabo Verde, as quais recebeu esta terra de maneira em si, que as dá melhores e maiores que nas ilhas e parte de onde vieram a ela, e que em nenhuma outra parte que se saiba que crie canas-de-açúcar, porque na ilha da Madeira, Cabo Verde, São Tomé, Trudente, Canárias, Valência e na Índia não se dão as canas se se não regam os canaviais como as hortas e se lhes não estercam as terras, e na Bahia plantam-se pelos altos e pelos baixos, sem se estercar a terra, nem se regar; e como as canas são de seis meses, logo acamam e é necessário cortá-las para plantar em outra parte,[110] porque aqui se não dão tão compridas como lanças; e na terra baixa não se faz açúcar da primeira novidade que preste para nada, porque acamam as canas e estão tão viçosas que não coalha o sumo delas, se as não misturam com canas velhas, e como são de quinze meses, logo dão novidade às canas de planta; e as de soca,[111] como são de ano, logo se cortam. E na ilha da Madeira e nas mais partes onde se faz açúcar cortam as canas de planta de dois anos por diante e a soca de três anos, e ainda assim são canas mui curtas, onde a terra não dá mais que duas novidades. E na Bahia há muitos canaviais que há trinta anos que dão canas; e ordinariamente as terras baixas nunca cessam e as altas dão quatro e cinco novidades e mais.

Das árvores a principal é a parreira, a qual se dá de maneira nesta terra, que nunca lhe cai a folha, senão quando a podam que lha lançam fora; e quantas vezes a podem, tantas dá fruto; e porque duram poucos anos com a fertilidade, se as podam

110. Em Varnhagem (1851 e 1879), "e é forçoso cortá-las".
111. Cana-planta e cana-soca, primeiro e segundo cortes da cana-de-açúcar, respectivamente.

muitas vezes no ano; é a poda ordinária duas vezes para darem duas novidades, o que se faz em qualquer tempo do ano conforme ao tempo que cada um quer as uvas, porque em todo o ano madurecem e são muito doces e saborosas, e não amadurecem todas juntas;[112] e há curiosos que têm nos seus jardins pé de parreira que têm uns braços com uvas maduras, outros com agraços,[113] outros com frutos em flor e outros podados de novo; e assim em todo o ano têm uvas maduras, em uma só parreira; mas não há naquela terra mais planta que de uvas ferrais[114] e outras uvas pretas, e se não há nessa terra muitas vinhas é por respeito das formigas, que em uma noite dão em uma parreira, lhe cortam a folha e fruto e o lançam no chão; pelo que não há na Bahia tanto vinho como na ilha da Madeira, e como se dá na capitania de São Vicente porque não tem formiga que lhe faça nojo, onde há homens que colhem já três e quatro pipas de vinho cada ano, ao qual dão uma fervura no fogo por se lhe não azedar o que deve de nascer das plantas.

As figueiras se dão de maneira que no primeiro ano que as plantam vêm como novidade e, daí por diante, dão figos em todo o ano, às quais nunca cai a folha; e as que dão logo novidade e figos em todo o ano são figueiras pretas, que dão mui grandes e saborosos figos pretos e as árvores não são muito grandes, nem duram muito tempo, porque como são de cinco, seis anos, logo se enchem de uns carrapatos que as comem, e lhes fazem cair a folha e ensoar[115] o fruto, os quais figos pretos não criam bicho como os de Portugal. Também há outras figueiras pretas

---

112. No manuscrito da BGJM, "e amadurecem todas juntas".
113. Agraço: uva verde.
114. Ferral: da cor do ferro.
115. Ensoar: murchar.

que dão figos bêbaras mui saborosos, as quais são maiores árvores e duram perfeitas mais anos que as outras, mas não dão a novidade tão depressa como elas.

As romeiras que se plantam de quaisquer raminhos, os quais pegam e logo dão fruto aos dois anos; as árvores não são nunca grandes, mas dão romãs em todo o ano, e não lhes cai nunca a folha de todo; o fruto delas é maravilhoso no gosto e de bom tamanho, mas não dão muitas romãs por pesarem muito e caírem no chão estando em frol,[116] com as quais árvores têm as formigas grande guerra, e não se defendem delas senão com testos[117] de água ao pé que fica no meio; e se se atravessa uma palha por cima, por ela lhe dão logo tal assalto que lhe lançam a folha toda no chão; pelo que se sustentam com trabalho estas árvores e as parreiras, que às figueiras não faz a formiga nojo.

As laranjeiras se plantam de pevide,[118] e faz-lhes a terra tal companhia que em três anos se fazem árvores mais altas que um homem, e neste terceiro ano dão fruto, o qual é o mais formoso e grande que há no mundo; e as laranjas doces têm suave sabor, e é o seu doce mui doce, entanto que a camisa branca com que se vestem os gomos é também muito doce. As laranjeiras se fazem muito grandes e formosas, e tomam muita frol[119] de que se faz água muito fina e de mais suave cheiro que a de Portugal; e como as laranjeiras doces são velhas, dão as laranjas com uma ponta de azedo muito galante, às quais árvores as formigas em algumas partes fazem nojo, mas com pouco trabalho se defendem delas. Tomam essas árvores a flor em agosto, em que se começa naquelas partes a primavera.

116. Frol: flor
117. Testo: vaso de barro.
118. Pevide: semente de alguns frutos.
119. Frol: flor.

As limeiras se dão da mesma maneira, onde há poucas que deem fruto azedo, por se não usar dele na terra. As limas doces são muito grandes, formosas e muito saborosas, as quais fazem muita vantagem às de Portugal, assim no grandor como no sabor. As árvores das limas são tamanhas como as laranjeiras, a quem a formiga faz o mesmo dano, se lhes pode chegar, e plantam-se também de pevide.

As cidreiras se plantam de estaca, mas de pevide se dão melhor, porque dão fruto ao segundo ano; e as cidras são grandíssimas e saborosas, as quais fazem muita vantagem às de Portugal, assim no grandor como no sabor; e faz-se delas muita conserva. Algumas têm o amargo doce, outras azedo, e em todo o ano as cidreiras estão de vez[120] para dar fruto, porque têm cidras maduras, outras verdes, outras pequenas e muita frol; e quem as formigas não fazem nojo porque tem o pé da folha muito duro.

Dão-se na Bahia limões franceses tamanhos, como cidras de Portugal, e são mui saborosos; e outros limões-de-perdiz e os galegos, e uns e outros são mui saborosos e se plantam de pevide,[121] e todos aos dois anos vêm com novidade, os quais muito depressa se fazem árvores mui formosas e tomam muito fruto, o qual dão em todo o ano, como está dito das cidreiras; e alguns destes limoeiros se fazem muito grandes, especialmente os galegos.

Também se dão na Bahia outras árvores de espinho que chamam azamboas, de que não há muitas na terra, por se não aproveitarem nela deste fruto.

---

120. De vez: quase maduras.
121. Em Varnhagem (1851 e 1879), "e os galegos, e uns e outros se plantam de".

As palmeiras das que dão os cocos, se dão na Bahia melhor que na Índia, porque, metido um coco debaixo da terra, a palmeira que dele nasce dá coco em cinco e seis anos, e na Índia não dão estas palmas fruto em vinte anos. Foram os primeiros cocos à Bahia do Cabo Verde, de onde se enche a terra, e houvera infinidade deles se não se secaram, como são de oito e dez anos para cima; dizem que lhes nasce um bicho no olho que os faz secar. Os cocos são maiores que os das outras partes, mas não há quem lhes saiba matar este bicho, e aproveitar-se do muito proveito que na Índia se faz dos palmares, pelo que não se faz nesta terra conta destas árvores.

Tamareiras se dão na Bahia muito formosas, que dão tâmaras mui perfeitas; as primeiras nasceram dos caroços que foram do Reino e as depois de semeadas e nascidas daí a oito anos, deram fruto, e dos caroços deste fruto há outras árvores que dão já, mas não faz ninguém conta delas, e pode-se contar por estranheza esta brevidade porque se tem que quem semeia estas tâmaras ele nem seus filhos lhe comem o fruto senão seus netos. Estas tamareiras não dão frutos se não houver macho entre elas, e a árvore que é macho não dá fruto e é mui ramalhuda do meio para cima, e as folhas são de cor verde-escuro; as fêmeas têm uma copa em cima e a cor dos ramos é de um verde-claro.

[35] **Em que se contém de outros frutos estrangeiros que se dão na Bahia** Da ilha de São Tomé levaram à Bahia gengibre, e começou-se de plantar obra de meia arroba dele, repartindo por muitas pessoas, o qual se deu na terra de maneira que daí a quatro anos se colheram mais de quatro mil arrobas, o qual é com muita vantagem do que vem da Índia, em grandeza e fineza, porque se colheu dele penca que pesava dez e doze ar-

ráteis,[122] mas não o sabiam curar bem, como o da Índia, porque ficava denegrido, do qual se fazia muita e boa conserva, do que se não usa já na terra por el-rei defender que o não tirem para fora. Como se isto soube o deixaram os homens pelos campos, sem o quererem recolher, e por não terem nenhuma saída para fora apodreceram na terra muitas lájeas cheias dele.

Arroz se dá na Bahia melhor que em outra nenhuma parte sabida, porque o semeiam em brejos e em terras enxutas, como for terra baixa é sem dúvida que o ano dê novidade; de cada alqueire[123] de semeadura se recolhe de quarenta para sessenta alqueires, o qual é tão graúdo e formoso como o de Valência;[124] e a terra em que se semeia se a tornam a limpar dá outra novidade, sem lhe lançarem semente nova, senão a que lhe caiu ao colher da novidade. Levaram a semente do arroz ao Brasil do Cabo Verde, cuja palha se a comem os cavalos lhes faz muito mormo,[125] e, se comem muito dela, morrem disso.

Da ilha do Cabo Verde e da de São Tomé foram à Bahia inhames que se plantaram logo na terra, onde se deram de maneira que pasmam os negros de Guiné, que são os que usam mais deles; e colhem inhames que não pode um negro fazer mais que tomar um às costas; o gentio da terra não usa deles porque os seus, a que chamam carazes, são mais saborosos, de quem diremos em seu lugar.

[36] Em que se diz as sementes de Espanha que se dão na Bahia, e o como se procede com elas   Não é razão que

---

122. Arrátel: medida de peso correspondente a 459 gramas ou 16 onças.
123. Alqueire: medida de capacidade, de volume variável, que equivalia a aproximadamente 14 litros em Portugal.
124. Em Varnhagem (1851 e 1879), "é tão grado e formoso".
125. Mormo: doença de equídeos.

deixemos de tratar das sementes de Espanha que se dão na Bahia, e de como frutificaram. E peguemos logo dos melões que se dão em algumas partes muito bem, e são mui arrazoados, mas não chegam todos a maduros, porque lhes corta um bicho o pé, cujas pevides tornam a nascer se as semeiam.

Pepinos se dão melhor que nas hortas de Lisboa, e duram quatro a cinco meses os pepineiros, dando novidade que é infinita, sem serem regados, nem estercados.

Abóboras das de conservas se dão mais e maiores que nas hortas de Alvalade, das quais se faz muita conserva, e as aboboreiras duram todo um ano, sem se secarem, dando sempre novidades mui perfeitas.

Melancias se dão maiores e melhores que onde se podem dar bem na Espanha, das quais se fazem latadas que duram todo o verão verdes, dando sempre novidade; e faz-se delas conserva mui substancial.

Abóboras-de-quaresma, a que chamam de Guiné se dão na Bahia façanhosas de grandes, muitas e muito gostosas, cujas pevides e das outras abóboras, melancias e pepinos, se tornam a semear, e nada se rega.[126]

Mostarda se semeia ao redor das casas das fazendas uma só vez, da qual ordinariamente nascem mostardeiras e colhe-se cada ano muita e boa mostarda.

Nabos e rábanos se dão melhores que entre Douro e Minho; os rábanos queimam muito, e dão-se alguns tão grossos como a perna de um homem, mas nem uns nem outros não dão semente senão falida e pouca e que não torna a servir.

---

126. No manuscrito da BGJM, "se tormam a semear. Mostarda se".

As couves tronchudas e murcianas se dão tão boas como em Alvalade, mas não dão sementes; e quando as colhem cortam-nas pelo pé, onde lhes arrebentam muitos filhos, e como são do tamanho da couvinha, as tiram e plantam como couvinha,[127] as quais pegam todas sem secar uma, e criam-se deles melhores couves que da couvinha, com o que se escusa semente de couve.

Alfaces se dão à maravilha, de grandes e doces, as quais espigam e dão semente muito boa.

Coentros se dão tamanhos que cobrem um homem, os quais espigam e dão muita semente.

Endros se dão tão altos que parecem funcho, e onde os semeiam uma vez, ainda que sequem, tornam a nascer outros, se lhe alimpam a terra, ainda que lha não cavem.

Funcho se dará vara tamanha, que parece uma cana de roca muito grossa, e dá muita semente como os endros, e não há quem os desince[128] da terra onde se semeiam uma vez.

A salsa se dá muito formosa, e se no verão tem conta com ela, deitando-lhe uma pouca de água, nunca se seca, mas não dá semente, nem espiga.

A hortelã tem na Bahia por praga nas hortas, porque onde a plantam lavra toda a terra e arrebenta por entre a outra hortaliça.

A semente de cebolinha nasce mui bem, e delas se dão muito boas cebolas, as quais espigam, mas não seca aquela maçaroca em que criam a semente, a qual está em frol e com o peso que tem, faz vergar o grelo até dar com essa maçaroca no chão, cujas flores se não sequem, mas quantas são tantas

---

127. Em Varnhagen (1851 e 1879), "plantam como convinham".
128. Desinçar: livrar; tirar.

pegam no chão, e nasce de cada uma uma cebolinha, a cujo pé chegam uma pequena de terra, e cortam o grelo[129] da cebola, para que não abale a cebolinha, a qual se cria assim e cresce até ter disposição para se transpor.

Alhos não dão cabeça na Bahia, por mais que os deixem estar na terra, mas na capitania de São Vicente se faz cada dente que plantam tamanho como uma cebola em uma só peça, e corta-se em talhadas para se pisarem.

Berinjelas se dão na Bahia maiores e melhores que em nenhuma parte, as quais fazem grandes árvores, e torna a nascer a sua semente muito bem.

Tanchagem se semeia uma só vez, a qual dá muita semente que se espalha pela terra que se toda inça[130] dela.

Poejos se dão muito e bem, onde quer que os plantam lavram a terra toda, como a hortelã, mas não espigam nem florescem.

Agriões nascem pelas ruas onde acertou de cair alguma semente, e pelos quintais quando chove, a qual semente vai às vezes misturada com a da hortaliça, e fazem-se muito formosos, e dão tanta semente que não há quem os desince, e também os há naturais da terra pelas ribeiras sombrias.

Manjericão se dá muito bem de semente, mas não se usa dela na terra, porque com um só pé enche todo um jardim, dispondo raminhos sem raiz, e por pequenos que sejam, todos prendem, sem secar nenhum, como se tivessem raízes, o qual se faz mais alto e forte que em Portugal, e dura todo o ano não o deixando espigar, e espiga com muita semente se lha querem apanhar, o que se não usa.

---

129. Grelo: haste; broto.
130. Inçar: cobrir.

Alfavaca se planta da mesma maneira, a qual se dá pelos matos tão alta que cobre um homem, a quem a formiga não faz dano como ao manjericão.

Beldros nem beldroegas se não semeiam, porque nascem infinidade de uns e de outros, sem os semearem, nas hortas e quintais e em qualquer terra que está limpa de mato; são naturais da mesma terra.

As chicórias e os mastruços[131] se dão muito bem e dão muita semente e boa para tornar a semear.

As cenouras, celgas,[132] espinafres se dão muito bem mas não espigam, nem dão sementes; nem os cardos: vai muita semente de Portugal, de que os moradores aproveitam.

[37] **Em que se declara que coisa é a mandioca**   Até agora se disse da fertilidade da terra da Bahia tocante às árvores de fruto da Espanha, e às outras sementes que se nela dão. E já se sabe como nesta província frutificam os frutos das alheias,[133] saibamos dos seus mantimentos naturais; e peguemos primeiro da mandioca, que é o principal mantimento e de mais substância, que em Portugal chamam farinha-de-pau.

Mandioca é uma raiz da feição dos inhames e batatas, tem a grandura conforme a bondade da terra, e a criação que tem. Há casta de mandioca cuja rama é delgada e da cor como ramos de sabugueiro, e fofos por dentro; a folha é da feição e da brandura da da parra, mas tem a cor do verde mais escura; os pés destas folhas são compridos e vermelhos, como os das mesmas folhas das parreiras. Planta-se a mandioca em covas redondas como melões, muito bem cavadas, e em cada cova se metem três ou

---

131. Em Varnhagen (1851 e 1879), "maturços".
132. Acelga.
133. Em Varnhagen (1851 e 1879), "frutificam as alheias".

quatro pauzinhos da rama, de palmo cada um, e não entram pela terra mais que dois dedos, os quais paus quebram à mão, ou os cortam com faca ao tempo que os plantam, porque em fresco deitam leite pelo corte, de onde nascem e se geram as raízes; e fazem-se estas plantadas mui ordenadas seis palmos de uma cova à outra. Arrebenta a rama desta mandioca dos nós destes pauzinhos aos três dias até os oito, segundo a fresquidão do tempo, os quais ramos são muito tenros e todos cheios de nós, que se fazem ao pé de cada folha, por onde quebram muito; quando a planta rebenta é por estes nós, e quando os olhos nascem deles são como de parreira. A grandura da raiz e da rama da mandioca é conforme a terra em que a plantam, e a criação que tem; mas, ordinariamente, é a rama mais alta que um homem, e as partes cobrem um homem a cavalo;[134] mas há uma casta, que de sua natureza dá pequenos ramos, a qual plantam em lugares sujeitos aos tempos tormentosos, porque a não arranque e quebre o vento. Há casta de mandioca que, se a deixam criar, dá raízes de cinco e seis palmos de comprido, e tão grossas como a perna de um homem; querem-se as roças da mandioca limpas de erva, até que tenha disposição para criar boa raiz.

Há uma casta de mandioca, que se diz manipocamirim, e outra que chamam manaibuçu, a que se quer comesta[135] de ano e meio por diante; e há outras castas, que chamam taiaçu e manaiburu, que se querem comestas de um ano por diante, e duram estas raízes debaixo da terra sem apodrecerem três, quatro anos.

134. No manuscrito da BGJM, "ordinariamente, é a rama mais alta que um homem a cavalo;".
135. Comesta: comida.

Há outras castas, que se dizem manitinga[136] e parati, que se começam a comer de oito meses por diante, e se passa de ano apodrecem muito; esta mandioca manitinga e parati se quer plantada em terras fracas e de areia.

Planta-se a mandioca em todo o ano, não sendo no inverno, e quer mais tempo seco que invernoso, se o inverno é grande apodrece a raiz da mandioca nos lugares baixos. Lança a rama da mandioca na entrada do verão umas flores brancas como de jasmins,[137] que não têm nenhum cheiro, e por onde quer que quebram a folha lança leite, a qual folha o gentio come cozida em tempo de necessidade, com pimenta da terra. A formiga faz muito dano à mandioca, e se lhe come a folha, mais de uma vez, fá-la secar; a qual como é comesta dela, nunca dá boa raiz, e para defenderem as roças desta praga da formiga, buscam-lhe os formigueiros, de onde as arrancam com enxadas e as queimam; outros costumam, às tardes, antes que se recolham, pisarem a terra dos olhos dos formigueiros com picões muito bem, para que de noite, em que elas dão os seus assaltos, se detenham em tornar a furar a terra para saírem fora, e lançam-lhe derredor folhas de árvores que elas comem, e das da mandioca velha, com o que, quando saem acima se embaraçam até pela manhã, que se recolhem nos formigueiros; e se as formigas vêm de fora das roças a comer a elas, lançam-lhes desta folha no caminho, antes que entrem na roça, o qual caminho fazem muito limpo, por onde vão e vêm à vontade, e cortam-lhe a erva com o dente, e desviam-na do caminho. Neste trabalho andam os lavradores até que a mandioca é de seis meses, que cobre bem a terra com a rama, que então não lhe faz a formiga nojo, porque acha sempre

136. Em Varnhagen (1851 e 1879), "manaitinga".
137. No manuscrito da BGJM, "verão umas folhas, digo flores brancas".

pelo chão as folhas que caem de cima, com o que se contentam, e nas terras novas não há formiga que faça nojo a nada.

[38] **Que trata das raízes da mandioca e do para que servem**   As raízes da mandioca comem-nas as vacas, éguas, ovelhas, cabras, porcos e a caça do mato,[138] e todos engordam com elas comendo-as cruas, e se as comem os índios, ainda que sejam assadas, morrem disso por serem muito peçonhentas; e para se aproveitarem os índios e mais gente destas raízes, depois de arrancadas rapam-nas muito bem até ficarem alvíssimas, o que fazem com cascas de ostras, e depois de lavadas ralam-nas em uma pedra ou ralo, que para isso têm, e, depois de bem raladas, espremem esta massa em um engenho de palma, a que chamam tupitim,[139] que lhe faz lançar a água que tem toda fora, e fica esta massa toda muito enxuta, da qual se faz a farinha que se come, que cozem em um alguidar[140] para isso feito, no qual deitam esta massa e a enxugam sobre o fogo, onde uma índia a mexe com um meio cabaço, como quem faz confeitos, até que fica enxuta e sem nenhuma umidade, e fica como cuscuz, mas mais branca, e desta maneira se come, é muito doce e saborosa. Fazem mais desta massa, depois de espremida, umas filhós,[141] a que chamam beijus, estendendo-a no alguidar sobre o fogo, de maneira que ficam tão delgadas como filhós mouriscas, que se fazem de massa de trigo, mas ficam tão iguais como obreias,[142]

138. No manuscrito da BGJM, "as vacas, éguas, ovelhas, cabras e a caça do mato".
139. Em Varnhagen (1851 e 1879), "tapitira". Tapiti ou tipiti é um cesto cilíndrico de palha em que se põe a massa de mandioca para ser espremida.
140. Alguidar: vaso cuja borda tem diâmetro muito maior que o fundo.
141. Filhó: biscoito ou bolinho feito de farinha e ovos.
142. Obreia: folha fina de massa feita de farinha de trigo, também utilizada na confecção da hóstia.

as quais se cozem neste alguidar até que ficam muito secas e torradas.

E estes beijus são mui saborosos, sadios e de boa digestão, que é o mantimento que se usa entre gente de primor, o que foi inventado pelas mulheres portuguesas, que o gentio não usava deles. Fazem mais desta mesma massa tapiocas, as quais são grossas como filhós de polme e moles, e fazem-se no mesmo alguidar como os beijus, mas não são de tanta digestão, nem tão sadios; e querem-se comidas quentes e com leite têm muita graça, e com açúcar clarificado também.

[39] Em que se declara quão terrível peçonha é a da água da mandioca Antes de passarmos avante, convém que declaremos a natural estranheza da água da mandioca que ela de si deita quando a espremem depois de ralada, porque é a mais terrível peçonha que há nas partes do Brasil, e quem quer que a bebe não escapa por mais contrapeçonha que lhe deem; a qual é de qualidade que as galinhas em lhe tocando com o bico, e levando uma só gota para baixo, caem todas da outra banda mortas,[143] e o mesmo acontece aos patos, perus, papagaios e a todas as aves, pois os porcos, cabras, ovelhas, em bebendo o primeiro bocado dão três e quatro voltas em redondo e caem mortos, cuja carne se faz logo negra e nojenta; o mesmo acontece a todo o gênero de alimária que a bebe; e por esta razão se espreme esta mandioca por curtir em covas cobertas, e em outras partes, onde não faça nojo às criações, e se estas alimárias comem a mesma mandioca por espremer, engordam com ela e não lhes faz dano. Tem esta água tal qualidade que, se metem

---

143. No manuscrito da BGJM, "caem logo da outra banda mortas".

nela uma espada ou cossolete,[144] espingarda ou outra qualquer coisa cheia de ferrugem, lha come em vinte e quatro horas, de feição que ficam limpas como quando saem da mó, do que se aproveitam algumas pessoas para limparem algumas peças de armas da ferrugem que na mó se não podem alimpar sem entrar pelo são. Nos lugares onde se esta mandioca espreme, se criam na água dela uns bichos brancos como vermes grandes, que são peçonhentíssimos, com os quais muitas índias mataram seus maridos e senhores, e matam a quem querem, do que também se aproveitavam, segundo dizem, algumas mulheres brancas contra seus maridos; e basta lançar-se um destes bichos no comer para uma pessoa não escapar, sem lhe aproveitar alguma contrapeçonha, porque não mata com tanta presteza como a água de que se criam, e não se sente este mal senão quando não tem remédio nenhum.

[40] Que trata da farinha que se faz da mandioca   O mantimento de mais estima e proveito que faz da mandioca é a farinha fresca, a qual se faz destas raízes, que se lançam primeiro a curtir, de que se aproveita o gentio; e os portugueses, que não fazem a farinha da mandioca crua, de que atrás temos dito, senão por necessidade.

Costumam as índias lançar cada dia destas raízes na água corrente ou na encharcada, quando não têm perto a corrente, onde está a curtir até que lança a casca de si; e como está desta maneira, está curtida; da qual traz para casa outra tanta como lança na água para curtir, as quais raízes escascadas ficam muito alvas e brandas, sem nenhuma peçonha, que toda se gastou na água, as quais se comem assadas e são muito boas.

144. Cossolete: corselete de armadura.

E para se fazer a farinha destas raízes se lavam primeiro muito bem, e depois, desfeitas a mão, se espremem no topeti, cuja água não faz mal; depois de bem espremidas desmancham esta massa sobre uma urupema,[145] que é como joeira,[146] por onde se coa o melhor, e ficam os caroços em cima e o pó que se coou lançam-no em um alguidar que está sobre o fogo, onde se enxuga e coze da maneira que fica dito, e fica como cuscuz, a qual em quente e em fria é muito boa e assim no sabor como em ser sadia e de boa digestão. Os índios usam destas raízes tão curtidas que ficam denegridas e a farinha, azeda. Os portugueses não a querem curtida mais que até dar a casca, com a qual mandam misturar algumas raízes de mandioca crua, com o que fica a farinha mais alva e doce; e desta maneira se aproveitam da mandioca, a qual farinha fresca dura sem se danar cinco a seis dias, mas faz-se seca; e quem é bem servido em sua casa, come-a sempre fresca e quente.

Estas raízes da mandioca curtida têm grande virtude para curar postemas,[147] as quais se pisam muito bem sem se espremerem; e, feito da massa um emplasto, posto sobre a postema a molefica de maneira que a faz arrebentar por si, se a não querem furar.

[41] Que trata do muito para que prestam as raízes da carimã Muito é para notar que de uma mesma coisa saia peçonha e contrapeçonha, como da mandioca, cuja água é cruelíssima peçonha, e a mesma raiz seca é contrapeçonha, a

---

145. Urupema: peneira feita de talos de palmeira, que servia para separar o farelo grosso da massa de mandioca ralada, depois de prensada.
146. Joeira: peneira para separar o trigo do joio e de outras sementes com o que está misturado.
147. Postema ou apostema: abscesso.

qual se chama carimã,[148] que se faz desta maneira: depois que as raízes da mandioca estão curtidas na água, se põe a enxugar sobre o fogo em cima de umas varas, alevantadas três ou quatro palmos do chão, e como estão bem secas, ficam muito duras, as quais raízes servem para mil coisas, e têm outras tantas virtudes; a principal serve de contrapeçonha para os mordidos de cobra, e que comem bichos peçonhentos, e para os que comem a mesma mandioca por curtir assada, cuidando que são outras raízes, que chamam aipins, bons de comer, que se parecem com ela, a qual carimã se dá desta feição: tomam estas raízes secas, e rapam-lhe o defumado da parte de fora e ficam alvíssimas e pisam-nas muito bem, e depois peneiram-nas e fica o pó delas tão delgado e mimoso como de farinha muito boa; e tomada uma pouca dessa farinha e delida[149] em água fria, que fique como amendoada, e dada a beber ao tocado da peçonha, faz-lhe arremessar quanto tem no bucho, com o que a peçonha que tem no corpo não vai por diante.

Também serve esta carimã para os meninos que têm lombrigas, aos quais se dá a beber desfeita na água, como fica dito, e mata-lhes as lombrigas todas; e uma coisa e outra está mui experimentada, assim pelos índios, como pelos portugueses.

Da mesma farinha da carimã se faz uma massa que posta sobre feridas velhas que têm carne podre, lha come toda até que deixe a ferida limpa; e como os índios estão doentes, a sua dieta é fazerem deste pó de carimã uns caldinhos no fogo como os de poejos, que bebem, com que se acham mui bem por ser muito leve, e o mesmo usam os brancos no mato, lançando-lhe mel

---

148. Carimã: amido da mandioca, conhecido como polvilho ou fécula de mandioca.
149. Delida: desfeita.

ou açúcar, com o que se acham bem; e outras muitas coisas de comer que se fazem desta carimã que se apontam no capítulo que se segue.

[42] Em que se declara que coisa é farinha-de-guerra, e como se faz da carimã, e outras coisas Farinha-de-guerra se diz, porque o gentio do Brasil costuma chamar-lhe assim pela sua língua, porque quando determinam de a ir fazer a seus contrários algumas jornadas fora de sua casa, se provêm desta farinha, que levam às costas ensacada em uns fardos de folhas que para isso fazem, da feição de uns de couro, em que da Índia trazem especiaria e arroz; mas são muito mais pequenos, onde levam esta farinha muito calcada e enfolhada, de maneira que, ainda que lhe caia em um rio, e que lhe chova em cima, não se molha. Para se fazer esta farinha se faz prestes muita soma de carimã, a qual, depois de rapada, a pisam em um pilão que para isso têm, e como é bem pisada a peneiram muito bem, como no capítulo antes fica dito. E como têm esta carimã prestes, tomam as raízes da mandioca por curtir, e ralam como convém uma soma delas, e, depois de espremidas, como se faz à primeira farinha que dissemos atrás, lançam uma pouca desta massa em um alguidar que está sobre o fogo, e por cima dela uma pouca de farinha da carimã e, embrulhada uma com outra, a vão mexendo sobre o fogo, e assim como se vai cozendo, lhe vão lançando do pó da carimã, e trazem-na sobre o fogo, até que fica muito enxuta e torrada, que a tiram fora.

Desta farinha-de-guerra usam os portugueses que não têm roças, e os que estão fora delas na cidade, com que sustentam seus criados e escravos, e nos engenhos se provêm dela para sustentarem a gente em tempo de necessidade,[150] e os navios que vêm do Brasil para estes reinos não têm outro remédio de matalotagem,[151] para se sustentar a gente até Portugal, senão o da farinha-de-guerra; e um alqueire dela da medida da Bahia, que tem dois de Portugal, se dá de regra a cada homem para um mês, a qual farinha-de-guerra é muito sadia e desenfastiada, e molhada no caldo da carne ou do peixe fica branda e tão saborosa como cuscuz.

Também costumam levar para o mar matalotagem de beijus grossos muito torrados, que dura um ano, e mais sem se danarem, como a farinha-de-guerra. Desta carimã e pó dela bem peneirado fazem os portugueses muito bom pão, e bolos amassados com leite e gemas de ovos, e desta mesma massa fazem mil invenções de beilhós, mais saborosos que de farinha de trigo, com os mesmos materiais, e pelas festas fazem as frutas doces com a massa desta carimã, em lugar da farinha de trigo, e se a que vai à Bahia do reino não é muito alva e fresca, querem as mulheres antes a farinha de carimã, que é alvíssima e lavra-se melhor com a qual fazem tudo muito primo.[152]

[43] Em que se declara a qualidade dos aipins   Dá-se nesta terra outra casta de mandioca, a que o gentio chama aipins, cujas raízes são da feição da mesma mandioca, a rama e a folha são da mesma maneira, sem haver nenhuma diferença, e planta-se de mistura com a mesma mandioca, e para se colherem estas raízes as conhecem os índios pela cor dos ramos,

---

150. No manuscrito BGJM, "sustentarem a gente até Portugal, digo em tempo de necessidade".
151. Matalotagem: provisão de mantimentos e víveres em uma embarcação para consumo dos tripulantes e passageiros.
152. Primo: excelente.

no que atinam poucos portugueses. E estas raízes dos aipins são alvíssimas; como estão cruas sabem às castanhas cruas da Espanha; assadas são muito doces, e têm o mesmo sabor das castanhas assadas, e d'avantagem, as quais se comem também cozidas, e são muito saborosas; e de uma maneira e de outra são ventosas como as castanhas. Destes aipins se aproveitam nas povoações novas porque como são de cinco meses se começam a comer assados, e como passam de seis meses fazem-se duros, e não se assam bem; mas servem então para beijus e para farinha fresca, que é mais doce que a da mandioca, as quais raízes duram pouco debaixo da terra, e como passam de oito meses apodrecem muito.

Destes aipins há sete ou oito castas; mas os que mais se estimam, por serem mais saborosos, são uns que chamam gerumus. Os índios se valem dos aipins para nas suas festas fazerem deles cozidos seus vinhos, para o que os plantam mais que para os comerem assados, como fazem os portugueses.

E porque tudo é mandioca, concluamos que o mantimento dela é o melhor que se sabe, tirado o do bom trigo, porque pão de trigo-do-mar, de milho, de centeio e de cevada, não presta a par da[153] mandioca, arroz, inhames e cocos.

Milho de Guiné se dá na Bahia, como ao diante se verá; mas não se tem lá por mantimento, e ainda digo que a mandioca é mais sadia e proveitosa que o bom trigo, por ser de melhor digestão. E por se averiguar por tal, os governadores Tomé de Sousa, D. Duarte e Mem de Sá não comiam no Brasil pão de trigo, por se não acharem bem como ele, e assim o fazem outras muitas pessoas.

---

153. A par da: comparados com.

[44] **Em que se apontam alguns mantimentos de raízes que se criam debaixo da terra na Bahia** Como fica dito da mandioca o que em breve se pode dizer dela, convém que declaremos daqui por diante outros mantimentos que se dão na Bahia debaixo da terra.

E peguemos logo nas batatas, que são naturais da terra, e se dão nela de maneira que onde se plantam uma vez nunca mais se desinçam, as quais tornam a nascer das pontas das raízes, que ficaram na terra, quando se colheu a novidade delas. As batatas não se plantam da rama como nas Ilhas, mas de talhadas das mesmas raízes, e em cada enxadada que dão na terra, sem ser mais cavada, metem uma talhada de batata, as quais se plantam em abril e começam a colher a novidade em agosto, donde têm que tirar até todo o março, porque colhem umas batatas grandes e ficam outras pequenas, que se vão criando em quinze e vinte dias.

Há umas batatas grandes e brancas e compridas como as das Ilhas; há outras pequenas e redondas como túberas da terra, e mui saborosas; há outras batatas que são roxas ao longo da casca e brancas por dentro; há outras que são todas encarnadas e mui gostosas; há outras que são cor azul anilada muito fina, as quais tingem as mãos; há outras verdoengas, muito doces e saborosas; e há outra casta, de cor almecegada, mui saborosas; e outras todas amarelas, de cor muito tostada, as quais são todas úmidas e ventosas, de que se não faz muita conta entre gente de primor, senão entre lavradores.

Dão-se na Bahia outras raízes maiores que batatas, a que os índios chamam carazes, que se plantam da mesma maneira que as batatas, e como nascem põem-lhes ao pé uns paus, por onde atrepam os ramos que lançam, como erva. Estes carazes se plantam em março e colhem-se em agosto, os quais se comem cozidos e assados como os inhames, mas têm melhor sabor; os mais deles são brancos, outros roxos, outros brancos por dentro e roxos por fora junto da casca, que são os melhores, e de mor sabor; outros são todos negros como pós; e uns e outros se curam no fumo, e duram de um ano para outro. Da massa destes carazes fazem as portuguesas muitos manjares com açúcar, e cozidos com carne têm muita graça.

Dão-se nesta terra outras raízes tamanhas como nozes e avelãs, que se chamam mangarazes; e quando se colhem arrancam-nos debaixo da terra em touças como junças e tira-se de cada pé duzentos e trezentos juntos; e o que está no meio é como um ovo, e como um punho, que é a planta de onde nasceram os outros, o qual se guarda para se tornar a plantar; e quando o plantam se faz em talhadas, como as batatas e carazes; mas plantam-se tão juntos e pela ordem com que se dispõe a couvinha, e não se cava a terra toda, mas limpa do mato, a cada enxadada metem uma talhada. As folhas destes mangarazes nascem em moitas como os espinafres, e são da mesma cor e feição, mas muito maiores, e assim moles como as dos espinafres, as quais se chamam taiaobas, que se comem esperregadas como eles; e são mui medicinais, e também servem cozidas com o peixe. As raízes destes mangarazes se comem cozidas com água e sal, e dão a casca como tremoços,[154] e molhados em azeite e vinagre são mui gostosos; com açúcar fazem as mulheres deles mil manjares; e colhem-se duas novidades no ano; os que se plantam em março se colhem em agosto, e os que se plantam em setembro se colhem em janeiro.

---

154. Tremoço: grão do tremoceiro (planta leguminosa).

Dão-se nesta terra outras raízes, que se chamam taizes, que se plantam como os mangarazes, e são de feição de maçarocas, mas cintadas com uns perfilos com barbas, como raízes de canas de roça, as quais se comem cozidas na água, mas sempre ficam tesas. As folhas são grandes, de feição e cor das dos plátanos que se acham nos jardins da Espanha, aos quais chamam taiobusu;[155] comem-se estas folhas cozidas com peixe em lugar dos espinafres, e com favas verdes em lugar das alfaces, e têm mui avantajado sabor; os índios as comem cozidas na água e sal, e com muita soma de pimenta.

[45] Em que se contém o milho que se dá na Bahia e para o que serve Dá-se outro mantimento em todo o Brasil, natural da mesma terra, a que os índios chamam ubatim, que é o milho de Guiné, que em Portugal chamam zaburro. As espigas que este milho dá são de mais de palmo, cuja árvore é mais alta que um homem, e da grossura das canas de roça, com nós e vãs por dentro; e dá três, quatro e mais espigas destas em cada vara. Este milho se planta por entre a mandioca e por entre as canas novas de açúcar, e colhe-se a novidade aos três meses, uma em agosto e outra em janeiro. Este milho come o gentio assado por fruto, e fazem seus vinhos com ele cozido, com o qual se embebedam, e os portugueses que comunicam com o gentio, e os mestiços não se desprezam dele, e bebem-no mui valentemente. Costuma este gentio de dar suadouros com este milho cozido aos doentes de boubas,[156] os quais tomam com o bafo dele, com o que se acham bem; dos quais suadouros se acham sãos alguns homens brancos e mestiços que se valem

---

155. Em Varnhagen (1851 e 1879), "taiaobuçú".
156. Bouba: pústula ou tumor de pele.

deles; o que parece mistério porque este milho por natureza é frio. Plantam os portugueses este milho para mantença dos cavalos e criação das galinhas e cabras, ovelhas e porcos; e aos negros de Guiné o dão por fruta, os quais o não querem por mantimento, sendo o melhor da sua terra; a cor geral deste milho é branca; há outro almecegado, outro preto, outro vermelho, e todo se planta a mão, e têm uma mesma qualidade.

Há outra casta de milho que sempre é mole, do qual fazem os portugueses muito bom pão e bolos com ovos e açúcar. O mesmo milho quebrado e pilado no pilão é bom para se cozer com caldo de carne,[157] ou pescado, e de galinha, o qual é mais saboroso que o arroz, e de uma casta e outra se curam ao fumo, onde se conserva para se não danar; e dura de um ano para outro.

[46] Em que se apontam os legumes que se dão na Bahia

Pois que até aqui tratamos dos mantimentos naturais da terra da Bahia, é bem que digamos dos legumes que se nela criam. E comecemos pelas favas, que os índios chamam comendá, as quais são muito alvas, e do tamanho e maiores que as de Évora em Portugal; mas são delgadas e amassadas, como os figos passados.

Há outras favas, meio brancas e meio pretas da mesma feição e tamanho; outras há todas pretas, mas são pequenas;[158] e estas favas se plantam a mão na entrada do inverno, e como nascem põe-se ao pé de cada uma um pau, por onde atrepam, como fazem em Portugal às ervilhas; e, se têm por onde atrepar, fazem grande ramada; a folha é como a dos feijões da Espanha,

157. Em Varnhagen (1851 e 1879), "quebrado e pisado no pilão".
158. Em Varnhagen (1851 e 1879), "Há outras favas meio brancas e meio pretas, mas são pequenas".

mas maior; a frol é branca; e começa-se a dar a novidade no fim do inverno e dura mais de três meses. Estas favas são, em verdes, mui saborosas, e cozem-se com as cerimônias que se costuma em Portugal, e são reimosas como as do reino; e dão em cada bainha quatro e cinco favas, e depois de secas se cozem muito bem, e não criam bichos, como as da Espanha, e são melhores de cozer; e de uma maneira e de outra fazem no sabor muita vantagem às de Portugal, assim as declaradas como a outra casta de favas, que são brancas e pintadas todas de pontos negros.

Dão-se nesta terra infinidade de feijões naturais dela, uns são brancos, outros pretos, outros vermelhos, e outros pintados de branco e preto, os quais se plantam a mão. E como nascem põe-se-lhe a cada pé um pau, por onde atrepam, como se faz às ervilhas, e sobem de maneira para cima que fazem deles latadas nos quintais, e cada pé dá infinidade de feijões, os quais são da mesma feição dos da Espanha, mas têm mais compridas bainhas, e a folha e frol como as ervilhas; cozem-se estes feijões sendo secos, como em Portugal, e são mui saborosos, e enquanto são verdes cozem-se com a casca como fazem às ervilhas, e são mui desenfastiados.

Chamam os índios gerumus[159] às abóboras-da-quaresma, que são naturais desta terra, das quais há dez ou doze castas, cada uma de sua feição; e plantam duas vezes no ano, em terra úmida e solta, os quais se estendem muito pelo chão, e dá cada aboboreira muita soma; mas não são tamanhas como as da casta de Portugal. Costuma o gentio cozer e assar estas abóboras inteiras por lhe não entrar água dentro, e depois de cozidas as

---

159. Jerimu ou jerimum.

cortam como melões, e lhes deitam as pevides fora, e são assim mais saborosas que cozidas em talhadas, e curam-se no fumo para durarem todo o ano.

Aos que em Portugal chamamos cabaços, chama o gentio pela sua língua geremuiê, das quais têm entre si muitas castas de diferentes feições, tirando as abóboras compridas, de que dissemos atrás. Essas abóboras ou cabaços semeia o gentio para fazer delas vasilhas de seu uso, as quais não costuma comer, mas deixam-nas estar nas aboboreiras até se fazerem duras, e como estão de vez, curam-nas no fumo, de que fazem depois vasilhas para acarretarem água, por outras pequenas bebem, outras meias levam às costas cheias de água quando caminham; e há alguns destes cabaços tamanhos que levam dois almudes[160] e mais, nos quais guardam as sementes que hão de plantar; e costumam também cortar esses cabaços em verdes, como estão duros, pelo meio, e depois de curadas estas metades servem-lhes de gamelas, e outros despejos, e as metades dos pequenos servem-lhes de escudelas, e dão-lhes por dentro uma tinta preta, por fora outra amarela, que se não tira nunca; e estas são as suas porcelanas.

[47] **Em que se declara a natureza dos amendoins e para que servem**   Dos amendoins temos que dar conta particular,[161] porque é coisa que se não sabe haver senão no Brasil, os quais nascem debaixo da terra, onde se plantam a mão, um palmo um do outro; as suas folhas são como as dos feijões da

---

160. Almude: antiga medida romana de vinho. No Brasil, era uma medida de capacidade que variava conforme a região e equivalia a aproximadamente 32 litros.

161. No manuscrito da BGJM, "Dos amendoins não temos que dar conta particular".

Espanha, e tem os ramos ao longo do chão. E cada pé dá um grande prato destes amendoins, que nascem nas pontas das raízes, os quais são tamanhos como bolotas, e têm a casca da mesma grossura e dureza, mas é branca e crespa, e têm dentro de cada bainha três e quatro amendoins, que são da feição dos pinhões com casca, e ainda mais grossos. Têm uma tona[162] parda, que se lhes sai logo como a do miolo dos pinhões, o qual miolo é muito alvo. Comestos crus têm sabor de gravanços[163] crus, mas comem-se assados e cozidos com a casca, como as castanhas,[164] e são muito saborosos, e torrados fora da casca são melhores. De uma maneira e de outra é esta fruta muito quente em demasia, e causam dor de cabeça a quem come muitos, se é doente dela. Plantam-se estes amendoins em terra solta e úmida, em a qual planta e benefício dela não entra homem macho, só as índias os costumam plantar, e as mestiças; e nesta lavoura não entendem os maridos, e têm para si que se eles ou seus escravos os plantarem, que não hão de nascer. E as fêmeas os vão apanhar, e, segundo seu uso, hão de ser as mesmas que os plantarem; e para durarem todo o ano curam-nos no fumo, onde os têm até vir outra novidade.

Desta fruta fazem as mulheres portuguesas todas as coisas doces, que fazem das amêndoas, e cortados os fazem cobertos de açúcar, de mistura com os confeitos. E também os curam em peças delgadas e compridas, de que fazem pinhoadas; e quem os não conhece por tal os come, se lhos dão. O próprio tempo em que se os amendoins plantam é em fevereiro, e não estão

162. Tona: casca; pele, tono.
163. Gravanço: grão-de-bico.
164. No manuscrito da BGJM, "gravanços crus são mui saborosos e torrados fora da casca, digo que se comem assados e cozidos com casca, como as castanhas".

debaixo da terra mais que até maio, que é o tempo em que se lhes colhe a novidade, o que as fêmeas vão fazer com grande festa.

[48] Em que se declara quantas castas de pimenta há na Bahia   À sombra destes legumes, e na sua vizinhança, podemos ajuntar quantas castas de pimenta há na Bahia, segundo nossa notícia; e digamos logo da que chamam cuihem, que são tamanhas como cerejas, as quais se comem em verdes, e, depois de maduras, cozidas inteiras com o pescado e com os legumes, e de uma maneira e de outra queimam muito, e o gentio come-a inteira, misturada com a farinha.

Costumam os portugueses, imitando o costume dos índios, secarem esta pimenta, e depois de estar bem seca, a pisam de mistura com o sal, ao que chamam juquitai,[165] em a qual molham o peixe e a carne, e entre os brancos se traz no saleiro, e não descontenta a ninguém. Os índios a comem misturada com a farinha, quando não têm que comer com ela. Estas pimenteiras fazem árvores de quatro e de cinco palmos de alto, e duram muitos anos sem se secar.

Há outra pimenta, a que pela língua dos negros se chama cuiemoçu; esta é grande e comprida, e depois de madura faz-se vermelha; e usam dela como da de cima; e faz árvores de altura de um homem, e todo o ano dá novidade; sempre têm pimentas vermelhas, verdes e em frol, e dura muitos anos sem se secar.

Há outra casta, que chamam cuihepia,[166] a qual tem bico, feição e tamanho dos gravanços; come-se em verde, crua e

---

165. Em Varnhagen (1851 e 1879), "juquiray".
166. Em Varnhagen (1851 e 1879), "cuiepiá".

cozida como a de cima, e como é madura faz-se vermelha, a qual queima muito; a quem as galinhas e pássaros têm grande afeição; e faz árvore meã, que em todo o ano dá novidade.

Há outra casta, que chamam sabãa, que é comprida e delgada, em verde não queima tanto como quando é madura, que é vermelha; cuja árvore é pequena, dá fruta todo o ano, e também se usa dela como da mais.

Há outra casta que se chama cuihejurimu, por ser da feição de abóbora, assim amassada; esta, quando é verde, tem a cor azulada, e como é madura se faz vermelha; da qual se usa como das mais de que temos dito, cuja árvore é pequena e em todo o ano dá novidade.

Há outra casta, que chamam camari,[167] que é bravia e nasce pelos matos e campos e pelas roças, a qual nasce do feitio dos pássaros que a comem muito, por ser mais pequena que gravanços; mas queima mais que todas as que dissemos, e é mais gostosa que todas; e quando é madura faz-se vermelha, e quando se acha esta não se come da outra; faz-se árvore pequena, tem as flores brancas como as mais, e dá novidade em todo o ano.

[49] Daqui por diante se dirá das árvores de fruto, começando nos cajus e cajuís Convém tratar daqui por diante das árvores de fruto naturais da Bahia, águas vertentes ao mar e à vista dele; e demos o primeiro lugar e capítulo por si aos cajueiros, pois é uma árvore de muita estima, e há tantos ao longo do mar e na vista dele. Estas árvores são como figueiras grandes, têm a casca da mesma cor, e a madeira branca e mole como figueira, cujas folhas são da feição da cidreira e mais ma-

---

167. Em Varnhagen (1851 e 1879), "cumari".

cias. As folhas dos olhos novos são vermelhas, muito brandas e frescas, a frol é como a do sabugueiro, de bom cheiro, mas muito breve. A sombra destas árvores é muito fria e fresca, o fruto é formosíssimo; algumas árvores dão fruto vermelho e comprido, outras o dão da mesma cor e redondo.

Há outra casta que dá o fruto da mesma feição, mas há partes vermelhas e há outras de cor almecegada; há outras árvores que dão o fruto amarelo e comprido como peros del-rei, mas são em tudo maiores que os peros e da mesma cor.

Há outras árvores que dão este fruto redondo, e uns e outros são muito gostosos, sumarentos e de suave cheiro, os quais se desfazem todos em água.

A natureza destes cajus é fria, e são medicinais para doentes de febres, e para quem tem fastio, os quais fazem bom estômago e muitas pessoas lhes tomam o sumo pelas manhãs em jejum, para conservação do estômago, e fazem bom bafo a quem os come pela manhã, e por mais que se coma deles não fazem mal a nenhuma hora do dia, e são de tal digestão que em dois credos se esmoem.[168]

Os cajus silvestres travam junto do olho que se lhes bota fora, mas os que se criam nas roças e nos quintais comem-se todos sem terem que lançar fora por não travarem. Fazem-se estes cajus de conserva, que é muito suave, e para se comerem logo cozidos no açúcar cobertos de canela não têm preço. Do sumo desta fruta faz o gentio vinho, com que se embebeda, que é de bom cheiro e saboroso.

É para notar que no olho deste pomo tão formoso cria a natureza outra fruta, parda, a que chamamos castanha, que é da feição e tamanho de um rim de cabrito, a qual castanha tem

168. Esmoer: mastigar; digerir.

a casca muito dura e de natureza quentíssima e o miolo que tem dentro; deita esta casca um óleo tão forte que onde toca na carne faz empola, o qual óleo é da cor de azeite, e tem o cheiro mui forte. Tem esta castanha o miolo branco, tamanho como o de uma amêndoa grande, a qual é muito saborosa, e quer arremedar no sabor aos pinhões, mas é de muita vantagem. Destas castanhas fazem as mulheres todas as conservas doces que costumam fazer com as amêndoas,[169] o que tem graça na suavidade do sabor; o miolo destas castanhas, se está muitos dias fora da casca, cria ranço do azeite que tem em si; quando se quebram estas castanhas para lhes tirarem o miolo, faz o azeite que tem na casca pelar as mãos a quem as quebra.

Estas árvores se dão em areia e terras fracas, e se as cortam tornam logo a rebentar, o que fazem poucas árvores nestas partes.

Cria-se nestas árvores uma resina muito alva, da qual as mulheres se aproveitam para fazerem alcorce[170] de açúcar em lugar de alquitira.[171] Nascem estas árvores das castanhas, e em dois anos se fazem mais altas que um homem, e no mesmo tempo dão fruto, o qual, enquanto as árvores são novas, é avantajado no cheiro e sabor.

Há outra casta desta fruta, a que os índios chamam cajuí, cuja árvore é nem mais nem menos que a dos cajus, senão quanto é muito mais pequena, que lhe chega um homem do chão ao mais alto dela a colher-lhe o fruto, que é amarelo, mas não é maior que as cerejas grandes, e tem maravilhoso sabor

---

169. No manuscrito da BGJM, "todas as frutas doces".
170. Alcorce ou alcorça: massa de açúcar e farinha com a qual se cobrem ou fazem diversos doces.
171. Alquitira: goma retirada da planta *Astracantha gummifera* que pode ser usada na confecção de doces.

com a pontinha de azedo, e criam também sua castanha na ponta, as quais árvores se não dão ao longo do mar, mas nas campinas do sertão, além da catinga.

[50] Em que se declara a natureza das pacobas e bananas
Pacoba é uma fruta natural desta terra, a qual se dá em uma árvore muito mole e fácil de cortar, cujas folhas são de doze e quinze palmos de comprido e de três e quatro de largo; as de junto ao olho são menores e muito verdes umas e outras, e a árvore da mesma cor mas mais escura; na Índia chamam a estas pacobeiras figueiras e ao fruto, figos. Cada árvore destas não dá mais que um só cacho que pelo menos tem passante de duzentas pacobas, e como este cacho está de vez, cortam a árvore pelo pé e de um só golpe que lhe dão com uma foice a cortam e cerceiam, como se fora um nabo, do qual corte corre logo água em fio, e dentro em vinte e quatro horas torna a lançar do meio do corte um olho mui grosso de onde se gera outra árvore; e derredor deste pé arrebentam muitos filhos que aos seis meses dão fruto, e o mesmo faz à mesma árvore. E como se corta esta pacobeira, tiram-lhe o cacho que tem o fruto verde e muito teso, e dependuram-no em parte onde amadureça, e se façam amarelas as pacobas; e na casa onde se fizer fogo amadurecem mais depressa com a quentura; e como esta fruta está madura, cheira muito bem. Cada pacoba destas tem um palmo de comprido e a grossura de um pepino, às quais tiram as cascas, que são de grossura das favas; e fica-lhes o miolo inteiro almecegado, muito saboroso. Dão-se estas pacobas assadas aos doentes em lugar de maçãs, das quais se faz marmelada muito sofrível, e também as concertam como berinjelas, e são muito

gostosas; e cozidas no açúcar com canela são estremadas,[172] e passadas ao sol sabem a pêssegos passados. Basta que de toda a maneira são muito boas, e dão em todo o ano; mas no inverno não há tantas como no verão, e a estas pacobas chama o gentio pacobusu,[173] que quer dizer pacoba grande.[174]

Há outra casta que não são tamanhas, mas muito melhores no sabor, e vermelhaças por dentro quando as cortam, e se dão e criam da mesma maneira das grandes.

Há outra casta, que os índios chamam pacobamirim, que quer dizer pacoba pequena, que são do comprimento de um dedo, mas mais grossas; essas são tão doces como tâmaras, em tudo mui excelentes.

As bananeiras têm árvores, folhas e criação como as pacobeiras, e não há nas árvores de umas às outras nenhuma diferença, as quais foram ao Brasil de São Tomé, onde ao seu fruto chamam bananas, e na Índia chamam a estes figos de horta, as quais são mais curtas que as pacobas, mas mais grossas e de três quinas; têm a casca da mesma cor e grossura das das pacobas, e o miolo mais mole, e cheiram melhor como são de vez, às quais arregoa[175] a casca como vão amadurecendo e fazendo algumas fendas ao alto, o que fazem na árvore; e não são tão sadias como as pacobas.

Os negros da Guiné são mais afeiçoados a estas bananas que às pacobas, e delas usam nas suas roças; e umas e outras se querem plantadas em vales perto da água, ou ao menos em terra que seja muito úmida para se darem bem as bananas e também

---

172. Estremado: ótimo; notável.
173. Em Varnhagen (1851 e 1879), "pacobuçu".
174. Pacobuçú é a banana-da-terra.
175. Arregoar: abrir-se, fender-se (a fruta).

se dão em terras secas e de areia; quem cortar atravessadas as pacobas ou bananas, ver-lhes-á no meio uma feição de crucifixo, sobre o que contemplativos têm muito que dizer.

[51] **Em que se diz que fruto é o que se chama mamões e jacarateás**   De Pernambuco veio à Bahia a semente de uma fruta que veio do Peru a que chamam mamões,[176] os quais são do tamanho e da feição e cor de grandes pêros camoeses,[177] e têm muito bom cheiro como são de vez, se fazem nas árvores, e em casa acabam de amadurecer; e como são maduros se fazem moles como melão; e para se comerem cortam-se em talhadas como maçã, e tiram-lhes as pevides que têm, envoltas em tripas, como as de melão, mas são crespas e pretas como grãos de pimenta da Índia, às quais talhadas se apara a casca, como à maçã, e o que se come é da cor e brandura do melão, o sabor é doce e muito gostoso. E estas sementes se semearam na Bahia, e nasceram logo; e tal agasalhado lhe fez a terra que no primeiro ano se fizeram as árvores mais altas que um homem, e ao segundo começaram de dar fruto, e se fizeram as árvores de mais de vinte palmos de alto, e pelo pé tão grossas como um homem pela cinta; os seus ramos são as mesmas folhas arrumadas como as das palmeiras; e cria-se o fruto no tronco entre as folhas.

Entre estas árvores há machos,[178] que não dão fruto como as tamareiras, e umas e outras em poucos anos se fazem pelo pé tão grossas como uma pipa, e d'avantagem.

---

176. Em Varnhagen (1851 e 1879), "de uma fruta a que chamam mamões".
177. Camoesa: espécie de maçã alongada e doce que se originou na Galícia, muito conhecida em toda a Espanha.
178. Mamão-macho.

Nesta terra da Bahia se cria outra fruta natural dela, que em tudo se parece com estes mamões de cima, senão que são mais pequenos, à qual os índios chamam jaracatiá, mas têm a árvore delgada, de cuja madeira se não usa. Esta árvore dá a frol branca, o fruto é amarelo por fora, da feição e tamanho dos figos bêberas ou longais brancos, que têm a casca dura e grossa, a que chamam em Portugal longais; desta maneira, tem esta fruta a casca, que se lhe apara quando se come, tem bom cheiro, e o sabor toca de azedo, e tem umas sementes pretas que se lançam fora.

[52] **Em que se diz de algumas árvores de fruto que se dão na vizinhança do mar da Bahia** Na vizinhança do mar da Bahia se dão umas árvores nas campinas e terras fracas, que se chamam mangabeiras, que são do tamanho de pessegueiros. Têm os troncos delgados, e a folha miúda, e a frol como a do marmeleiro; o fruto é amarelo corado de vermelho, como pêssego calvos, ao qual chamam mangabas, que são tamanhas como ameixas e outras maiores, as quais em verdes são todas cheias de leite, e colhem-se inchadas para amadurecerem em casa, o que fazem de um dia para o outro, porque, se amadurecem na árvore, caem no chão. Esta fruta se come toda sem se deitar nada fora como figos, cuja casca é tão delgada que se lhe pela se as enxovalham, a qual cheira muito bem e tem suave sabor, é de boa digestão e faz bom estômago, ainda que comam muitas; cuja natureza é fria, pelo que é muito boa para os doentes de febres por ser muito leve. Quando estas mangabas não estão bem maduras, travam na boca como as sorvas verdes em

Portugal, e quando estão inchadas são boas para conserva de açúcar, que é muito medicinal e gostosa.[179]

Os araçazeiros são outras árvores que pela maior parte se dão em terra fraca na vizinhança do mar, as quais são como macieiras na grandura, na cor da casca, no cheiro da folha e na cor e feição dela. A frol é branca, da feição da da murta, e cheira muito bem. Ao fruto chamam araçás, que são da feição das nêsperas, mas alguns muito maiores. Quando são verdes têm a cor verde, e como são maduros têm a cor das perass; têm o olho como nêsperas, e por dentro caroços, como elas, mas muito mais pequenos.[180] Esta fruta se come toda, e tem ponta de azedo mui saboroso, da qual se faz marmelada, que é muito boa, e melhor para os doentes de câmaras.

Perto do salgado há outra casta de araçazeiros, cujas árvores são grandes, e o fruto como laranja, mas mui saboroso, ao qual aparam a casca por ser muito grossa.

Araticu é uma árvore do tamanho de uma amoreira, cuja folha é muito verde escura, da feição da da laranjeira, mas maior; a casca da árvore é como de loureiro, a madeira é muito mole, a frol é fresca, grossa e pouco vistosa, mas o fruto é tamanho como uma pinha, e em verde é lavrado como pinha, mas o lavor é liso e branco. Como este fruto é maduro, arregoa-se todo pelos lavores que ficam então brancos, e o pomo é muito mole, e cheira muito bem, e tamanho é o seu cheiro que, estando

---

179. Em Varnhagen (1851 e 1879), os onze parágrafos seguintes, que dizem respeito aos araçazeiros, araticu, pino, abajiru, amaitim, murici, api, copiuba, maçaranbiba e mucuri, estão inseridos no Capítulo 54. Parece mais acertado, contudo, da maneira como estão dispostos no manuscrito da BGJM, permanecerem nesse Capítulo 52, já que são árvores que se localizam nas proximidades do mar.

180. No manuscrito da BGJM, "ao fruto se chamam araçás, que são da feição das nêsperas, e por dentro caroços como elas, mas muito mais pequenos".

em cima da árvore, se conhece debaixo que está maduro pelo cheiro. Este fruto por natureza é frio e sadio; para se comer corta-se em quartos, lançando-lhe fora umas pevides que têm, amarelas e compridas, como de cabaços, das quais nascem estas árvores; e aparam-lhe a casca de fora, que é muito delgada, e todo mais se come, que tem muito bom sabor com ponta de azedo, a qual fruta é para a calma mui desenfastiada.

Pino é uma árvore comprida, delgada e esfarrapada da folha, a qual é da feição e tamanho da folha da parra. O seu fruto nasce em ouriço cheio de espinhos como os das castanhas, e tirado este ouriço fora fica uma coisa do tamanho de uma noz, e da mesma cor, feição e dureza, o qual lhe quebram, e tiram-lhe de dentro dez ou doze pevides do tamanho de amêndoas sem casca, mas mais delgadas, às quais tiram uma camisa parda que têm, como as amêndoas, e fica-lhes o miolo alvíssimo, que tem o sabor como as amêndoas; de que se fazem todas as frutas doces que se costumam fazer das amêndoas, os quais pinhos, lançados em água fria, incham e ficam muito desenfastiados para comer, e são bons para dor de cabeça, de que se fazem amendoadas. Dão-se estas árvores em ladeiras sobre o mar, e à vista dele, em terras dependuradas.

Abagiru[181] é uma árvore baixa como carrasco, natural de onde lhe chega o rocio do mar, pelo que se não dão estas árvores senão ao longo das praias, cuja folha é áspera, e dá uma frol branca e pequena. O fruto é do mesmo nome da feição e tamanho das ameixas de cá, e de cor roxa; come-se como ameixas, mas tem maior caroço; o sabor é doce e saboroso.

---

181. Em Varnhagen (1851 e 1879), "abajerú". Abajeru ou guajuru.

Amaitim[182] é uma árvore muito direita, comprida e delgada; tem a folha como figueira, dá uns cachos maiores que os das uvas ferrais; tem os bagos redondos, tamanhos como os das uvas mouriscas, e muito esfarrapados, cuja cor é roxa, e cobertos de um pelo tão macio como veludo; metem-se estes bagos na boca e tiram-lhe fora um caroço como de cereja, e a pele que tem o pelo, entre a qual e o caroço tem um doce mui saboroso como o sumo das boas uvas.

Api[183] é uma árvore do tamanho e feição das oliveiras, mas tem a madeira áspera e espinhosa como romeira, a folha é da feição de pessegueiro e da mesma cor. Esta árvore dá um fruto do mesmo nome, da feição das amoras, mas nunca são pretas, e têm a cor brancacenta; come-se como as amoras; tem bom sabor, com ponta de azedo, mui apetitoso para quem tem fastio; as quais árvores se dão ao longo do mar e à vista dele.

Murici é uma árvore pequena, muito seca da casca e da folha, cuja madeira não serve para nada; dá umas frutas amarelas, mais pequenas que cerejas, que nascem em pinhas como elas, com os pés compridos; a qual fruta é mole e come-se toda; cheira e sabe a queijo do Alentejo que requeima. Estas árvores se dão nas campinas perto do mar, em terras fracas.

Copiuba[184] é uma árvore da feição do loureiro, assim na cor da casca do tronco como na folha, a qual carrega por todos os ramos de uma fruta preta do mesmo nome, maior que murtinhos, e toma tantos ordinariamente que negrejam ao longe. Esta fruta se come como uvas, e têm o sabor delas quando as vindimam, que estão muito maduras, e tem uma pevide preta

---

182. Em Varnhagen (1851 e 1879), "amaytim".
183. Em Varnhagen (1851 e 1879), "apé".
184. Copiúba, Cupiúba, Copiúva ou Cupiúva.

que se lhe lança fora. Dão-se estas árvores ao longo do mar e dos rios por onde entra a maré.

Maçarandiba[185] é uma árvore real, de cuja madeira se dirá ao diante. Só lhe cabe aqui dizer do seu fruto, que é da cor dos medronhos e do seu tamanho, cuja casca é tesa e tem duas pevides dentro, que se lhe lançam fora com a casca; o mais se lhe come, que é doce e muito saboroso; e quem come muita desta fruta que se chama como a árvore, pegam-se-lhe os bigodes com o sumo dela, que é muito doce e pegajoso e para os índios colherem esta fruta cortam as árvores pelo pé como fazem a todas que são altas. Estas se dão ao longo do mar ou à vista dele.

Mucuri[186] é uma árvore grande que se dá perto do mar, a qual dá umas frutas amarelas, tamanhas como abricoques, que cheiram muito bem, e têm grande caroço; o que se lhe come é de maravilhoso sabor, e aparam-lhe a casca de fora.

Engá[187] é árvore desafeiçoada que se não dá senão em terra boa, de cuja lenha se faz boa decoada[188] para os engenhos. E dá uma fruta da feição das alfarrobas da Espanha, que tem dentro umas pevides como as das alfarrobas, e não se lhe come senão um doce que tem em derredor das pevides, que é muito saboroso.

Cajá é uma árvore comprida, com grande copa como pinheiro; tem a casca grossa e áspera, e se a picam deita um óleo branco como leite em fio, que é muito pegajoso. A madeira é muito mole e serve para fazer decoada para os engenhos; dá frol branca como a de macieira, e o fruto é amarelo do tamanho

---

185. Maçarandiba ou maçaranduba.
186. Em Varnhagen (1851 e 1879), "apé".
187. Inga ou Ingá.
188. Decoada: água fervida com cinzas das fornalhas usada para livrar de impurezas o caldo da cana nas caldeiras, deixando o açúcar mais puro.

das ameixas, tem grande caroço e pouco que comer, a casca é como a das ameixas. Esta fruta arregoa, se lhe chove, como é madura, a qual cai com o vento no chão, e cheiram muito bem o fruto e as flores, que são brancas e formosas; o sabor é precioso, com ponta de azedo, cuja natureza é fria e sadia; dão esta fruta aos doentes de febres, por ser fria e apetitosa, e chama-se como a árvore, que se dá ao longo do mar.

Bacuripari[189] é outra árvore de honesta grandura, que se dá perto do mar, e quando a cortam corre-lhe um óleo grosso de entre a madeira e a casca, muito amarelo e pegajoso como visco. Dá esta árvore um fruto tamanho como fruta nova, que é amarelo e cheira muito bem; e tem a casca grossa como laranja, a qual se lhe tira muito bem, e tem dentro dois caroços juntos, sobre os quais tem o que se lhe come, que é de maravilhoso sabor.

Piqui é uma árvore real, de cuja madeira se dirá adiante, a qual árvore dá frutas como as castanhas, cuja casca é parda e tesa e, tirada, ficam umas castanhas alvíssimas, que sabem como pinhões crus e cada árvore dá disto muito.

[53] **Que trata da árvore dos ambus, que se dá pelo sertão da Bahia** Ambu[190] é uma árvore pouco alegre à vista, áspera da madeira, e com espinhos como romeira, e do seu tamanho, a qual tem a folha miúda. Dá esta árvore umas flores brancas, e o fruto, do mesmo nome, do tamanho e feição das ameixas brandas, e tem a mesma cor e sabor, e o caroço maior. Dá-se esta fruta ordinariamente pelo sertão, no mato que se chama a caatinga, que está pelo menos afastado vinte léguas do mar,

---

189. Bacupari.
190. Ambu ou umbu, fruto do umbuzeiro.

que é terra seca, de pouca água, onde a natureza criou a estas árvores para remédio da sede que os índios por ali passam. Esta árvore lança das raízes naturais outras raízes tamanhas e da feição das botijas, outras maiores e menores, redondas e compridas como batatas, e acham-se algumas afastadas da árvore cinquenta e sessenta passos, e outras mais ao perto.

E para o gentio saber onde estas raízes estão, anda batendo com um pau pelo chão, por cujo tom o conhece, onde cava e tira as raízes de três e quatro palmos de alto, e outras se acham à frol da terra, das quais se tira uma casca parda que tem, como a dos inhames, e ficam alvíssimas e brandas como maçãs de coco; cujo sabor é mui doce, e tão sumarento que se desfaz na boca tudo em água frigidíssima e mui desencalmada; com o que a gente que anda pelo sertão mata a sede onde não acha água para beber, e mata a fome comendo esta raiz, que é mui sadia, e não fez nunca mal a ninguém que comesse muito dela. Destas árvores há já algumas nas fazendas dos portugueses, que nasceram dos caroços dos ambus, onde dão o mesmo fruto e raízes.

[54] Em que se diz de algumas árvores de fruto afastadas do mar

Afastado do mar da Bahia, e perto dele, se dão umas árvores que chamam Sabucaí,[191] que são mui grandes, de cujo fruto tratamos aqui somente. Esta árvore toma tanta frol amarela, que se lhe não enxerga a folha ao longe, a qual frol é muito formosa, mas não tem nenhum cheiro. Nasce desta frol uma bola de pau tão dura como ferro, que está por dentro cheia de fruta. Terá esta bola uma polegada de grosso, e tem a boca ta-

---

191. Sapucaia, árvore nativa da Mata Atlântica com semente oleaginosa e comestível.

pada com uma tapadoura tão justa que se não enxerga a junta dela, a qual se não despega senão como a fruta que está dentro e de vez, que esta bola cai no chão, a qual tem por dentro dez ou doze repartimentos, e em cada um uma fruta tamanha como uma castanha de Espanha, ou mais comprida; as quais castanhas são muito alvas e saborosas, assim assadas como cruas; e despegadas estas bolas das castanhas e bem limpas por dentro, servem de grais[192] ao gentio, onde pisam o sal e a pimenta.

Piquiá é uma árvore de honesta grandura, tem a madeira amarela e boa de lavrar, a qual dá um fruto tamanho como marmelos que têm o nome da árvore; este fruto tem a casca dura e grossa como cabaço, de cor parda por fora, e por dentro é todo cheio de um mel branco muito doce; e tem misturado umas pevides como de maçãs, o qual mel se lhe come em sorvos, e refresca muito no verão.

Macugê[193] é uma árvore comprida, delgada e muito quebradiça e dá-se em areias junto dos rios, perto do salgado, e pela terra dentro dez ou doze léguas. Quando cortam esta árvore, lança de si um leite muito alvo e pegajoso, que lhe corre em fio; a qual dá umas frutas do mesmo nome, redondas, com os pés compridos e cor verdoenga, e são tamanhas como maçãs pequenas; e quando são verdes travam muito, e são todas cheias de leite. Colhem-se inchadas para amadurecerem em casa, e como são maduras tomam a cor almecegada; e comem-se todas como figos, cujo sabor é mui suave, e tal que lhe não ganha nenhuma fruta da Espanha, nem de outra parte; e tem muito bom cheiro.

Jenipapo é uma árvore que se dá ao longo do mar e pelo sertão, cujo fruto aqui tratamos somente. A sua folha é como

---

192. Gral: recipiente usado para triturar substâncias sólidas.
193. Mucujê.

de castanheiro, a frol é branca, da qual lhe nasce muita fruta, de que toma cada ano muita quantidade; as quais são tamanhas como limas, e da sua feição; são de cor verdoenga, e como são maduras se fazem de cor pardaça e moles, e têm honesto sabor e muito que comer, com algumas pevides dentro, de que estas árvores nascem. Quando esta fruta é pequena, faz-se dela conserva, e como é grande, antes de amadurecer, tinge o sumo dela muito, com a qual tinta se tinge toda a nação do gentio do Brasil em lavores pelo corpo,[194] e quando põe esta tinta é branca como água, e como se enxuga se faz preta como azeviche;[195] e quanto mais a lavam, mais preta se faz; e dura nove dias, no cabo dos quais se vai tirando. Tem virtude esta tinta para fazer secar as bostelas[196] das boubas aos índios, e a quem se cura com ela.

Pela terra adentro há outra árvore, a que chamam goti,[197] que é de honesta grandura; dá uma fruta do mesmo nome, do tamanho e cor das peras pardas, cuja casca se lhe apara, e come em talhadas; mas tem grande caroço,[198] e o que se lhe come se tira em talhadas, como às peras, e é muito saboroso; e lançadas essas talhadas em vinho não têm preço. Faz-se desta fruta marmelada muito gostosa, a qual tem grande virtude para estancar câmaras de sangue.

---

194. Em Varnhagen (1851 e 1879), "a nação do gentio em lavores".
195. Azeviche: variedade compacta de carvão fóssil, substância mineral de cor muito negra.
196. Bostela: crosta de ferida.
197. Em Varnhagen (1851 e 1879), "a que chamam guti". Oiti, árvore nativa do Brasil, de fruto comestível.
198. Em Varnhagen (1851 e 1879), "se lhe apara, mas tem grande caroço".

Nas campinas há outra árvore, a que chamam ubucaba,[199] cuja madeira é mole, e dá umas frutas pretas e miúdas como murtinhos, que se comem, e têm sabor mui sofrível.

Mondururu[200] é outra árvore que dá umas frutas pretas, tamanhas como avelãs, que se comem todas, lançando-lhes fora umas pevides brancas que tem, a qual fruta é muito saborosa.

Há outra árvore como laranjeira, que se chama comichã,[201] a qual carrega todos os anos de umas frutas vermelhas, tamanhas e de feição de murtinhos, que se comem todas lançando-lhes fora uma pevide preta que têm, que é a semente destas árvores, a qual fruta é muito gostosa.

Mandiba é uma árvore grande que dá fruto do mesmo nome tamanho como cerejas, de cor vermelha, e muito doce; come-se como sorva, lançando-lhe a casca fora e uma pevide que tem dentro, que é a sua semente.[202]

Cambuí é uma árvore delgada de cuja madeira se não usa, a qual dá uma frol branca, e o fruto amarelo do mesmo nome; do tamanho, feição e cor das maçãs de anáfega. Esta fruta é mui saborosa, e tem ponta de azedo; lança-se-lhe fora um carocinho que tem dentro como coentro.

Dá-se no mato perto do mar e afastado dele uma fruta que se chama curuanha, cuja árvore é como vides, e trepa por outra árvore qualquer, a qual tem pouca folha; o fruto que dá é de uns oito dedos de comprido e de três a quatro de largo, de feição da fava, o qual se parte pelo meio como fava e fica em duas metades, que têm dentro três e quatro caroços, da feição das

---

199. Ubucaba ou Ibabiraba, árvore nativa do Brasil, de frutos redondos e comestíveis.
200. Mundururu ou mandapuçá, arbusto nativo do Brasil.
201. Grumixama, guamixã ou gurumixama é o fruto da grumixameira.
202. Em Varnhagen (1851 e 1879), "lançando-lhe o caroço fora".

colas de Guiné, da mesma cor e sabor, os quais caroços têm virtude para o fígado. Estas metades têm a casquinha muito delgada como maçãs, e o mais que se come é da grossura de uma casca de laranja; tem extremado sabor; comendo-se esta fruta crua, sabe e cheira a camoesas, e assada tem o mesmo sabor delas assadas; faz-se desta fruta marmelada muito boa, a qual por sua natureza envolta no açúcar cheira a almíscar, e tem o sabor de perada almiscarada; e quem a não conhece entende e afirma que é perada.

Cambucá é outra árvore de honesta grandura, que dá umas frutas amarelas do mesmo nome, tamanhas como abricoques, mas têm maior caroço e pouco que comer; é muito doce e de honesto sabor.

[55] **Em que se contêm muitas castas de palmeiras que dão fruto pela terra da Bahia no sertão e algumas junto ao mar** Como há tanta diversidade de palmeiras que dão fruto na terra na Bahia, convém que as arrumemos todas neste capítulo, começando logo em umas a que os índios chamam perina,[203] que são muito altas e grossas, que dão frol como as tamareiras e o fruto em cachos grandes como os coqueiros, cada um dos quais é tamanho que não pode um negro mais fazer que levá-lo às costas; em os quais cachos tem os cocos tamanhos como perass pardas grandes, e têm a casca de fora como um coco, e outra dentro de um dedo de grosso, muito dura, e dentro dela um miolo maciço com esta casca, de onde se tira com trabalho, o qual é tamanho como uma bolota, e muito alvo e duro para quem tem ruins dentes; e se não é de vez, é

---

203. Em Varnhagen (1851 e 1879), "pindoba". Pindoba ou pindova é a designação comum para certos tipos de palmeiras.

muito tenro e saboroso; e de uma maneira e de outra é bom mantimento para o gentio quando não tem mandioca, o qual faz destes cocos azeite para as suas mezinhas.

Do olho destas palmeiras se tiram palmitos façanhosos de cinco a seis palmos de comprido, e tão grossos como a perna de um homem. De junto do olho destas palmeiras tira o gentio três e quatro folhas cerradas, que se depois abrem a mão, com as quais cobrem as casas, a que chamam pindobusu,[204] com o que fica uma casa por dentro, depois de coberta, muito formosa; a qual palma no verão é fria, e no inverno quente; e se não fora o perigo do fogo, é muito melhor e mais sadia cobertura que a da telha.

Anajá-mirim é outra casca de palmeiras bravas que dão muito formosos palmitos, e o fruto como as palmeiras acima; mas são os cocos mais pequenos e as palmas que se lhe tiram de junto dos olhos têm a folha mais miúda, com que também cobrem as casas onde se não acham as palmeiras acima. Os cachos destas palmeiras e das outras acima nascem em uma maçaroca parda de dois a três palmos de comprido, e como este cacho quer lançar a frol, arrebenta esta maçaroca ao comprido e sai o cacho para fora, e a maçaroca fica muito lisa por dentro e dura como pau; da qual se servem os índios como de gamelas,[205] e ficam da feição de almadia.[206]

Há outras palmeiras bravas que chamam japarasaba,[207] que também são grandes árvores; mas não serve a folha para

204. Em Varnhagen (1851 e 1879), "a que chamam pindobuçu".
205. Gamela: vaso de madeira.
206. Almadia: embarcação comprida e estreita, construída a partir de um só tronco de árvore.
207. Em Varnhagen (1851 e 1879), "que chamam japeraçaba". Japeraçaba ou piaçaba, palmeira nativa do Brasil.

cobrir casas, porque é muito rara e não cobre bem, mas serve para remédio de quem caminha pelo mato cobrir com elas as choupanas, as quais palmeiras dão também palmito no olho e seus cachos de cocos, tamanhos como um punho, com miolo como os mais, que também serve de mantimento ao gentio, e de fazerem azeite; o qual e o de cima têm o cheiro muito fartum.[208]

Pati[209] é outra casta de palmeiras bravas muito compridas e delgadas; as mais grossas são pelo pé como a coxa de um homem, têm a rama pequena, mole e verde-escura. Os palmitos que dão são pequenos, e os cocos tamanhos como nozes, com o seu miolo pequeno que se come. Destas árvores se usa muito, porque têm a casca muito dura, que se fende ao machado muito bem, da qual se faz ripa para as casas, a que chamam pataíba, que é tão dura que com trabalho a passa um prego; e por dentro é estopenta,[210] a qual ripa quando se lavra por dentro cheira a maçãs maduras.

Há outras palmeiras, que chamam beri,[211] que têm muitos nós, que também dão cocos em cachos, mas são miúdos; estas têm a folha da parte de fora verde e da de dentro branca, com pelo como marmelos, as quais também dão palmitos muito bons.

Pinsandós[212] são umas palmeiras bravas e baixas que se dão em terras fracas; e dão uns cachos de cocos pequenos e

---

208. Fartum ou fortum: cheiro desagradável ou nauseante decorrente da decomposição ou modificação que sofre uma substância gordurosa em contato com o ar.
209. Em Varnhagen (1851 e 1879), "paty".
210. Estopento: filamentoso como a estopa.
211. Em Varnhagen (1851 e 1879), "a que chamam bory". Buri ou imburi.
212. Em Varnhagen (1851 e 1879), "piçandós". Piçandó ou guriri, palmeira nativa da América do Sul.

amarelos por fora, que é mantimento para quem anda pelo sertão, muito bom, porque tem o miolo muito saboroso como avelãs, e também dão palmitos.

As principais palmeiras bravas da Bahia são as que chamam urucurins,[213] que não são muito altas, e dão uns cachos de cocos muito miúdos, do tamanho e cor dos abricoques, aos quais se come o de fora, como os abricoques, por ser brando e de sofrível sabor; e quebrando-lhe o caroço, donde se lhe tira um miolo como o das avelãs, que é alvo e tenro e muito saboroso, os quais coquinhos são mui estimados de todos. Estas palmeiras têm o tronco fofo, cheio de um miolo alvo e solto como o cuscuz, e mole; e quem anda pelo sertão tira esse miolo e coze-o em um alguidar ou tacho,[214] sobre o fogo, onde se lhe gasta a umidade, e é mantimento muito sadio, substancial e proveitoso para os que andam pelo sertão, a que chamam farinha-de-pau.

Patioba é como palmeira nova no tronco e olho, e dá umas folhas de cinco a seis palmos de comprido e dois e três de largo; é de cor verde, tesa como pergaminho, e serve para cobrir as casas no lugar onde se não acha outra, e para as choupanas dos que caminham; quando se estas folhas secam, fazem-se em pregas tão lindas como de leques da Índia; e quando nascem, é feitas em pregas,[215] como está um leque estando fechado; dá palmitos pequenos, mas mui gostosos.

[56] Em que se declaram as ervas que dão fruto na Bahia, que não são árvores Como na Bahia se criam algumas frutas que se comem, em ervas que não fazem árvores, pareceu

---

213. Em Varnhagen (1851 e 1879), "ururucuri".
214. No manuscrito da BGJM, "cheio de um miolo e cozido em um alguidar ou tacho".
215. Em Varnhagen (1851 e 1879), "quando nascem, saem feitas em pregas".

decente arrumá-las neste capítulo apartadas das outras árvores. E comecemos logo a dizer dos maracujás, que é uma rama como hera e tem a folha da mesma feição, a qual atrepa pelas árvores e as cobre todas, do que se fazem nos quintais ramadas muito frescas, porque duram sem se secar muitos anos. A folha da erva é muito fria e boa para desafogar,[216] pondo-se em cima de qualquer nascida ou chaga e tem outras muitas virtudes; e dá uma flor branca muito formosa e grande que cheira muito bem, de onde nascem umas frutas como laranjas pequenas, muito lisas por fora; a casca é da grossura da das laranjas de cor verde-claro, e tudo o que tem dentro se come, que além de ter bom cheiro tem suave sabor.

Esta fruta é fria de sua natureza e boa para doentes de febres, tem ponta de azedo e é mui desenfastiada; e enquanto é nova, faz-se dela boa conserva; e enquanto não é bem madura, é muito azeda.

Camapu[217] é uma erva que se parece com erva-moura, e dá uma fruta como bagos de uvas brancas coradas do sol e moles, a qual se come, mas não tem sabor senão para os índios.

Modurucu[218] é nem mais nem menos que uma figueira das que se plantam nos jardins de Portugal, que tem as folhas grossas, a que chamam figueiras-da-índia; estas têm as folhas de um palmo de comprido e quatro dedos de largo e um de grosso, e nascem as folhas nas pontas umas das outras, as quais são todas cheias de espinhos tamanhos e tão duros como agulhas, e tão agudas como elas, e dão o fruto nas pontas e nas ilhargas das folhas, que são uns figos tamanhos como os lâmparos, ver-

216. Desafogar: aliviar.
217. Em Varnhagen (1851 e 1879), "canapu".
218. Mandacaru.

melhos por fora, com a casca grossa que se não come; o miolo é de malhas brancas e pretas; o branco é alvíssimo, e o preto como azeviche, cujo sabor é mui apetitoso e fresco; o que se cria nas areias ao longo do mar.

Marujaiba[219] são uns ramos espinhosos; mas, limpos dos espinhos, ficam umas canas pretas que servem de bordões, os quais têm a folha como canas de roça,[220] cujos espinhos são pretos, e tão agudos como agulha. Nos pés destes ramos se dão uns cachos como os das tamareiras, feitos os fios em cordões cheios de bagos,[221] como os de uvas ferrais, e do mesmo tamanho, os quais têm a casca dura e roxa por fora, e o caroço dentro como cerejas, o qual com a casca se lhe lança fora; e gosta-se de um sumo que tem dentro, doce e suave.

Ao longo do mar se criam umas folhas largas, que dão um fruto a que chamam caroatá,[222] que é da feição de maçaroca, e amarelo por fora; tem bom cheiro, a casca grossa e tesa, a qual se lança fora para se comer o miolo, que é mui doce, mas empola-se a boca a quem come muita fruta desta.

Há uma erva que se chama nambu,[223] que se parece na folha com coentro, e queima como mastruços, a qual os comem índios e os mestiços crua, e temperam as panelas dos seus manjares com ela, de quem é mui estimada.

[57] Em que se declara a propriedade dos ananases não nomeados Não foi descuido deixar os ananases para este

---

219. Marajaíba.
220. Em Varnhagen (1851 e 1879), "de bordões como cana de rota".
221. No manuscrito da BGJM, "cana de roça, cujos cachos como os das tamareirias, feitos os fios".
222. Em Varnhagen (1851 e 1879), "carauatá". Gravatá.
223. Em Varnhagen (1851 e 1879), "nhamby". Nhambi.

lugar por esquecimento; mas deixamo-los para ele, porque, se lhe déramos o primeiro, que é o seu, não se puseram os olhos nas frutas declaradas no capítulo atrás; e para o pormos só, pois se lhe não podia dar companhia conveniente a seus merecimentos.

Ananás é uma fruta do tamanho de uma cidra grande, mas mais comprida; tem olho da feição das alcachofras, e o corpo lavrado como alcachofra molar, e com uma ponta e bico em cada sinal das pencas, mas é todo maciço; e muitos ananases lançam no olho e ao pé do fruto muitos outros tamanhos como alcachofras. A erva em que se criam os ananases é da feição da que em Portugal chamam erva-babosa, e tem as folhas armadas, e do tamanho da erva-babosa, mas não são tão grossas; a qual erva ou ananaseiro espiga cada ano no meio como cardo, e lança um grelo da mesma maneira, e em cima dele lhe nasce o fruto, tamanho como alcachofra, muito vermelho, o qual assim como vai crescendo, vai perdendo a cor e fazendo-se verde; e como vai amadurecendo, se vai fazendo amarelo acataçolado de verde, e como é maduro conhece-se pelo cheiro, como o melão. Os ananaseiros se transpõem de uma parte para outra, e pegam sem se secar nenhum; ainda que estejam com as raízes para o ar fora da terra ao sol mais de um mês, os quais dão novidades daí a seis meses; e, além dos filhos que lançam ao pé do fruto e no olho, lançam outros ao pé do ananaseiro, que também espigam c dão cada seu ananás, como a mãe de onde nasceram, os quais se transpõem, e os olhos que nascem no pé e no olho do ananás. Os quais ananaseiros duram na terra,[224] sem se secarem, toda a vida, e se andam limpos de erva, que entre eles nasce, quanto mais velhos são dão mais novidades, os

---

224. Em Varnhagen (1851 e 1879), "no olho do ananás. Os ananaseiros duram".

quais não dão o fruto todos juntamente, mas em todo o ano uns mais temporões que os outros, e no inverno dão menos fruto que no verão, em que vem a força da novidade, que dura oito meses. Para se comerem os ananases hão de se aparar muito bem, lançando-lhes a casca toda fora, e a ponta de junto do olho, por não ser tão doce, e, depois de aparado este fruto, o cortam em talhadas redondas, como de laranja, ou ao comprido, ficando-lhe o grelo que tem dentro, que vai correndo do pé até o olho; e quando se corta fica o prato cheio do sumo que dele cai,[225] e o que se lhe come é da cor dos gomos de laranja, e alguns há de cor mais amarela; e desfaz-se tudo em sumo na boca, como o gomo de laranja, mas é muito mais sumarento; o sabor dos ananases é muito doce, e tão suave que nenhuma fruta da Espanha lhe chega na formosura, no sabor e no cheiro; porque uns cheiram a melão muito fino, outros a camoesas; mas no cheiro e no sabor, não há quem se saiba afirmar em nada, porque ora sabe e cheira a uma coisa, ora a outra. A natureza deste fruto é quente e úmida, e muito danosa para quem tem ferida ou chaga aberta; os quais ananases sendo verdes são proveitosos para curar chagas com eles, cujo sumo come todo o câncer e a carne podre, do que se aproveita o gentio; e com tanta maneira come esta fruta, que alimpam com as suas cascas a ferrugem das espadas e facas, e tiram com elas as nódoas da roupa ao lavar; de cujo sumo, quando são maduras, os índios fazem vinho, com que se embebedam; para o que os colhem mal maduros, para ser mais azedo, do qual vinho todos os mestiços e muitos portugueses são mui afeiçoados. Desta fruta se faz muita conserva, aparada da casca, a qual é muito formosa e

---

225. Em Varnhagen (1851 e 1879), "que dele sai".

saborosa, e não tem a quentura e umidade de quando se come em fresco.

[58] Daqui por diante se vão arrumando as árvores e ervas de virtude que há na Bahia Não se podiam arrumar em outra parte que melhor estivessem as árvores de virtude que após das que dão fruto; e seja a primeira a árvore do bálsamo, que se chama cabureíba, que são árvores mui grandes de que se fazem eixos para engenhos, cuja madeira é pardaça e incorruptível. Quando lavram esta madeira cheira a rua toda a bálsamo, e todas as vezes que se queira cheira muito bem. Desta árvore se tira o bálsamo suavíssimo, dando-lhe piques até um certo lugar, de onde começa de chorar este suavíssimo licor na mesma hora, o qual se recolhe em algodões, que lhe metem nos golpes; e como estão bem molhados do bálsamo, os espremem em uma prensa, onde tiram este licor, que é grosso e da cor do arrobe,[226] o qual é milagroso para curar feridas frescas, e para tirar os sinais delas no rosto. O caruncho deste pau, que se cria no lugar de onde saiu o bálsamo, é preciosíssimo no cheiro; e amassa-se com o mesmo bálsamo, e fazem desta massa contas, que depois de secas ficam de maravilhoso cheiro.

De tão santa árvore como a do bálsamo merece ser companheira e vizinha a que chamam copaiba, que é árvore grande cuja madeira não é muito dura, e tem a cor pardaça; e faz-se dela tabuado; a qual não dá fruto que se coma, mas um óleo santíssimo em virtude, o qual é da cor e clareza de azeite sem sal; e antes de se saber de sua virtude servia de noite nas candeias. Para se tirar este óleo das árvores lhes dão um talho com um machado acima do pé, até que lhe chegam à veia, e como lhe

---

226. Arrobe: extrato de uva levado ao fogo.

chegam, corre este óleo em fio, e lança tanta quantidade cada árvore que há algumas que dão duas botijas cheias, que tem cada uma quatro canadas.²²⁷ Este óleo tem muito bom cheiro, e é excelente para curar feridas frescas, e as que levam pontos da primeira curam, soldam se as queimam com ele, e nas estocadas ou feridas que não levam pontos se curam com ele, sem outras mezinhas; com o qual se cria a carne até encourar, e não deixa criar nenhuma corrupção nem matéria. Para frialdades, dores de barriga e pontadas de frio é este óleo santíssimo. E é tão sutil que se vai de todas as vasilhas, se não são vidradas; e algumas pessoas querem afirmar que até no vidro míngua; e quem se untar com este óleo há de se guardar do ar, porque é prejudicial.

[59] Em que se trata da virtude da embaiba, e caraobuçu e caraobamirim Embaiba²²⁸ é uma árvore comprida e delgada, que faz uma copa em cima, de pouca rama; a folha é como de figueira, mas tão áspera que os índios cepilham com elas os seus arcos e hastes de dardos, com as quais se põe a madeira melhor que com a pele de lixa. Os frutos desta árvore são umas candeias em cachos como as dos castanheiros, e como amadurecem as comem os passarinhos e os índios, cujo saibo é adocicado, e tem dentro uns grãos de milho, como os figos passados, que é a semente de que estas árvores nascem, as quais se não dão em mato virgem, se não na terra que já foi aproveitada; e, assim no tronco como nos ramos é toda oca por dentro, onde se criam infinidades de formigas miúdas. Tem o olho desta árvore grandes virtudes para com ele curarem feridas, o qual, depois de pisado, se põe sobre feridas mortais, e

227. Canada: antiga medida de capacidade para líquidos que equivalia a aproximadamente dois litros.
228. Embaúba ou Imbaúba.

se curam com ele com muita brevidade, sem outros unguentos; e o entrecasco deste olho tem ainda virtude, com o que também se curam feridas e chagas velhas; e tais curas se fazem com o olho desta árvore, e com o óleo da copaiba, que se não ocupam na Bahia cirurgiões, porque cada um o é em sua casa.

Caraobusu[229] é uma árvore como pessegueiro, mas tem a madeira muito seca e a folha miúda, como a da amendoeira; esta madeira é muito dura e de cor almecegada, a qual se parece com o pau das Antilhas; cuja casca é delgada; da folha se aproveitam os índios, e com ela pisada curam as boubas, pondo-a com o sumo em cima das bostelas ou chagas, com o que se secam muito depressa; e quando isto não basta, queimam em uma telha estas folhas, e com o pó delas feitas em carvão, secam estas bostelas; do que também se aproveitam os portugueses, que têm necessidade deste remédio para curarem seus males, de que muitos têm muitos.

Caraobamirim é outra árvore da mesma casta, senão quanto é mais pequena, e tem a folha mais miúda, da qual se aproveitam como da caraoba de cima, e dizem que tem mais virtudes; com as folhas desta árvore, cozidas, tomam os portugueses doentes destes males suadouros, tomando o bafo desta água, estando muito quente, do que se acham muito bem; e lhes faz sair todo o humor para fora e secar as bostelas, tomando destes novos suadores, e o sumo da mesma folha bebido por xarope.

[60] Que trata da árvore da almécega, e de outras árvores de virtude Há outras árvores de muita estima, a que os índios chamam ubiracica; tem honesta grandura, de cuja madeira se não aproveitam, mas valem-se de sua resina, de que lança

---

229. Em Varnhagen (1851 e 1879), "caraobuçu".

grande quantidade, e quando a deita é muito mole e pegajosa; a qual é maravilhosa almécega, que faz muita vantagem à que se vende nas boticas, e para uma árvore lançar muito picam-na ao longo da casca com muitos piques, e logo começa a lançar por eles almécega, que lhe os índios vão apanhando com umas folhas, onde a vão ajuntando e fazem em pães.

Esta almécega é muito quente por natureza, da qual fazem emplastos para defensivo da frialdade, e para soldar carne quebrada, e para fazer vir a furo postemas, os quais faz arrebentar por si, e lhes chupa de dentro os carnegões,[230] e derretida é boa para escaldar feridas frescas, e faz muita vantagem à terebintina de bétula;[231] com a qual almécega se fazem muitos unguentos e emplastos para quebraduras de perna, à qual os índios chamam icica.

Corneiba[232] é uma árvore que na folha, na frol, na baga e no cheiro é a aroeira da Espanha, e tem a mesma virtude para os dentes, e é diferente na grandura das árvores, que são tamanhas como oliveira, de cuja madeira se faz boa cinza para decoada nos engenhos. Naturalmente se dão estas árvores em terra de areia, debaixo de cujas raízes se acha muita anime[233] que é, no cheiro, na vista e na virtude como a de Guiné, pelo que se entende que o destila de si, pelo baixo do tronco da árvore, porque se não acha junto de outras árvores.

Em algumas partes do sertão da Bahia se acham árvores de canafístula, a que o gentio chama geneuna, mas de agrestes dão

---

230. Carnegão: parte central de furúnculos e tumores, constituída de pus e tecidos necrosados.

231. Terebintina: resina com propriedades medicinais extraída, nesse caso, da árvore do gênero *Bétula*, nativa do hemisfério norte.

232. Corneíba ou Aroeira.

233. Anime: resina aromática.

a canafístula muito grossa e comprida; e tem a côdea áspera, mas quebrada, e da mesma feição, assim nas pevides que tem como no preto; que se come e tem o mesmo saibo, da qual não usa o gentio, porque não sabe o para que ela presta. Em algumas fazendas há algumas árvores de canafístula, que nasceram das que foram de São Tomé que dão o fruto mui perfeito como o das Índias.

Cuipeuna[234] é uma árvore pontualmente como a murta de Portugal, e não tem outra diferença que fazer maior árvore e ter a folha maior no viço da terra, a qual se dá pelos campos da Bahia, cuja frol e o cheiro dela é da murta, mas não dá murtinhos; da qual murta se usa na Misericórdia para cura dos penitentes e para todos os lavatórios, para que ela serve, porque tem a mesma virtude dessecativa.

Ao longo do mar da Bahia nascem umas árvores que têm o pé como parras, as quais atrepam por outras árvores grandes, por onde lançam muitos ramos como vides,[235] as quais se chamam mucunas, cujo fruto são umas favas redondas e aleonadas na cor, e do tamanho de um tostão, as quais têm um círculo preto, e na cabeça um olho branco. Estas favas para comer são peçonhentas, mas têm grande virtude para curarem com elas feridas velhas desta maneira: depois de serem estas favas bem secas, hão-se de pisar muito bem, e cobrir as chagas com os pós delas, as quais comem todo o câncer e carne podre.

Criam-se nesta terra outras árvores semelhantes às de cima, que atrepam por outras maiores, que se chamam o cipó das feridas, as quais são umas favas aleonadas pequenas, da feição

---

234. Cuipuna.
235. No manuscrito da BGJM, "Ao longo do mar da Bahia nascem umas árvores grandes por onde lança muitos ramos como vides".

das de Portugal, cuja folha pisada e posta nas feridas, sem outros unguentos as cura muito bem.

Há uns mangues, ao longo do mar, a que o gentio chama apareiba, que têm a madeira vermelha e rija, de que se faz carvão; cuja casca é muito áspera, e tem tal virtude que serve aos curtidores para curtir toda a sorte de peles, em lugar de sumagre,[236] com o que fazem tão bom curtume como com ele. Estes mangues fazem as árvores muito direitas, dão umas candeias verdes compridas, que têm dentro uma semente como lentilhas, de que elas nascem.

[61] Daqui por diante se vai relatando as qualidades das ervas de virtude que se criam na Bahia, e comecemos logo a dizer da erva-santa e outras ervas semelhantes
Petume[237] é a erva a que em Portugal chamam santa; onde há muito dela pelas hortas e quintais, pelas grandes mostras que tem dado da sua virtude, com a qual se têm feito curas estranhas; pelo que não diremos desta erva se não o que é notório e todos, como é matarem com o seu sumo os vermes que se criam em feridas e chagas de gente descuidada; com a qual se curam também as chagas e feridas das vacas e das éguas sem outra coisa, e com o sumo desta erva lhe encouram. Deu na costa do Brasil uma praga no gentio, como foi adoecerem do sesso[238] e criarem bichos nele, da qual doença morreu muita soma desta gente, sem se entender de quê; e depois que se soube o seu

---

236. Sumagre: pó grosso, produzido a partir da trituração das folhas secas, das flores e da casca de planta de mesmo, utilizado em tinturaria e curtume de peles e de couro.
237. Petume: fumo, tabaco.
238. Sesso: nádegas.

mal, se curaram com esta erva-santa, e se curam hoje em dia os tocados deste mal, sem terem necessidade de outra mezinha.

A folha desta erva, como é seca e curada, é muito estimada dos índios e mamelucos e dos portugueses, que bebem o fumo dela, ajuntando muitas folhas destas torcidas umas às outras, e metidas em um canudo de folha de palma, e põe-se-lhe o fogo por uma banda, e como faz brasa metem este canudo pela outra banda na boca, e sorvem-lhe o fumo para dentro até que lhe sai pelas ventas fora. Todo o homem que se toma do vinho, bebe muito deste fumo, e dizem que lhe faz esmoer o vinho. Afirmam os índios que quando andam pelo mato e lhes falta o mantimento, matam a fome e a sede com este fumo, pelo que o trazem sempre consigo, e não há dúvida senão que este fumo tem virtude contra a asma, e os que são doentes dela se acham bem com ele, cuja natureza é muito quente.

Pino é pontualmente na folha, como as que em Portugal chamam figueira-do-inferno. Esta erva dá o fruto em cachos cheios de bagos, tamanhos como avelãs, todos cheios de bicos; cada um destes bagos tem dentro um grão pardo, tamanho como um feijão, o qual pisado se desfaz todo em azeite, que serve na candeia; bebido serve tanto como purga de canafístula; e para os doentes de cólica, bebido este azeite, se lhe passa o acidente logo; as folhas desta erva são muito boas para desafogarem chagas e postemas.

Giticusu[239] é uma erva que nasce pelos campos e lança por cima da terra uns ramos como batatas, os quais dão umas sementes pretas como ervilhacas[240] grandes; deitam estas ervas

---

239. Em Varnhagen (1851 e 1879), "jeticuçu". Jeticuçú é uma trepadeira, de cujas raízes se extrai fécula purgativa.

240. Ervilhaca: erva usada como forragem e adubo verde.

uma raízes por baixo da terra como batatas, que são maravilhosas para purgar, do que se usa muito na Bahia; as quais raízes se cortam em talhadas, em verdes, que são por dentro alvíssimas e secam-nas muito bem ao sol; e tomam dessas talhadas, depois de secas, para cada purga o peso de dois reais de prata, e lançando em vinho ou em água muito bem pisado se dá a beber ao doente de madrugada e faz maravilhas. Destas raízes se faz conserva em açúcar raladas muito bem, como cidrada, e tomada pela manhã uma colher desta conserva faz-se com ela mais obra, que com açúcar rosado de Alexandria.

Pecacuem[241] são uns ramos que atrepam como parra, cuja folha é pequena, redonda e brancacenta; as suas raízes são como de junça brava, mas mais grossas, as quais têm grande virtude para estancar câmaras; do que se usa tomando uma pequena desta raiz pisada e lançada em água; posta a serenar e dada a beber ao doente de câmaras de sangue lhas faz estancar logo.

[62] Em que se declara o modo com que se cria o algodão, e de sua virtude, e de outras ervas que fazem árvore
Maniim chamam os índios ao algodão, cujas árvores parecem marmeleiros arruados em pomares; mas a madeira dele é como de sabugueiro, mole e oca por dentro; a folha parece de parreira, com o pé comprido, vermelho, com o sumo da qual se curam feridas espremendo nelas. A frol do algodão é uma campainha amarela muito formosa, de onde nasce um capucho,[242] que ao longe parece uma noz verde, o qual se fecha com três folhas grossas e duras, da feição das com que se fecham os botões das rosas; e como o algodão está de vez, que é de agosto por diante,

---

241. Ipecacuanha ou poaia.
242. Capucho ou capulho: cápsula que envolve o algodão. Em Varnhagen (1851 e 1879), "nasce um capulho".

abrem-se estas folhas, com que se fecham estes capuchos, e vão-se secando e mostrando o algodão que têm dentro, muito alvo, e se não o apanham logo, cai no chão; e em cada capulho destes estão quatro de algodão, cada um do tamanho de um capulho de seda; e cada capucho destes tem dentro um caroço preto, com quatro ordens de carocinhos pretos, e cada carocinho é tamanho e da feição do feitio dos ratos, que é a semente de onde o algodão nasce, o qual no mesmo ano que se semeia dá a novidade.

Estes caroços de algodão come o gentio pisados, e depois cozidos, com o que se faz em papas que chamam mingau.

As árvores destes algodoeiros duram sete a oito anos e mais, quebrando-lhe cada ano as pontas grandes a mão, porque se secam, para que lancem outros filhos novos, em que tomam mais novidade, os quais algodões se alimpam a enxada, duas e três vezes cada ano, para que a erva os não acanhe.

Camará é uma erva que nasce pelos campos, que cheira a erva-cidreira, a qual faz árvore com muitos ramos como de roseira-de-alexandria; cuja madeira é seca e quebradiça, a folha é como de erva-cidreira; as flores são como cravos-de-túnis, amarelos e da mesma feição, mas de feitio mais artificioso. Cozidas as folhas e flores desta erva, tem a sua água muito bom cheiro e virtude para sarar sarna e comichão, e para secar chagas de boubas,[243] lavando-as com esta água quente, do que se usa muito naquelas partes; onde há outra casta deste camará, que dá flores brancas da mesma feição, a qual tem a mesma virtude; e como cai a frol, assim a uma como a outra, ficam-lhe umas camarinhas denegridas, que comem os meninos e os passarinhos, que é a semente, de que esta erva nasce.

243. No manuscrito da BGJM, "virtude para secar a carne e comichão".

Nas campinas da Bahia se dão urzes de Portugal, da mesma feição, assim nos ramos como na frol, mas não dão camarinhas; dos quais ramos, cozidos na água, se aproveitam os índios para secar qualquer humor ruim.

Às canas da Bahia chama o gentio ubá, as quais têm folhas como as da Espanha, e as raízes da mesma maneira que lavram a terra muito; as quais, cozidas em água, têm a mesma virtude dessecativa que as da Espanha. Estas canas são compridas, cheias de nós por fora e maciças por dentro, ainda que têm o miolo mole e estopento. Espigam estas canas cada ano, cujas espigas são de quinze e vinte palmos de comprido, de que os índios fazem flechas com que atiram. E também se dão na Bahia as canas da Espanha, mas não crescem tanto como as da terra.

Jaborandi é uma erva que faz árvore da altura de um homem, e lança umas varas em nós, como canas, por onde estalam muito como as apertam; a folha será de palmo de comprido, e da largura da folha da cidreira, a qual cheira a hortelã francesa, e tem a aspereza da hortelã ordinária; a água cozida com estas folhas é loura e muito cheirosa e boa para lavar o rosto ao barbear; quem tem a boca danada, ou chagas nela, mastigando as folhas desta erva duas ou três vezes cada dia, e trazendo-a na boca, a cura muito depressa; queimadas estas folhas, os pós delas alimpam o câncer das feridas, sem dar nenhuma pena, e tem outras muitas virtudes. Esta erva dá umas candeias como castanheiros, onde se cria a semente de que nasce.

Nascem outras ervas pelo campo, a que chamam os índios caapiam,[244] que têm flores brancas da feição dos bem-me-queres, onde há umas sementes como gravanços; das quais e das flores se faz tinta amarela como açafrão muito fino, de que usam

---

244. Caapiá.

os índios no seu modo de tintas. A árvore que faz esta erva é como a do alecrim, e tem a folha mole, e a cor verde-claro, como alface.

Dão-se ao longo da ribeira da Bahia umas ervas, a que os índios chamam jaborandiba; e dão o mesmo nome da de cima, por se parecer nos ramos com ela; e os homens que andaram na Índia lhe chamam bétele, por se parecer em tudo com ele. A folha desta erva, metida na boca, requeima como folhas de louro, a qual é muito macia, e tem o verde muito escuro. A árvore que faz esta erva é tão alta como um homem, os ramos têm muitos nós, por onde estala muito. Quem se lava com estas ervas cozidas nas partes eivadas do fígado,[245] lhas cura em poucos dias; e cozidos os olhos e comestos, são saníssimos para este mal do fígado; e mastigadas estas folhas e trazidas na boca, tiram a dor de dentes.

[63] Em que se declara a virtude de outras ervas menores

Há outras ervas menores pelos campos de muita virtude, de que se aproveitam os índios e os portugueses, das quais faremos menção brevemente neste capítulo, começando na que o gentio chama tararucu, e os portugueses fedegosos. Esta erva faz árvore do tamanho das mostardeiras, e tem as folhas em ramos, arrumadas como folhas de árvores, as quais são muito macias, da feição das folhas de pessegueiro, mas têm o verde muito escuro, e o cheiro da fortidão da arruda.

Estas folhas deitam muito sumo, se as pisam; o qual de natureza é muito frio, e serve para desafogar chagas; com este fumo curam o sesso dos índios e das galinhas, porque criam

---

245. Em Varnhagen (1851 e 1879), "Quem se lava com ela cozida nas partes".

nele muitas vezes bichos de que morrem, se lhe não acodem com tempo.

Estas ervas dão umas flores amarelas como as da páscoa, das quais lhes nascem umas bainhas com semente como ervilhacas, de que nascem; pelos campos da Bahia se dão algumas ervas que lançam grandes braços como meloeiros,[246] que atrepam se acham por onde, as quais dão umas flores brancas que se parecem até no cheiro com a frol de legação em Portugal; cujos olhos comem os índios doentes de boubas, e outras pessoas; e dizem acharem-se bem com eles, e afirma-se que esta é a salsaparrilha das Antilhas.

Caapeba[247] é uma erva que nasce em boa terra perto da água, e faz árvore como couve espigada; mas tem a folha redonda, muito grande, com pé comprido, a qual é muito macia; a árvore faz um grelo oco por dentro, e muito tenro e, depois de bem espigada, lança umas candeias crespas em que dá a semente, de que nasce. Esta erva é de natureza frigidíssima, com cujas folhas passadas pelo ar do fogo se desafoga toda a chaga e inchação que está esquentada, pondo-lhe estas folhas em cima; e se a fogagem é grande, seca-se esta folha; de maneira que fica áspera, e como está seca se lhe põe outras até que o fogo abrande.

Criam-se outras ervas pelos campos da Bahia, que se chama guaxima, da feição de tanchagem;[248] mas tem as tolhas mais pequenas, da feição de escudete, e tem o pé comprido, as quais são brancas da banda de baixo, cuja natureza é fria; e posta sobre

---

246. Em Varnhagen (1851 e 1879), "como ervilhacas. Pelos campos da Bahia".
247. Em Varnhagen (1851 e 1879), "capeba". Capeba ou Pariparobe.
248. No manuscrito da BGJM, "campos da Bahia, da feição da tanchagem".

chagas e coçaduras das pernas que têm fogagem, as desafoga, e encouram com elas, sem outros unguentos.

Pelos mesmos campos se criam outras ervas, a que o gentio chama caapiá, e os portugueses malvaísco, porque não tem outra diferença do de Portugal que ser muito viçoso, mas tem a mesma virtude; da qual usam os médicos da Bahia, quando é necessário, para fazerem vir a furo as postemas e inchações.

Peipeseba[249] é uma erva que se parece com belverde, que se dá nos jardins de Portugal, da qual fazem as vassouras na Bahia, com que varrem as casas; cuja natureza é fria, a qual pisam os índios e curam com elas feridas frescas; e também entre os portugueses se cura com o sumo desta erva o mal do sesso, para o que tem grande virtude; a qual não dá frol, mas semente muito miúda, de que nasce.

Por estes campos se cria outra erva, a que os índios chamam cuanapoaná,[250] que são mentrastos, nem mais nem menos que os da Espanha, e têm a mesma virtude, cuja água cozida é boa para lavar os pés; e são tantos que juncam com eles as igrejas pelas endoenças, em lugar de rosmaninhos.

Nas campinas da Bahia se cria outra erva, a que o gentio chama caácuá,[251] que tem as folhas de três em três juntas, e são da cor da salva; dá a frol roxa, de que nasce uma bainha como de tremoços, que tem dentro umas sementes como lentilhas grandes, a qual erva tem o cheiro muito fortum, que causa dor de cabeça a quem a colhe; o gado que come esta erva engorda muito no primeiro ano com ela, e depois dá-lhe como câmaras, de que morre; pelo qual respeito houve quem quis desinçar esta

---

249. Em Varnhagen (1851 e 1879), "peipeçaba". Peipeçaba.
250. Em Varnhagen (1851 e 1879), "chamam campuava".
251. Em Varnhagen (1851 e 1879), "caamcuam".

erva de sua fazenda, e pôs um dia mais de duzentos escravos a
arrancá-la do campo, os quais não puderam aturar o trabalho
mais que até o meio-dia, porque todos adoeceram com o cheiro
dela da dor de cabeça, o que fez espanto; e os homens que têm
conhecimento da erva-besteira da Espanha, e a viram nesta
terra, afirmam que é esta mesma erva a besteira.

[64] Daqui por diante se vai dizendo das árvores reais e o para que servem, começando neste capítulo 64, que trata do vinhático e cedro   Como temos dito das árvores de fruto, e das que têm virtude para curar enfermidades, convém que se declare as árvores reais que se dão na Bahia, de que se fazem os engenhos de açúcar e outras obras, de cuja grandeza há tanta fama.

E parece razão que se dê o primeiro lugar ao vinhático, a que o gentio chama sabijejuba, cuja madeira é amarela e doce de lavrar, a qual é incorruptível, assim sobre a terra como debaixo dela, e serve para as rodas dos engenhos, para outras obras deles, e para casas e outras obras-primas. Há também façanhosos paus desta casta, que se acham muitos de cem palmos de roda, e outros daqui para baixo, mui grandes; mas os muitos grandes pela maior parte são ocos por dentro, dos quais se fazem canoas tão compridas como galeotas; e acham-se muitos paus maciços, de que se tira tabuado de três, quatro e cinco palmos de largo. Esta madeira se não se dá senão em terra boa e afastada do mar.

Os cedros da Bahia não têm diferença dos das Ilhas senão na folha, que a cor da madeira e o cheiro e brandura ao lavrar é todo um; a estas árvores chama o gentio acujucatinga,[252] cuja madeira se não corrompe nunca; da qual se acham mui

---

252. Em Varnhagen (1851 e 1879), "acajacatinga". Acajacatinga.

grandes paus que pela maior parte são ocos, mas acham-se alguns maciços, de que se tira tabuado de três e quatro palmos de largo.

Pelo rio dos Ilheos trouxe a cheia um pau de cedro ao mar tamanho que se tirou dele a madeira e tabuado com que se madeirou e forrou a igreja da Misericórdia, e sobejou madeira; a qual é branda de lavrar e proveitosa para obras-primas e outras obras dos engenhos, de que se faz muito tabuado para o forro das casas e para barcos; e faz uma vantagem o cedro da Bahia ao das Ilhas, que logo perde a fortidão do cheiro, e o fato[253] que se mete nas caixas de cedro não toma nenhum cheiro delas, e as obras do cedro das Ilhas nunca jamais perderam o cheiro, e danam com ele o fato que se nelas agasalha.

[65] Que trata das qualidades do pequihi e de outras madeiras reais Pequihi[254] é uma árvore grande que se dá perto do mar, em terras baixas, úmidas e fracas; acham-se muitas dessas árvores de quarenta e cinquenta palmos de roda, cuja madeira é parda, estopenta, muito pesada, de que se fazem gangorras, mesas, virgens[255] e esteios para engenhos, a qual dura sem apodrecer para fim dos fins, ainda que esteja lançada sobre a terra ao sol e à chuva. Quando lavram esta madeira cheira a vinagre, e sempre que se tiram dela os cavacos molhados, ainda que esteja cortada de cem anos, e já viu meter um prego por uma gangorra, que havia dezesseis anos que estava debaixo da telha de um engenho, e tanto que o prego começou a entrar para dentro, começou a rebentar pelo mesmo furo um torno de água em fio que correu até o chão, o qual cheirava a vinagre; e

---

253. Fato: roupa, vestuário.
254. Pequi.
255. Virgem: viga de madeira fixada à prensa de mandioca.

se metem os cavacos desta madeira no fogo, em quatro horas não pega neles, e já quando pega não fazem brasa, nem levantam labareda. É esta madeira tão pesada que em a deitando na água se vai ao fundo, da qual se fazem bons liames e outras obras para barcas grandes e navios.

Guoaparajú[256] é outra árvore real muito grande, de que se acham muitas de trinta e quarenta palmos de roda, cuja madeira é vermelha e mui fixa, que nunca se viu podre; de que se fazem gangorras, mesas, virgens e esteios para engenhos e outras obras; e acham-se muitas árvores tão compridas desta casta que, cortadas direito, o grosso dá vigas de oitenta a cem palmos de comprido, fora o delgado que fica no mato de que se fazem frechais e tirantes dos engenhos. Estas árvores são naturais de várzeas de areia, vizinhas do salgado; e são tão pesadas que, em lançando a madeira na água, se vai logo ao fundo.

Há outras árvores também naturais de várzeas de areia, a que o gentio chama jutiapeba,[257] cuja madeira é vermelhaça, e muito fixa, que nunca apodrece; e é muito dura ao lavrar; acham-se muitas árvores desta casta de cinquenta a sessenta palmos de roda; e pela maior parte estas grandes são ocas por dentro; mas há outras de honesta grandeza, maciças, de que se fazem gangorras, mesas, virgens, esteios e outras obras dos engenhos, como são os eixos. Não são estas árvores muito altas, por se desordenarem pelo alto, lançando grandes troncos; mas tiram-se delas gangorras de cinquenta a sessenta palmos de comprido, e a madeira é boa de lavrar, ainda que é muito dura e tão pesada que se vai na água ao fundo.

256. Em Varnhagen (1851 e 1879), "Quaparaiva". Guaparaíba ou guaparaíva, conhecida também como mangue-vermelho.
257. Em Varnhagen (1851 e 1879), "jutaypeba". Jataipeba, jataipeva ou itu.

Sabucai[258] é outra árvore real que nunca apodreceu, assim debaixo da terra como sobre ela, de cujo fruto tratamos atrás, cuja madeira é vermelhaça, dura e tão pesada que se vai ao fundo; da qual se acham grandes árvores, de que se fazem gangorras, mesas, eixos, fusos, virgens, esteios e outras obras dos engenhos. Quando se cortam estas árvores tinem nelas os machados como se dessem por ferro, onde se quebram muito.

[66] Em que se acaba de concluir a informação das árvores reais que se criam na Bahia Masarandiba[259] é outra árvore real, de cujo fruto já fica dito atrás; são naturais estas árvores da vizinhança do mar; e acham-se muitas de trinta a quarenta palmos de roda, de que se fazem gangorras, mesas, eixos, fusos, virgem, esteios e outras obras dos engenhos, cuja madeira é de cor de carne de presunto, e tão dura de lavrar que não há ferramenta que lhe espere, e tão pesada que se vai ao fundo. Estas árvores são tão compridas e direitas que se aproveitam do grosso delas de cem palmos para cima, e nunca se corrompem.

Há outra árvore real que se chama jataí-nandi,[260] que não é tamanha como as de cima, mas de honesta grandura, de que se fazem eixos, fusos, virgens, esteios e outras obras dos engenhos, cuja madeira é amarela, de cor formosa, muito rija e doce de lavrar e incorruptível; e é tão pesada que se vai ao fundo; e não se dá em ruim terra.

---

258. Sapucaia.
259. Em Varnhagen (1851 e 1879), "maçarandiba". Maçarandiba ou maçaranduba.
260. Em Varnhagen (1851 e 1879), "jatay-mondé". Jataí-mondé.

Nas várzeas de areia se dão outras árvores reais, a que os índios chamam cunhá,[261] as quais se parecem na feição, na folha, na cor da madeira, com carvalhos; e acham-se alguns de vinte e cinco a trinta palmos de roda, de que se fazem gangorras, mesas, eixos, virgens, esteios e outras obras miúdas; mas não é muito fixo ao longo da terra; a qual também serve para liames de navios e barcos e para tabuado; e de pesado se vai ao fundo.

Há outras árvores reais, a que os portugueses chamam angelim, e os índios andurababajari,[262] as quais são muito grandes e acham-se muitas de mais de vinte palmos de roda, de que fazem gangorras, mesas, eixos, virgens, esteios e outras obras dos engenhos e das casas de vivenda, e boas caixas por ser madeira leve e boa de lavrar, e honesta cor.

Juquitiba é outra árvore real, façanhosa na grossura e comprimento, de que se fazem gangorras, mesas dos engenhos e outras obras, e muito tabuado; e já se cortou árvore destas tão compridas e grossas, que deu no comprimento e grossura duas gangorras, que cada uma pelo menos há de ter cinquenta palmos de comprido, quatro de assento e cinco de alto. Esta madeira tem a cor brancacenta, é leve e pouco durável, onde lhe chove; não se dão estas árvores em ruim terra.

Ubirahem[263] é outra árvore real de que se acham muitas de vinte palmos de roda para cima, de que se fazem gangorras, mesas, virgens, esteios dos engenhos e tabuado para navios, e outras obras, cuja cor é amarelaça; não muito pesada, e boa de lavrar.

---

261. Em Varnhagen (1851 e 1879), "curuá".
262. Em Varnhagen (1851 e 1879), "andurababapari". Andira, ibiariba ou argelim.
263. Em Varnhagen (1851 e 1879), "ubiraem".

Pelas campinas e terra fraca se criam muitas árvores, que se chamam sepepiras,[264] que em certo tempo se enchem de flor como de pessegueiro; não são árvores muito façanhosas na grandura, por serem desordenadas nos troncos, mas tiram-se delas virgens, esteios e fusos para os engenhos; a madeira é parda e muito rija, e tão liada que nunca fende; e para liação de navios e barcos é a melhor que há no mundo, que sofre melhor o prego e nunca apodrece; de que se também fazem carros muito bons; e é tão pesada esta madeira que se vai ao fundo.

Mutumusu[265] é uma árvore real, e não se dá senão em terra muito boa; não são árvores muito grandes, mas dão três palmos de testa. Esta é das mais fixas madeiras que há no Brasil, porque nunca se corrompe, da qual se fazem eixos, virgens, fusos, esteios para os engenhos, e toda a obra de casas e de primor; a cor desta madeira é amarela com umas veias vermelhas; é pesada e dura, mas muito doce de lavrar.

Há outras árvores, que se chamam urucuranas, que são muito compridas e de grossura, que fazem delas virgens e esteios para os engenhos, e outras muitas obras de casas, e tabuado para navios, a quem o gusano[266] não faz mal; a qual madeira é pesada, e vai-se ao fundo; tem a cor de carne de fumo, e é boa de lavrar e serrar.

[67] Daqui por diante se trata das madeiras meãs Madeiras meãs, e de toda a sorte, há tantas na Bahia, que se não podem contar, das quais diremos alguma parte das que chegaram à nossa notícia.

264. Sebipira.
265. Em Varnhagen (1851 e 1879), "putumujú". Putumuju.
266. Gusano: moluscos bivalves que cavam buracos na madeira submersa dos cais e embarcações.

E comecemos no camasari[267] que são árvores naturais de areias e terras fracas. São estas árvores muito compridas e direitas, das quais se tiram frechas e tirantes para engenhos de cem palmos, e de cento e vinte de comprido e dois de largo, palmo e meio afora o delgado da ponta, que serve para outras coisas; a qual madeira serve para toda a obra das casas, do que se faz muito tabuado para elas e para os navios. Esta madeira tem a cor vermelhaça, boa de lavrar e melhor de serrar. Destas árvores se fazem mastros para os navios, e se foram mais leves eram melhores que os de pinho, por serem mais fortes; as quais árvores são tão roliças, que parecem torneadas. Cria-se entre a casca e o âmago desta árvore uma matéria grossa e alva, que pega como terebintina; e é da mesma cor, ainda que mais alva; o que lança dando-lhe piques na casca em fio, e o mesmo lança ao lavrar e ao serrar,[268] e lançam muita quantidade; e se toca nas mãos, não se tira senão com azeite; e se isto não é terebintina, parece que fazendo-lhe algum cozimento, que engrossará e coalhará como resina, que servirá para brear os navios, de que se fará muita quantidade, por haver muita soma destas árvores à borda da água, e cada uma deita muita matéria desta.

Guanandi[269] é uma árvore comprida, e não muito grossa, cuja madeira é amarelada, que serve para obra de casas em parte onde lhe não toque a água; a casca desta árvore é muito amarela por dentro e entre ela e o pau lança um leite grosso, e de cor amarela muito fina, o qual pega como visco; e com ele armam os moços aos pássaros; da qual madeira se não faz conta, nem se aproveitam dela senão em obras de pouca dura;

---

267. Em Varnhagen (1851 e 1879), "camaçari". Camaçari.
268. No manuscrito da BGJM, "ao lavrar e ao tarar".
269. Guanandi ou anani.

as quais são muito compridas, direitas e roliças, de que se fazem mastros para navios.

[68] Que trata das árvores que dão a embira, de que fazem cordas e estopa para calafetar os navios   Acham-se pelos matos muitas árvores de que se tira a embira para calafetar,[270] e comecemos a dizer das que se chamam invirisu,[271] que são árvores grandes, cuja madeira é mole, e não se faz conta dela senão para o fogo; as quais têm a casca áspera por fora, a qual se esfolha das árvores, e se pisam muito bem, faz-se branda como estopa, que serve para calafetar. Dão essas árvores umas flores brancas como cebola-cecém muito formosas, e da mesma feição, que estão fechadas da mesma maneira, as quais se abrem como se põe o sol; e estão abertas até pela manhã, enquanto lhe não dá o sol, e como lhe chega se tornam a fechar, e as que são mais velhas caem no chão, cujo cheiro é suave, mas muito mimoso; e como apertam com elas não cheiram.

Há uma árvore meã, que se chama ibiriba, de que se fazem esteios para os engenhos, tirantes e flechais,[272] e outra obra de casa, tirando tabuado, por ser má de serrar. Esta madeira é muito dura e má de lavrar, é muito forte para todo o trabalho, e não há machado com que se possa torar, que não quebre ou se trate mal, é muito boa de fender; a qual os índios fazem em fios para fachos com que vão mariscar, e para andarem de noite; e ainda que seja verde cortada daquela hora, pega fogo nela como em alcatrão; e não apaga o vento os fachos nela; e em casa servem-se os índios das achas desta madeira,

---

270. No manuscrito da BGJM, "se tira a embira, e".
271. Em Varnhagen (1851 e 1879), "enviroçu". Embiruçu ou imbiruçu.
272. Flechal: Viga que vai em cima das paredes, onde se pregam os barrotes e caibros do teto de uma casa.

como candeias, com que se servem de noite à falta delas. Estas árvores se esfolham e abrem-se à mão, as quais se fazem todas em fios muito compridos, que se fiam como cânhamo, de que se fazem amarras e toda a sorte de cordoalha, que é tão forte como de cairo;[273] e pisada esta casca muito bem, se faz tão branda e mais que estopa, com o que se calafetam os navios e barcos; e para debaixo da água é muito melhor que estopa, porque não apodrece na água, e incha muito.

Imbirete[274] é outra árvore meã, cuja madeira é mole, e do entrecasco dela se tira embira branca, com que fazem cordas tão alvas como de algodão e morrões de espingarda muito bons, que se não apagam nunca, e fazem muito boa brasa; o qual entrecasco se tira tão facilmente, que fazem os negros de Guiné dele panos de cinco a seis palmos de largo, e do comprimento que querem; os quais amassam e pisam com uns paus com que os fazem estender, e ficam tão delgados como lona, mas muito macios, com os quais se cingem e cobrem.

Guoayambira[275] é uma árvore pequena, que não é mais grossa que a perna de um homem; cortam-na os índios em rolos de dez, doze palmos, e esfolam-na inteira para baixo como coelho, e saem os entrecascos inteiros; de que os índios fazem aljavas em que metem os arcos e flechas, a qual embira é muito alva; de que fazem cordas e morrões de espingarda.

[69] Que trata de algumas árvores muito duras O conduru[276] é árvore de honesta grandura, e acham-se algumas que

---

273. Cairo: filamento da entrecasca de certos tipos de cocos usado para fazer cabos ou cordas.
274. Em Varnhagen (1851 e 1879), "embiriti".
275. Em Varnhagen (1851 e 1879), "goayambira".
276. Em Varnhagen (1851 e 1879) "condurú". Conduru ou cunduru.

têm três palmos de testa, e não dão um palmo de âmago vermelho, que todo o mais é branco que apodrece logo, e o vermelho é incorruptível; de que se fazem leitos, cadeiras e outras obras delicadas. Destes condurus novos se fazem espeques para os engenhos, porque não quebram, por darem muito de si quando lhe fazem força.

Suasucanga[277] é uma árvore pequena, cujo tronco não é mais grosso que a perna de um homem, a madeira é alvíssima como marfim, e com as mesmas águas, a qual é muito dura; e serve para marchetar em lugar de marfim.

Há outras árvores grandes de que se fazem esteios para os engenhos, a que os índios chamam abiraetá,[278] e os portugueses pau-ferro, por serem muito duras e trabalhosas de cortar, cuja madeira é pardaça e incorruptível, as quais árvores se dão em terra de pedras e lugares ásperos.

Ubirapariba[279] é árvore grande, muito dura, de que os índios fazem os seus arcos, a madeira tem a cor parda, e é muito dura de lavrar e cortar; que pelo ser se não aproveitam destas árvores, por quebrarem os machados nelas; cuja madeira se não corrompe, nem estalam os arcos que se dela fazem; nos quais se faz aleonada depois de cortada; e é tão pesada que, em tocando nágua, se vai logo ao fundo.

Ubiraúna são árvores grandes de que se fazem esteios para os engenhos por se não corromper nunca; cuja madeira é preta, muito dura de lavrar, e tão pesada que se vai ao fundo se a lançam nágua.

---

277. Em Varnhagen (1851 e 1879), "suaçucanga".
278. Em Varnhagen (1851 e 1879) "ubiraetá".
279. Ibirapariba.

Mandiocahi[280] é uma árvore assim chamada pelo gentio, de honesta grossura e comprimento, de que se fazem esteios dos engenhos e virgens, por ser a madeira muita dura, a qual é pesada e boa de lavrar, e de cor amarelaça.

Há outras árvores, a que o gentio chama ubirapiroqua;[281] são árvores compridas, muito direitas, de que se tira grossura até palmo e meio de testa, de que se fazem tirantes e flechais de casas. Esta madeira é pesada e vai-se ao fundo, e é muito rija e boa de lavrar; têm estas árvores a casca lisa, a qual pela cada ano, e vem criando outra nova por baixo daquela que pela.[282]

[70] Que trata das árvores que se dão ao longo do mar

Ao longo do mar se criam umas árvores, a que os portugueses chamam espinheiros, e os índios tatagiba,[283] que têm as folhas como romeira, e os ramos cheios de espinhos; a madeira por fora é muito áspera, e por dentro amarela de cor fina; a qual se lavra muito bem, sem embargo de ser dura; e é tão fixa que não há quem visse nunca um pau deste podre, de que se fazem muitas obras boas.

Pelo salgado há uma casta de mangues, a que os índios chamam sereiba,[284] que se criam onde descobre a maré, os quais lançam muitos filhos ao pé todos de uma grossura, delgados, direitos, de grossura que servem para encaibrar as casas de mato, e os mais grossos servem para as casas dos engenhos, por serem muito compridos e rijos, e de grossura bastante. Destes mangues se faz também lenha para os engenhos, aos quais caem

---

280. Mandiocaí.
281. Em Varnhagen (1851 e 1879), "ubirapiroca". Ibirapiroca.
282. Em Varnhagen (1851 e 1879), "daquela pele".
283. Tataíba ou tatajuba.
284. Em Varnhagen (1851 e 1879), "sereîba". Sereíba.

algumas folhas, que se fazem amarelas, de que se mantêm os caranguejos, que por entre elas se criam; e dão estas árvores umas espigas de um palmo, de feição das dos feijões, e têm dentro um fruto à maneira de favas, de que tornam a nascer ao pé da mesma árvore, e por derredor dela.

Canapauba[285] é outra casta de mangues, cujas árvores são muito tortas e desordenadas, muito ásperas da casca, cujas pontas tornam para baixo em ramos muito lisos, enquanto novos e direitos, e vêm assim crescendo para baixo, até que chega a maré; e como esta chega, a eles logo criam ostras, com o peso das quais vêm obedecendo ao chão até que pega dele, e como pega logo lança ramos para cima, que vão crescendo muito desafeiçoados e lançam mil filhos ao longo da água, que têm tão juntos que se afogam uns aos outros.

[71] **Em que se trata de algumas árvores moles** Há umas árvores muito grandes, a que o gentio chama copaubuçu,[286] cuja madeira é mole, e não serve senão para cinza, para os engenhos fazerem decoada. Estas árvores têm umas raízes sobre a terra, feitas por tal artifício, que parecem tábuas postas ali a mão, as quais lhe cortam ao machado; de que se tiram tabuões, de que se fazem gamelas de cinco, seis palmos de largo, e sete e oito de comprido, de onde se fazem também muitas rodelas, que são como as de adargueiro, e d'avantagem na levidão, cuja madeira é estopenta e muito branda, que não fende.

Paraparaiba é uma árvore que se dá em boa terra que já foi lavrada, a qual em poucos anos se faz muito alta e grossa, e tem a casca brancacenta, a qual ao longe parece na brancura

---

285. Em Varnhagen (1851 e 1879), "canapaúba". Canapaúba ou mangue-branco.

286. Em Varnhagen (1851 e 1879), "copaubuçú".

e grandura o álamo. Tem esta árvore a folha como figueira, mas os pés mais compridos, a madeira é muito mole e oca por dentro, de que fazem bombas aos caravelões da costa; e por dentro tem muitas infindas formigas.

Apeiba[287] é uma árvore comprida muito direita, tem a casca muito verde e lisa, a qual árvore se corta de dois golpes de machado, por ser muito mole; cuja madeira é muito branca, e a que se esfola a casca muito bem; e é tão leve esta madeira, que traz um índio do mato às costas paus destes de vinte e cinco palmos de comprido e da grossura da sua coxa, para fazer dele uma jangada para pescar no mar a linha; as quais árvores se não dão senão em terra muito boa.

Penaiba é uma árvore comprida e delgada, muito direita, cuja madeira é leve e de cor de pinho, que serve para mastros e vergas das embarcações da terra, a qual dá de si muito e não estala; mas não dura muitos anos, porque a corrompe a chuva.

Gerumari[288] é outra árvore que se dá pela terra dentro, a qual é delgada no pé e muito grossa em cima; e dá umas favas brancas; cuja madeira não serve mais que para o fogo.

Dão-se nas campinas perto do mar umas árvores, que se parecem com cajueiros, de que já falamos, que não dão fruto, que se chamam caiuapebu.[289] Têm estas árvores a folha brancacenta, crespa e áspera como de amoreira, e a casca dessas árvores é seca como de sobreiro. A madeira é leve, mas muito liada, e não fende, de que se tiram curvas para barcos, e que se fazem vasos de selas, e destas folhas podem manter bichos-de-seda, e os levarem a estas partes.

---

287. Em Varnhagen (1851 e 1879), "apeyba". Apeíba.
288. Em Varnhagen (1851 e 1879), "geremari".
289. Em Varnhagen (1851 e 1879), "cajupeba". Cajupeba ou cajueiro-bravo.

Pelo sertão da Bahia se criam umas árvores muito grandes em comprimento e grossura, a que os índios chamam ubiragara, das quais fazem umas embarcações para pescarem pelo rio e navegarem, de sessenta e setenta palmos de comprido, que são facílimas de fazer, porque se cortam estas árvores muito depressa, por não ter dura mais que a casca e o âmago; é muito mole e tanto que dois índios em três dias tiram com suas foices o miolo todo a estas árvores, e fica a casca só, que lhes serve de canoas, tapadas as cabeças, em que se embarcam vinte e trinta pessoas.

[72] **Em que se apontam algumas árvores de cheiro** Entre as árvores de cheiro que se acham na Bahia, há uma a que os índios chamam carunje, que se parece na folha, na casca e no cheiro aos loureiros da Espanha, mas não na baga; cuja madeira é sobre o mole[290] que se gasta, no fogo dos engenhos.

Anhuibatá[291] é uma árvore que se dá em várzeas úmidas e de areia, a qual na grandeza e feição é como o louro, cuja madeira é muito mole e de cor almecegada; o entrecasco desta árvore é da cor de canela; e cheira, queima e sabe como canela; mas tem a quentura mais branda, e sem dúvida que parece canela, e parece que se a beneficiarem, que será muito fina, porque o entrecasco dos ramos queima mais do que o do tronco da árvore.

Jacaranda[292] é uma árvore de bom tamanho, que se dá nas campinas, em terras fracas, cuja madeira é preta com algumas águas; e é muito dura, e boa de lavrar para obras-primas; e é

---

290. Mole: molhe.
291. Em Varnhagen (1851 e 1879), "anhaybatãa". Inhaíba.
292. Jacarandá.

muito pesada, e não se corrompe nunca sobre a terra, ainda que lhe dê o sol e a chuva, a qual tem muito bom cheiro.

Jucuriasu[293] é uma árvore que se dá em terras fracas, e não é demasiada na grandeza, mas, contudo, se acham algumas, que dão três palmos de testa; a madeira desta árvore não se corrompe nunca, é dura, pesada e muito boa de lavrar para obras-primas. Há uma casta de cor parda, com águas pretas, e outra vermelhaça, com águas também pretas, umas e outras da feição do chamalote; e umas e outras têm o cheiro suavíssimo, e na casa onde se lavra sai o cheiro por toda a rua, e os seus cavacos no fogo cheiram muito bem; a qual madeira é muito estimada em toda a parte pelo cheiro e formosura.

Musutaiba[294] é uma árvore que se dá em terras boas e não é de demasiada grandeza, a que chamam em Pernambuco pau-santo;[295] cuja madeira é de honesta grossura, muito rija e pesada, mas boa de lavrar e melhor de tornear, e tem boas águas, para se dela fazer obras de estima; nunca se corrompe do tempo, e cheira muito bem.

Ubirataya[296] é uma árvore que não é grande, cuja madeira é mole, de cor parda, que cheira muito bem; e na casa onde se queima recende o cheiro por toda a rua.

Intagapema[297] é uma árvore que tem a madeira dura, com água sobre aleonado, que cheira muito bem, de que se fazem contas muito cortesãs, e o gentio as suas espadas.

---

293. Em Varnhagen (1851 e 1879), "jucuriaçu". Jucuriaçu.
294. Em Varnhagen (1851 e 1879), "mucetaiba". Mucetaíba.
295. No manuscrito da BGJM, "árvore que se dá em boa terra a que chamam em Pernambuco pau-santo".
296. Ubirataía.
297. Em Varnhagen (1851 e 1879), "entagapema". Entagapena.

[73] **Em que se trata de árvores de que se fazem remos e hastes de lanças**   Atrás tratamos do jenipapo no tocante ao fruto, agora lhe cabe tratar no tocante à madeira; cujas árvores são altas e de honesta grossura, tem a folha como castanheiro; a madeira é de cor branca, como buxo, de que se fazem muitos e bons remos, que duram mais que os de faia; enquanto são verdes são pesados, mas depois de secos são muito leves; esta madeira não fende nem estala, de que se faz também toda a sorte de poleame,[298] por ser doce de lavrar e não fender; e cabos e cepos para toda a ferramenta de toda a sorte.[299]

Hoaquaã[300] é outra árvore de que se fazem remos para os barcos, a qual se dá em terras úmidas e de areia. São estas árvores de meã grossura, e quando se lavram fazem um roxo claro muito formoso, mas dura-lhe pouco a cor; as quais, depois de derrubadas, as fendem os índios de alto a baixo em quartos, para fazerem os remos, que não duram tanto como os de jenipapo.

Há outras árvores, a que os índios chamam ubiratinga, que não são grossas, mas compridas e direitas, e têm a casca áspera; a cor da madeira é açafroada e boa de fender, o que se lhe faz para fazerem hastes de lanças e arremessões, que se fazem muito formosos, e de dardos que são mais pesados que os de Biscaia; mas mais duros e formosos. Dão-se estas árvores em terras baixas e úmidas perto do salgado.[301]

---

298. Poleame: peça de madeira usada para passagem de cabos fixos ou de laborar em uma embarcação.
299. Em Varnhagen (1851 e 1879), "por ser doce de lavrar; e cabos".
300. Em Varnhagen (1851 e 1879), "Huacã".
301. Em Varnhagen (1851 e 1879), "e se fazem muito formosos. Dão-se estas árvores".

[74] **Em que se diz de algumas árvores que têm ruim cheiro** Nestes matos se acham umas árvores meãs e direitas, de que se fazem obras de casas; a sua madeira por fora é almecegada e o âmago por dentro muito preto; mas quando a lavram não há quem lhe sofra o fedor, porque é pior que o de umas necessárias, e chegar os cavacos aos narizes é morrer, que tão terrível fedor têm; e metendo-se no fogo se refina mais o fedor; a estas árvores chamam os índios ubirarema, que quer dizer "madeira que fede muito".

Há outra casta de ubirarema,[302] cujas árvores são grandes e desordenadas nos troncos, como as oliveiras; cujos ramos, folhas, cascas e madeira fedem a alhos, de feição que quem os aperta com as mãos lhe fica fedendo de maneira que se lhe não tira em todo o dia o cheiro, e têm árvores as folhas da feição das ameixeiras.

Ao pé de algumas árvores se criam uns ramos como parreira, da grossura e da feição de uma corda meã, a que os índios chamam cipós, os quais trepam pelas árvores acima como as videiras; os quais cipós cheiram a alhos, e quem pega deles não se lhe tira o cheiro em todo aquele dia, por mais que se lave.

[75] **Em que se apontam algumas árvores que dão frutos silvestres que se não comem** Nos matos se criam umas árvores de honesta grandura, a que os índios chamam comedoi,[303] de cuja madeira se não faz conta. Esta árvore dá umas bainhas como feijões, meio vermelhos e meio pretos mui duros, de finas cores, que é a semente de que as árvores nascem, os quais servem para tentos, e são para isso mui estimados.

302. Também conhecido como pau-d'álho.
303. Em Varnhagen (1851 e 1879), "comedoy". Cumandá ou apucarana.

Araticupana[304] é uma árvore do tamanho e feição do marmeleiro, as quais se criam nos alagadiços, onde se ajunta a água doce com a salgada, cuja madeira é mole e lisa que se esfola toda em lhe puxando pela casca. Dão estas árvores um fruto tamanho como marmelos, lavrado pela casca, como pinha, e muito liso, o qual arregoa como é maduro, e cheira muito bem. Este fruto comem os índios a medo, porque têm para si que quando os caranguejos da terra fazem mal, que é por comerem este fruto naquele tempo.

Anhangaquiabo quer dizer "pente de diabo", é árvore de bom tamanho, cujo fruto são umas bainhas grandes; tem dentro de si uma coisa branca e dura, afeiçoada como pente, de que os gentios se aproveitavam antes de comunicarem com os portugueses e se valerem dos seus pentes.

Cuigijba[305] é uma árvore tamanha como nogueira, e tem a folha como nogueira, a qual se não cria em ruim terra, e dá umas flores brancas grandes. Da madeira se não trata, porque as não cortam os índios, por estimarem muito o seu fruto, que é como melões, maiores e menores, de feição redonda e comprida, a qual fruto não se dá entre as folhas, como as outras árvores, senão pelo tronco da árvore e pelos braços dela, cada um por si; estando esta fruta na árvore, é da cor dos cabaços verdes, e como os colhem, cortam-nos pelo meio ao comprido, e lançam-lhe fora o miolo, e é como o dos cabaços; e vão curando estas peças até se fazerem duras,[306] dando-lhe por dentro uma tinta preta e por fora amarela, que se não tira nunca; ao que os índios

---

304. Em Varnhagen (1851 e 1879), "araticurana". Araticum.
305. Em Varnhagen (1851 e 1879), "cuiêyba". Cuieira ou cabaceira.
306. Em Varnhagen (1851 e 1879), "até se fazerem duas".

chamam cuias, que lhes servem de pratos, escudelas, púcaros, taças e de outras coisas.

Há outras árvores meãs, a que os índios chamam jatuaiba, cuja madeira é muito pesada, as quais cai a folha cada ano, e
5 torna arrebentar de novo. Esta árvore dá umas frutas brancas, do tamanho e feição de azeitonas cordovesas.

Pelo sertão se criam umas árvores a que os índios chamam beribebas, que dão um fruto do tamanho e feição de noz-moscada, o qual amaruja e requeima como ela.

10 **[76] Que trata dos cipós e o para que servem** Deu a natureza no Brasil, por entre os seus arvoredos, umas cordas muito rijas e muitas que nascem aos pés das árvores e atrepam por elas acima, a que chamam cipós, com que os índios atam a madeira das suas casas, e os brancos que não podem mais, com
15 que escusam pregadura; e em outras partes servem em lugar de cordas, e fazem deles cestos melhores que de vimes, e serão da mesma grossura, mas têm comprimento de cinco e seis braças.

Nestes mesmos matos se criam outras cordas mais delgadas e primas, que os índios chamam timbós; que são mais rijos
20 que os cipós acima, que servem do mesmo, aos quais fendem também em quatro partes, e ficam uns fios mui lindos como de rota da Índia em cadeiras, e com estes fios atam a palma das casas quando as cobrem com ela, do que fazem também cestos finos; e far-se-á deles tudo o que se faz da rota da Índia.

25 Há outra casta a que os índios chamam timborana, que é da mesma feição dos timbós, mas não são tão rijos, do que se aproveitam os índios, quando não acham os timbós.

Criam-se também nestes matos uns cipós muito grossos, a que os índios chamam cipó-embé,[307] cujo nascimento é também ao pé das árvores,[308] por onde atrepam; e são rijos que tiram com eles as gangorras dos engenhos do mato e as madeiras grossas; pelas quais puxam cem e duzentos índios, sem quebrarem, e se acertam de quebrar tornam-se logo a atar, e com eles varam as barcas em terra, e as deitam ao mar, e acham-nos tão grossos como são necessários, com os quais se escusam calabrotes de linho.

[77] **Que trata de algumas folhas proveitosas que se criam no mato**   Caáeté[309] é uma folha que se dá em terra boa e úmida, que é da feição das folhas das alfaces estendidas, mas de quatro e cinco palmos de comprido, e são muito tesas; as quais nascem em touças muito juntas, e têm o pé de quatro e cinco palmos de comprido, e não fazem árvore.[310] Servem estas folhas aos índios para fazerem delas uns vasos, em que metem a farinha, quando vão à guerra, ou algum outro caminho, onde a farinha vai de feição que ainda que chova muito não lhe entra água dentro.

Caápara[311] é outra folha, que nasce como a de cima, mas em cada pé estão pegadas quatro folhas como as atrás, pegadas umas nas outras; com estas folhas arma o gentio em umas varas uma feição como esteira muito tecida, e fica cada esteira de trinta palmos de comprimento, e três de largo, e assentam-nas

---

307. Cipó-imbé.
308. No manuscrito da BGJM, "cipao este cujo".
309. Em Varnhagen (1851 e 1879), "cáeté". Caeté.
310. No manuscrito da BGJM, "mas de quatro e cinco palmos de comprido, e não fazem árvore".
311. Em Varnhagen (1851 e 1879), "capara".

sobre o emadeiramento das casas, com o que ficam muito bem cobertas; e dura uma cobertura destas sete, oito anos e mais.

Tocum[312] é uma erva cujas folhas são como de cana-do-reino, mas mais curtas e brandas; a vara onde se criam é cheia de espinhos pretos, e limpa deles fica como rota-da-índia. Estas folhas quebram os índios a mão, e tiram dela o mais fino linho do mundo, que parece seda, de que fazem linhas de pescar, torcidas a mão, e são tão rijas que não quebram com peixe nenhum. Este tocum, ou seda que dele sai, é pontualmente do toque da erva-da-índia, e assim o parece; do qual se farão obras mui delicadas, se quiserem.

E porque se não pode aqui escrever a infinidade das árvores e ervas que há pelos matos e campos da Bahia, nem as notáveis qualidades e virtudes que têm, achamos que bastava para o propósito deste compêndio dizer o que se contém em seu título; mas há-se de notar que aos arvoredos desta província lhe não cai nunca a folha, e em todo o ano estão verdes e formosos.

[78] Sumário das aves que se criam na terra da Bahia de Todos os Santos do Estado do Brasil Já que temos satisfação com o que está dito no tocante ao arvoredo que há na Bahia de Todos os Santos, e com os frutos, grandezas e estranhezas dela, e ainda que o que se disse é o menos que se pode dizer, por haver muitas mais árvores, convém que se dê conta quais aves se criam entre estes arvoredos, e se mantêm de seus frutos e frescura deles.

E peguemos logo da águia como da principal ave de todas as criadas. A águia, a que o gentio chama cabureasu,[313] é tama-

---

312. Tucum.
313. Em Varnhagen (1851 e 1879), "cabureaçû". Caburé-açu.

nha como as águias da Espanha, tem o corpo pardaço, e as asas pretas; tem o bico revolto, as pernas compridas, as unhas grandes e muito voltadas, de que se fazem apitos; criam em montes altos, onde fazem seus ninhos e põem dois ovos somente; e sustentam os filhos da caça que tomam, de que se mantêm.

Criam-se nestes matos emas muito grandes, a que o gentio chama nhundu,[314] as quais se criam pela terra adentro em campinas, e são tamanhas como as da África, e eu vi um quarto de uma depenada tamanho de um carneiro grande. São estas aves brancas, outras cinzentas, e outras malhadas de preto, as quais têm as penas muito grandes, mas não tem nelas tanta penagem como as da Alemanha; os seus ovos não são redondos, nem tamanhos como os da África. Estas aves fazem os ninhos no chão, onde criam; e mantêm os filhos com cobras e outros bichos que tomam, e com frutas do campo; as quais não voam levantadas do chão, correm em pulos, com as asas abertas; tomam-nas os índios a cosso;[315] e tanto as seguem até que as cansam, e de cansadas as tomam. Têm estas aves as pernas e pescoço compridos, cuja carne é dura, mas muito gostosa; das penas se aproveita o gentio, e fazem delas uma roda de penachos, que pelas suas festas trazem nas costas, que têm em muita estima.

Tabuyayá[316] é uma ave muito maior que pato; tem as pernas altas, os pés grossos, a cor parda, o bico grosso e grande; tem sobre o bico, que é branco, uma maneira de crista vermelha, e sobre a cabeça umas penas levantadas, como poupa. Criam em árvores altas, os ovos são como de patos, mantêm-se de frutas do mato; cuja carne é dura, mas boa para comer.

---

314. Em Varnhagen (1851 e 1879), "nhandú". Nhandu ou nandu.
315. Cosso: ato de perseguir.
316. Em Varnhagen (1851 e 1879), "tabuiaiá". Tabujajá ou tubaiaiá.

[79] **Em que se declara a propriedade do macucagoá, motum e das galinhas-do-mato**   Macucagoá[317] é uma ave grande de cor cinzenta, do tamanho de um grande pato, mas tem no peito mais titelas que dois galipavos, as quais são tenras como de perdiz, e da mesma cor; a mais carne é sobre dura, sendo assada, mas cozida é muito boa. Têm estas aves as pernas compridas, cheias de escamas verdoengas; têm o bico pardaço, da feição da galinha; voam pouco e ao longo do chão, por onde correm muito, e as tomam com cães a cosso, e às vezes as matam às flechadas; criam no chão, onde põem muitos ovos, em ninhos como de galinhas; mas têm a casca verde, de cor muito fina, e mantêm-se das frutas do mato.

Mutuns[318] são umas aves pretas nas costas, asas e barriga brancas; são do tamanho dos galipavos, têm as pernas compridas e pretas, e sobre a cabeça umas penas levantadas como pavão, e voam pouco e baixo, correm muito pelo chão, onde as matam a flechadas e as tomam a cosso com cães. Criam no chão, os seus ovos são tamanhos como de pata, muito alvos, e tão crespos da casca como confeitos, e a clara deles é como manteiga de porco derretida, a qual enfastia muito. Têm estas aves o bico preto como de corvo e tocados ao redor de vermelho, à maneira de crista; a carne destas aves é muito boa, pontualmente como a de galipavos, e têm no peito muitas mais titelas.

Jacus são umas aves a que os portugueses chamam galinhas-do-mato, e são do tamanho das galinhas e pretas; mas têm as pernas mais compridas, a cabeça e pés como galinhas, o bico preto, cacarejam como perdizes, criam no chão, e têm o vôo muito curto; mantêm-se de frutas, matam-nas os índios às

---

317. Em Varnhagen (1851 e 1879), "macuagoá". Macaguã.
318. Em Varnhagen (1851 e 1879), "motúm". Mutum.

flechadas; cuja carne é muito boa, e têm o peito cheio de titelas como perdiz da mesma cor, e muito tenras; a mais carne é dura para assada e, cozida, é muito boa.

Tuyuyú[319] é uma ave grande de altura de cinco palmos, tem as asas pretas, e papo vermelho, e o mais branco; tem o pescoço muito grande, e o bico de dois palmos de comprido; fazem os ninhos no chão, em montes muito altos, onde fazem grande ninho, em que põem dois ovos, cada um como um grande punho; mantêm os filhos com peixe dos rios o qual comem primeiro, e recozem-no no papo, e depois arrevessam-no[320] e repartem-no pelos filhos.

[80] Em que se declara a natureza dos canindés, araras e tucanos Canindé é um pássaro tamanho como um grande galo; tem as penas das pernas, barriga e colo amarelas, de cor muito fina, e as costas acatassoladas de azul e verde, e as das asas e rabo azuis, o qual tem muito comprido, e a cabeça por cima azul, e ao redor do bico, amarelo; tem o bico preto, grande e grosso; e as penas do rabo e as das asas são vermelhas, pela banda de baixo. Criam em árvores altas, onde tomam os índios novos nos ninhos, para se criarem nas casas, porque falam e gritam muito, com voz alta e grossa; os quais mordem mui valentemente, e comem frutas das árvores, e em casa tudo quanto lhes dão; cuja carne é dura, mas aproveitam-se dela os que andam pelo mato. Os índios se aproveitam das suas penas amarelas para as suas carapuças, e as do rabo, que são de três e quatro palmos, para as embagaduras das suas espadas.

319. Em Varnhagen (1851 e 1879), "tuiuiú". Tuiuiú.
320. Arrevessar: expelir pela boca; vomitar.

Arara é outro pássaro do mesmo tamanho, e feição do canindé, mas tem as penas do colo, pernas e barriga vermelhas, e as das costas, das asas e do rabo azuis, e algumas verdes, e a cabeça e pescoço vermelhos, e o bico branco e muito grande, e tão duro que quebram com ele uma cadeia de ferro, os quais mordem muito e gritam mais. Criam estas aves em árvores altas, comem frutas do mato e milho pelas roças, e a mandioca quando está a curtir. Os índios tomam estes pássaros quando são novos nos ninhos, para os criarem; os quais, depois de grandes, cortam com o bico por qualquer pau, como se fosse uma enxó. A sua carne é como a dos canindés, de cujas penas se aproveitam os índios.

Tucanos são outras aves do tamanho de um corvo; têm as pernas curtas e pretas, as penas das costas azuladas, a das asas e do rabo aniladas, o peito cheio de frouxel muito miúdo de finíssimo amarelo, o qual os índios esfolam para forro de carapuças. Têm a cabeça pequena, o bico branco e amarelo, muito grosso, e alguns são tão compridos como um palmo, e tão pesados que não podem com ele quando comem, porque tomam grande bocado, com o que viram o bico para cima, porque não pode o pescoço com tamanho peso, como têm. Criam estes pássaros em árvores altas, e tomam-nos novos para se criarem em casa; os bravos matam os índios a flecha, para lhes esfolarem o peito, cuja carne é muito dura e magra.

[81] **Em que se diz das aves que se criam nos rios e lagoas da água doce**   Ao longo dos rios da água doce se criam mui formosas garças, a que o gentio chama uratinga, as quais são brancas e tamanhas como as da Espanha. Têm as pernas longas, pescoço e bico mui compridos, pernas e pés amarelos, e têm

entre os encontros um molho de plumas, que lhes chegam à ponta do rabo, que são mui alvas e formosas, e para estimar; e são estas garças muito magras e criam no chão, junto da água; mantêm-se do peixe, que tomam nos rios, e esperam mal que lhe atirem.

Criam-se mais, ao longo destes rios e nas lagoas, muitos adens, a que o gentio chama upeca, que são da feição dos da Espanha, mas muito maiores, os quais dormem em árvores altas, e criam no chão, perto da água. Comem peixe, e da mandioca que está a curtir nas ribeiras; tomam os índios estes adens, quando são novos, e criam-nos em casa, onde se fazem muito domésticos.

Agoapeasoca[321] é uma ave do tamanho de um frangão; tem as pernas muito compridas, e o pescoço e o vestido de pena aleonada, e derredor do bico uma rosa muito amarela; e tem nos encontros das asas dois esporões de osso amarelo, e nas pontas delas outros dois, com que ofendem aos pássaros com que pelejam. Andam estas aves nas lagoas, e criam nas junqueiras junto delas, onde põem três ovos, não mais, e mantêm-se de caracóis que buscam.

Jabacatim é um pássaro tamanho como um pintão, tem o bico comprido, o peito vermelho, a barriga branca, as costas azuis; criam em buracos que fazem nas barreiras sobre os rios, ao longo dos quais andam sempre com os pés pela água a tomar peixinhos, de que se mantêm.

E há outros, mais pequenos, da mesma feição e costumes, a que o gentio chama guoarirama.[322]

---

321. Em Varnhagen (1851 e 1879), "aguapeaçoca". Aguapeaçoca ou jaçanã.
322. Em Varnhagen (1851 e 1879), "garirama".

Jacoaçu[323] são outras aves da feição das garças grandes, e do seu tamanho; são pardas e pintadas de branco, andam nos rios e lagoas, criam ao longo delas e dos rios, no chão; mantêm-se do peixe que tomam.

[82] Das aves que se parecem com perdizes, rolas e pombas Picasu[324] é como pomba brava, mais pequena alguma coisa, tem a cor cinzenta, os pés vermelhos; cria no chão, onde põe dois ovos; tem o peito e carne mui saborosa.

Payrari[325] é uma ave do tamanho, cor e feição das rolas, as quais criam no chão, em ninhos, em que põem dois ovos, e tomam-nas em redes, e amansam-nas em casa de maneira que criam como pombas, as quais têm o peito muito cheio, e boa carne.

Juritis[326] é outra casta de rolas do mesmo tamanho, mas são aleonadas, e têm o bico pardo; também criam no chão onde põem dois ovos, e tomam-nas em redes, cuja carne é muito tenra e boa.

Nambu[327] é uma ave da cor e tamanho da perdiz, tem os pés e bico vermelho, voam ao longo do chão, por onde correm muito, e criam em ninhos que fazem no chão, onde põem muitos ovos. Estas aves têm grande peito, cheio de titelas muito tenras e saborosas.

---

323. Em Varnhagen (1851 e 1879), "jacuaçu".
324. Em Varnhagen (1851 e 1879), "picaçu". Picaçu.
325. Em Varnhagen (1851 e 1879), "payrary". Pairari, bairari ou pomba campestre.
326. Juriti ou Jeruti.
327. Nambu ou inhambu.

Há outras aves, a que os índios chamam pequipebas,[328] que são da feição das rolas, e da mesma cor, mas são mais pequenas, e têm as penas vermelhas e o bico preto; estas andam sempre pelo chão, onde criam, e põem dois ovos; as quais, o mais do tempo, andam esgaravatando a terra com o bico, buscando umas pedrinhas brancas de que se mantêm.

[83] Em que se relata a diversidade que há de papagaios

Ageruasu[329] são uns papagaios grandes todos verdes, que têm tamanho corpo como um adem, os quais se fazem mui domésticos em casa, onde falam muito bem; estes, no mato, criam em ninhos, em árvores altas; são muito gordos e de boa carne, e muito saborosos; mas hão de ser cozidos.

Agerueté[330] são uns papagaios verdadeiros, que falam e se levam à Espanha,[331] os quais são verdes, e têm os encontros das asas vermelhos, e o toucado da cabeça amarelo; criam nas árvores, em ninhos, e comem as frutas delas, de que se mantêm; cuja carne se come; e para se amansarem tomam-nos novos.

Há outros papagaios, a que chamam curicas,[332] que são todos verdes, e não têm mais que o só queixo amarelo, e algumas penas nas asas encarnadas; os quais criam em ninhos nas árvores, de onde fazem grande dano nas searas de milho; tomam-nos novos para se amansarem em casa, onde falam muito bem; cuja carne comem os que andam pelo mato, mas é dura.

---

328. Em Varnhagen (1851 e 1879), "piquepebas". Picuipeba ou pomba-de-espelho.
329. Em Varnhagen (1851 e 1879), "ageruaçu". Ajuru-açu ou papagaio-moleiro.
330. Ajuruetê ou papagaio-verdadeiro.
331. Em Varnhagen (1851 e 1879), "verdadeiros, que se levam".
332. Em Varnhagen (1851 e 1879), "corica". Corica ou curica.

Marcao[333] é um pássaro verde todo, como papagaio, tem a cabeça toucada de amarelo, o bico grosso e sobre o grande, e voltado para baixo, o rabo comprido e vermelho; criam-se em árvores altas, em ninhos; e amansam-se alguns, porque falam, cuja carne é dura, mas come-a quem não tem outra melhor.

Há uns passarinhos todos verdes, que têm os pés e bico branco, a que os índios chamam tuim; têm o bico revolto para baixo, e criam em árvores, em ninhos de palha, perto do mar, e não os há pelo sertão; os quais andam em bandos; tomam-nos em novos para se criarem em casa, onde falam muito claro e bem, e têm graça no que dizem.

Há outros pássaros todos verdes, maiores que os tuins, que têm o bico branco voltado, toucado de amarelo e azul, que criam em árvores, em ninhos, de onde se tomam em novos, para se criarem em casa, onde falam também; estes andam em bandos, destruindo as milharadas.

[84] Em que se conta a natureza de algumas aves de água salgada Na Bahia, ao longo da água salgada, nas ilhas que ela tem, se criam garcetas pequenas, a que os índios chamam nacabaçu;[334] algumas são brancas e outras pardas, as quais são umas plumas cinzentas pequenas, muito fidalgas para gorro; todas criam ao longo do mar, onde tomam peixe, de que se mantêm, e caranguejos novos; e esperam bem a espingarda.

Há outros pássaros, a que os índios chamam ubarateon,[335] que se criam perto do salgado, que são pardos e têm o pescoço branco, o bico verde, e são tamanhos como adens, e têm os pés da sua feição. Esses pássaros andam no mar, perto da terra,

333. Em Varnhagen (1851 e 1879), "marcaná". Maracanã.
334. Em Varnhagen (1851 e 1879), "carabuçu".
335. Em Varnhagen (1851 e 1879), "uirateonteon".

e voam ao longo da água tanto, sem descansar, até que caem como mortos; e assim descansam até que se tornam a levantar, e voam.

Carapira[336] é uma ave, a que os mareantes chamam rabifurcado, os quais se vão cinquenta e sessenta léguas ao mar, de onde se recolhem para a Bahia, diante de algum navio do reino, ou do vento sul, que lhes vem nas costas ventando, de onde tornam logo a fazer volta ao mar; mas criam em terra, ao longo dele.

Jaburu[337] é outra ave, tamanha como um grou; tem a cor cinzenta, as pernas compridas, o bico delgado e mais que de palmo de comprido; estas aves criam em terra ao longo do salgado e comem o peixe que tomam no mar, perto da terra, por onde andam.

Ao longo do salgado se criam uns pássaros, a que os índios chamam urateon; são pardos, tamanhos como frangões, têm as pernas vermelhas, o bico preto e comprido; são mui ligeiros e andam sempre sobre a água salgada, saltando em pulos, espreitando os peixinhos de que se mantêm.

Ao longo do mar se criam outros pássaros, a que os índios chamam ati;[338] têm o corpo branco, as asas pretas, o bico de peralto, com que cortam o peixe como com tesoura; têm as pernas curtas e brancas; andam sempre nas barras do rio buscando peixe, do que comem.

Matuimasu[339] são uns pássaros que andam sempre sobre os mangues, tamanhos como franganitos, de cor pardaça; têm as penas e bico preto, e mantêm-se de peixe que tomam.

336. Em Varnhagen (1851 e 1879), "carapirá". Carapirá.
337. Em Varnhagen (1851 e 1879), "jaború". Jabiru ou jaburu.
338. Em Varnhagen (1851 e 1879), "aty".
339. Em Varnhagen (1851 e 1879), "matuim-açú".

Matuim-mirim são outros pássaros de feição dos de cima, mas mais pequenos e brancacentos; mantêm-se do peixe que tomam; e uns e outros criam no chão, ao longo do salgado.

Pitaoão[340] são passarinhos do tamanho e cor dos canários, e têm uma coroa branca na cabeça; fazem grandes ninhos nos mangues, ao longo dos rios salgados, onde põem dois ovos; e mantém-se dos peixinhos que alcançam por sua lança.

Há umas aves como garcetas, a que os índios chamam socorí,[341] que têm as pernas compridas e amarelas, o pescoço longo, o peito pintado de branco e pardo, e todo o mais pardo; criam em terra no chão, perto da água salgada, onde se mantêm do peixe que nela tomam, e de caranguejos dos mangues.

Maygue[342] é um pássaro pequeno e pardo, tem as pernas mui compridas, o bico e pescoço longo; e está sempre olhando para o chão, e como vê gente foge, dando um grande grito. Estas aves se criam ao longo do salgado, e mantêm-se do peixe que tomam no mar.

[85] Em que se trata de algumas aves de rapina que se criam na Bahia   Urubus são uns pássaros pretos, tamanhos como corvos, mas têm o bico mais grosso, e a cabeça como galinha cocurutàda, e as pernas pretas, mas tão sujos que fazem seu feitio pelas pernas abaixo, e tornam-no logo a comer. Estas aves têm grande faro de coisas mortas, que é o que andam sempre buscando para sua mantença, as quais criam em árvores altas; algumas há, mansas, em poder dos índios, que as tomaram nos ninhos.

---

340. Pitanguá, pitauá ou bem-ti-vi.
341. Em Varnhagen (1851 e 1879), "socóry". Socori ou socoí.
342. Em Varnhagen (1851 e 1879), "margui".

Toatuo é um pássaro que é, na feição, na cor e no tamanho um gavião, e vive de rapina no mato; e em povoado não lhe escapa pintão que não tome, e criam em árvores altas.

Urao-asu[343] são como os minhotos de Portugal, sem terem nenhuma diferença; são pretos e têm grandes asas, cujas penas os índios aproveitam para empenarem as flechas, os quais vivem de rapina no mato, e em povoado destroem uma fazenda de galinhas e pintões.

Sabiá-pitanga são uns pássaros pardos como pardais, que andam pelos monturos e correm pelo chão com muita ligeireza; e mantêm-se da mandioca que furtam dos índios quando está a curtir; os quais criam em ninhos em árvores.

Caracara[344] são uns pássaros tamanhos como gaviões, têm as costas pretas, as asas pintadas de branco e o rabo, o bico revolto para baixo, os quais se mantêm de carrapatos que trazem as alimárias, e de lagartixas que tomam; e quando as levam no bico vão após eles uns passarinhos, que chamam suiriri, para que as larguem; e vão-nos picando até que, de perseguidos, se põem no chão, com a lagartixa debaixo dos pés, para a defender.

Macaoam[345] são pássaros tamanhos como galinhas, têm a cabeça grande, o bico preto voltado para baixo, a barriga branca, o peito vermelho, o pescoço branco, as costas pardas, o rabo e asas pretas e brancas. Estes pássaros comem cobras que tomam, e quando falam se nomeiam pelo seu nome; em os ouvindo, as cobras lhes fogem, porque lhes não escapam; com as quais mantêm os filhos. E quando o gentio vai de noite pelo mato

---

343. Em Varnhagen (1851 e 1879), "uraoaçu". Uiraçu.
344. Em Varnhagen (1851 e 1879), "carácará".
345. Em Varnhagen (1851 e 1879), "oacaoam". Macauã ou acauã.

que se teme das cobras, vai arremedando estes pássaros para as cobras fugirem.

Pela terra adentro se criam umas aves, a que os índios chamam urubutinga, que são do tamanho dos galipavos; e são todos brancos, e têm crista como os galipavos. Estas aves comem carne que acham pelo campo morta, e ratos que tomam; as quais põem um só ovo, que metem em um buraco, onde o tiram; e mantêm nele o filho com ratos que lhe trazem para comer.

[86] **Em que se contém a natureza de algumas aves noturnas**   Urucuream é uma ave, pontualmente como as corujas da Espanha; umas são cinzentas e outras brancas; gritam como corujas; as quais criam no mato em tronco de árvores grossas, e em povoado nas igrejas, de cujas alâmpadas comem o azeite.

Jucurutu[346] é uma ave tamanha como um frango, que em povoado anda de noite pelos telhados; e no mato cria em tocas de árvores grandes, e anda ao longo dos caminhos; e onde quer que está, toda a noite está gritando pelo seu nome. Esta ave é de cor brancacenta, tem as pernas curtas, a cabeça grande com três listas pardas por ela que parecem cutiladas, e duas penas nela de feição de orelhas.

Há outros pássaros, a que os índios chamam ubuyaus,[347] que são tamanhos como pintões, têm a cabeça grande, o rabo comprido; e são todos pardos e muito cheios de penugem, os quais andam de noite gritando cuxaiguigui

Há outros pássaros do mesmo nome, mais pequenos, que são pintados, os quais andam de madrugada dando os mesmos

---

346. Jacurutu, jucurutu ou corujão-orelhudo.
347. Em Varnhagen (1851 e 1879), "ubujaús". Ubujaú ou ibijaú.

gritos, e uns e outros criam no chão, onde põem dois ovos somente; e mantêm-se das frutas do mato.

Há outros pássaros pardos, a que os índios chamam oitibó,[348] com que têm grande agouro; os quais andam ordinariamente gritando noitibó e de dia não os vê ninguém; e mantêm-se das frutas e folhas de árvore, onde lhes amanhece.

Aos morcegos chamam os índios andura;[349] e há alguns muito grandes, que têm tamanhos dentes como gatos, com que mordem; criam nos côncavos das árvores, e nas casas e lugares escuros; as fêmeas parem quatro filhos e trazem-nos pendurados ao pescoço com as cabeças para baixo, e pegados com as unhas ao pescoço da mãe; quando estes morcegos mordem alguém que está dormindo de noite, fazem-no tão sutilmente que se não sente; mas a sua mordedura é mui peçonhenta. Nas casas de purgar açúcar se criam infinidade deles, onde fazem muito dano, sujando o açúcar com o seu feitio, que é como de ratos; e comem muito dele.

[87] Em que se declara de alguns pássaros de diversas cores e costumes Uranhengata[350] é uma ave do tamanho de um estorninho, que tem o peito, pescoço, barriga e coxas de fino amarelo, e as costas, asas e rabo de cor preta mui fina, e a cabeça e derredor do bico um só queixo amarelo, e as pernas e pés como frouva;[351] os quais criam em ninhos, em árvores altas, onde os tomam em novos e os criam em casa, onde se fazem tão domésticos, que vão comer ao mato e tornam para casa.

---

348. Oitibó ou noitibó.
349. Andirá.
350. Em Varnhagen (1851 e 1879), "uranhengatá".
351. No original, "flouba". Frouva: ave com as costas pretas e a barriga branca, que era bastante conhecida em Portugal.

Sabiá-tinga[352] são uns passarinhos brancos que têm as pontas das asas pretas, e as do rabo que têm compridas, os quais criam em ninhos que fazem nas árvores, mantêm-se das pimentas que buscam; de cujo feitio se criam pelo campo muitas pimenteiras.

Tigepiranga[353] são pássaros vermelhos do corpo, que têm as asas pretas, e são tamanhos como pintarroxos; criam em árvores, onde fazem seus ninhos; aos quais os índios esfolam os peitos para forrarem as carapuças por serem muito formosos.

Gainambu[354] são uns passarinhos muito pequenos, de cor apavonada, que têm os bicos maiores que o corpo, e tão delgados como alfinetes; comem aranhas pequenas e fazem os seus ninhos das suas teias; têm as asas pequenas e andam sempre bailando no ar, espreitando as aranhas; criam em tocas de árvores.

Há outra ave, a que os índios chamam aiaiá,[355] que é do tamanho de uma franga toda vermelha, tem o bico verde, os pés pretos e o cabo do bico amassado como pata; fazem seus ninhos em árvores altas, e mantêm-se da fruta delas.

Jasana[356] são uns pássaros pequenos, todos encarnados e os pés vermelhos; criam-se em árvores altas, onde fazem os ninhos, e mantêm-se das frutas do mato.

Há outros passarinhos pequenos todos vestidos de azul, cor muito subida, aos quais os índios chamam sayubu,[357] que têm

---

352. Sabiatinga.
353. Em Varnhagen (1851 e 1879), "tiépiranga". Tapiranga ou tepiranga.
354. Em Varnhagen (1851 e 1879), "gainambi". Guanambi ou beija-flor.
355. Em Varnhagen (1851 e 1879), "ayayá". Aiaiá.
356. Em Varnhagen (1851 e 1879), "jaçanã". Jaçanã.
357. Em Varnhagen (1851 e 1879), "sayubui".

o bico preto e criam em árvores, e mantêm-se dos bichinhos da terra.

Tupiana são uns passarinhos que têm o peito vermelho, a barriga branca e o mais azul; e têm os bicos compridos, muito delgados; e criam nas árvores, em ninhos, e mantêm-se de bichinhos.

Tiejuba[358] são passarinhos pequenos que têm o corpo amarelo, as asas verdes, o bico preto; criam em tocas de árvores, e mantêm-se de pedrinhas que apanham pelo chão.

Macasiqua[359] é um pássaro pequeno que tem as asas verdes, a barriga amarela, as costas e o rabo pardo, e o bico preto; fazem estes pássaros os ninhos nas pontas das árvores, dependurados por um fio da mesma árvore; e os ninhos são de barro e palha, com coruchéus por cima, muito agudos, e servem-se por uma portinha, onde põem dois ovos; e fazem os ninhos desta feição por fugirem às cobras, que lhes comem os ovos, se os acham em outra parte.

Há outros pássaros, que os índios chamam sija,[360] que são tamanhos como papagaios todos verdes, e o bico revolto para baixo, os quais criam em tocas de árvores, de cuja fruta se mantêm.

[88] Em que se trata de alguns passarinhos que cantam

Suyriri[361] são uns passarinhos como chamarizes, que criam em ninhos nas árvores, os quais se mantêm com bichinhos e formigas das que têm asas, a que em Portugal chamam agudes;

---

358. Em Varnhagen (1851 e 1879), "tiéjuba".
359. Em Varnhagen (1851 e 1879), "macaçica".
360. Em Varnhagen (1851 e 1879), "sijá".
361. Em Varnhagen (1851 e 1879), "suiriri". Suiriri ou siriri.

estes se criam em gaiolas, onde cantam muito bem mas não dobram muito quando cantam.

Há outros pássaros pretos, com os encontros amarelos, a que os índios chamam urandi, que criam em ninhos de palha, onde põem dois ovos, os quais cantam muito bem.

Há outros passarinhos, a que os índios chamam urainhengata,[362] que são quase todos amarelos, que criam em ninhos de palha que fazem nas árvores, os quais cantam nas gaiolas muito bem.

Criam-se em árvores baixas em ninhos outros pássaros, a que o gentio chama sicupoecay,[363] que são todos aleonados muito formosos, os quais cantam muito bem.

Pexarorem são uns passarinhos todo pretos, tamanhos como calhandras, que andam sempre por cima das árvores, mas comem no chão bichinhos e cantam muito bem.

Querejua[364] são uns passarinhos todos azuis de cor finíssima, que andam sempre por cima das árvores, onde criam e se mantêm com o fruto delas, e cantam muito bem.

Muipereru são uns passarinhos pardos tamanhos como carriças; criam nos buracos das árvores e das pedras, põem muitos ovos, comem aranhas e minhocas, cantam como rouxinóis, mas não dobram tanto como eles.

[89] Que trata de outros pássaros diversos Nhuapupe[365] é uma ave do tamanho de uma franga, de cor aleonada, tem

---

362. Em Varnhagen (1851 e 1879), "uraenhangatá".
363. Em Varnhagen (1851 e 1879), "sabiá-coca". Sabiapoca.
364. Em Varnhagen (1851 e 1879), "querejuá". Quiruá, crejuá ou anambé-azul.
365. Em Varnhagen (1851 e 1879), "nhapupé". Enapupê.

os pés como galinha, a qual anda sempre pelo chão, onde cria
e põe muitos ovos de fina cor aleonada, cuja carne é dura, e
come-se cozida.

Saracura é uma ave tamanha como galinha, de cor aleonada,
que tem as pernas muito compridas e o pescoço e bico comprido;
cria no chão, onde chega a maré de águas vivas, que se mistura
com água doce; as quais não andam pelo salgado, nem pelo mato
grande, mas ao longo deles; de noite, cacareja como perdiz; e
tem o peito cheio de titelas tenras, e a mais carne é boa também.

Orus[366] são umas aves tamanhas como papagaios, de cor
preta e o bico revolto; criam em árvores altas, e quando têm
filhos nos ninhos, remetem[367] aos índios que lhos querem tomar.
Estas aves têm grande peito cheio de titelas, as quais e a mais
carne são muito tenras e saborosas como galinhas.

Anu[368] é outra ave preta, do tamanho e feição de gralha;
e andam sempre em bandos, voando de árvore em árvore ao
longo do chão; criam em árvores baixas em ninhos, e mantêm-se
de uma baga preta como murtinhos, e de outras frutinhas que
buscam.

Magoari[369] é outra ave de cor branca, que faz tamanho vulto
como uma garça, e tem as pernas e pés mais compridos que as
garças, e o pescoço tão longo que quando voa o faz em voltas;
e tem o bico curto e o peito muito agudo, e nenhuma carne,
porque tudo é pena; e voa muito ao longe, e corre pelo chão
por entre o mato, que faz espanto.

366. Uru.
367. Remeter: atacar.
368. Anu ou anum.
369. Maguari.

Aracoa[370] é outro pássaro tamanho como um frangão, de cor parda; tem as pernas como de frangões, mas os dedos muito compridos e o rabo longo; e tem duas goelas, ambas por uma banda, que leva ao longo do peito até abaixo, onde se juntam; criam-se estas aves em árvores, e comem fruta delas.

Sabiá-una são uns passarinhos pretos que andam sempre entre arvoredos; comem frutas e bichinhos, criam nas árvores em ninhos de palha.

Atiuasu[371] é um pássaro tamanho como um estorninho, tem as costas pardas, o peito e a barriga branca, o rabo comprido, as pernas verdoengas, os olhos vermelhos; criam em árvores, comem o fruto delas, e cantam em assobios.

Há uns passarinhos pequenos, todos pretos, a que os índios chamam timoyna,[372] que criam em ninhos de palha; mantêm-se de frutas e de minhocas.

Uanandi é um pássaro pequeno, pardo, pintado de preto pelas costas e branco na barriga; e tem o bico curto, e cria em ninhos de palha que faz nas árvores.

Há outros pássaros, a que o gentio chama uapicu, tamanhos como um tordo, têm o corpo preto e as asas pintadas de branco, e o bico comprido, tão duro e agudo que fura com ele as árvores que têm abelheiras, até que chega ao mel, de que se mantém; e quando dão as picadas no pau, soa a pancada a oitenta passos e mais; os quais pássaros têm na cabeça um cocuruto vermelho e alevantado, e criam nas tocas das árvores.

[90] Que trata de alguns bichos menores que têm asas e têm alguma semelhança de aves   Como foi forçado di-

370. Em Varnhagen (1851 e 1879), "aracoã". Aracuã ou araquã.
371. Em Varnhagen (1851 e 1879), "atiaçú". Atiuaçú ou atingaçú.
372. Em Varnhagen (1851 e 1879), "timuna".

zer-se de todas as aves como fica dito, convém que junto delas se diga de outros bichos que têm asas e mais aparência de aves que de alimárias, ainda que sejam imundícies, e pouco proveitosas ao serviço dos homens.

Comecemos logo dos gafanhotos, a que o gentio chama tacura,[373] os quais se criam na Bahia muito grandes, e andam muitas vezes em bandos, os quais são da cor dos que há na Espanha, e há outros pintados, outros verdes e de diferentes cores, e têm maiores asas que os da Espanha, e quando voam abrem-nas como pássaros e não são muito daninhos.

Há outros bichos, a que os índios chamam tacurianda„[374] e em Portugal saudes, os quais são muito formosos, pintados e grandes, mas não fazem mal a nada.

Nas tocas das árvores se criam uns bichinhos como formigas, com asas brancas, que não saem do ninho senão depois que chove muito, e o primeiro dia de sol, a que os índios chamam araraha;[375] e quando saem fora é voando; e sai tanta multidão que cobre o ar, e não torna ao lugar donde saiu, e perde-se com o vento.

As borboletas a que chamam mariposa, chamam os índios sarará; as quais andam de noite derredor das candeias, maiormente em casas palhoças do mato, e em noites de escuro, e são tão perluxas às vezes que não há quem se valha com elas, porque se vêm ao rosto e dão enfadamento às ceias, porque se põem no comer, e não deixam as candeias dar seu lume, o que acontece em povoado.

---

373. Tucura.
374. Em Varnhagen (1851 e 1879) "tucuranda".
375. Em Varnhagen (1851 e 1879), "arará". Arará ou aleluia.

Há outra casta de borboletas grandes, umas brancas e outras amarelas, e outras pintadas, muito formosas à vista, a que os índios chamam panamá,[376] as quais vêm às vezes de passagem no verão em tanta multidão, que cobrem o ar, e põem logo todo um dia em passar por cima da cidade do Salvador à outra banda da Bahia, que são nove ou dez léguas de passagem. Estas borboletas fazem muito dano nos algodões quando estão em frol.

[91] Em que se conta a propriedade das abelhas da Bahia
Na Bahia há muitas castas de abelhas. Primeiramente, há umas a que o gentio chama ueru,[377] que são grandes e pardas; estas fazem o ninho no ar, por amor das cobras, como os pássaros de que dissemos atrás; onde fazem seu favo e criam mel muito bom e alvo, que lhes os índios tiram com fogo, do que elas fogem muito; as quais mordem valentemente.

Há outra casta de abelhas, a que os índios chamam tapiuqua,[378] que também são grandes, e criam em ninhos que fazem nas pontas dos ramos das árvores com barro, cuja abóbada é tão sutil que não é mais grossa que papel. Estas abelheiras crestam também com fogo, a quem os índios comem as crianças, e elas mordem muito.

Há outra casta de abelhas, maiores que as da Espanha, a que os índios chamam taturama; estas criam nas árvores altas, fazendo seu ninho de barro ao longo do tronco delas, e dentro criam seu mel em favos, o qual é baço, e elas são pretas e mui cruéis.

376. Panamá ou panapaná.
377. Em Varnhagen (1851 e 1879), "heru".
378. Em Varnhagen (1851 e 1879), "tapiuja". Tapiú.

Há outra casta de abelhas, a que o gentio chama acabesé,[379] que mordem muito, que também fazem o ninho em árvores, onde criam mel muito alvo e bom; as quais são louras e mordem muito.

Há outra casta de abelhas, a que os índios chamam caapoam, que são pequenas, e mordem muito a quem lhes vai bulir no seu ninho, que fazem no chão, de barro sobre um torrão; o qual é redondo do tamanho de uma panela, e tem serventia ao longo do chão, onde criam seu mel, que não é bom.

Cabatan[380] são outras abelhas que não são grandes, que fazem seu ninho no ar, dependurado por um fio, que desce da ponta de um raminho; e são tão bravas que, em sentindo gente, remetem logo aos beiços, olhos e orelhas, onde mordem cruelmente; e nestes ninhos armam seus favos, onde criam mel branco e bom.

Saracoma são outras abelhas pequenas que fazem seu gasalhado entre folhas das árvores, onde não criam mais que sete ou oito juntas; e fazem ali seu favo, em que criam mel muito bom e alvo; estas mordem rijamente, e dobram umas folhas sobre outras, que tecem com uns fios como aranhas, onde têm os favos.

Há outra casta de abelhas, a que o gentio chama cabaobaju,[381] que são amarelas, e criam nas tocas das árvores, e são mais cruéis que todas; e em sentindo gente remetem logo a ela; e convém levar aparelho de fogo prestes, com o qual lhes tiram os favos cheios de mel muito bom.

---

379. Em Varnhagen (1851 e 1879), "cabecé".
380. Cabatã ou vespa-cabocla.
381. Em Varnhagen (1851 e 1879), "cabaojuba".

Copuerusu[382] é outra casta de abelhas grandes; criam seus favos em ninhos, que fazem no mais alto das árvores, do tamanho de uma panela, os quais são de barro; os índios os crestam com fogo, e lhes comem os filhos, que lhes acham; as quais também mordem onde chegam e quem lhes vai bulir.[383]

[92] Que trata das vespas e moscas   Criam-se na Bahia muitas vespas, que mordem muito; em especial umas, a que chamam os índios teriguoa,[384] que se criam em ramos de árvores poucas juntas, e cobrem-se com uma capa que parece teia de aranha, de onde fazem seu ofício em sentindo gente.

Amisaguoa[385] é outra casta de vespas, que são à maneira de moscas, que se criam em um ninho, que fazem nas paredes, e nas barreiras da terra, tamanhos como uma castanha, com um olho no meio, por onde entram, o qual ninho é de barro, e elas mordem a quem lhes vai bulir nele.

E porque as moscas se não queixem, convém que digamos de sua pouca virtude; e comecemos nas que se chamam mutuca, que são as moscas gerais e enfadonhas que há na Espanha; as quais adivinham a chuva, começando a morder onde chegam, de maneira que, se se sente sua picada, é que há boa novidade.

Há outra casta de moscas, a que os índios chamam muruanja[386] que são mais miúdas que as de cima e azuladas; estas seguem sempre os cães e comem-lhes as orelhas; e se tocam em chaga ou sangue, logo lançam varejas.

---

382. Em Varnhagen (1851 e 1879), "capueruçu".
383. No manuscrito da BGJM, "mordem onde chegam".
384. Em Varnhagen (1851 e 1879), "terigoá".
385. Em Varnhagen (1851 e 1879), "amisagoa".
386. Muruanha.

Merus são outras moscas grandes e azuladas que mordem muito onde chegam, tanto que por cima de rede passam o gibão a quem está lançado nela, e logo fazem arrebentar o sangue pela mordedura; aconteceu muitas vezes porem estas varejas a homens que estavam dormindo, nas orelhas, nas ventas e no céu da boca, e lavrarem de feição por dentro as varejas, sem se saber o que eram, que morreram alguns disso.

Também há outras como as de cavalo, mas mais pequenas e muito negras, que também mordem onde chegam.

[93] Que trata dos mosquitos, grilos, besouros e brocas que há na Bahia Digamos logo dos mosquitos, a que chamam nhitingua;[387] e são muito pequenos e da feição das moscas; os quais não mordem, mas são muito enfadonhos, porque se põem nos olhos, nos narizes; e não deixam dormir de dia no campo, se não faz vento. Estes são amigos de chagas e chupam-lhe a peçonha que têm; e se se vão pôr em qualquer coçadura de pessoa sã, deixam-lhe a peçonha nela, do que se vêm muitas pessoas a encher de boubas. Estes mosquitos seguem sempre em bandos as índias, que andam nuas, mormente quando andam sujas do seu costume.

Marguins[388] são uns mosquitos que se criam ao longo do salgado, e outros na terra perto da água, e aparecem quando não há vento; e são tamanhos como um pontinho de pena, os quais onde chegam são fogo de tamanha comichão e ardor que fazem perder a paciência, mormente quando as águas são vivas; e crescem em partes despovoadas; e se lhes põem a mão, desfazem-se logo em pó.

---

387. Em Varnhagen (1851 e 1879), "nhitinga".
388. Em Varnhagen (1851 e 1879), "marguis". Mariguí, maruí ou maruim.

Há outra casta, que se cria entre os mangues, a que os índios chamam inhatium, que tem as pernas compridas e zunem de noite, e mordem a quem anda onde os há, que é ao longo do mar; mas se faz vento não aparece nenhum.

Pium[389] é outra casta de mosquitos tamanhos como pulgas grandes com asas; e em chegando estes à carne, logo sangram sem se sentir, e em lhes tocando com a mão, se esborracham; os quais estão cheios de sangue; cuja mordedura causa muita comichão depois, e quer-se espremida do sangue por não fazer guadelhão na carne.

Há outra casta de mosquitos, a que os índios chamam nhatimuasu;[390] estes são de pernas compridas e mordem e zunem pontualmente como os que há na Espanha, que entram nas casas onde há fogo; e de que todos são inimigos.

Também se cria na Bahia outra imundície, a que chamamos brocas, que são como pulgas, e voam sem lhe enxergarem as asas; as quais furam as pipas do vinho e do vinagre, de maneira que fazem muita perda, se as não vigiam; e furam todas as pipas e barris vazios, salvo se tiveram azeite; e nas terras povoadas de pouco fazem mais dano.

Há também grande cópia[391] de grilos na Bahia, que se criam pelo mato e campos; que andam em bandos, como gafanhotos; e se criam também nas casas de palha, enquanto são novas, nas quais se recolhem muitos entre a palma que vem do mato; os quais são muito daninhos, porque roem muito os vestidos a que podem chegar; e metem-se muitas vezes nas caixas, onde fazem destruição no fato que acham no chão, o qual cortam de

---

389. Pium ou borrachudo.
390. Em Varnhagen (1851 e 1879), "inhatiúm-açú".
391. Cópia: quantidade.

maneira que parece cortado a tesoura; mas como as casas são defumadas recolhem-se todos para o mato; estes são grandes e pequenos e têm asinhas; e saltam como gafanhotos.

Também se criam nestas partes muitos besouros, a que os índios chamam una-una; mas não fazem tão ruim feitio com as maçãs que fazem os da Espanha; andam por lugares sujos, têm asas, e são negros; com a cabeça, pescoço e pernas muito resplandecentes, e tudo muito duro, mas são muito maiores que os da Espanha; e têm dois cornos virados com as pontas uns para os outros; e parecem de azeviche.

APONTAMENTOS DAS ALIMÁRIAS QUE SE CRIAM
NA BAHIA E DA CONDIÇÃO E NATUREZA DELAS

[94] **Em que se declara a natureza das antas do Brasil**
Bem podemos dizer neste lugar que alimárias se mantêm e criam com a fertilidade da Bahia, para se acabar de crer e entender o muito que se diz de suas grandezas.

E comecemos das antas, a que os índios chamam tapirusu,[392] por ser a maior alimária que esta terra cria; as quais são pardas, com o cabelo assentado, do tamanho de uma mula mas mais baixas das pernas; e têm as unhas fendidas como vaca, e o rabo muito curto, sem mais cabelo que nas ancas; e têm o focinho como mula, e o beiço de cima mais comprido que o de baixo, em que têm muita força. Não correm muito e são pesadas para saltar; defendem-se estas alimárias no mato, com as mãos, das outras alimárias, com o que fazem dano onde chegam; comem frutas silvestres e ervas; e parem uma só criança; e enquanto são pequenas são raiadas de preto e amarelo tostado ao comprido do corpo, e são muito formosas; mas, depois de grandes, tornam-se

---

392. Em Varnhagen (1851 e 1879), "tapiruçú". Tapira ou anta.

pardas; e enquanto os filhos não andam, estão os machos por eles e enquanto a fêmea vai buscar de comer. Matam-nas em fojos, em que caem, às flechadas. A carne é muito gostosa, como a de vaca, mas não tem sebo; e quer-se bem cozida, porque é dura; e tem o cacho como maçã do peito da vaca; e no peito não tem nada. Os ossos destas alimárias, queimados e dados a beber, são bons para estancar câmaras; as suas peles são muito rijas, e em muitas partes as não passa flecha, ainda que seja de bom braço, as quais os índios comem cozidas pegadas com a carne. Destas peles, se são bem curtidas, se fazem mui boas couraças, que as não passa estocada.

Se tomam estas antas pequenas, criam-se em casa, onde se fazem muito domésticas, e tão mansas que comem as espinhas e roem os ossos com os cachorros e gatos de mistura; e brincam todos juntos.[393]

[95] Em que se trata de uma alimária que se chama jaguarete Têm para si os portugueses que jaguarete[394] é onça, e outros dizem que é tigre; cuja grandura é como um bezerro de seis meses; falo dos machos, porque as fêmeas são maiores. A maior parte destas alimárias são ruivas, cheias de pintas pretas; e algumas fêmeas são todas pretas; e todos têm o cabelo nédio, e o rosto a modo de cão e as mãos e unhas muito grandes, o rabo comprido, e o cabelo nele como nas ancas. Têm presas nos dentes como lebréu, os olhos como gato, que lhe luzem de noite tanto que se conhecem por isso a meia légua; têm os braços e pernas muito grossos; parem as fêmeas uma e duas crianças; se lhes matam algum filho andam tão bravas que

---

393. Em Varnhagen (1851 e 1879), "e comem as espinhas, e os ossos com".
394. Em Varnhagen (1851 e 1879), "jaguareté". Jaguaretê.

dão nas roças dos índios, onde matam todos quantos podem alcançar; comem a caça que matam, para o que são mui ligeiras, em tanto que lhes não escapa nenhuma alimária grande por pés; e saltam por cima a pique altura de dez, doze palmos; e trepam pelas árvores após os índios, quando o tronco é grosso; salteiam o gentio de noite pelos caminhos, onde os matam e comem; e quando andam esfaimadas entram-lhes nas casas das roças, se lhes não sentem fogo, ao que têm grande medo. E na vizinhança das povoações dos portugueses fazem muito dano nas vacas, e como se começam a encarniçar nelas destroem um curral; e têm tanta força que com uma unhada que dão em uma vaca lhe derrubam a anca embaixo.[395]

Armam os índios a estas alimárias em mundéus, que são uma tapagem de pau-a-pique, muito alta e forte, com uma só porta; onde lhes armam com uma árvore alta e grande levantada do chão, onde lhes põem um cachorro ou outra alimária presa; e indo para a tomar cai esta árvore que está deitada sobre esta alimária, onde dá grandes bramidos; ao que os índios acodem e a matam às flechadas; e comem-lhe a carne, que é muito dura e não tem nenhum sebo.

[96] Que trata de outra casta de tigres e de alimárias daninhas Criam-se no rio de São Francisco umas alimárias tamanhas como poldros, às quais os índios chamam jaguoarosu,[396] que são pintadas de ruivo e preto e malhas grandes; e têm as quatro presas dos dentes do tamanho de um palmo; criam-se na água deste rio, no sertão; de onde saem à terra, a fazer suas presas em antas; e ajuntam-se três e quatro destas alimárias, para

---

395. Em Varnhagen (1851 e 1879), "derrubam a anca no chão".
396. Em Varnhagen (1851 e 1879), "jaguaruçú". Jaguaruçu.

levarem nos dentes a anta ao rio, onde a comem à sua vontade, e a outras alimárias; e também aos índios que podem apanhar.

Jaguaracangoçu é outra alimária e casta de tigres ou onça da que tratamos já; e são muito maiores, cuja cabeça é tão grande como de um boi novilho. Criam-se estas alimárias pelo sertão, longe do mar, e têm as feições e mais condições dos tigres de que primeiro falamos. Quando essas alimárias matam algum índio que se encarniçam nele, fazem despovoar toda uma aldeia, porque em saindo alguma pessoa dela fora de casa não escapa que a não matem e comam.

Há outra alimária, a que o gentio chama suasuirana,[397] que é do tamanho de um rafeiro, tem o cabelo comprido e macio, o rabo como cão, o rosto carrancudo, as mãos como rafeiro, mas tem maiores unhas e mui agudas e voltadas; vivem da rapina, têm muita ligeireza para correr e saltar; e são semelhantes na rapina ao lobo, e matam os índios se os podem alcançar, e pela terra adentro as há muito maiores que na vizinhança do mar. Para os índios matarem estas alimárias esperam-nas em cima das árvores, de onde as flecham, e lhes comem a carne; as quais não têm mais que uma só tripa.

[97] Em que se declaram as castas dos veados que esta terra cria Criam-se nos matos desta Bahia muitos veados, a que os índios chamam suasu,[398] que são ruivos e tamanhos como cabras, os quais não têm cornos nem sebo, como os da Espanha. Correm muito, as fêmeas parem uma só criança. Tomam-nos em armadilhas, e com cães; cuja carne é sobre o duro, mas saborosa; as peles são muito boas para botas, as quais

397. Em Varnhagen (1851 e 1879), "suçuarana". Suçuarana.
398. Em Varnhagen (1851 e 1879), "suaçú". Suaçu ou veado.

se curtem com casca de mangues; e fazem-se mais brandas que as dos veados da Espanha.

Mais pela terra adentro, pelas campinas, se criam outros veados brancos, que têm cornos, que não são tamanhos como os da Espanha, mas são muito maiores que os primeiros, os quais andam em bandos, como cabras, e têm a mesma qualidade das que se criam perto do mar.

Entrando pelo mato além das campinas, na terra dos tabajaras, se criam uns veados ruivaços, maiores que os da Espanha, e de maior cornadura, dos quais se acha armação pelo mato de cinco e seis palmos de alto, e de muitos galhos; os quais mudam os cornos como os da Espanha, e têm as peles muito grossas, e não têm nenhum sebo; as fêmeas parem uma só criança, às quais os índios chamam suagupara,[399] cuja carne é muito boa; os quais matam em armadilhas, em que os tomam, às flechadas.

[98] Em que se trata de algumas alimárias que se mantêm de rapina   Tamanduá é um animal do tamanho de raposa, que tem o rosto como furão; a cor é preta, rabo delgado na arreigada, e com o cabelo curto; e daí para a ponta é muito felpudo, e tem nela os cabelos grossos como cavalo, e tamanhos e tantos que se cobre todo com eles quando dorme; tem as mãos como cão, com grandes unhas e muito voltadas, e de que se fazem apitos. Este bicho se mantém de formigas, que toma da maneira seguinte: chega-se a um formigueiro deita-se ao longo dele como morto, e lança-lhe a língua fora, que tem muito comprida, ao que acodem as formigas, com muita pressa; e cobrem-lhe a língua, umas sobre as outras; e como a sente

---

399. Em Varnhagen (1851 e 1879), "suaçupara". Suaçuapara.

bem cheia, recolhe-a para dentro, e engole-as; o que faz até que não pode comer mais, cuja carne comem os índios velhos, que os mancebos têm nojo dela.

Jagoapitanga[400] é uma alimária do tamanho de um cachorro, de cor preta, e tem o rosto de cordeiro; tem pouca carne, as unhas agudas, e é tão ligeira que se mantém no mato de aves que andam pelo chão, toma a cosso, e em povoado faz ofício de raposa, despovoa uma fazenda de galinha que furta.

Coati[401] é um bicho tamanho como gato, tem o focinho como furão e mais comprido. São pretos, e alguns ruivos; têm os pés como gato, o rabo grande felpudo, o qual trazem sempre levantado para o ar; são mui ligeiros, andam pelas árvores, de cujas frutas se mantêm, e os pássaros que nelas tomam. Tomam-nos os cães quando os acham fora do mato, a que ferem com as unhas mui valentemente; os novos se amansam em casa, onde tomam as galinhas que podem alcançar; as fêmeas parem três e quatro.

Maracajao[402] são uns gatos bravos tamanhos como cabritos de seis meses; são muito gordos, e na feição pontualmente como os outros gatos, mas pintados de amarelo e preto em raias, coisa muito formosa; e são felpudos, mas têm o rabo muito macio, e as unhas grandes e muito agudas; parem muitos filhos, e mantêm-se das aves que tomam pelas árvores, por onde andam como bugios. Os que se tomam pequenos fazem-se em casa muito domésticos, mas não lhes escapa galinha nem papagaio, que não matem.

400. Jaguapitanga, jaguamitinga ou raposa-do-campo.
401. Quati.
402. Em Varnhagen (1851 e 1879), "maracajás". Maracajá, gato-do-mato ou jaguatirica.

Serigoi[403] é um bicho do tamanho de um gato grande, de cor preta e alguns ruivaços; tem o focinho comprido e o rabo, no qual, nem na cabeça, não tem cabelo; as fêmeas têm na barriga um bolso, em que trazem os filhos metidos, enquanto são pequenos, e parem quatro e cinco; têm as tetas junto do bolso, onde os filhos mamam; e quando emprenham geram os filhos neste bolso, que está fechado, e se abre quando parem; onde trazem os filhos até que podem andar com a mãe; que se lhe fecha o bolso. Vivem estes de rapina, e andam pelo chão, escondidos espreitando as aves, e em povoado as galinhas; e são tão ligeiros que lhes não escapam.

[99] **Que trata da natureza e estranheza do jaguoarecarecaqua** Jaguoarecaqua[404] é um animal do tamanho de um gato grande; tem a cor pardaça e o cabelo comprido, e os pés e mãos da feição dos bugios; o rosto como cão, e o rabo comprido; o qual se mantém das frutas do mato. Anda sempre pelo chão, onde pare uma só criança, o qual é estranho e fedorento, que por onde quer que passa deixa tamanho fedor que, um tiro de pedra afastado de uma banda e da outra, não há quem o possa sofrer, e não há quem por ali possa passar mais de dois meses, por ficar tudo tão empeçonhentado com o mau cheiro que se não pode sofrer. Deste animal pegam os cães quando vão à caça, mas vão-se logo lançar na água, e esfregam-se com a terra por tirarem o fedor de si, o que fazem por muitos dias sem lhes aproveitar, e o caçador fica de maneira que por mais que se lave fica sempre com este terrível cheiro, que lhe dura três e quatro meses; e como este bicho se vê em pressa perseguido

403. Em Varnhagen (1851 e 1879), "serigoé". Serigui ou gambá.
404. Em Varnhagen (1851 e 1879), "jaguarecaca". Jaguarecaca ou jaguaritaca.

dos cães, lança de si tanta ventosidade, e tão peçonhenta, que perfuma desta maneira a quem lhe fica por perto; e com estas armas se defendem das onças e de outros animais quando se veem perseguidos deles, cuja artilharia tem tanta força que a onça ou outros inimigos que os buscam se tornam e os deixam; e vão-se logo lavar e esfregar pela terra, por tirar de si tão terrível cheiro. E aconteceu a um português que, encontrando com um destes bichos, que trazia o seu caçador do mato morto para mezinha, ficou tão fedorento que, não podendo sofrer-se a si, se fez muito amarelo, e se foi para casa doente do cheiro que em si trazia, que lhe durou muitos dias. A carne deste bicho é boa para estancar câmaras de sangue; mas a casa onde está fede toda a vida, pelo que as índias a têm assada muito embrulhada em folhas, depois de bem seca ao ar do fogo; e a têm no fumo para se conservar; mas nem isso basta para deixar de feder na rua, enquanto está na casa.

[100] Em que se declara a natureza dos porcos-do-mato que há na Bahia   Criam-se nos matos da Bahia porcos monteses, a que os índios chamam tajasu,[405] que são de cor parda e pequenos; tudo têm semelhante com o porco, senão o rabo, que não têm mais comprido que uma polegada; e têm umbigo nas costas; as fêmeas parem muitos no mato, por onde andam em bandos, comendo as frutas dele; onde os matam com cachorros e armadilhas, e às flechadas; os quais não têm banha, nem toucinho, senão uma pele viscosa; a carne é toda magra, mas saborosa e carregada para quem não tem boa disposição.

---

405. Em Varnhagen (1851 e 1879), "tajaçú". Tajaçu ou queixada.

Tajasutiraqua[406] é outra casta de porcos monteses, maiores que os primeiros, que têm os dentes como os monteses da Espanha; e os índios que os flecham hão de ter, prestes, onde se acolham, porque, se se não põem em salvo com muita presteza, não lhes escapam; os quais são muito ligeiros e bravos, e têm também o umbigo nas costas; e não têm banha, nem toucinho, mas a carne mais gostosa que os outros; e em tudo mais são como eles.

Tajasu-eté[407] é outra casta de porcos monteses que são maiores que os de que fica dito, e têm toucinho como os monteses da Espanha, e grandes presas e o umbigo nas costas, mas não são tão bravos e perigosos para os caçadores; os quais os fazem levantar com os cachorros para os flecharem; e estes e os mais andam em bandos pelo mato, onde as fêmeas parem muitos filhos; e no tempo das frutas entram pelas aldeias dos índios e pelas casas; os quais fazem muito dano nas roças e nos canaviais de açúcar. A estes porcos cheira o umbigo muito mal; e se, quando os matam, lhos não cortam logo, cheira-lhes a carne muito ao mato; e se lhos cortam é muito saborosa.

[101] **Dos porcos e outros bichos que se criam na água doce** Nos rios de água doce e nas lagoas se criam muitos porcos, a que os índios chamam capibaras,[408] que não são tamanhos como os porcos-do-mato; os quais têm pouco cabelo e a cor cinzenta, e o rabo como os outros; e não têm na boca mais que dois dentes grandes, ambos debaixo, na dianteira, que são do comprimento e grossura de um dedo; e cada um é fendido pelo meio e fica de duas peças; e têm mais outros dois queixais,

406. Em Varnhagen (1851 e 1879), "tajaçutirica".
407. Em Varnhagen (1851 e 1879), "tajaçuété".
408. Capivara.

todos no queixo de baixo, que no de cima não têm nada; os quais parem e criam os filhos debaixo da água, onde tomam peixinhos e camarões que comem; também comem erva ao longo da água, de onde saem em terra, e fazem muito dano nos canaviais de açúcar e roças que estão perto da água, onde matam em armadilhas; cuja carne é mole, e o toucinho pegajoso; mas salpresa[409] é boa de toda a maneira, mas carregada para quem não tem saúde.

Criam-se nos rios de água doce outros bichos, que se parecem com lontras de Portugal, a que o gentio chama jaguoapapeba,[410] que têm o cabelo preto e tão macio como veludo. São do tamanho de um gozo,[411] têm a cabeça como de gato, e a boca muito rasgada e vermelha por dentro, e nos dentes grandes presas, as pernas curtas. Andam sempre na água, onde criam e parem muitos filhos e onde se mantêm dos peixes que tomam e dos camarões; não saem nunca fora da água, onde gritam quando veem gente ou outro bicho.

Ireraá[412] é outro bicho da água doce, tamanho como um grande rafeiro, de cor parda, e outros pretos. Têm a feição de cão, e ladram como cão, e remetem à gente com muita braveza; as fêmeas parem muitos filhos juntos; e se os tomam novos, criam-se em casa, onde se fazem domésticos. Mantêm-se do peixe e dos camarões que tomam na água; cuja carne comem os índios.

Nos mesmos rios se criam outros bichos, a que os índios chamam vyvya,[413] que são do tamanho dos gozos, felpudos do

409. Salpreso: conservado em sal; levemente salgado.
410. Em Varnhagen (1851 e 1879), "jagoarapeba".
411. Gozo: cão pequeno, de pernas curtas e corpo alongado.
412. Em Varnhagen (1851 e 1879), "irerã". Irara.
413. Em Varnhagen (1851 e 1879), "vivia".

cabelo, e de cor cinzenta; têm o focinho comprido e agudo, as
orelhas pequeninas e redondas, do tamanho de uma casca de
tremoço; têm o rabo muito comprido e grosso pela arreigada,
como carneiro; quando gritam no rio, nomeiam-se pelo seu
nome; têm as mãos e unhas de cão, andam sempre na água,
onde as fêmeas parem muitos filhos; mantêm-se do peixe e
camarões que tomam, cuja carne comem os índios.

[102] **De uns animais a que chamam tatus**   Tatu-asu[414] é
um animal estranho, cujo corpo é como um bácoro;[415] tem as
pernas curtas, cheias de escamas, o focinho comprido cheio
de conchas, as orelhas pequenas, e a cabeça que é toda cheia
de conchinhas; os olhos pequeninos, o rabo comprido cheio
de lâminas em redondo, que cavalga uma sobre outra; e tem o
corpo todo coberto de conchas, feitas em lâminas, que atravessam o corpo todo, de que tem armado uma formosa coberta;
e quando se este animal teme de outro, mete-se todo debaixo
destas armas, sem lhe ficar nada de fora, as quais são muito
fortes; têm as unhas grandes, com que fazem as covas debaixo
do chão, onde criam; e parem duas crianças. Mantêm-se de frutas silvestres e minhocas, andam devagar, e, se caem de costas,
têm trabalho para se virar; e têm a barriga vermelha toda cheia
de verrugas. Matam-nos os índios em armadilhas onde caem;
tiram-lhes o corpo inteiro fora destas armas, que estendidas
são tamanhas como uma adarga; cuja carne é muito gorda e
saborosa, assim cozida como assada.

Há outra casta de tatus pequenos, da feição dos grandes,
os quais têm as mesmas manhas e condição; mas quando se

414. Em Varnhagen (1851 e 1879), "tatuaçú". Tatuaçu.
415. Bácoro: porco pequeno.

temem de lhes fazerem mal, fazem-se uma bola toda coberta em
redondo com suas armas, onde ficam metidos sem lhes aparecer
coisa alguma; cuja carne é muito boa; comem e criam como os
grandes. A estes chamam tatu-mirim.

Há outros tatus meãos, que não são tamanhos como os
primeiros, de que se acham muitos no mato, cujo corpo não
é maior que de um leitão; têm as pernas curtas cobertas de
conchas, a cabeça comprida cheia de conchas, os dentes de gato,
as unhas de cão, o rabo comprido e muito agudo coberto de
conchas até a ponta, e por cima sua coberta de lâminas, como
os grandes, que são muito rijas; e na barriga não têm nada;
cuja carne quando estão gordos é boa, mas cheira ao mato;
mantêm-se de frutas e minhocas, criam debaixo do chão em
covas, e têm as mais manhas e condições dos outros.

Tatupeba[416] é outra casta de tatus maiores que os comuns,
que ficam nesta adição acima, os quais têm as conchas mais
grossas, e são muito baixos das mãos e pernas, e têm-nas muito
grossas, e são muito carrancudos; e andam sempre debaixo
do chão, como toupeiras, e não comem mais que minhocas; e
em tudo o mais são semelhantes aos de cima; e matam-nos os
índios quando veem bulir a terra; cuja carne é muito boa.

[103] Em que se relata a propriedade das pacas e cotias
Criam-se nestes matos uns animais, a que os índios chamam
pacas, que são do tamanho de leitões de seis meses, têm a
barriga grande, e os pés e mãos curtos, as unhas como cachorros,
e cabeça como lebre, o pelo muito macio, raiado de preto e
branco ao comprido do corpo; têm o rabo muito comprido,
correm pouco. As fêmeas parem duas e três crianças, comem

---

416. Tatupeba ou tatupeva.

frutas e ervas, criam em covas. Tomam-se com cães, e com armadilhas, a que chamam mandéus; são algumas vezes muito gordos, e têm a banha como porco; cuja carne é muito sadia e gostosa, assim assada como cozida; pela-se como leitão sem se esfolar, e assada faz couros como leitão, e de toda maneira é muito boa carne.

Cotias são uns bichos tamanhos como coelhos grandes, mas são muito barrigudos; têm o cabelo como lebre, a cabeça com o focinho agudo, e os dentes mui agudos; os dois dianteiros são compridos e agudíssimos, com o que os índios se sarjam[417] como com uma lanceta;[418] têm os pés e as mãos como coelhos, as unhas como cão, criam em covas, em que parem duas e três crianças; mantêm-se com frutas; quando correm fazem na anca uma roda de cabelos, que ali têm compridos; são muito ligeiras, entanto que não há cão que as tome, senão nas covas, onde se defendem com os dentes; também se tomam em laços; se as tomam em pequenas, fazem-se tão domésticas em casa como coelhos;[419] mas são daninhas, porque roem muito o fato; cuja carne se não esfola, mas pelam-nas, como leitão; cozida e assada é muito boa.

Cotimirim[420] é outra casta de cotias, do tamanho de um láparo; têm o focinho comprido, e são muito felpudas, de cor parda; e têm o rabo muito felpudo, o qual viram para cima, e passa-lhes a felpa por cima da cabeça, com que se cobrem; e trepam muito pelas árvores, onde matam outros bichos, que chamam saguins, do que se mantêm; criam em covas debaixo do chão, e têm os dentes muito agudos.

417. Sarjar: cortar.
418. No manuscrito da BGJM, "com o que os negros se sarjam".
419. Em Varnhagen (1851 e 1879), "tão domésticas como coelhos".
420. Em Varnhagen (1851 e 1879), "cotimerim".

[104] **Que trata das castas dos bugios e suas condições**
Nos matos da Bahia se criam muitos bugios de diversas maneiras; a uns chamam gigós,[421] que andam em bandos pelas árvores, e, como sentem gente, dão uns assobios com que se avisam uns aos outros, de maneira que em um momento corre a nova pelo espaço de uma légua, com que entendem que é entrada de gente, para se porem em salvo. E se atiram alguma flechada a algum, e o não acertam, matam-se todos de riso; estes bugios criam em tocas de árvores, de cujos frutos e da caça se mantêm.

Guaribas é outra casta de bugios que são grandes e mui entendidos; estes têm barbas como um homem, e o rabo muito comprido; os quais, como se sentem flechados dos índios, se não caem da flechada, fogem pela árvore acima, mastigando folhas, e metendo-as pela flechada, com que tomam o sangue e o curam; e aconteceu muitas vezes tomarem a flecha que têm em si, e atirarem com ela ao índio que lha atirou, e ferirem-no com ela; e outras vezes deixam-se cair com a flecha na mão sobre o índio que os flechou. Estes bugios criam também nos troncos das árvores, de cujas frutas se mantêm, e de pássaros que tomam; e as fêmeas parem uma só criança.

Saguins[422] são bugios pequeninos mui felpudos, e de cabelo macio, raiado de pardo e preto e branco; têm o rabo comprido, e muita felpa no pescoço, a qual trazem sempre arrepiada, o que os faz muito formosos; e criam-se em casa, se os tomam novos, onde se fazem muito domésticos; os quais criam nas tocas das árvores, e mantêm-se do fruto delas e das aranhas que tomam.

Do Rio de Janeiro vêm outros saguins, da feição destes de cima, que têm o pelo amarelo muito macio, que cheiram muito

421. Em Varnhagen (1851 e 1879), "guigós". Guigó ou sauá.
422. Sagui, saguim ou sauí.

bem; os quais e os de trás são muito mimosos, e morrem em casa, de qualquer frio, e das aranhas de casa, que são mais peçonhentas que as das árvores, onde andam sempre saltando de ramo em ramo.

Há nos matos da Bahia outros bugios, a que os índios chamam cai-enhagua,[423] que quer dizer "bugio diabo" que são muito grandes, e não andam senão de noite; são da feição dos outros, e criam em côncavos de árvores; mantêm-se de frutas silvestres e o gentio tem agouro neles, e como os ouvem gritar, dizem que há de morrer algum.

[105] Que trata da diversidade dos ratos que se comem, e coelhos e outros ratos de casa Pelo sertão há uns bichos a que os índios chamam savya-eté,[424] tamanhos como láparos; têm o rabo comprido, o cabelo como lebre; criam em covas no chão; mantêm-se das frutas silvestres; tomam-nos em armadilhas cuja carne é muito estimada de toda a pessoa, por ser muito saborosa, e parece-se com a dos coelhos.

Aperias[425] são outros bichos tamanhos como láparos, que não têm rabo; e têm o rosto da feição do leitão, as orelhas como coelho, e o cabelo como lebre; criam em covas, comem frutas e canas-de-açúcar, a que fazem muito dano; cuja carne é muito saborosa.

Mais pela terra adentro há outros bichos da feição de ratos, mas tamanhos como coelhos, com o cabelo branco, a que os índios chamam savyatinga,[426] os quais criam em covas, e comem frutas; cuja carne é muito boa, sadia e saborosa.

---

423. Em Varnhagen (1851 e 1879), "saîanhangá".
424. Em Varnhagen (1851 e 1879), "saviá". Sauiá ou rato-de-espinho.
425. Em Varnhagen (1851 e 1879), "aperiá". Preá.
426. Em Varnhagen (1851 e 1879), "saviátinga".

No mesmo sertão há outros bichos, da feição de ratos, tamanhos como coelhos, a que os índios chamam saviacoqua,[427] que têm o cabelo vermelho, criam em covas, e mantêm-se da fruta do mato; cuja carne é como de coelhos.

Em toda a parte dos matos da Bahia se criam coelhos como os da Espanha, mas não são tamanhos, a que os índios chamam tapotim;[428] e todas as feições têm de coelhos, senão o rabo, porque o não têm; os quais criam em covas, e as fêmeas parem muito; cuja carne é como a dos coelhos, e muito saborosa.

Em algumas partes dos matos da Bahia se criam uns bichos, sobre o grande, com todas as feições e parecer de ratos, a que os índios chamam jupati,[429] que não se comem, os quais criam em troncos das árvores velhas; e as fêmeas têm um bolso na barriga, em que trazem sete e oito filhos, até que são criados, que tanto parem.

Aos ratos das casas chamam os índios saviá,[430] onde se criam infinidade deles, os quais são muito daninhos, e de dia andam pelo mato, e de noite vêm-se meter nas casas.

[106] Que trata dos cágados da Bahia Em qualquer parte dos matos da Bahia se acham muitos cágados, que se criam pelos pés das árvores, sem irem à água, a que os índios chamam jaboti;[431] há uns que são muito maiores que os da Espanha, mais altos e de mais carne, e têm as conchas lavradas em compartimentos oitavados de muito notável feitio; os lavores dos compartimentos são pretos, e o meio de cada um é branco e

---

427. Em Varnhagen (1851 e 1879), "saviácoca".
428. Tapiti.
429. Jupati ou cuíca.
430. Sauiá.
431. Em Varnhagen (1851 e 1879), "jabuty". Jabuti.

almecegado. Estes cágados têm as mãos, pés, pernas, pescoço e cabeça, cheios de verrugas tamanhas, como chícharos, muito vermelhas, e agudas nas pontas; estes põem infinidade de ovos, de que nascem em terra úmida, onde criam debaixo do arvoredo; mantêm-se de frutas, que caem pelo chão; e metidos em casa comem tudo quanto acham pelo chão; cuja carne é muito gorda, saborosa e sadia para doentes.

Há outros cágados, que também se criam no mato, sem irem à água, a que os índios chamam jabotiapeba;[432] os quais têm os mesmos lavores nas conchas, mas são muito amassados, e têm as costas muito chãs, e não têm verrugas; têm pouca carne e mui saborosa; criam e mantêm-se pela ordem dos de cima.

Há outras castas de cágados da feição dos da Espanha, a que os índios chamam jabotimirim,[433] que se criam e andam sempre na água, que também são mui saborosos e medicinais; e dos que se criam na água há muitas castas de diversas feições, que têm as mesmas manhas e natureza, mas mui diferentes na grandura. E pareceu-me decente arrumar neste capítulo os cágados por serem animais que se criam na terra, e se mantêm de frutas dela.

[107] **Em que se declara que bicho é o que se chama preguiça** Nestes matos se cria um animal mui estranho, a que os índios chamam ahi,[434] e os portugueses preguiça, nome certo mui acomodado a este animal, pois não há fome, calma, frio, água, fogo, nem outro nenhum perigo que veja diante, que o faça mover uma hora mais que outra; o qual é felpudo como cão d'água, e do mesmo tamanho; e tem a cor cinzenta, os braços

432. Em Varnhagen (1851 e 1879), "jabutiapeba".
433. Em Varnhagen (1851 e 1879), "jabotemirim".
434. Em Varnhagen (1851 e 1879), "ahy". Aí ou preguiça.

e pernas grandes, com pouca carne, e muita lã; tem as unhas como cão e muito voltadas; a cabeça como gato, mas coberta de gadelhas que lhe cobrem os olhos; os dentes como gato. As fêmeas parem uma só criança, e trá-la, desde que a pare, ao pescoço dependurado pelas mãos, até que é criada e pode andar por si; e parem em cima das árvores, de cujas folhas se mantêm, e não se descem nunca ao chão, nem bebem; e são estes animais tão vagarosos que posto um ao pé de uma árvore, não chega ao meio dela desde pela manhã até as vésperas, ainda que esteja morta de fome e sinta ladrar os cães que a querem tomar; e andando sempre, mas muda uma mão só muito devagar, e depois a outra, e faz espaço entre uma e outra, e da mesma maneira faz aos pés, e depois à cabeça; e tem sempre a barriga chegada à árvore, sem se pôr nunca sobre os pés e mãos e se não faz vento, por nenhum caso se move do lugar onde está encolhida até que o vento lhe chegue; os quais dão uns assobios, quando estão comendo de tarde em tarde, e não remetem a nada, nem fazem resistência a quem quer pegar deles, mais que pegarem-se com as unhas à árvore onde estão, com que fazem grande presa; e acontece muitas vezes tomarem os índios um destes animais, e levarem-no para casa, onde o têm quinze e vinte dias, sem comer coisa alguma, até que de piedade o tornam a largar; cuja carne não comem por terem nojo dela.

[108] Que trata de outros animais diversos   Nestes matos se cria um animal, a que os índios chamam jupara,[435] que quer dizer "noite"; e é do tamanho de um bugio, e anda de árvore em árvore, como bugio, por ser muito ligeiro; cria no côncavo

---

435. Em Varnhagen (1851 e 1879), "a que os gentios chamam jupará". Jupará ou japurá.

das árvores, onde pare um só filho, e mantém-se dos frutos silvestres. Este animal tem a boca por dentro até as goelas, e língua tão negra, que faz espanto, pelo que lhe chamam noite, cuja carne os índios não comem, por terem nojo dela.

Há outro bicho que no mato se cria a que chamam os índios coandu,[436] que é do tamanho de um gato; não corre muito, por ser pesado no andar; cria no tronco das árvores, onde está metido de dia; e de noite sai da cova ou ninho a andar pela árvore, onde faz sua morada, a buscar uma casta de formigas que se cria nela, a que chamam copi,[437] de que se mantêm. Este bicho pare uma só criança, e tem a cor pardaça; o qual dorme todo o dia, e anda de noite. E no lugar onde pariu aí vive sempre, e os filhos, e toda a sua geração que dele procede; e não buscam outro lugar senão quando não cabem no primeiro.

Cuim[438] é outro bicho assim chamado pelos índios, que é do tamanho de um láparo; tem os pés muito curtos, o rabo comprido, o focinho como doninha; e é todo cheio de cabelos brancos e tesos, e por entre o cabelo é todo cheio de espinhos até o rabo, cabeça, pés, os quais são tamanhos como alfinetes; com os quais se defende de quem lhe quer fazer mal, sacudindo-os de si com muita fúria, com o que ferem os outros animais; os quais espinhos são amarelos, e têm as pontas pretas e mui agudas; e por onde estão pregados, no couro são farpados. Estes bichos correm pouco, criam debaixo do chão, onde parem uma só criança, e mantêm-se de minhocas e frutas, que acham pelo chão.

---

436. Cuandu ou ouriço-cacheiro.
437. Em Varnhagen (1851 e 1879), "copy". Cupim.
438. Cuim ou ouriço.

Acham-se outros bichos pelo mato a que os índios chamam queiroa,[439] que são, nem mais nem menos, como ouriços-cacheiros de Portugal, da mesma feição, e com os mesmos espinhos; e criam em covas debaixo do chão; mantêm-se de minhocas e de frutas que caem das árvores, cuja carne os índios não comem.

[109] Em que se declara a qualidade das cobras, lagartos e outros bichos Agora cabe aqui dizermos que cobras são estas do Brasil, de que tanto se fala em Portugal, e com razão, por que tantas e tão estranhas, não se sabe onde as haja.

Comecemos logo a dizer das cobras a que os índios chamam giboyas,[440] das quais há muitas de cinquenta e sessenta palmos de comprido, e daqui para baixo. Estas andam nos rios e lagoas, onde tomam muitos porcos da água, que comem; e dormem em terra, onde tomam muitos porcos, veados e outra muita caça, o que engolem sem mastigar, nem espedaçar; e não há dúvida senão que engolem uma anta inteira, e um índio; o que fazem porque não têm dentes, e entre os queixos lhes moem os ossos para os poderem engolir. E para matar uma anta ou um índio, ou outra qualquer caça, cingem-se com ela muito bem, e como têm segura a presa, buscam-lhe o sesso com a ponta do rabo, por onde o metem até que matam o que têm abarcado; e como têm morta a caça, moem-na entre os queixos para a poder melhor engolir. E como têm a anta, ou outra coisa grande que não podem digerir, empanturram de maneira que não podem andar. E como se sentem pesadas lançam-se ao sol como mortas, até que lhes apodrece a barriga, e o que têm nela; do que dá o faro logo a uns pássaros que se chamam urubus, e dão sobre elas

---

439. Em Varnhagen (1851 e 1879), "queiroá".
440. Em Varnhagen (1851 e 1879), "giboias". Jiboia.

comendo-lhes a barriga com o que têm dentro, e tudo o mais, por estar podre; e não lhes deixam senão o espinhaço, que está pegado na cabeça e na ponta do rabo, e é muito duro; e como isto fica limpo da carne toda, vão-se os pássaros; e torna-lhes a crescer a carne nova, até ficar a cobra em sua perfeição; e assim como lhes vai crescendo a carne, começam a bulir com o rabo, e tornam a reviver, ficando como dantes; o que se tem por verdade, por se ter tomado disto muitas informações dos índios e dos línguas que andam por entre eles no sertão, os quais o afirmam assim.

E um Jorge Lopes, almoxarife da capitania de São Vicente, grande língua, e homem de verdade, afirmava que indo para uma aldeia do gentio no sertão, achara uma cobra destas no caminho, que tinha liado três índios para os matar, os quais livrara deste perigo ferindo a cobra com a espada por junto da cabeça e do rabo, com o que ficou sem força para os apertar, e que os largara; e que acabando de matar esta cobra, ele lhe achara dentro quatro porcos, a qual tinha mais de sessenta palmos de comprido; e junto do curral de Garcia d'Ávila, na Bahia, andavam duas cobras que lhe matavam e comiam as vacas, o qual afirmou que adiante dele lhe saíra um dia uma, que remeteu a um touro, e que lho levou para dentro de uma lagoa; a que acudiu um grande lebréu, ao qual a cobra arremeteu e engoliu logo; e não pôde levar o touro para baixo pelo impedimento que lhe tinha feito o lebréu; o qual touro saiu acima da água depois de afogado; e afirmou que neste mesmo lugar mataram seus vaqueiros outra cobra que tinha noventa e três palmos, e pesava mais de oito arrobas; e eu vi uma pele de uma cobra destas que tinha quatro palmos de largo. Estas cobras têm as peles cheias de escamas verdes, amarelas e azuis, das quais tiram logo uma arroba de banha da barriga, cuja carne os índios têm em muita estima, e os mamelucos, por acharem-na muito saborosa.

[110] Que trata de algumas cobras grandes que se criam nos rios da Bahia Sucuriu[441] é outra casta de cobras, que andam sempre na água, e não saem à terra; são mui grandes, têm as escamas pardas e brancas, das quais matam os índios muitas de quarenta e cinquenta palmos de comprimento. Estas engolem um porco d'água, cuja carne os índios e alguns portugueses comem, e dizem ser muito gostosa.

Biúna[442] é outra casta de cobras, que se criam na água, nos rios do sertão, as quais são descompassadas de grandes e grossas, cheias de escamas pretas, e têm tamanha garganta que engolem um negro sem o mastigarem nem matarem,[443] entanto que quando o engolem ou alguma alimária, se metem na água para o afogarem dentro, e não saem da água senão para remeterem a uma pessoa ou caça, que anda junto ao rio; e se com a pressa com que engolem a presa se embaraça e peja, com o que não pode tornar para a água de onde saiu, morre em terra, e sai-se a pessoa ou alimária de dentro viva; e afirmam os línguas que houve índios que estas cobras engoliram, que estando dentro da sua barriga tiveram acordo de as matar com a faca que levavam dependurada ao pescoço, como costumam.

Nos rios e lagoas se criam umas cobras, a que os índios chamam araboya,[444] que são mui grandes, e têm o corpo verde e a cabeça preta, as quais não saem nunca à terra, e mantêm-se

---

441. Em Varnhagen (1851 e 1879), "sucuriú". Sucuri.
442. Em Varnhagen (1851 e 1879), "boiuna". Boiúna.
443. Em Varnhagen (1851 e 1879), "um negro sem o tomarem".
444. Araboia.

dos peixes e bichos que tomam na água, cuja carne os índios comem.

Há outra casta de cobras que se criam nos rios, sem saírem à terra, a que índios chamam taraiboya,[445] que são amarelas e muito compridas e grossas; as quais se mantêm do peixe que tomam nos rios e são muito gordas e boas para comer.

[111] Que trata das cobras de coral e das gereracas   Pelos matos e ao redor das casas se criam umas cobras a que os índios chamam gereracas;[446] as maiores são de sete e oito palmos de comprido, e são pardas e brancacentas nas costas, as quais se põem às tardes ao longo dos caminhos esperando a gente que passa, e em lhes tocando com o pé lhes dão tal picada que se lhes não acodem logo com algum defensivo, não dura o mordido vinte e quatro horas. Estas cobras se põem também em ramos de árvores junto dos caminhos para morderem à gente, o que fazem muitas vezes aos índios, e quando mordem pela manhã têm a peçonha mais força, como a víbora; as quais mordem também as éguas e vacas, do que morrem algumas, sem se sentir de quê, senão depois que não tem mais remédio. Têm estas cobras nos dentes presas, com as quais mordem de ilhargas; e aconteceu na capitania dos Ilheos morder uma destas cobras um homem por cima da bota, e não sentir coisa que lhe doesse, e zombou da cobra, mas ele morreu ao outro dia; e vendendo-se o seu fato em leilão comprou outro homem as botas e morreu em vinte e quatro horas com lhe incharem as pernas; pelo que se buscaram as botas, e acharam nelas a ponta do dente, como de uma agulha, que estava metida na bota; no que se viu claro

---

445. Em Varnhagen (1851 e 1879), "taraîboia". Trairaboia.
446. Jararaca.

que estas gereracas têm a peçonha nos dentes. Essas cobras se criam entre pedras e paus podres e mudam a pele cada ano; cuja carne os índios comem.

Ubouboca[447] são outras cobras assim chamadas do tamanho das gereracas, mas mais delgadas, a que os portugueses chamam de coral, porque têm cobertas as peles de escamas grandes vermelhas e quadradas, que parecem coral; e entre uma escama e outra vermelha, têm uma preta pequena. Estas cobras não remetem à gente, mas se lhe tocam picam logo com os dentes dianteiros e são as suas mordeduras mais peçonhentas que as da gereraca, e de maravilha[448] escapa pessoa mordida delas. E quando estão enroscadas no chão parece um ramal de corais; e houve homem que tomou uma que estava dormindo, e meteu-a no seio, cuidando serem corais, e não lhe fez mal; as quais criam debaixo de penhascos e da rama seca.

[112] **Em que se declara que cobras são as de cascavel, e as dos formigueiros, e as que chamam boyaapoá** Boicininga[449] quer dizer "cobra que tange", pela língua do gentio; as quais são pequenas e muito peçonhentas quando mordem; chamam-lhes os portugueses cobras de cascavel, porque têm sobre a ponta do rabo uma pele dura,[450] ao modo de reclamo, tamanha como uma bainha de gravanço, mas é muito aguda na ponta que tem para cima, onde tem dois dentes, com que mordem, que são agudos. Esta bainha lhes retine muito, quando andam, pelo que são logo sentidas, e não fazem tanto dano. E

---

447. Em Varnhagen (1851 e 1879), "ububoca". Ibiboca, ibiboboca ou cobra-coral.
448. De maravilha: por milagre.
449. Boicininga ou cascavel.
450. Em Varnhagen (1851 e 1879), "têm sobre o rabo uma".

afirmam os índios que as cobras desta casta não mordem com
a boca mas com aquele aguilhão farpado que têm neste cascavel, o qual também retine fora da cobra; e tem tantos reclamos
como a cobra tem de anos; e cada ano lhe nasce um; as quais
cobras mordem ou picam com esta ponta de cascavel de salto.

Nos formigueiros velhos se criam outras cobras, que se
chamam uboijara;[451] são de três até cinco palmos e têm o rabo
rombo na ponta, da feição da cabeça; e não têm outra diferença
um do outro que ter a cabeça boca, em a qual não têm olhos
e são cegas; e saem dos formigueiros quando se eles enchem
com a água da chuva; e como se saem fora, ficam perdidas sem
saberem por onde andam; e se chegam a morder, são também
mui peçonhentas. Estas cobras não são ligeiras como as outras,
e andam muito devagar; têm a pele de cor acatassolada pela
banda de cima, e pela de baixo são brancas; mantêm-se nos
formigueiros das formigas quando as podem alcançar, e do seu
mantimento, de onde também se saem apertadas de fome.

Boitiapoa[452] são cobras de cinquenta e sessenta palmos de
comprido e muito delgadas, que não mordem a nada; porque
têm o focinho muito comprido e o queixo de baixo muito curto;
onde têm a boca muito pequena e não podem chegar com os
dentes a quem querem fazer mal, porque lho impede o focinho;
mas para matarem uma pessoa ou alimária enroscam-se com
ela, e apertam-na rijamente e buscam-lhe com a ponta do rabo
os ouvidos, pelos quais lhe metem com muita presteza, porque
a têm muito dura e aguda; e por este lugar matam a presa, em
que se depois desenfadam à vontade.

---

451. Em Varnhagen (1851 e 1879), "úbojára".
452. Em Varnhagen (1851 e 1879), "boitiapóia". Boitiaboia.

[113] Em que se declara a natureza de cobras diversas

Surucucu são umas cobras muito grandes e brancas na cor, que andam pelas árvores, de onde remetem à gente, e à caça que passa por junto delas, as quais têm os dentes tamanhos que quando mordem levam logo bocado de carne fora. Da carne destas cobras são os índios muito amigos,[453] e tomam-nas em armadilhas que chamam mundéus, e se o macho acha ali a fêmea presa e morta, espera ali o armador, com que se cinge, e não o larga até que o mata, e torna a esperar ali até que venha outra pessoa, a quem morde somente, e com esta vingança se vai daquele lugar.

Há outra casta de cobras, a que os índios chamam tiaparana,[454] que são de quarenta e cinquenta palmos de comprido, que não mordem nem fazem mal a gente nenhuma, e mantêm-se da caça que tomam. Estas tomam os índios às mãos, quando são novas, e prendem-nas em casa, onde as criam, e se fazem tão domésticas que vão buscar comer ao mato, e tornam-se para casa, cuja carne é muito saborosa.

Caninam são outras cobras meãs na grandura, com a pele preta nas costas e amarela na barriga, as quais criam no côncavo de paus podres, e são muito peçonhentas, e os mordidos delas morrem muito depressa, se lhes não acodem logo.

Boiubu[455] quer dizer "cobra verde", que não são grandes, e criam-se no campo, onde se mantêm com ratos que tomam. Estas também mordem gente se podem, mas não são muito

---

453. Em Varnhagen (1851 e 1879), "Destas cobras são os índios muito amigos".
454. Em Varnhagen (1851 e 1879), "tiopurana".
455. Boiubi, boiubu ou cobra-cipó.

peçonhentas,[456] as quais se enroscam com as lagartixas, ratos e com outros bichos com que se atrevem, que também matam para comer.

Há outra casta de cobras, a que os índios chamam ubiracoa,[457] que são pequenas e de cor ruivaça, as quais andam sempre pelas árvores, de onde mordem no rosto e pelos lugares altos das pessoas, e não se descem nunca ao chão; se não acodem a mordedura desta com brevidade, é a sua peçonha tão fina que faz arrebentar o sangue em três horas por todas as partes, de que o mordido morre logo.

Urapiaguoara[458] são outras cobras, que andam pelas árvores salteando pássaros, e a comer-lhes os ovos nos ninhos, de que se mantêm; as quais não são grandes, mas muito ligeiras.

[114] **Que trata dos lagartos e dos camaleões** Nas lagoas e rios de água doce se criam uns lagartos a que os índios chamam jacaré, dos quais há alguns tamanhos como um homem; e têm a cabeça como um grande lebréu; estes lagartos são todos cobertos de conchas muito rijas, os quais não remetem à gente, antes fogem dela; e mantêm-se do peixe que matam,[459] e da erva que comem ao longo da água; e há alguns negros que lhes têm perdido o medo, e se vão a eles, chamando-os pelo seu nome; e vão-se chegando a eles até que os tomam às mãos e os matam para os comerem; cuja carne é um tanto adocicada, e tão gorda que tem na barriga banha como porco, a qual é alva e saborosa e cheira bem. Os testículos dos machos cheiram

---

456. Em Varnhagen (1851 e 1879), "mas são muito peçonhentas". Boiubu é uma espécie de serpente não peçonhenta.
457. Em Varnhagen (1851 e 1879), "ubiracoá". Ubiraquá.
458. Em Varnhagen (1851 e 1879), "urapiagára".
459. Em Varnhagen (1851 e 1879), "do peixe que tomam".

como os dos gatos-de-algália, e às fêmeas cheira-lhes a carne de junto do vaso muito bem.

No mato se criam outros lagartos, a que os índios chamam senebuis,[460] que também são muito grandes, mas não tamanhos como os jacarés; estes remetem à gente; criam-se nos troncos das árvores; cuja carne é muito boa e saborosa.

Criam-se no mato outros lagartos tamanhos como os de cima, a que os índios chamam tijuasu,[461] os quais são mansos, e criam-se em cova na terra; mantêm-se das frutas que buscam pelo mato; cuja carne é havida por muito boa e saborosa.

Pelos matos se criam outros lagartos pequenos pintados como os da Espanha, a que os índios chamam jacare-penima,[462] os quais criam por entre as pedras, e em tocas de árvores, com os quais têm as cobras grandes brigas.

Anijuacanga são outros bichos que não têm nenhuma diferença dos camaleões, mas são muito maiores que os da África, cuja cor naturalmente é verde, a qual mudam como fazem os da África, e estão logo presos a uma janela um mês sem comerem nem beberem; e estão sempre virados com o rosto para o vento, de que se mantêm; e não querem comer coisa que lhes deem, do que comem os outros animais; são muito pesados no andar, e tomam-nos às mãos, sem se defenderem; os quais têm o rabo muito comprido, e têm um modo de barbatanas nele como os cações.

[115] **Que trata da diversidade das rãs e sapos que há no Brasil** Chamam os índios cururus[463] aos sapos da Espanha,

460. Em Varnhagen (1851 e 1879), "senembús". Senembu.
461. Em Varnhagen (1851 e 1879), "tijuaçú".
462. Em Varnhagen (1851 e 1879), "jacaré-pinima". Jacarepinima.
463. Em Varnhagen (1851 e 1879), "cururú". Cururu, ou sapo-cururu.

que não têm nenhuma diferença, mas não mordem, nem fazem mal, estando vivos; mortos, sim, porque o seu fel é peçonha mui cruel, e os fígados e a pele, da qual o gentio usa quando quer matar alguém. Estes sapos se criam pelos telhados, e em tocas de árvores e buracos das paredes, os quais têm um bolso na barriga em que trazem os ovos, que são tamanhos como avelãs e amarelos como gema de ovos, de que se geram os filhos, onde os trazem metidos até que saiam para buscar sua vida; estes sapos buscam de comer de noite, a que os índios comem, como às rãs; mas tiram-lhes as tripas e forçura fora, de maneira que lhe não arrebente o fel; porque se arrebenta fica a carne toda peçonhenta, e não escapa quem a come, ou alguma coisa da pele e forçura.

E porque as rãs são de diferentes feições e costumes, digamos logo de umas a que os índios chamam juiponga,[464] que são grandes, e quando cantam parecem caldeireiros que malham nas caldeiras; e estas são pardas, e criam-se nos rios onde desovam cada lua; as quais se comem, e são muito alvas e gostosas.

Desta mesma casta se criam nas lagoas, onde desovam enquanto tem água, mas, como se seca, recolhem-se para o mato nos troncos das árvores, onde estão até que chove, e como as lagoas têm qualquer água, logo se tornam para elas, onde desovam; e os seus ovos são pretos, e de cada um nasce um bichinho com barbatanas e rabo, e as barbatanas se lhes convertem nos braços, e o rabo se lhes converte nas pernas. Enquanto são bichinhos lhes chamam os índios juins, do que há sempre infinidade deles, assim nas lagoas como no remanso dos rios; do que se enchem balaios quando os tomam, e para os alimparem apertam-nos entre os dedos, e lançam-lhes as tripas

---

464. Juiponga, ferreiro ou sapo-martelo.

fora, e embrulham-nos às mancheias em folhas, e assam-nos no borralho; o qual manjar gabam muito os línguas que tratam com o gentio, e os mestiços.

Juiguoa[465] é outra casta de rãs, que são brancacentas, e andam sempre na água, e quando chove muito falam de maneira que parecem crianças que choram, as quais se comem esfoladas, como as mais; e são muito alvas, e gostosas.

Há outra casta de rãs, a que os índios chamam juihi; e são muito grandes, e de cor pretaça; e desovam na água como as outras, as quais, depois de esfoladas, têm tamanho corpo como um honesto coelho.

Cria-se na água outra casta de rãs, a que os índios chamam juiperequa,[466] que saltam muito, em tanto que dão saltos do chão em cima dos telhados, onde andam no inverno, e cantam de cima como chove; as quais são verdes, e desovam também na água em lugares úmidos; e esfoladas comem-se como as outras.

Há outra casta de rãs, a que os índios chamam juiguaran-guaray,[467] que são pequenas, e no inverno, quando há de fazer sol e bom tempo, cantam toda noite no alagadiço, onde se criam, o qual sinal é muito certo; estas são verdes, e desovam na água que corre entre junco ou rama, também esfoladas se comem e são muito boas.

Como não há ouro sem fezes, nem tudo é a vontade dos homens, ordenou Deus que entre tantas coisas proveitosas para o serviço dele, como fez na Bahia, houvesse algumas imundícias que os enfadassem muito, para que não cuidassem que estavam

---

465. Em Varnhagen (1851 e 1879), "juigiá".
466. Em Varnhagen (1851 e 1879), "juiperega". Perereca.
467. Em Varnhagen (1851 e 1879), "juigoaraigarai".

em outro paraíso terreal, de que diremos daqui por diante, começando no capítulo que se segue das lagartas.

[116] **Que trata das lagartas que se criam na Bahia** Soqua[468] chamam os índios à lagarta, que é também como bichos-da-seda, quando querem morrer que estão gordos, a qual se cria de borboletas grandes que vão de passagem. Às vezes se cria essa lagarta com muita água e morre como faz sol; outras vezes se cria com grande seca e morre como chove. Uma e outra destrói as novidades de mandioca, algodão, arroz; e faz mal à cana nova de açúcar, e às vezes é tanta esta lagarta, que vão as estradas cheias delas, e deixam o caminho varrido da erva, e escaldado. E quando dão nas roças da mandioca chasqueiam de maneira que se ouve um tiro de pedra, às quais comem os olhinhos novos, e depois as outras folhas; e muitas vezes é tanta que comem a casca dos ramos da mandioca; e se se não muda o tempo, destroem as novidades de maneira que causa haver fome na terra, e o chão por onde esta praga passa, ainda que seja mato, fica escaldado de maneira que não cria erva em dois anos.

Imbua[469] é outra casta de lagartas verdes pintadas de preto e a cabeça branca, e outras pintadas de vermelho e preto, e todas são tão grossas como um dedo, e de meio palmo de comprido, com muitas pernas, e as quais crestam a terra e árvores por onde passam.

Há outras, mais pequenas que as de trás, que são pretas, de cor muito fina, todas cheias de pelo tão macio como veludo, e tão peçonhento que faz inchar a carne se lhe tocam, com

468. Em Varnhagen (1851 e 1879), "soca".
469. Em Varnhagen (1851 e 1879), "imbuá". Emboá ou imbuá.

cujo pelo os índios fazem crescer a natura; e chamam a estas socauna.

Nos limoeiros e em outras árvores naturais da terra se criam outras lagartas verdes, todas cobertas de esgalhos verdes, muito sutis e de estranho feitio, tão delgados como cabelos da cabeça, o que é impossível poder-se contrafazer com pintura; estas têm os índios por mais peçonhentas que todas, e fogem muito delas; e afirmam que fazem secar os ramos das árvores por onde passam com lhes morderem os olhos.

Em que outras árvores, que se chamam cajueiros, se criam umas lagartas ruivaças, tamanhas como as das couves em Portugal, todas cobertas de pelo, as quais como sentem gente debaixo, sacodem este pelo de si, e na carne onde chega, se levanta logo tamanha comichão, que é pior que a das urtigas, o que dura todo um dia; e criam-se estas nos ramos velhos.

[117] Que trata das lucernas, e de outro bicho estranho
Na Bahia se criam uns bichos, a que os índios chamam mamoas, aos quais chamam em Portugal lucernas, e outros cagalume,[470] que andam em noites escuras, assim em Portugal como na Bahia, em cujos matos os há muito grandes; os quais entram de noite nas casas às escuras, onde parecem candeias muito claras, porque alumiam uma casa toda, em tanto que às vezes uma pessoa de súbito vendo a casa clara, deitando-se às escuras, de que se espanta, cuidando ser outra coisa; dos quais bichos há muita quantidade em lugares mal povoados.

Também se criam outros bichos na Bahia mui estranhos, a que os índios chamam buijeja, que são do tamanho de uma lagarta de couve, o qual é muito resplandecente, em tanto que

---

470. Caga-lume ou vaga-lume.

estando de noite em qualquer casa, ou lugar fora dela, parece uma candeia acesa, e quando anda é ainda mais resplandecente. Tem este bicho uma natureza tão estranha que parece encantamento, e tomando-o na mão parece um rubi, mui resplandecente, e se o fazem em pedaços, se torna logo a juntar e andar como dantes; e sobre acinte[471] se viu por vezes em diferentes partes cortar-se um destes bichos com uma faca em muitos pedaços, e se tornarem logo a juntar; e depois o embrulharam em um papel por sete ou oito dias,[472] e cada dia o espedaçavam em migalhas, e tornava-se logo a juntar e reviver, até que enfadava, e o largavam.

[118] **Que trata da diversidade e estranheza das aranhas e dos lacraus** Na Bahia se cria muita diversidade de aranhas, e tão estranhas que convém declarar a natureza de algumas. E peguemos logo das que chamam nhanduasu,[473] as quais são tamanhas como grandes caranguejos, e muito cabeludas e peçonhentas; remetem à gente de salto, e têm os dentes tamanhos como ratos, cujas mordeduras são mui perigosas; e criam-se em paus podres, no côncavo deles, e no povoado em paredes velhas.

Há outra casta de aranhas, a que os índios chamam nandus,[474] que são acostumadas em toda a parte, de que se criam tantas no Brasil, com a umidade da terra que, se não alimpam as casas muitas vezes, não há quem se defenda delas. Estas fazem um bolso na barriga, muito alvo, que parece de longe algodão, que é do tamanho de dois reais, e de quatro, e de oito

---

471. Sobre acinte: de propósito, de modo provocador.
472. Em Varnhagen (1851 e 1879), "em um papel durante oito dias".
473. Em Varnhagen (1851 e 1879), "nhanduaçu".
474. Em Varnhagen (1851 e 1879), "nhandui".

reais, em o qual bolso criam mais de duzentas aranhas; e como podem viver sem a mãe largam o bolso de si com elas e cada uma vai fazer seu ninho; e como esta sevandija é tão nojenta, escusamos de dizer mais dela.

Suaraju[475] chamam os índios a um bicho como os lacraus de Portugal, mas são tamanhos como camarões, e têm duas bocas compridas; e, se mordem uma pessoa, está atormentada com ardor vinte e quatro horas mas não periga.

Criam-se na Bahia outros bichos da feição dos lacraus, a que os índios chamam nhanduabiju, os quais têm o corpo tamanho como um rato, e duas bocas tamanhas como de lagosta; os quais são todos cheios de pelo, e muito peçonhentos, cujas mordeduras são mui perigosas; e criam-se em tocas de árvores velhas, no podre delas.

Não são para lembrar as imundícies de que até aqui tratamos, porque são pouco danosas, e ao que se pode atalhar com alguns remédios; mas à praga das formigas não se pode compadecer, porque se elas não foram, a Bahia se poderá chamar outra terra de promissão, das quais começaremos a dizer daqui por diante.

[119] **Que trata das formigas que mais dano fazem, que se chamam saubas** Muito havia que dizer das formigas do Brasil, o que se deixa de fazer tão copiosamente como se poderá fazer, por se escusar prolixidade; mas diremos em breve de algumas, começando nas que mais dano fazem na terra, a que o gentio chama usauba,[476] que é a praga do Brasil, as quais são como as grandes de Portugal, mas mordem muito e onde

---

475. Em Varnhagen (1851 e 1879), "surajú".
476. Em Varnhagen (1851 e 1879), "ussaúba". Saúva.

chegam destroem as roças de mandioca, as hortas de árvores da Espanha, as laranjeiras, romeiras e parreiras. Se estas formigas não foram, houvera na Bahia muitas vinhas e uvas de Portugal; as quais formigas vêm de muito longe de noite buscar uma roça de mandioca, e trilham o caminho por onde passam, como se fosse gente por ele muitos dias, e não salteiam senão de noite; e por atalharem a não comerem as árvores a que fazem nojo, põem-lhe um cesto de barro ao redor do pé, cheio de água, e se de dia lhe secou a água, ou lhe caiu uma palha de noite que a atravesse, trazem tais espias que são logo disso avisadas; e passa logo por aquela palha tamanha multidão delas que antes que seja manhã, lhe dão com toda a folha no chão; e se as roças e árvores estão cheias de mato derredor, não lhes fazem mal, mas tanto que as veem limpas, como que entende que tem gosto a gente disto, saltam nelas de noite, e dão-lhe com a folha no chão, para a levarem para os formigueiros; e não há dúvida senão que trazem espias pelo campo, que levam aviso aos formigueiros, porque se viu muitas vezes irem três e quatro formigas para os formigueiros, e encontrarem outras no caminho e virarem com elas, e tornarem todas carregadas, e entrarem assim no formigueiro, e saírem-se logo dele infinidade delas a buscarem de comer à roça, onde foram as primeiras; e têm tantos ardis que fazem espanto. E como se destas formigas não diz o muito que delas há que dizer, é melhor não dizer mais senão que se elas não foram que o despovoará muita parte da Espanha para irem povoar o Brasil; pois se dá nele tudo o que se pode desejar, o que esta maldição impede, de maneira que tira o gosto aos homens de plantarem senão aquilo sem o que não podem viver na terra.

[120] **Em que se trata da natureza das formigas-de-passagem** Temos que dizer de outra casta de formigas mui estranha, a que os índios chamam guoaju,[477] as quais são pequenas e ruivas, e mordem muito; estas, de tempos em tempos, se saem da cova, maiormente depois que chove muito, e torna a fazer bom tempo, que se lhe enche a cova de água; e dão em uma casa onde lhe não fica caixa em que não entrem nem buraco, nem greta pelo chão e pelas paredes, onde matam as baratas, as aranhas e os ratos, e todos os bichos que andam; e são tantas que os cobrem de improviso, e entram-lhes pelos olhos, orelhas e narizes, e pelas partes baixas, e assim os levam para os seus aposentos, e a tudo o que matam; e como correm uma casa toda passam por diante a outra, onde fazem o mesmo e a toda uma aldeia; e são tantas estas formigas, quando passam, que não há fogo que baste para as queimar, e põem em passar por um lugar toda uma noite, e se entram de dia, todo um dia; as quais vão andando em ala de mil em cada fileira; e se as casas em que entram são térreas, e acham a roupa da cama no chão, por onde elas subam, fazem alevantar mui depressa a quem nela jaz, e andar por cima das caixas e cadeiras, sapateando, lançando-as fora e coçando; porque elas, em chegando, cobrem uma pessoa toda, e se acham cachorros e gatos dormindo, dão neles de feição, e em outros animais, que os fazem voar; e matam também as cobras que acham descuidadas; e viu-se por muitas vezes levarem-nas estas formigas a rastões infinidades delas; e matam-nas primeiro entrando-lhes pelos olhos e ouvidos, por onde as tratam e mordem tão mal, e de feição que as acabam.

---

477. Em Varnhagen (1851 e 1879), "goajugoaju". Guaiú.

[121] Que trata da natureza de certas formigas grandes
Nesta terra se criam umas formigas grandes, a que os índios chamam quibuquibura, que são as que em Portugal chamam agudes, mas são maiores. Estas saem dos formigueiros depois que chove muito e vão diversas voando por lugares onde enxameiam grande soma de formigas, e como lhes toca qualquer coisa, ou lhes dá o vento, logo lhes caem as asas e morrem; e não pode ser menos destas enxamearem de voo, porque em hortas cercadas de água que ficam em ilha, lhes arrebentam formigueiros dentro, estando antes a terra limpa delas, e não podem passar por respeito da água que cerca estas hortas.

Criam-se na mesma terra outras formigas, a que os índios chamam isans,[478] as quais têm o corpo tamanho como passas de Alicante, e são da mesma cor, as quais têm asas como as agudes, e também se saem dos formigueiros depois que chove muito, a enxugar-se ao sol; e têm grande boca, e tão aguda, que cortam com ela como tesoura o fato a que chegam, e quando na carne de alguma pessoa se aferram de maneira que não se podem tirar senão cortando-lhe a cabeça com as unhas; as quais se mantêm das folhas das árvores e de minhocas, e outros bichinhos que tomam pelo chão; a estas formigas comem os índios torradas sobre o fogo, e fazem-lhe muita festa; e alguns homens brancos que andam entre eles e os mestiços, têm por bom jantar, e o gabam de saboroso, dizendo que sabem a passas de Alicante; e torradas são brancas por dentro.

Há outras formigas, a que os índios chamam tarasam,[479] que são ruivas, e têm o corpo tamanho como grão de trigo, e grande boca; as quais são amigas das caixas, onde roem o fato

478. Em Varnhagen (1851 e 1879), "içans". Içá.
479. Em Varnhagen (1851 e 1879), "turusã".

que está nelas, e o que acham pelo chão; no qual fazem lavores que parecem feitos a tesoura, e sucedeu muitas vezes terem os sapateiros o calçado feito, e ficar nas encóspias do chão, onde lhe chegaram de noite, e quando veio pela manhã as acharam todas lavradas pela banda da frol e a tinham toda abocanhada.

[122] **Que trata de diversas castas de formigas**   Ubiraipu é outra casta de formigas, que se criam nos pés das árvores; são pardas e pequenas, mas mordem muito; as quais se mantêm das folhas das árvores e da podridão do côncavo delas.

Há outra casta, a que os índios chamam taricena,[480] que se criam nos mangues que estão com a maré cobertos de água até o meio; as quais são pequenas, e fazem ninho da terra nestas árvores, obrados como favo de mel, onde criam; a qual terra vão buscar enxuta, quando a maré está vazia; e mantêm-se dos olhos dos mangues e de ostrinhas, que se neles criam, e de uns caramujos que se criam nas folhas destes mangues, e que são da feição e natureza dos caracóis.

Tasibura[481] é outra casta de formigas, que são pequenas de corpo e têm grande cabeça, têm dois cominhos nela; são pretas e mordem muito, e criam-se nos paus podres que estão no chão, e mantêm-se deles e da umidade que estes paus têm em si.

Tapitangua[482] é outra casta de formigas pequenas, as quais não mordem, mas não há quem possa defender delas as coisas doces, nem outras de comer. Estas se criam pelas casas em lugares ocultos, que se não podem achar, mas como as coisas doces entram em casa, logo lhes dão assalto, com o que enfadam

480. Em Varnhagen (1851 e 1879), "tacicema".
481. Em Varnhagen (1851 e 1879), "tacibura". Tacibura.
482. Em Varnhagen (1851 e 1879), "tacipitanga". Tacipitanga.

muito; e são muito certas em casas velhas, que têm as paredes de terra.

Outras formigas chamam os índios tapiahy,[483] que são grandes e pretas, e criam-se debaixo do chão; também mordem muito, mas não se afastam muito do seu formigueiro.

[123] **Em que se trata que coisa é o copi que há na Bahia, e dos carrapatos**   Copi[484] são uns bichos que são tão prejudiciais como as formigas, os quais arremedam na feição às formigas, mas são mais curtos, redondos e muito nojentos, e se lhes tocam com as mãos logo se esborracham, e ficam fedendo a percevejos, e são brancacentos. Estes bichos se criam nas árvores e na madeira das casas, onde não há quem se defenda deles; os quais vêm do mato por baixo do chão a entrar nas casas, e trepam pelas paredes aos forros e em madeiramento delas; e fazem de barro um caminho muito para ver,[485] que vai todo coberto com uma abóbada de barro em volta de berço, coisa sutilíssima e tão delgada a parede dela como casca de castanha, e servem-se por dentro por onde sempre caminham, uns para cima e outros para baixo; e fazem nas partes mais altas das casas seus aposentos, pelas juntas de madeira em redondo; uns tamanhos como bolas, outros como botijas, e tamanhos como potes; e se se não tem muito tento nisto, destroem umas casas, e comem-lhes a madeira, e apodrentam-na toda; e o mesmo feito fazem nas árvores, com que as fazem secar; e é necessário que se alimpem as casas dele, de quando em quando; e quando lhe tiram fora estes aposentos, estão todos lavrados por den-

---

483. Em Varnhagen (1851 e 1879), "tacîahi".
484. Cupim.
485. No manuscrito da BGJM, "fazem um ninho muito para ver".

tro como favo de mel, mas têm as casas mais miúdas, e todas estas cheias deste copi; o qual lançam às galinhas com o que engordam muito.

Pelas árvores se cria outra casta de copi preto, e do tamanho e feição do gorgulho que na Espanha se cria no trigo; este morde muito, e é mais ligeiro que o de cima, e faz seus ninhos pelos ramos das árvores secas; e lavram-nos todos por dentro.

Há na Bahia muitos carrapatos, dos quais se cria infinidade deles no mato, nas folhas das árvores, e com o vento caem no chão; e quem anda por baixo destas árvores leva logo seu quinhão; dos quais nasce grande comichão; mas como se untam com qualquer azeite, logo morrem. Destes carrapatos se pegam muitos na caça grande, e nas vacas, onde se fazem muito grandes; mas há uns pássaros de que dissemos atrás, que os matam às alimárias e às vacas, que os esperam muito bem, e mantêm-se disto.

Também se criam nas palmeiras uns caracóis do tamanho de oito reais, que são baixos e enroscada a casca em voltas como a postura de uma cobra, quando está enroscada, os quais fazem mal aos índios, se comem muitos. Dos caracóis da Espanha se criam muitos nas árvores e nas ervas.

[124] Que trata das pulgas e piolhos, e dos bichos que se criam nos pés Pulgas há poucas no Brasil, a que os índios chamam tungasu,[486] e nenhuns piolhos do corpo entre a gente branca; entre os índios se criam alguns nas redes em que dormem, como estão sujas, os quais são compridos com feição de pernas, como os piolhos-ladros, e fazem grande comichão no corpo.

486. Em Varnhagen (1851 e 1879), "tungaçu".

Para se arrematar esta parte das informações dos bichos prejudiciais, e de nenhum proveito que se criam na Bahia, convém que se diga que são esses bichos tão temidos em Portugal, que se metem nos pés da gente, a que os índios chamam tungas, os quais são pretinhos, pouco maiores que ouções. Criam-se em casas despovoadas, como as pulgas em Portugal, e em casas sujas de negros que as não alimpam, e dos brancos que fazem o mesmo, mormente se estão em terra solta e de muito pó, nos quais lugares estes bichos saltam como pulgas nas pernas descalças; mas nos pés é a morada a que eles são mais inclinados, mormente junto das unhas; e como estes bichos entram na carne, logo se sentem como picadas de agulha. Há alguns que doem ao entrar na carne, e outros fazem comichão como de frieiras; e não andam nas casas sobradadas, nem nas térreas que andam limpas, nem fazem mal a quem anda calçado; aos preguiçosos e sujos fazem estes bichos mal, que aos outros homens não; porque em os sentindo os tiram logo com a ponta de alfinete, como quem tira um oução;[487] e os que estão entre as unhas doem muito ao tirar, porque estão metidos pela carne, os quais se tiram em menos espaço de uma ave-maria; e de onde saem fica uma covinha, em que põem-lhe uns pós de cinza ou nada, e não se sente mais dor nenhuma; mas os preguiçosos e sujos, que nunca lavam os pés, deixam estar os bichos neles, onde vêm a crescer e fazerem-se tamanhos como camarinhas e daquela cor; porque estão por dentro todos cheios de lêndeas e como arrebentam vão estas lêndeas lavrando os pés, do que se vêm a fazer grandes chagas.

487. Oução: designação comum, em Portugal, para um tipo de ácaro que vive debaixo da pele causando coceira, o qual se costumava tirar com a ponta de uma agulha ou de alfinete.

No princípio da povoação do Brasil vieram alguns homens a perder os pés, e outros a encherem-se de boubas, o que não acontece agora, porque todos os sabem tirar, e não se descuidam tanto de si, como faziam os primeiros povoadores.

DAQUI POR DIANTE VÃO ARRUMADOS OS PEIXES QUE SE CRIAM NO MAR DA BAHIA E NOS RIOS DELA

Pois queremos manifestar as grandezas da Bahia de Todos os Santos, a fertilidade da terra, e abastança dos mantimentos, frutos e caça dela, convém que se saiba se tem o mar tão abundoso de pescado e marisco como tem a terra do muito que se nela cria, como já fica dito; e porque havemos de satisfazer a esta obrigação, gastando um pedaço em relatar a diversidade de peixes que este mar e os rios que nele entram criam, comecemos logo no capítulo seguinte.

[125] Que trata das baleias que se entram no mar da Bahia Entendo que cabe a este primeiro capítulo dizermos das baleias que entram na Bahia, como do maior peixe do mar dela, a que os índios chamam "pirapoam"[488] das quais entram na Bahia muitas no mês de maio, que é o primeiro do inverno naquelas partes, onde andam até o fim de dezembro que se vão; e neste tempo de inverno, que reina até o mês de agosto, parem as fêmeas abrigadas da terra da Bahia pela tormenta que faz no mar largo, e trazem aqui os filhos, depois que parem, três e quatro meses, que eles têm disposição para seguirem as mães pelo mar largo; e neste tempo tornam as fêmeas a emprenhar, em a qual obra fazem grandes estrondos no mar. E enquanto estas baleias andam na Bahia, foge o peixe do meio dela para

---

488. Em Varnhagen (1851 e 1879), "pirapuã".

os baixos e recôncavos, onde elas não podem andar, as quais
às vezes pelo irem seguindo dão em seco, como aconteceu no
rio de Pirajá o ano de 1580, que ficaram neste rio duas em seco,
macho e fêmea, as quais foi ver quem quis; e eu mandei medir
a fêmea, que estava inteira, e tinha do rabo até a cabeça setenta
e três palmos de comprido, e dezessete de alto, fora o que tinha
metido pela vasa, em que estava assentada; o macho era sem
comparação maior, o que se não pôde medir, por a este tempo
estar já despido da carne, que lhe tinham levado para azeite;
a fêmea tinha a boca tamanha que vi estar um negro metido
entre um queixo e outro, cortando com um machado no beiço
de baixo com ambas as mãos, sem tocar no beiço de cima; e a
borda do beiço era tão grossa como um barril de seis almudes; e
o beiço de baixo saía para fora mais que o de cima, tanto que se
podia arrumar de cada banda dele um quarto de meação; a qual
baleia estava prenhe, e tiraram-lhe de dentro um filho tamanho
como um barco de trinta palmos de quilha; e se fez em ambas de
duas tanto azeite que fartaram a terra dele dois anos. Quando
estas baleias andam na Bahia acompanham-se em bandos de
dez, doze juntas, e fazem grande temor aos que navegam por
ela em barcos, porque andam urrando, e em saltos, lançando a
água mui alta para cima; e já aconteceu por vezes espedaçarem
barcos, em que deram com o rabo, e matarem a gente deles.

[126] Que trata do espadarte e de outro peixe não conhecido que deu à costa   Entram na Bahia, no tempo das baleias,
outros peixes muito grandes, a que os índios chamam pirapicu,
e os portugueses espadartes, os quais têm grandes brigas com
as baleias, e fazem tamanho estrondo quando pelejam, levantando sobre a água tamanho vulto e tanta dela para cima, que

parece de longe um navio a vela; o que se vê de três e quatro léguas de espaço, e com esta revolta, em que andam, fazem grande espanto ao outro peixe miúdo; com o que foge para os rios e recôncavos da Bahia.

Aconteceu na Bahia, no verão do ano de 1584, onde chamam Tapoam, vir um grande vulto do mar fazendo grande marulho de diante, após o peixe miúdo que lhe vinha fugindo para a terra, até dar em seco; e como vinha com muita força, varou em terra pela praia, de onde se não pôde tornar ao mar por vazar a maré e lhe faltar a água para nadar; ao que acudiram os vizinhos daquela comarca a desfazer este peixe, que se desfaz todo, em azeite, como faz a baleia; o qual tinha trinta e sete palmos de comprido, e não tinha escama, mas couro muito grosso e gordo como toucinho, de cor verdoenga; o qual peixe era tão alto e grosso que tolhia a vista do mar, a quem se punha detrás dele; cuja cabeça era grandíssima, e tinha por natureza um só olho no meio da frontaria do rosto; as espinhas e ossos eram verdoengos; ao qual peixe não soube ninguém o nome, por não haver entre os índios nem portugueses quem soubesse dizer que visse nem ouvisse que o mar lançasse outro peixe como este fora, de que se admiraram muito.

[127] Que trata dos homens marinhos Não há dúvida senão que se encontram na Bahia e nos recôncavos dela muitos homens marinhos, a que os índios chamam pela sua língua upupiara,[489] os quais andam pelo rio de água doce pelo tempo do verão, onde fazem muito dano aos índios pescadores e mariscadores que andam em jangadas, onde os tomam, e aos que andam

---

489. Upupiara, Ipupiara oi Igpupiara. Do tupi *îpupi'ara*, aquele que vive nas águas ou homem marinho.

pela borda da água, metidos nela; a uns e outros apanham, e metem-nos debaixo da água, onde os afogam; os quais saem à terra com a maré vazia afogados e mordidos na boca, narizes e na sua natura; e dizem outros índios pescadores que viram tomar estes mortos, que viram sobre água uma cabeça de homem lançar um braço fora dela e levar o morto; e os que isso viram se recolheram fugindo à terra assombrados, do que ficaram tão atemorizados que não quiseram tornar a pescar daí a muitos dias; o que também aconteceu a alguns negros de Guiné; os quais fantasmas ou homens marinhos mataram por vezes cinco índios meus; e já aconteceu tomar um monstro destes dois índios pescadores de uma jangada e levarem um, e salvar-se outro tão assombrado que esteve para morrer; e alguns morrem disto. E um mestre-de-açúcar do meu engenho afirmou que olhando da janela do engenho que está sobre o rio, e que gritavam umas negras, uma noite, que estavam lavando umas formas de açúcar, viu um vulto maior que um homem à borda da água, mas que se lançou logo nela; ao qual mestre-de-açúcar as negras disseram que aquele fantasma vinha para pegar nelas, e que aquele era o homem marinho, as quais estiveram assombradas muitos dias; e destes acontecimentos acontecem muitos no verão, que no inverno não falta nunca nenhum negro.

[128] Que trata do peixe-serra, tubarões, toninhas e lixas
Araguoagoai[490] é chamado pelos índios o peixe a que os portugueses chamam peixe-serra; os quais têm o couro e feição dos tubarões, mas têm no focinho uma espinha de osso muito dura, com dentes de ambas as bandas mui grandes, uns de meio palmo, e outros de mais, e de menos; segundo o peixe, é a es-

490. Em Varnhagen (1851 e 1879), "aragoagoay". Araguaguá.

pinha de seis, sete palmos de comprido, os quais se defendem com elas dos tubarões e de outros peixes. Estes se tomam com anzóis de cadeia com arpoeiras compridas, que lhe largam para quebrar a fúria e se vazar do sangue. Este peixe naturalmente é seco, e fazem-no em tassalhos[491] para se secar, que serve a gente do serviço; e tem tamanhos fígados, que se tomam muitos de cujos fígados se tiram trinta para quarenta canadas de azeite, que serve para a candeia e para concertar o breu para os barcos.

Uperu[492] é o peixe a que os portugueses chamam tubarão, que há muita soma no mar da Bahia; estes comem gente, se lhe chegam a lanço, e andam sempre à caça do peixe miúdo, aos quais matam com anzóis de cadeia com grandes arpoeiras, como o peixe-serra; nos quais acham pegados os peixes romeiros, como nos do mar largo; cuja carne comem os índios, e em tassalhos secos se gasta com a gente dos engenhos, os quais têm tamanhos fígados que se tira deles vinte e vinte e quatro canadas de azeite; cujos dentes aproveitam os índios, que os engastam nas pontas das flechas; e os que os têm são muito estimados deles.

Por tempo de calma aparecem no mar da Bahia toninhas, a que os índios chamam pojusi,[493] dos quais também foge o peixe miúdo para os recôncavos; mas não se faz conta deles para os matarem em nenhum tempo.

No mar da Bahia se criam muitas lixas[494] maiores que as da Espanha, que aparecem em certa monção do ano, as quais têm tamanhos fígados que se tira deles quinze e vinte canadas de azeite; as quais andam ao longo da areia, onde há pouco fundo, e

---

491. Tassalho: grande fatia ou pedaço.
492. Iperu.
493. Em Varnhagen (1851 e 1879), "pojujî".
494. Lixa ou cação-lixa.

tomam-nas com arpéus, o que esperam bem; e secas e escaladas servem para a gente dos engenhos, e para matalotagem da gente que há de passar o mar.

[129] **Que trata da propriedade do peixe-boi** Guoaraguoa[495] é o peixe a que os portugueses chamam boi, que anda na água salgada e nos rios juntos da água doce, de que eles bebem; e comem de uma erva miúda como milhã que se dá ao longo da água; o qual peixe tem o corpo tamanho como um novilho de dois anos, e tem dois cotos como braços, e neles umas mãos sem dedos; não tem pés, mas tem o rabo à feição de peixe, e a cabeça e focinho como boi; tem o corpo muito maciço, e duas goelas, e uma só tripa; o qual tem os fígados e bofes e a mais forçura como boi, e tudo muito bom; não tem escama, mas pele parda e grossa. A estes peixes se mata com arpões muito grandes, atados a grandes arpoeiras mui fortes, e no cabo delas atado um barril ou outra boia, porque lhe largam com o arpão a arpoeira, e o arpoador vai em uma jangada seguindo o rasto do barril ou boia, que o peixe leva atrás de si com muita fúria, até que o peixe se vaza todo de sangue, e se vem acima da água morto; o qual levam atado à terra ou ao barco, onde o esfolam como novilho, cuja carne é muito gorda e saborosa; e tem o rabo como toucinho sem ter nele nenhuma carne magra, o qual derretem como banha de porco, e se desfaz todo em manteiga, que serve para tudo o para que presta a de porco, e tem muito melhor sabor; a carne deste peixe em fresco cozida com couves sabe a carne de vaca, e salpresa melhor, e adubada parece e tem o sabor de carne de porco; e feita em tassalhos posta de fumo faz-se muito vermelha, parece e tem o

---

495. Em Varnhagen (1851 e 1879), "goarágoa". Guarabá ou peixe-boi.

sabor, cozida, de carne de porco muito boa; a qual se faz muito vermelha e é feita toda em fêveras com sua gordura misturada; e em fresca e salpresa, e de vinha d'alhos, assada parece lombo de porco, e faz-lhe vantagem no sabor; as mãos cozidas deste peixe são como as de porco, mas têm mais que comer; o qual tem os dentes como boi, e na cabeça entre os miolos tem uma pedra tamanha como um ovo de pata, feita em três peças, a qual é muito alva e dura como marfim, e tem grandes virtudes contra a dor de pedra. As fêmeas parem uma só criança, e têm o seu sexo como outra alimária; e os machos têm os testículos e vergalho como boi; na pele não têm cabelo nem escama.

[130] **Que trata dos peixes prezados e grandes** Beijupira[496] é o mais estimado peixe do Brasil, tamanho e feição do solho,[497] e pardo na cor; tem a cabeça grande e gorda como toucinho, cujas escamas são grandes; quando este peixe é grande, é-o muito, e tem sabor saborosíssimo; a sua cabeça é quase maciça, cujos ossos são muito tenros e desfazem-se na boca em manteiga todo; as fêmeas têm as ovas amarelas, e cada uma enche um prato grande, as quais são muito saborosas. Andam estes peixes pelos baixos ao longo da areia, onde esperam bem que os arpoem; também morrem a linha, mas hão-lhes ir andando com a linha para comerem a isca, e assim a vão seguindo até que caem ao anzol, onde não bolem consigo; e porque há poucos índios que os saibam tomar, morrem poucos.

Tapisa[498] é outro peixe assim chamado pelos índios, em cuja língua quer dizer "olho-de-boi", pelo qual nome o nomeiam os

---

496. Em Varnhagen (1851 e 1879), "beijupirá". Beijupirá ou bijupirá.
497. Solho: peixe que habita as costas atlânticas e desova em rios. Bastante conhecido em Portugal, o solho era encontrado no Tejo.
498. Em Varnhagen (1851 e 1879), "tapyrsiçá". Tapireçá ou olho-de-boi.

portugueses; este peixe é quase da feição do beijupira, senão quanto é mais barrigudo, o qual tem também grandes ovas e muito boas; e morrem a linha, e é muito saboroso, e de grande estima.[499]

Camoropi[500] é outro peixe prezado e saboroso, tamanho como uma pescada muito grande e da mesma feição, mas cheio de escamas grossas do tamanho da palma da mão, e outras mais pequenas; e cortado em postas, está arrumado um eito de espinhas grandes, e outro de carne, e no cabo tem muitas juntas como o sável;[501] as fêmeas têm ovas tamanhas que enchem um grande prato cada uma delas; e quando este peixe é gordo é mui saboroso; o qual morre à linha no verão; e são muitos deles tamanhos que dois índios não podem com um às costas atado em um pau.

Há outro peixe, a que os índios chamam piraquiroa,[502] que são como os corcovados de Portugal, que se tomam a linha, os quais são muito estimados, porque, como são gordos, são muito saborosos em extremo.

Carapitangua[503] são uns peixes que pela língua do gentio querem dizer "vermelhos", porque o são na cor; os grandes são como pargos;[504] e os pequenos como gorazes, mas mais vermelhos uns e outros, e mais saborosos; os quais morrem

---

499. No manuscrito da BGJM, "a linha, e é mui saboroso, tamanho como uma pescada, digo é mui saboroso e de grande estima".
500. Em Varnhagen (1851 e 1879), "camuropi". Camurupi ou camurupim.
501. Peixe marinho, com apromimadamente sessenta centímetros de comprimento, encontrado em certas épocas do ano em rios ou estuários, onde se reproduz.
502. Em Varnhagen (1851 e 1879), "piraquiroâ".
503. Em Varnhagen (1851 e 1879), "carapitanga". Carapitanga.
504. Pargo: peixe de águas tropicais e temperadas do Atlântico e Mediterrâneo, que tem o dorso róseo a avermelhado, e nadadeiras dorsal, peitoral e caudal rosadas.

em todo o ano; e quando estão gordos não têm preço, e são mui sadios. Estes peixes morrem a linha em honesto fundo, e ordinariamente em todo o ano morre muita soma deles, os quais a seu tempo têm ovas grandes e muito gostosas, e salpreso é estimado.

[131] Que trata das propriedades dos meros, cavalas, pescadas e xaréus Cunapu[505] são uns peixes a que chamam em Portugal meros, os quais são mui grandes, e muitos morrem tamanhos que lhes caberia na boca um grande leitão de seis meses; e por façanha se meteu já um negrinho de três anos dentro da boca de um destes peixes, os quais têm tamanhos fígados como um carneiro, e sal-pimentados são muito bons; e têm o bucho tamanho como uma grande cidra, o qual cozido e recheado dos fígados tem muito bom sabor; o couro deste peixe é tão grosso como um dedo e muito gordo, o qual se toma com qualquer anzol e linha, sem trabalharem por se soltarem dele, e no tempo das águas vivas se tomam em umas tapagens de pedras e de paus, a que os índios chamam camboas, onde morrem muitos, os quais salpresos são muito bons.

Genoa[506] são uns peixes a que os portugueses chamam pescadas bicudas, que são pontualmente da feição das das Ilhas Terceiras, mas muito maiores e mais gostosas, as quais se tomam a linha; e salpresas de um dia para outro, fazem as postas folhas como as boas pescadas de Lisboa e em extremo são saborosas.

Guoarapicu[507] são uns peixes a que os portugueses chamam cavalas, das quais há muitas que começam a entrar na Bahia no verão com os nordestes, e recolhem-se com eles, com a

505. Em Varnhagen (1851 e 1879), "cunapú". Canapu.
506. Em Varnhagen (1851 e 1879), "cupá". Cupa.
507. Em Varnhagen (1851 e 1879), "guarapicú". Guarapicu.

criação que desovaram na Bahia. São estes peixes maiores que as grandes pescadas, mas de feição e cor dos sáveis; os quais não comem a isca estando queda, pelo que os pescadores vão andando sempre com as jangadas; e acodem então à isca, e pegam do anzol, que é grande, por trabalhar muito como se sente preso. Este peixe é muito saboroso, e quando está gordo sabem as suas ventrechas a sável; cujo rabo é gordíssimo, e tem grandes ovas, em extremo saborosas; os seus ossos do focinho se desfazem todos entre os dentes em manteiga; e salpreso este peixe é muito gostoso, e se faz todo em folhas como pescada, mas é muito avantajado no sabor e levidão.

Chamam os índios guiara[508] ao que os portugueses chamam xaréu, que é peixe largo, branco, prateado e teso, o qual quando é gordo é em extremo saboroso; e tem nas pontas das espinhas, nas costas, uns ossos alvos atonelados, tão grossos no meio como avelãs, mas compridos; o qual peixe morre a linha e em redes em todo o ano, e além de ser gostoso é muito sadio.

[132] Que se trata dos peixes de couro que há na Bahia

Panapana[509] é uma casta de cações que em tudo o parecem, se não quando têm na ponta do focinho uma roda de meio compasso, de palmo e meio e de dois palmos, o qual peixe tem grandes fígados como tubarões; e os grandes tomam-se com anzóis de candeia, e os pequenos a linha ou em redes, de mistura com o outro peixe; comem-se os grandes secos, em tassalhos, e os pequenos frescos, e são muito gostosos e leves, frescos e secos.

---

508. Em Varnhagen (1851 e 1879), "guiará". Guiará ou xaréu.
509. Em Varnhagen (1851 e 1879), "panapanâ". Panapaná ou panapanã.

Aos cações chamam os índios socori,[510] do que há muitos na Bahia, que se tomam a linha e com redes; e os pequenos são mui leves e saborosos, e uns e outros não têm na feição nenhuma diferença dos que andam na Espanha.

Há outro peixe, a que os índios chamam guris[511] e os portugueses bagres; têm o couro prateado, sem escama, tomam-se à linha; o qual tem a cabeça como enxarroco,[512] mas muito dura; e tem o miolo dela duas pedrinhas brancas muito lindas; este peixe se toma em todo o ano, e é muito leve e gostoso.

Há outra casta de bagres, que têm a mesma feição, mas têm o couro amarelo, a que os índios chamam urutus, que também morrem em todo o ano à linha, da boca dos rios para dentro até onde chega a maré, cujas peles se pegam muito nos dedos; e não são tão saborosos como os bagres brancos.

Chamam os índios às moreias caramuru,[513] das quais há muitas, mui grandes e muito pintadas como as da Espanha; as quais mordem muito, e têm muitas espinhas, e são muito gordas e saborosas; não as há senão junto das pedras, onde as tomam às mãos.

Arraias há na Bahia muitas, as quais chamam os índios jabubira[514] e são de muitas castas como as de Lisboa; e morrem à linha e em redes; há umas muito grandes e outras pequenas que são muito saborosas e sadias.

---

510. Sicuri ou cação-garoupa.
511. Em Varnhagen (1851 e 1879), "curis". Guri ou bagre marinho.
512. Enxarroco: peixe marinho, cuja cabeça é redonda, áspera e maior que o corpo.
513. Caramuru ou moreia.
514. Em Varnhagen (1851 e 1879), "jabubirá".

[133] **Que trata da natureza das albacoras, bonitos, dourados, corvinas e outros**   Tacupapirema[515] é um peixe que arremeda as corvinas da Espanha, o qual morre no verão, da boca dos rios para dentro até onde chega a maré, e tem uma cor amarelaça em fresco, e tem a carne mole, e salpreso faz-se em folhas como pescada, e é muito gostoso. Este peixe tem na cabeça metidas nos miolos duas pedras muito alvas do tamanho de um vintém, e morre à linha; do que há muito por estes rios.

Bonitos entram também na Bahia no verão muita soma, que morrem à linha; são como os do mar largo, e têm-se em pouca estima.

Também entram na Bahia no verão muitas douradas, que são da feição das do mar largo, mas mais secas; morrem à linha, e não é havido por bom peixe, e têm a espinha verde.

No mesmo tempo entram na Bahia muitas albucoras,[516] a que os índios chamam caraoata,[517] que são como as que seguem os navios, mas têm bichos nas ventrechas que se lhes tiram, que são como os que se criam na carne; o qual peixe é seco e toma-se à linha.

Piraçuqua[518] chamam os índios às goroupas, que são como as das Ilhas, mas muito maiores, tomam-se à linha; têm o peixe mole, mas em fresco é saboroso e sadio, e seco também.

Camorois[519] são uns peixes, assim chamados pelos índios, que se parecem com os robalos de Portugal, os quais são poucas vezes gordos e nenhuns estimados; morrem à linha das bocas dos rios para dentro até onde chega a maré.

---

515. Tacupapirema: corvina.
516. Em Varnhagen (1851 e 1879), "albacora". Albacora ou atum.
517. Em Varnhagen (1851 e 1879), "caraoatá".
518. Em Varnhagen (1851 e 1879), "piracuca". Piracuca ou garoupa.
519. Em Varnhagen (1851 e 1879), "camurîs". Camuri ou robalo.

Abroteas[520] morrem na Bahia, que são pontualmente como as das Ilhas Terceiras; pescam-se onde o fundo seja de pedra; é peixe mole, mas muito sadio e saboroso.

Há outros peixes na Bahia, a que os índios chamam ubaranas, que se parecem com tainhas; os quais morrem em todo o ano à linha; têm muitas espinhas farpadas como as do sável, e é peixe muito saboroso e sadio.

Goaivicoara são uns peixes a que os portugueses chamam roncadores, porque roncam debaixo da água, dos quais morrem em todo o ano muitos à linha; e é peixe leve e pouco estimado.

Sororoquas[521] são outros peixes da feição e tamanho dos chícharros, que vêm no verão de arribação à Bahia, e após eles as cavalas, de que dissemos atrás; morrem à linha e são de pouca estima.

Chamam os índios ao peixe-agulha timuçu,[522] que morrem à linha no verão; e há alguns de cinco, seis palmos de comprido; são muito gordos e de muitas espinhas, as quais são muito verdes; e há desta casta muitos peixes pequenos, de que fazem a isca para as cavalas.

Majucugoara[523] é um peixe a que os portugueses chamam porco, porque roncam no mar como porco; são do tamanho e feição dos sargos, mas muito carnudos e tesos e de bom sabor, e têm grandes fígados e muito gordos e saborosos, e em todo o ano se toma este peixe à linha.

---

520. Em Varnhagen (1851 e 1879), "abróteas". Abrótea.
521. Em Varnhagen (1851 e 1879), "sororocas". Sororoca.
522. Timucu ou timbucu.
523. Em Varnhagen (1851 e 1879), "maracuguara". Maracuguara ou peixe-porco.

Chamam os índios às tartarugas girocoá;[524] e tomam-se muitas na costa brava tamanhas que as suas cascas são do tamanho de adargas, as quais põem nas areias infinidades de ovos, dos quais se comem somente as gemas, porque as claras, ainda que estejam no fogo oito dias a cozer ou assar, não se hão de coalhar nunca; e sempre estão como as dos ovos crus de galinhas.

[134] Em que se contêm diversas castas de peixes que se tomam em redes Além dos peixes que morrem nas redes, de que fica dito atrás, se toma nelas o que se contém neste capítulo, que não morre à linha. E comecemos logo do principal, que são as tainhas, a que os índios chamam paratis,[525] do que há infinidade delas na Bahia; com as quais secas se mantêm os engenhos, e a gente dos navios do Reino, de que fazem matalotagem para o mar. Estas tainhas se tomam em redes, porque andam sempre em cardumes; e andam na Bahia ordinariamente a elas mais de cinquenta redes de pescar; e são estas tainhas, nem mais nem menos como as da Espanha, mas muito mais pequenas e gordas,[526] das quais saem logo, em um lanço, três quatro mil tainhas, que também têm boas ovas. E de noite, com águas vivas, as tomam os índios com umas redinhas de mão, que chamam pissas,[527] que vão atadas em uma vara arcada; e ajuntam-se muitos índios, e tapam a boca de um esteiro com varas e ramas, e como a maré está cheia tapam-lhe a porta; e põem-lhe as redinhas ao longo da tapagem, quando a maré

---

524. Em Varnhagen (1851 e 1879), "girucoá".
525. Parati ou paratibu.
526. Em Varnhagen (1851 e 1879), "mais gostosas e gordas".
527. Em Varnhagen (1851 e 1879), "puçás". Puçá: rede em forma cônica ou peneira utizada para apanhar peixes pequenos, crustáceos e camarões.

vaza, e outros batem no cabo do esteiro, para que se venham todas abaixo a meter nas redes; e desta maneira carregam uma canoa de tainhas, e de outro peixe que entra no esteiro.

Há outro peixe que morre nas redes, a que os índios chamam zabucai,[528] e os portugueses galo, o qual é alvacento, muito delgado e largo, com uma boca pequena, e faz na cabeça uma feição como crista, e nada de peralto; este peixe é muito saboroso e leve.

Tareira[529] quer dizer "enxada", que é o nome que tem outro peixe que morre nas redes, que é quase quadrado, muito delgado pela banda da barriga e grosso pelo lombo, o qual também nada de peralto, e é muito saboroso e leve.[530]

Chamam os índios corimas[531] a outros peixes da feição das tainhas, que morrem nas redes e que têm o mesmo sabor, mas são muito maiores; e quando estão gordos estão cheios de banhas, e são muito gostosos, e têm grandes ovas; os quais morrem nas enseadas.

Arabori[532] é outro peixe de arribação, da feição das savelhas de Lisboa, e assim cheias de espinhas; as quais salpresas arremedam às sardinhas de Portugal no sabor; e tomam-se em redes.

Carapebas[533] são uns peixes que morrem nas redes em todo o ano, que são baixos e largos, do tamanho dos sarguetes, em todo o ano são gordos, saborosos e leves.

---

528. Em Varnhagen (1851 e 1879), "saviãácoca". Zabucaí ou peixe-galo.
529. Em Varnhagen (1851 e 1879), "tareîra". Tareira ou enxada.
530. Não se encontra no manuscrito da BGJM este parágrafo sobre a tareira.
531. Em Varnhagen (1851 e 1879), "coirimas".
532. Aravari.
533. Carapeba ou carapeva.

[135] **Que trata de algumas castas de peixe medicinal** Jaguoarasa[534] é um peixe que morre à linha, tamanho como cachuchos, e tem a cor de peixe-cabra e feição de salmonete; tem os fígados vermelhos como lacre; a carne deste peixe é muito tesa, muito saborosa; e são tão leves que se dão aos doentes.

Tomam-se na Bahia outros peixes, que são pontualmente na feição, na cor, no sabor os salmonetes da Espanha, os quais morrem à linha junto das pedras; e são tão leves que se dão aos doentes.

Pirasaquem[535] é um peixe da feição dos safios de Portugal, o qual não tem escama; morre à linha em todo o ano; é peixe saboroso e muito leve para doentes.

Bodioes[536] são uns peixes de linha, que se dão na costa das Ilhas, dos quais há muitos na Bahia; é peixe mole, mas muito gostoso e leve.

Atucupa são uns peixes pequenos e largos como choupas, que morrem à linha; e quando é gordo é muito saboroso. Estes peixes nascem no inverno com água do monte; no céu da boca têm uns carrapatos, que lhes comem todo o céu da boca; os quais lhes morrem no verão, em que lhes torna a encourar a chaga que lhes os bichos fazem; este peixe se dá aos doentes.

Guoaibi-coati[537] são uns peixes azulados pequenos, que se tomam à cana, nas pedras, que são em todo o ano muito gordos e saborosos, e leves para doentes; e outros muitos peixes há, muito medicinais para doentes, e de muita substância, que por não enfadar não digo deles.

---

534. Em Varnhagen (1851 e 1879), "jagoaraçá". Jaguareçá ou jaguriçá.
535. Em Varnhagen (1851 e 1879), "piraçaquem".
536. Em Varnhagen (1851 e 1879), "bodiaens". Bodião.
537. Em Varnhagen (1851 e 1879), "goayibicoati".

[136] **Que trata da natureza de alguns peixes que se criam na lama e andam sempre no fundo**   Uramasá[538] é uma casta de peixe da feição de linguados de Portugal, o qual se toma debaixo da vasa, ou com redes, cujo sabor não é muito bom; e se cozem ou assam, sem o açoitarem, faz-se em pedaços.

Nos arrecifes se tomam muitos polvos, que são como os da Espanha, sem nenhuma diferença, a que os índios chamam caiacanga, os quais não andam nunca em cima da água; e tomam-se na baixa-mar de maré de águas vivas, nas concavidades que têm os arrecifes, onde ficam com pouca água; e de noite se tomam melhor com fachos de fogo.

Aimore[539] é um peixe que se cria na vasa dos rios da água salgada, onde se tomam nas covas da vasa, os quais são da feição e cor dos enxarrocos; e são escorregadios como eles, e têm a cabeça da mesma maneira; são sobre o mole, mas muito gostosos cozidos e fritos, e muito leves; as suas ovas são pequenas e gostosas,[540] mas são tão peçonhentas que de improviso fazem mal a quem as come, e fazem arvoar[541] a cabeça, e dor de estômago, e vomitar, e grande fraqueza, mas passa este mal logo.

Chama o gentio aymirocos[542] a outros peixes, que se criam na vasa dos mesmos rios do salgado, que são da feição dos eirós de Lisboa, mas mais curtos e assim escorregadios. Estes, quando estão ovados, têm as ovas tão compridas, que quase lhes chegam à ponta do rabo, e são muito saborosas, e o mesmo

---

538. Em Varnhagen (1851 e 1879), "uramaçâ".
539. Aimoré.
540. No manuscrito da BGJM, "mas muito gostosos, as suas ovas".
541. Arvoar: sentir tontura, ficar atordoado.
542. Em Varnhagen (1851 e 1879), "aimoréoçús".

peixe; mas as ovas são peçonhentas, e de improviso se acha mal quem as come, como as dos aimores; mas o peixe é muito gostoso e sadio.

Bayque[543] é um peixe que quer dizer "sapo", da mesma cor e feição, e mui peçonhento, mormente a pele, os fígados e o fel, ao qual os índios com fome esfolam, e tiram-lhe o peçonhento fora, e comem-nos; mas se lhes derrama o fel, ou lhes fica alguma pele, incha quem o come até rebentar; com os quais peixes assados os índios matam os ratos, os quais andam sempre no fundo da água.

Piraquiroa[544] é um peixe de feição de um ouriço-cacheiro, todo cheio de espinhas tamanhas como alfinetes grandes, os quais tem pegados na pele por duas pontas com que estão arreigados; tomam-se em redes; os quais andam sempre ao longo da areia no fundo; a quem os índios esfolam, e comem-lhes a carne.

Bacupua[545] é um peixe da feição do enxarroco nos ombros e na cabeça, mas tem a boca muito pequena e redonda; e é dos ombros para baixo muito estreito, delgado e duro como nervo, e as barbatanas do rabo são duras e grossas, e na despedida do rabo tem duas pernas como rãs, e no fim dele duas barbatanas duras como as do rabo; e debaixo, na barriga, tem dois bracinhos curtos, e neles maneira de dedos; e tem as costas cheias de sarna como ostrinha, e da cabeça lhe sai um corno de comprimento de um dedo, mas delgado e duro como osso e muito preto, e o mais é cor vermelhaça; e tem na barriga debaixo das mãos dois buracos. Este peixe não nada, mas anda sempre pela areia

---

543. Em Varnhagen (1851 e 1879), "baiacú". Baiacu.
544. Em Varnhagen (1851 e 1879), "piraquiroâ".
545. Em Varnhagen (1851 e 1879), "bacupuá". Bacupua ou bagre-branco.

sobre as mãos, onde há pouca água; ao qual os índios comem esfolado, quando não têm outra coisa.

[137] Que trata da qualidade de alguns peixinhos e dos camarões Mirocaya[546] é um peixe, assim chamado dos índios, da feição de choupinhas, que se tomam à cana nos rios do salgado; são tesos e de fraco sabor; em cujas bocas se criam no inverno, com as cheias, uns bichos como minhocas, que lhes morrem no verão.

Piraquiras[547] são uns peixinhos como os peixes-reis de Portugal, e como as ruivacas de água doce, os quais se tomam na água salgada em camboas, que são umas cercas de pedra insossa onde se estes peixinhos vêm recolher fugindo do peixe grande, e ficam com a maré vazia dentro nas poças, onde se enchem balaios deles; e em certo tempo trazem os índios destes lugares sacos cheios destes peixinhos.

Pequitinins[548] são uns peixinhos muito pequeninos que se tomam em poças de água, onde ficam com a maré vazia, e são tamanhos que os índios assam mil juntos, embrulhados em umas folhas debaixo do borralho, e ficam depois de assados todos pegados, à feição de uma maçaroca.

Carapiaçaba são uns peixinhos que se tomam à cana, os quais são redondos como choupinhas, e pintados de pardo e amarelo, e são sempre gordos e muito bons para doentes.

E afora estes peixinhos há mil castas de outros de que se não faz menção, por escusar prolixidade, mas está entendido que onde há tanta diversidade de peixes grandes, haverá muito mais dos pequenos.

546. Em Varnhagen (1851 e 1879), "mirocaia". Murucaia.
547. Piraquiba.
548. Em Varnhagen (1851 e 1879), "pequitins". Piquitinga.

Potipemas chamam os índios aos camarões, que são como os de Vila França, os quais têm as unhas curtas, as barbas compridas, e são aborrachados na feição; têm a casca branda e são mui saborosos; criam-se estes nos esteiros de água salgada, e tomam-se em redinhas de mão, nas redes grandes de pescar vêm de mistura com o outro peixe.

LEMBRANÇA DO MARISCO QUE SE DÁ NA BAHIA

Uma das mais importantes lembranças convenientes à redondeza da Bahia de Todos os Santos é declarar o muito e diverso marisco que nela se cria, do que convém que digamos agora, começando no capítulo seguinte.[549]

[138] Que trata da natureza dos lagostins e uçás Aos lagostins chama o gentio potiquequia;[550] os quais são da maneira das lagostas, mas mais pequenos alguma coisa e em tudo o mais têm a mesma feição e feitio; e criam-se nas concavidades dos arrecifes, onde se tomam em conjunção das águas vivas muitos; e em seu tempo, que é nas marés da lua nova, estão melhores que na lua cheia, na qual estão cheios de corais muito grandes as fêmeas, e os machos muito gordos; e para se tomarem bem estes lagostins, há de ser de noite, com fachos de fogo.

O marisco mais proveitoso à gente da Bahia são uns caranguejos a que os índios chamam usás,[551] os quais são grandes e têm muito que comer; e são mui sadios para mantença dos

---

549. Nas edições de Varnhagen (1851 e 1879), assim como nas posteriores, não existem o subtítulo "Lembrança do marisco que se dá na Bahia" e esse parágrafo introdutório. Do capítulo 137 passa-se imediatamente ao seguinte.
550. Em Varnhagen (1851 e 1879), "potiquequiâ".
551. Em Varnhagen (1851 e 1879), "ussás". Uçá é uma espécie de caranguejo que vive nos mangues.

escravos e gente do serviço; estes caranguejos se criam na vasa, entre os mangues, de cuja folha se mantêm e têm corais uma só vez no ano; e como desovam pelam a casca, assim os machos como as fêmeas, e nasce-lhes outra casca por baixo; e enquanto a têm mole estão por dentro cheios de leite, e fazem dor de barriga aos que os comem; e quando as fêmeas estão com corais, os machos estão mui gordos, tanto que parece o seu casco estar cheio de manteiga; e quando assim estão são mui gostosos, os quais se querem antes assados que cozidos. Têm estes caranguejos no casco um fel grande, e bucho junto à boca com que comem, o qual amarga muito, e é necessário tirá-lo a tento, porque não faça amargar o mais. Estes usás são infinitos, e faz espanto a quem atenta para isso, e é não haver quem visse nunca caranguejos desta casta quando são pequenos, que todos aparecem e saem das covas de lama, onde fazem a sua morada, do tamanho que hão de ser; das quais covas os tiram os índios mariscadores com o braço nu; e como tiram as fêmeas fora as tornam logo a largar para que não acabem, e façam criação. Estes caranguejos têm as pernas grandes, e duas bocas muito maiores com que mordem muito, e nas quais têm tanto que comer como as das lagostas; e o que se delas come e o mais do caranguejo, é muito gostoso. E não há morador nas fazendas da Bahia que não mande cada dia um índio mariscar destes caranguejos; e de cada engenho vão quatro ou cinco destes mariscadores, com os quais dão de comer a toda a gente de serviço; e não há índios destes que não tome cada dia trezentos e quatrocentos caranguejos, que trazem vivos em um cesto serrado feito de verga delgada, a que os índios chamam samura;[552] e recolhem em cada samura destes um cento, pouco mais ou menos.

[139] **Que trata de diversas castas de caranguejos**   Há outros caranguejos, a que os índios chamam serizes,[553] que têm outra feição mais natural com os caranguejos de Portugal, mas são muito maiores, e têm as duas bocas muito compridas e grandes, e os braços delas quadrados, no que têm muito que comer. Estes desovam em cada lua nova, em a qual as fêmeas têm grandes corais vermelhos, e os machos os têm brancos, e estão muito gordos; os quais uns e outros têm muito que comer, e em todo o tempo são muito gostosos e sadios; criam-se na praia de areia dentro na água, onde os tomam às mãos quando a maré enche, e não têm fel como os usás.

Criam-se outros caranguejos na água salgada, a que os índios chamam goayas;[554] estes são compridos, e têm as pernas curtas e pequenas bocas; são muito poucos, mas muito bons.

Aratuns[555] são outros caranguejos pequenos, como os de Portugal, que se tomam no rio de Sacavém, em Lisboa; criam-se entre os mangues, de cuja folha e casca se mantêm e sempre lhes estão roendo nos pés; dos quais há infinidade, mas têm a casca mole; e em seu tempo, uma vez no ano, têm as fêmeas corais, e os machos estão muito gordos; e uns e outros são sadios e gostosos.

---

552. Samburá: cesto de boca estreita, feito de cipó ou taquara, utilizado para carregar iscas ou pescado.
553. Siris.
554. Em Varnhagen (1851 e 1879), "goaiá". Guaiá.
555. Em Varnhagen (1851 e 1879), "aratús". Aratu.

Há outros caranguejos, a que os índios chamam goaiareru,[556] que se criam nos rios, onde a água doce se mistura com a salgada, os quais são mui lisos e de cor apavonada, e têm o casco redondo, as pernas curtas, e são poucos e gostosos.

Guoara-usa[557] são outros caranguejos que se criam dentro da areia que se descobre na vazante da maré, os quais são pequenos e brancos, e têm as covas mui fundas; e andam sempre pelas praias, enquanto não vem gente, e como a sentem se metem logo nas covas; e aconteceu já fazer um índio tamanha cova, para tirar um destes caranguejos, que lhe caiu areia em cima de maneira que não pôde tirar a cabeça e afogou-se; no que os índios tomam tanto trabalho, porque lhes serve este guoaira-usa de isca, que o peixe come bem; os quais têm a casca muito mole ordinariamente, e não se comem por pequenos.

[140] **Que trata da qualidade das ostras que há na Bahia**
As mais formosas ostras que se viram são as do Brasil; e há infinidade delas, como se vê na Bahia, onde lhes os índios chamam leri-u-asu,[558] as quais estão sempre cheias, e têm ordinariamente grandes miolos; e em algumas partes os têm tamanhos que se não podem comer senão cortados em talhadas, as quais, cruas, assadas e fritas, são muito gostosas; as boas se dão dentro da vasa no salgado, e pelos rios onde se junta a água doce na salgada se criam muitas na vasa,[559] e muito grandes, mas quando há água do monte, estão mui doces e sem sabores. E há tantas ostras na Bahia e em outras partes, que se carregam barcos delas, muito grandes, para fazerem cal das cascas, de que se

556. Em Varnhagen (1851 e 1879), "goaiarara".
557. Em Varnhagen (1851 e 1879), "goaiaussá".
558. Em Varnhagen (1851 e 1879), "leriuçú". Leriaçu.
559. Em Varnhagen (1851 e 1879), "água doce ao salgado".

faz muita e muito boa para as obras, a qual é muito alva; e há engenho que se gastou nas obras dele mais de três mil moios de cal destas ostras; as quais são muito mais sadias que as da Espanha.

Nos mangues se criam outras ostras pequenas, a que os índios chamam leri-mirim,[560] e criam-se nas raízes e ramos deles até onde lhes chega a maré de preamar; as quais raízes e ramos estão cobertos destas ostras, que se não enxerga o pau, e estão umas sobre outras; as quais são pequenas, mas muito gostosas; e nunca acabam, porque tiradas umas, logo lhes nascem outras; e em todo o tempo são muito boas e muito leves.

Há outras ostras, a que os índios chamam leripebas, que se criam em baixos de areia de pouca água, as quais são como as salmoninas que se criam no rio de Lisboa, defronte do Barreiro, da feição de vieiras. Estas leripebas são um marisco de muito gosto, e estão na conjunção da lua nova muito cheias, cujo miolo é sobre o teso e muito excelente; em as quais se acham grãos de aljôfar pequenos, e criam-se logo serras destas leripebas, umas sobre as outras, muito grandes; e já aconteceu descer com a maré serra delas até defronte da cidade, em que a gente dela e do seu limite teve que comer mais de dois anos.

[141] Que trata de outros mariscos que há na Bahia Na Bahia se criam outras sortes de marisco miúdo debaixo da areia. Primeiramente, sarnabis;[561] é marisco que se cria na vasa, que são como as amêijoas grandes de Lisboa; mas têm a casca muito redonda e grossa, e têm dentro grande miolo de cor pardaça, que se come assado e cozido, mas o melhor deste marisco é

---

560. Em Varnhagen (1851 e 1879), "lerîmerim".
561. Em Varnhagen (1851 e 1879), "sernambis". Sernambi.

frito, porque se lhe gasta do fogo a muita reima[562] que tem, e um cheiro fortum que assado e cozido tem; e de toda a maneira este marisco é prezado.

Nos baixos de areia que tem a Bahia se cria outro marisco, a que os índios chamam tarcobas,[563] que são da feição e tamanho das amêijoas de Lisboa, e têm o mesmo gosto e sabor, assim cruas como abertas no fogo; as quais se tiram de debaixo da areia, e têm-se em casa na água salgada vivas, quinze e vinte dias; as quais, além de serem maravilhosas no sabor, são muito leves.

Cria-se na vasa da Bahia infinidade de mexilhões, a que os índios chamam sururus, que são da mesma feição e tamanho e sabor dos mexilhões de Lisboa, os quais têm caranguejinhos dentro, e o mais que têm os de Lisboa; e com a minguante da lua estão muito cheios.

Dos berbigões há grande multidão na Bahia, nas praias da areia, a que os índios chamam saranamitinga,[564] que são da mesma feição dos de Lisboa, mas têm a casca mais grossa, e são mais pequenos; comem-se abertos no fogo, e são mui gostosos, e também crus; mas têm um certo sabor, que requeimam algum tanto na língua.

Nas enseadas da Bahia, na vasa delas, se cria outro marisco, a que os índios chamam guoarypoapem,[565] a que os portugueses chamam longueirões,[566] os quais são tão compridos como um

---

562. Reima: secreção aquosa.
563. Tarioba.
564. Em Varnhagen (1851 e 1879), "sarnambitinga". Sarnambitinga.
565. Em Varnhagen (1851 e 1879), "guaripoapem".
566. Em Varnhagen (1851 e 1879), "portugueses dizem lingoeirões". Longueirão é a designação comum de diversos moluscos bivalves de concha longa e retangular.

dedo e mais, da mesma grossura, e têm um miolo grande e muito gostoso, e se come aberto no fogo; e a casca se abre como a das amêijoas.

[142] **Que trata da diversidade de búzios que se criam na Bahia**   Tapesi[567] são uns búzios tamanhos de palmo e meio, que têm uma borda estendida para fora no comprimento do búzio, de um coto de largo, os quais são algum tanto baixos e têm grande miolo; que os índios comem, mas é muito teso; os quais búzios servem aos índios de buzinas, e criam-se na areia; e no miolo têm uma tripa cheia dela, que se lhes tira facilmente.

Há outros búzios, a que os índios chamam oatapesi,[568] que são tamanhos como uma grande cidra, e pontiagudos no fundo, e roliços, com grande boca; estes têm grande miolo bom para comer, e algum tanto teso, o qual tem uma tripa cheia de areia, que se lhe tira bem. A estes búzios furam os índios pelo pé para tangerem com eles, e não há barco que não tenha um, nem casa de índios onde não haja três e quatro, com que tangem, os quais soam muito mais que as buzinas; e criam-se estes búzios na areia.

Também se criam na areia outros búzios de três quinas, a que os índios chamam iatetaoasu,[569] que são tamanhos como uma pinha e maiores; e no que a boca abre para fora são mui formosos, cujo miolo é grande e saboroso, sobre o teso, onde têm uma tripa cheia de areia; também servem de buzina aos índios.

---

567. Em Varnhagen (1851 e 1879), "tapuçú".
568. Em Varnhagen (1851 e 1879), "oatapú".
569. Em Varnhagen (1851 e 1879), "oapuaçú".

Piriguoas[570] são outros búzios que se criam na areia, tamanhos como nozes e maiores; são brancos, cheios de bichos muito bem afeiçoados, os quais têm um miolo dentro, que cozidos e assados, se lhes tira com a mão muito bem; e têm uma tripa cheia de areia fácil de se tirar. Este marisco é de muito gosto e leve, de que há muita soma, e com tormenta lança-os o mar fora nas enseadas.

Há outros búzios, a que os índios chamam ticoarapoam,[571] tamanhos como um ovo, com um grande bico no fundo, e são muito alvos, lavrados em caracol por fora; têm miolo grande com tripa, como estes outros, que se lhes tira; o qual é muito saboroso; que se cria também na areia; do que há muita quantidade.

Sacurauna é outra casta de búzios, que se criam na areia, tamanho como peras pardas, que são ásperos por fora, e têm grande miolo, mas sobre o duro, e também têm tripa de areia.

Há outros búzios, que se criam na areia, a que os índios chamam oacaré, que são muito lisos e pintados por fora, os quais têm grande miolo, e sobre o teso. Estes búzios são os com que as mulheres burnem[572] e assentam as costuras.

Ticoerauna são uns búzios pequenos, uns da feição de caramujos pintados por fora,[573] outros compridos, também pintados, que servem de tentos;[574] os quais se criam nas folhas dos mangues como caracóis; e cozidos tiram-se com alfinetes, como caramujos, e são muito bons e saborosos. Outras muitas castas

---

570. Em Varnhagen (1851 e 1879), "ferigoas".
571. Em Varnhagen (1851 e 1879), "ticoarapuã".
572. Burnir: lustrar, polir.
573. Em Varnhagen (1851 e 1879), "búzios pequenos da feição".
574. Tento: utensílio de barro para amparar as panelas

há destes búzios pequenos, que por atalhar prolixidade se não diz aqui deles.

[143] Em que se contém algumas estranhezas que o mar cria na Bahia Assim como se na terra criam mil imundícias de bichos prejudiciais ao remédio da vida humana, como atrás no capítulo das alimárias fica declarado, da mesma maneira se criam no mar, como se verá pelo que neste capítulo se contém.

Pinda[575] chamam os índios aos ouriços que se criam no mar da Bahia, que são como os da costa de Portugal, os quais se criam em pedras; e não usa ninguém deles para se comerem, nem para outra coisa alguma que aproveite para nada.

Lança este mar fora, muitas vezes, com tormenta, umas estrelas da mesma feição e tamanho das que lança o mar da Espanha, as quais não servem para nada, a que os índios chamam tasi.[576]

Também este mar lança fora pelas praias alforrecas ou coroas-de-frades, como aquelas que saem no rio de Lisboa na praia de Belém e em outras partes; e na Bahia saem às vezes juntas duas e três mil delas, a que os índios chamam musiqui.[577]

Muitas vezes se acha pelas praias da Bahia uma coisa preta, mui liada, como fígado de vaca, com o que se enganaram muitos homens cuidando ser âmbar, e é uma água-morta, segundo a opinião dos mareantes.

Também deita o mar por estas praias muitas vezes esponjas, a que os índios chamam itamambequa,[578] as quais se criam no

---

575. Em Varnhagen (1851 e 1879), "pindá". Pindá ou ouriço-do-mar.
576. Em Varnhagen (1851 e 1879), "jacî". Jaci.
577. Em Varnhagen (1851 e 1879), "muciquî".
578. Em Varnhagen (1851 e 1879), "itamambeca".

fundo do mar, de onde umas saem delgadas e moles, e outras tesas e aperfeiçoadas.

Aos gusanos chamam os índios ubirasoqua,[579] do qual não é de espantar furar a madeira dos navios, pois fura as pedras, onde não acha paus, as quais se acham cada hora lavradas deles e furadas de uma banda e outra; este gusano é um bicho mole e comprido como minhoca, e da mesma feição; e tem a cabeça e boca dura, o qual se cria em uma casca roliça, retorcida, alva e dura, como búzio, e com ela faz as obras e dano tão sabidos; e para roer não lança fora desta casca mais que a boca, com que faz o caminho diante desta sua camisa, que o corpo do bicho de dentro manda para onde quer; e para este gusano não fazer tanto dano nas embarcações, permitiu a natureza que o que se cria na água salgada morra entrando na água doce, e o que se cria na água doce morra na água salgada. Na Bahia houve já muito, mas já agora não há tanto que faça mal aos navios e outras embarcações.

Nas redes de pescar saem às vezes umas pedras brancas, que fizeram já os homens terem pensamentos que era coral branco, por se criarem no fundo do mar, soltas, feitas em casteletes alvíssimos, que são tão delicados, lindos e de tanto artifício, que é coisa estranha; os quais são muito duros e resplandecentes; e dizem alguns contemplativos que se criam dos limos do mar, porque se acham alguns muitas vezes enfarinhados de areia congelada e dura, e eles mui brancos, mas não ainda aperfeiçoados, como coisa que se vai criando.

[144] Que trata da natureza e feições dos peixes de água doce Não menos são de notar os pescados que se criam nos

579. Em Varnhagen (1851 e 1879), "ubiraçoca". Ubiraçoca ou gusano.

rios de água doce da Bahia, que os que se criam no mar dela; do que é bem que digamos daqui por diante.

E comecemos dos eirós que há nestes rios, que se criam debaixo das pedras, a que os índios chamam mosim,[580] os quais são da feição e sabor das de Portugal.

Tarayras[581] são peixes tamanhos como mugens, e maiores; mas são pretos, da cor dos enxarrocos, e têm muitas espinhas; os quais se tomam à linha, nos rios de água doce; têm boas ovas e nenhuma escama; do que há grandes pescarias.

Inguyás[582] chamam os índios a outros peixes da feição dos safios da Espanha, mas mais pequenos; os quais se tomam às mãos, entre as pedras; o qual peixe não tem escama, e é mui saboroso.

Tamoatas[583] são outros peixes destes rios que se não escamam, por terem a casca mui grossa e dura, e que se lhe tira fora inteira depois de assados ou cozidos; os quais se tomam à linha; e é peixe miúdo, muito gostosos e sadio.

Piranha quer dizer "tesoura", é peixe de rios grandes, e onde o há, é muito; e é da feição dos sargos, e maior, de cor mui prateada; este peixe é muito gordo e gostoso, e toma-se à linha; mas tem tais dentes que corta o anzol cerce;[584] pelo que os índios não se atrevem a meter na água onde há este peixe, porque remete a eles muito e morde-os cruelmente; se lhes alcançam os genitais, levam-lhos cerce, e o mesmo faz à caça que atravessa os rios onde este peixe anda.

580. Em Varnhagen (1851 e 1879), "mocim". Muçum ou muçu é um tipo de enguia de água doce.
581. Em Varnhagen (1851 e 1879), "tareîras". Tareira.
582. Em Varnhagen (1851 e 1879), "juquiás". Jundiá ou jandiá.
583. Tamuatá ou tambuatá, também chamado de cascudo, em razão da couraça que o cobre.
584. Cerce: rente.

Queriquo[585] é outro peixe de água doce da feição das savelhas,[586] e tem as mesmas espinhas e muitas, e é muito estimado e saboroso, o qual peixe se toma à linha.

Cria-se nestes rios outro peixe, a que os índios chamam oaquari,[587] que são do tamanho e feição das choupas de Portugal, mas têm o rabo agudo, a cabeça metida nos ombros e duas pontas como cornos; e têm a pele grossa, a qual os índios têm por contrapeçonha para mordeduras de cobras e outros bichos, o qual se toma a cana.

Tomam-se nestes rios outros peixes, a que os índios chamam piabas, que são pequenos, da feição dos pachões do rio de Lisboa, o qual é peixe saboroso e de poucas espinhas.

Também se tomam à cana nestes rios outros peixes a que os índios chamam maturagos,[588] que são pequenos, largos e muito saborosos.

Há outros peixes nos rios, a que os índios chamam guarara,[589] que são como ruivacas, e têm a barriga grande, os quais se tomam à cana.

Acará são outros peixes do rio, tamanhos como bezugos, mas têm o focinho mais comprido, que é peixe muito saboroso; o qual se toma a cana.

Há outras muitas castas de peixe nos rios de água doce, que para se escrever houvera-se de tomar muito de propósito mui largas informações, mas por ora deve de bastar o que está dito para que possamos dizer de algum marisco que se cria na água doce.

585. Em Varnhagen (1851 e 1879), "querico".
586. Savelha: sardinha.
587. Uacari ou acari.
588. Em Varnhagen (1851 e 1879), "maturaqué". Maturaqué ou traíra.
589. Em Varnhagen (1851 e 1879), "goarara".

[145] Que trata do marisco que se cria na água doce Assim como a natureza criou tanta diversidade de mariscos na água salgada, fez o mesmo nos rios e lagoas da água doce, como se verá pelos mexilhões que se criam nas pedras destes rios e no fundo das lagoas, que são da feição e tamanho dos do mar, os quais não são tão gostosos por serem doces.

Também se criam nas pedras destes rios caramujos maiores que os do mar e compridos, a que os índios chamam sapicareta.[590]

No fundo das lagoas, nas lamas delas, se criam amêijoas redondas que têm grande miolo, a que os índios chamam como as do mar, as quais são, pelo lugar onde nascem, muito insossas.

Mais pelo sertão se criam, nos rios grandes, uns mexilhões de palmo de comprido e quatro dedos de largo, que são pela banda de dentro da cor e lustro da madrepérola, que servem de colheres aos índios, os quais têm grandes miolos; por serem de água doce não são mui gostosos como os do mar.

Também se criam nestes rios muitos e mui diversos camarões, dos quais diremos o que foi possível chegar à nossa notícia; começando primeiro dos mais gerais, que os índios chamam potim, que são muitos, do tamanho dos grandes de Lisboa, mas são mais grossos e têm as barbas curtas, os quais se criam entre as pedras das ribeiras e entre as raízes das árvores, que vizinham com a água, e em quaisquer ervas que se criam na água; de que os índios se aproveitam tomando-os às mãos; e são muito saborosos.

Há outra casta de camarões, a que os índios chamam arataem,[591] que são da mesma maneira dos primeiros, mas mais

---

590. Em Varnhagen (1851 e 1879), "sapicaretá".
591. Em Varnhagen (1851 e 1879), "aratuem".

pretos na cor, e têm a casca mais dura, que se criam e tomam da maneira dos de cima, os quais cozidos são muito bons.

Nestas ribeiras se criam outros camarões, a que os índios chamam aratare,[592] que têm pequeno corpo e duas bocas como lacraus e a cabeça de cada um é tamanha como o corpo, os quais se criam em pedras no côncavo delas, e da terra das ribeiras, que são muito gostosos e tomam-se às mãos.

Potiuasu[593] são uns camarões que se criam nas cavidades das ribeiras, e têm tamanho corpo como os lagostins, e o pescoço da mesma maneira; têm a casca nédia e as pernas curtas, os quais criam corais em certo tempo, e em outro têm o casco gordo como lagostas, que se também tomam às mãos, e são muito saborosos; e estes e os mais não são nada carregados.

[146] Em que se declara a natureza dos caranguejos-do-mato Andei buscando até agora onde agasalhar os caranguejos-do-mato, sem lhes achar lugar cômodo, porque para os arrumar com os caranguejos do mar parecia despropósito, pois se eles criam na terra, sem verem nem tocarem água do mar; e para os contar com os animais parece que também não lhes cabia este lugar, pois se parecem com o marisco do mar; e por não ficarem sem gasalhado nestas lembranças, os aposentei na vizinhança do marisco de terra, ainda que se não criam na água estes caranguejos, mas em lugares úmidos por todas as ribeiras.

A estes caranguejos da terra chamam os índios guoanhamus;[594] os quais se criam em várzeas úmidas, não muito longe

592. Em Varnhagen (1851 e 1879), "arature".
593. Em Varnhagen (1851 e 1879), "potiuaçú". Potiaçu ou camarão-d'água-doce.
594. Guaiamu.

do mar, mas na vizinhança da água doce, os quais são muito grandes e azuis, com o casco e pernas mui luzentes; os machos são muito maiores que as fêmeas, e tamanhos que têm os braços grandes, onde têm as bocas com tamanhos bicos nelas, e tão compridos e voltados que faz com ele tamanha aparência como faz o dedo demonstrativo da mão de um homem com o polegar, o que é tão duro como ferro, e onde pegam com esta boca não largam até os não matarem. Criam-se estes caranguejos em covas debaixo da terra, tão fundas que com trabalho se lhe pode chegar com o braço e ombro de um índio metidos nela, onde os mordem mui valentemente. No mês de fevereiro estão as fêmeas, até meados de março, todas cheias de coral mui vermelho, e têm tanto no casco como uma lagosta, o qual e tudo o mais é muito gostoso; tiram-lhe o fel ou bucho que têm, cheio de tinta preta muito amargosa; porque se se derrama faz amargar tudo e por onde ele chegou.

No mês de agosto, que é no cabo do inverno, se saem os machos e fêmeas ao sol, com o que anda a terra coberta deles; em o qual tempo se saem ao sol passeando de uma parte para outra, e são então bons de tomar; e nesta conjunção andam os machos tão gordos que têm os cascos cheios de uma amarelidão como gemas de ovos, os quais são mui gostosos à maravilha, mas são carregados; e para os índios os tirarem das covas sem trabalho, tapam-nas com um molho de ervas, com o que eles abafam nas covas, e se vêm para tomar ar, e por não acharem caminho desimpedido, morrem à boca da cova abafados. Algumas vezes morreram pessoas de comerem estes caranguejos,[595] e dizem os índios que no tempo em que fazem mal comem uma

---

595. Em Varnhagen (1851 e 1879), "comerem este guanhamú".

fruta, a que chamam araticupaná, de que já fizemos menção, a qual é peçonhenta.

DAQUI POR DIANTE SE TRATA DA VIDA E COSTUMES DO GENTIO DA TERRA DA BAHIA

Já era tempo de dizermos quem foram os povoadores e possuidores desta terra da Bahia, de que se tem dito tantas maravilhas, e quem são estes Tupinambas tão nomeados, cuja vida e costumes temos prometido por tantas vezes neste tratado, ao que começamos satisfazer daqui por diante.

[147] Que trata de quais foram os primeiros povoadores da Bahia Os primeiros povoadores que viveram na Bahia de Todos os Santos e sua comarca, segundo as informações que se têm tomado dos índios muito antigos, foram os Tapuyas, que é uma casta de gentio muito antigo, de quem diremos ao diante em seu lugar. Estes Tapuyas foram lançados fora da terra da Bahia e da vizinhança do mar dela por outro gentio seu contrário, que desceu do sertão, à fama da fartura da terra e mar desta província, que se chamam Tupinaes, e fizeram guerra um gentio a outro tanto tempo quanto gastou para os Tupinaes vencerem e desbaratarem aos Tapuyas, e os fazerem despejar a ribeira do mar, e irem-se para o sertão, sem poderem tornar a possuir mais esta terra de que eram senhores, a qual os Tupinaes possuíram e senhorearam muitos anos, tendo guerra ordinariamente pela banda do sertão com os Tapuyas, primeiros possuidores das faldas do mar; e chegando à notícia dos Tupinambas a grossura e fertilidade desta terra, se juntaram e vieram de além do rio de São Francisco, descendo sobre a terra da Bahia que vinham senhoreando, fazendo guerra aos Tupinaes que a possuíam, destruindo-lhes suas aldeias e roças, matando aos que lhe faziam rosto, sem perdoarem a ninguém, até que os lançaram fora das vizinhanças do mar; os quais se foram para o sertão e despejaram a terra aos Tupinambas, que a ficaram senhoreando. E estes Tupinaes se foram pôr em frontaria com os Tapuyas, seus contrários, os quais faziam crua guerra com força, da qual os faziam recuar pela terra adentro, por se afastarem dos Tupinambas que os apertavam da banda do mar, de que estavam senhores, e assim foram possuidores desta província da Bahia muitos anos, e tempos fazendo guerra a seus contrários com muito esforço,[596] até a vinda dos portugueses a ela; dos quais Tupinambas e Tupinaes se tem tomado esta informação, em cuja memória andam estas histórias de geração em geração.

[148] **Em que se declara a proporção e feição dos Tupinambas, e como se dividiram logo**   Os Tupinambas são homens de meã estatura, de cor muito baça, bem feitos e bem dispostos, muito alegres do rosto, e bem assombrados; todos têm bons dentes, alvos, miúdos, sem lhes nunca apodrecerem; têm as pernas bem feitas, os pés pequenos; trazem o cabelo da cabeça sempre aparado; em todas as outras partes do corpo os não consentem e os arrancam como lhes nascem; são homens de grandes forças e de muito trabalho; são muito belicosos, e em sua maneira esforçados, e para muito, ainda que atraiçoados; são muito amigos de novidades, e demasiadamente luxuriosos, e grandes caçadores e pescadores, e amigos de lavouras.

Como se este gentio viu senhor da terra da Bahia, dividiu-se em bandos por certas diferenças que tiveram uns com os outros, e assentaram suas aldeias apartadas, com o que se inimizaram;

596. Em Varnhagen (1851 e 1879), "muitos anos, fazendo guerra".

os que se aposentaram entre o rio de São Francisco e o rio Real, se declararam por inimigos dos que se aposentaram do rio Real até a Bahia, e faziam-se cada dia cruel guerra, e comiam-se uns aos outros; e os que cativavam, e a que davam vida, ficavam escravos dos vencedores.

E os moradores da Bahia da banda da cidade se declararam por inimigos dos outros Tupinambas moradores da outra banda da Bahia, no limite do rio de Paraguosu[597] e do de Seregipe, e faziam-se cruel guerra uns aos outros por mar; onde se davam batalhas navais em canoas, com as quais faziam ciladas uns aos outros, por entre as ilhas, onde havia grande mortandade de parte a parte, e se comiam, e faziam escravos uns aos outros, no que continuaram até o tempo dos portugueses.[598]

[149] Que trata de como se dividiram os Tupinambas, e se passaram à ilha de Taparica e dela a Jaguoaripe Entre os Tupinambas moradores da banda da cidade armaram desavenças uns com os outros sobre uma moça que um tomou a seu pai por força, sem lha querer tornar; com a qual desavença se apartou toda a parentela do pai da moça, que eram índios principais, com a gente de suas aldeias, e passaram-se à ilha de Taparica, que está no meio da Bahia, com os quais se lançou outra muita gente, e incorporaram-se com os vizinhos do rio Paraguoasu, e fizeram guerra aos da cidade, a cujo limite chamavam Caramure; e salteavam-se uns aos outros cada dia, e ainda hoje em dia há memória de uma ilheta, que se chama a do Medo, por se esconderem detrás dela; onde faziam ciladas uns

---

597. Em Varnhagen (1851 e 1879), "Paraguassú".
598. No manuscrito da BGJM, "cruel guerra uns aos outros por entre as ilhas onde havia grande mortandade".

aos outros com canoas, em que se matavam cada dia muitos deles,

Destes Tupinambas que se passaram à ilha de Taparica, se povoou o rio Jaguoaripe, Tinhare e a costa dos Ilheos; e tamanho ódio se criou entre esta gente, sendo toda uma por sua avoenga,[599] que ainda hoje em dia, entre esses poucos que há,[600] se querem tamanho mal que se matam uns aos outros, se o podem fazer, em tanto que se encontram alguma sepultura antiga dos contrários, lhe desenterram a caveira, e lha quebram, com o que tomam nome novo, e de novo se tornam a inimizar.

E em tempo que os portugueses tinham já povoado este rio de Jaguoaripe, houve na sua povoação grandes ajuntamentos das aldeias dos índios ali vizinhos, para quebrarem caveiras em terreiros, com grandes festas, para os quebradores das cabeças tomarem novos nomes, as quais caveiras foram desenterrar a uma aldeia despovoada para vingança de morte dos pais ou parentes dos quebradores delas, para o que as enfeitavam com penas de pássaros ao seu modo; em as quais festas houve grandes bebedices, o que ordenaram os portugueses ali moradores para se escandalizarem os parentes dos defuntos, e se quererem de novo mal; porque se temiam que se viessem a confederar uns com os outros para lhes virem fazer guerra, o que foi bastante para não o fazerem, e se assegurarem com isto os portugueses que viviam neste rio.

[150] Em que se declara o modo e a linguagem dos Tupinambas Ainda que os Tupinambas se dividiram em bandos, e se inimizaram uns com outros, todos falam uma língua que

---

599. Avoengo: avô; antepassado.
600. Em Varnhagen (1851 e 1879), "avoenga, que ainda hoje, entre".

é quase geral pela costa do Brasil, e todos têm uns costumes em seu modo de viver e gentilidades; os quais não adoram nenhuma coisa, nem têm nenhum conhecimento da verdade, nem sabem mais senão que há morrer e viver; e qualquer coisa que lhes digam, se lhes mete na cabeça, e são mais bárbaros que quantas criaturas Deus criou. Têm muita graça quando falam, mormente as mulheres; são mui compendiosas na forma da linguagem, e muito copiosos no seu orar; mas faltam-lhes três letras das do ABC, que são F, L, R grande ou dobrado, coisa muito para se notar; porque, se não têm F, é porque não têm fé em nenhuma coisa que adorem; nem os nascidos entre os cristãos e doutrinados pelos padres da Companhia têm fé em Deus Nosso Senhor, nem têm verdade, nem lealdade a nenhuma pessoa que lhes faça bem. E se não têm L na sua pronunciação, é porque não têm lei alguma que guardar, nem preceitos para se governarem; e cada um faz lei a seu modo, e ao som da sua vontade; sem haver entre eles leis com que se governem, nem têm leis uns com os outros. E se não têm esta letra R na sua pronunciação, é porque não têm rei que os reja, e a quem obedeçam, nem obedecem a ninguém, nem o pai ao filho, nem o filho ao pai, e cada um vive ao som da sua vontade; para dizerem Francisco dizem Pancisco,[601] para dizerem Lourenço dizem Rorenço, para dizerem Rodrigo dizem Rorigo;[602] e por este modo pronunciam todos os vocábulos em que entram estas três letras.

[151] **Que trata do sítio e arrumação das aldeias, e as quantidades dos principais delas** Em cada aldeia dos Tupinambas há um principal, a que seguem somente na guerra

---

601. Em Varnhagen (1851 e 1879), "Pancico".
602. Em Varnhagen (1851 e 1879), "Rodigo".

onde lhe dão alguma obediência, pela confiança que têm em seu esforço e experiência, que no tempo de paz cada um faz o que obriga seu apetite. Este principal há de ser valente homem para o conhecerem por tal, e aparentado e benquisto, para ter quem ajude a fazer suas roças, mas quando as faz com ajuda de seus parentes e chegados, ele lança primeiro mão do serviço que todos. Quando este principal assenta a sua aldeia, busca sempre um sítio alto e desabafado aos ventos, para que lhe lave as casas, e que tenha a água muito perto, e que a terra tenha disposição para derredor da aldeia fazerem suas roças e granjearias; e como escolhe o sítio a contentamento dos mais antigos, faz o principal sua casa muito comprida, coberta de palma, a que os índios chamam pindoba, e as outras casas da aldeia se fazem também muito compridas e arrumadas, de maneira que lhes fica no meio um terreiro quadrado, onde fazem bailes e os seus ajuntamentos; e em cada aldeia há um cabeça, que há de ser índio antigo e aparentado, para lhe os outros que vivem nestas casas terem respeito; e não vivem mais nesta aldeia, que enquanto lhes não apodrece a palma das casas, que lhes dura três, quatro anos. E como lhes chove muito nelas, passam a aldeia para outra parte. E nestas casas não há nenhuns repartimentos, mais que os tirantes; que entre um e outro é um rancho onde se agasalha cada parentela, e o principal toma o seu rancho primeiro, onde se ele arruma com sua mulher e filhos, mancebas, criados solteiros, e algumas velhas que o servem, e pela mesma ordem vai arrumando a gente da sua casa, cada parentela em seu lanço; de onde se não poderão mudar, salvo se for algum mancebo solteiro, e casar, porque em tal caso se irá para o lanço onde está sua mulher; e por cima destes tirantes das casas lançam umas varas arrumadas bem juntas, a que chamam juraus,[603] em que guardam suas alfaias e seus legumes, que se aqui curam ao fumo, para não apodrecerem; e da mesma maneira se arrumam e ordenam nas outras casas; e em umas e outras a gente que se agasalha em cada lanço destes. Quando comem é no chão, em cócaras,[604] e todos juntos, e os principais deitados nas redes. Nestas casas tem este gentio ajuntamento, sem se pegarem uns dos outros, mas sempre o macho com fêmea. Se estas aldeias estão em frontaria de seus contrários, e em lugares de guerra, faz este gentio de roda da aldeia uma cerca de pau a pique muito forte, com suas portas e seteiras, e afastado da cerca vinte e trinta palmos fazem derredor dela uma rede de madeira, com suas entradas de fora para entre ela e a cerca, para que, se lhe os contrários entrarem dentro, lhe saírem, e ao recolher se embaracem de maneira que os possam flechar e desbaratar, como acontece muitas vezes.[605]

[152] Que trata da maneira dos casamentos dos Tupinambas e seus amores A mulher verdadeira dos Tupinambas é a primeira que o homem teve e conversou, e não têm em seus casamentos outra cerimônia mais que dar o pai a filha a seu genro, e como têm ajuntamento natural, ficam casados; e os índios principais têm mais de uma mulher, e o que mais mulheres tem, se tem por mais honrado e estimado; mas elas dão todas a obediência à mais antiga, e todas a servem, a qual tem armado sua rede junto da do marido, e entre uma e outra tem sempre fogo aceso; e as outras mulheres têm as suas redes, em que dormem, mais afastadas, e fogo entre cada duas redes; e

603. Em Varnhagen (1851 e 1879), "juráos". Jirau é uma armação ou estrado de madeira.
604. No manuscrito da BGJM, "em covas".
605. No manuscrito da BGJM o período termina em "os possam flechar".

quando o marido se quer ajuntar com qualquer delas, vai-se lançar com ela na rede, onde se detém só aquele espaço deste contentamento, e torna-se para o seu lugar; e sempre há entre estas mulheres ciúmes, mormente a mulher primeira; porque pela maior parte são mais velhas que as outras, e de menos gentileza, o qual ajuntamento é público diante de todos. E quando o principal não é o maior da aldeia dos índios das outras casas, o que tem mais filhos é mais rico e mais estimado, e mais honrado de todos, porque são as filhas mui requestadas dos mancebos que as namoram; os quais servem os pais das damas dois e três anos primeiro que lhas deem por mulheres; e não as dão senão aos que melhor os servem, a quem os namoradores fazem a roça, e vão pescar e caçar para os sogros que desejam de ter, e lhe trazem a lenha do mato; e como os sogros lhes entregam as damas, eles se vão agasalhar no lanço dos sogros com as mulheres, e apartam-se dos pais, mães e irmãos, e mais parentela com que antes estavam; e por nenhum caso se entrega a dama a seu marido enquanto lhe não vem seu costume; e como lhe vem é obrigada a moça a trazer atado pela cinta um fio de algodão, e em cada bucho dos braços outro, para que venha à notícia de todos. E como o marido lhe leva a frol, é obrigada a noiva a quebrar estes fios, para que seja notório que é feita dona; e ainda que uma moça destas seja deflorada por quem não seja seu marido, ainda que seja em segredo, há de romper os fios da sua virgindade, que de outra maneira cuidará que a leva logo o diabo, os quais desastres lhes acontecem muitas vezes; mas o pai não se enoja por isso, porque não falta quem lha peça por mulher com essa falta; e se algum principal da aldeia pede a outro índio a filha por mulher, o pai lha dá sendo menina; e aqui se não estende o preceito acima, porque ele a leva para o seu lanço, e a vai criando até que lhe venha seu costume, e antes disso por nenhum caso lhe toca.

[153] Que trata dos afeites deste gentio Costumam os mancebos Tupinambas se depenarem os cabelos de todo o corpo, e não deixar mais que os da cabeça, que trazem tosquiados de muitas feições, o que faziam antes que tivessem tesouras, com umas canas, que por natureza cortam muito; e alguns o trazem cortado por cima das orelhas, e muito bem aparado; os quais cobrem os membros genitais com alguma coisa por galantaria, e não pelo cobrir; e pintam-se de lavores pretos, que fazem com tinta de jenipapo, e se têm damas, elas têm cuidado de os pintar; também trazem na cabeça umas penas amarelas, pegadas pelos pés com cera, e arrecadas de ossos nas orelhas, e grandes contas brancas, que fazem de búzios, lançadas ao pescoço; aos quais as mesmas damas rapam a testa com umas caninhas, e lhes arrancam os cabelos da barba, pestanas, sobrancelhas, e os mais cabelos de todo corpo, como já fica dito. E quando se estes mancebos querem fazer bizarros, arrepiam o cabelo para cima com almécega, onde lhe pegam umas peninhas amarelas pegadas nele, e sobraçam contas brancas. E põem nas pernas e nos braços umas manilhas de penas amarelas, e seu diadema das mesmas penas na cabeça. As moças também se pintam de tinta de jenipapo, com muitos lavores, a seu modo, mui louçãs; e põem grandes ramais de contas de toda a sorte ao pescoço e nos braços; e põem nas pernas, por baixo do joelho, umas tapicuras,[606] que são do fio do algodão, tinto de vermelho, tecido de maneira que lhas não podem tirar, o que tem três dedos de largo; o que lhes põem as mães enquanto são cachopas, para

---

606. Em Varnhagen (1851 e 1879), "tapacurás".

que lhes engrossem as pernas pelas barrigas, enquanto crescem, as quais as trazem nas pernas enquanto são namoradas, mas de maneira que as possam tirar, ainda que com trabalho; e enquanto são solteiras pintam-nas as mães, e depois de casadas os maridos, se lhes querem bem; as quais moças são barbeadas de todos os cabelos que os mancebos tiram, por outras mulheres. Estas índias também curam os cabelos para que sejam compridos, grossos e pretos, os quais para terem isto os untam muitas vezes com óleo de cocos bravos.

[154] **Que trata da criação que os Tupinambas dão aos filhos e o que fazem quando lhes nascem** Quando estas índias entram em dores de parir, não buscam parteiras, não se guardam do ar, nem fazem outras cerimônias, parem pelos campos e em qualquer outra parte como uma alimária; e em acabando de parir, se vão ao rio ou fonte, onde se lavam, e as crianças que pariram; e vêm-se para casa, onde o marido se deita logo na rede, onde está muito coberto, até que seca o umbigo da criança; em o qual visitam seus parentes e amigos, e lhes trazem presentes de comer e beber, e a mulher lhe faz muitos mimos, enquanto o marido está assim parido, o qual está muito empanado para que lhe não dê o ar; e dizem que se lhe der o ar que fará muito nojo à criança, e que se se erguerem e forem ao trabalho que lhes morrerão os filhos, e eles que serão doentes da barriga; e não há quem lhes tire da cabeça que da parte da mãe não há perigo, senão da sua; porque o filho lhe saiu dos lombos, e que elas não põem da sua parte mais que terem guardada a semente no ventre onde se cria a criança.

Como nascem os filhos aos Tupinambas, logo lhes põem o nome que lhe parece; os quais nomes que usam entre si são de alimárias, peixes, aves, árvores, mantimentos, peças de armas e doutras coisas diversas; aos quais furam logo o beiço debaixo, onde lhes põem, depois que são maiores, pedras por gentileza.

Não dão os Tupinambas a seus filhos nenhum castigo, nem os doutrinam, nem os repreendem por coisa que façam; aos machos ensinam-nos a atirar com arcos e flechas ao alvo, e depois aos pássaros; e trazem-nos sempre às costas até a idade de sete e oito anos, e o mesmo às fêmeas; e uns e outros mamam na mãe até que torna a parir outra vez; pelo que mamam muitas vezes seis e sete anos; às fêmeas ensinam as mães a enfeitar-se, como fazem as portuguesas, e a fiar algodão, e a fazer o mais serviço de suas casas conforme o seu costume.

[155] Em que se declara o com que se os Tupinambas fazem bizarros   Para se os Tupinambas fazerem bizarros usam de muitas bestialidades mui estranhas, como é fazerem depois de homens três e quatro buracos nos beiços de baixo, onde metem pedras com grandes pontas para fora; e outros furam os beiços de cima, também como os de baixo, onde também metem pedras como nos de baixo; também alguns furam as ventas, em que metem outras pedras com pontas para fora; e outros furam as faces, onde metem umas pedras redondas, verdes e pardas, que ficam inseridas nas faces, como espelhos de borracha;[607] em as quais há alguns que têm nas faces dois e três buracos, em que metem pedras com pontas para fora; e há alguns que têm todos estes buracos, que, com as pedras neles, parecem os demônios; os quais sofrem estas dores por parecerem temerosos a seus contrários.

607. Em Varnhagen (1851 e 1879), "e outros furam os beiços de cima, também como os de baixo, onde também metem pedras redondas, verdes e pardas, que ficam".

Usam também entre si umas carapuças de penas amarelas e vermelhas, que põem na cabeça, que lha cobre até as orelhas; os quais fazem colares para o pescoço de dentes dos contrários, onde trazem logo juntos dois, três mil dentes, e nos pés uns cascavéis de certas ervas da feição da castanha, cujo tinido se ouve muito longe. Ornam-se mais estes índios, para suas bizarrices, de uma roda de penas de ema, que atam sobre as ancas, que lhes faz tamanho vulto que lhes cobre as costas todas de alto a baixo; e para se fazerem mais feios se tingem todos de jenipapo, que parecem negros da Guiné, e tingem os pés de uma tinta vermelha muito fina, e as faces; e põem sobraçadas muitas contas de búzios, e outras pequenas de penas nos braços; e quando se ataviam com todas estas peças, levam uma espada de pau marchetada com cascas de ovos de pássaros de cores diversas, e na empunhadura umas penas grandes de pássaros, e certas campainhas de penas amarelas, a qual espada lançam, atada ao pescoço, por detrás; e levam na mão esquerda seu arco e flechas, com dentes de tubarão; e na direita um maracá, que é um cabaço cheio de pedrinhas, com seu cabo, com que vai tangendo e cantando; e fazem estas bizarrices para quando na sua aldeia há grandes vinhos, ou em outra, onde vão folgar; pelas quais andam cantando e tangendo sós, e depois misturados com outros; com os quais atavios se fazem temidos e estimados.

[156] **Que trata da luxúria destes bárbaros**   São os Tupinambas tão luxuriosos que não há pecado de luxúria que não cometam; os quais sendo de muito pouca idade têm conta com mulheres, e bem mulheres; porque as velhas, já desestimadas dos que são homens, granjeiam estes meninos, fazendo-lhes

mimos e regalos, e ensinam-lhes a fazer o que eles não sabem, e não os deixam de dia, nem de noite. É este gentio tão luxurioso que poucas vezes têm respeito às irmãs e tias, e, porque este pecado é contra seus costumes, dormem com elas pelos matos, e alguns com suas próprias filhas; e não se contentam com uma mulher, mas têm muitas, como já fica dito, pelo que morrem muitos de esfalfados. E em conversação não sabem falar senão nestas sujidades, que cometem cada hora; os quais são tão amigos da carne que se não contentam, para seguirem seus apetites, com o membro genital como a natureza formou; mas há muitos que lhe costumam pôr o pelo de um bicho tão peçonhento, que lho faz logo inchar, com o que têm grandes dores, mais de seis meses, que se lhe vão gastando espaço de tempo; com o que se lhes faz o seu cano tão disforme de grosso, que os não podem as mulheres esperar, nem sofrer; e não contentes estes selvagens de andarem tão encarniçados neste pecado, naturalmente cometido, são muito afeiçoados ao pecado nefando, entre os quais se não têm por afronta; e o que se serve de macho, se tem por valente, e contam esta bestialidade por proeza; e nas suas aldeias pelo sertão há alguns que têm tenda pública a quantos os querem como mulheres públicas.

Como os pais e as mães veem os filhos com meneios para conhecer mulher, eles lhas buscam, e os ensinam como a saberão servir; as fêmeas muito meninas esperam o macho, mormente as que vivem entre os portugueses. Os machos destes Tupinambas não são ciosos; e ainda que achem outrem com as mulheres, não matam a ninguém por isso, e quando muito espancam as mulheres pelo caso. E as que querem bem aos maridos, pelos contentarem, buscam-lhes moças com que eles se desenfadem, as quais lhes levam à rede onde dormem, onde lhes pedem muito que se queiram deitar com os maridos, e as peitam para isso; coisa que não faz nenhuma nação de gente, senão estes bárbaros.

[157] **Que trata das cerimônias que usam os Tupinambas nos seus parentescos**   Costumam os Tupinambas que quando algum morre que é casado, é obrigado o irmão mais velho a casar com sua mulher, e quando não tem irmão, o parente mais chegado pela parte masculina; e o irmão da viúva é obrigado a casar com sua filha se a tem; e quando a mãe da moça não tem irmão, pertence-lhe por marido o parente mais chegado da parte de sua mãe; e se não quer casar com esta sua sobrinha, não tolherá a ninguém dormir com ela, e depois lhe dá o marido que lhe vem à vontade.

O tio, irmão do pai da moça, não casa com a sobrinha, nem lhe toca quando fazem o que devem, mas tem-na em lugar de filha, e ela como a pai lhe obedece, depois da morte do pai, e pai lhe chama; e quando estas moças não têm tio, irmão de seu pai, tomam em seu lugar o parente mais chegado; e a todos os parentes da parte do pai em todo o grau chamam pai, e eles a ela filha; mas ela obedece ao mais chegado parente, sempre; e da mesma maneira chamam os netos ao irmão e primo de seu avô e eles a eles netos, e aos filhos dos netos, e netas de seus irmãos e primos; e da parte da mãe também os irmãos e primos dela chamam aos sobrinhos filhos, e eles aos tios pais; mas não lhes têm tamanho acatamento como aos tios da parte do pai; e preza-se muito este gentio de seus parentes e o que mais parentes e parentas tem, é mais honrado e temido, e trabalha muito pelos chegar para si, e fazer corpo com eles em qualquer parte em que vivem; e quando qualquer índio aparentado tem agasalhado seus parentes em sua casa e lanço, quando há de comer, deita-se na sua rede onde lhe põem o que há de comer em uma vasilha, e assentam-se em cócaras, suas mulheres e filhos, e todos seus parentes, grandes e pequenos; e todos comem juntos do que tem na vasilha, que está no meio de todos.

[158] **Que trata do modo de comer e do beber dos Tupinambas** Já fica dito como os principais dos Tupinambas quando comem, estão deitados na rede, e comem com eles os parentes,[608] e os agasalha consigo; entre os quais comem também os seus criados e escravos, sem lhe terem nenhum respeito; antes quando o peixe ou carne não é que sobeje, o principal o reparte por quinhões iguais, e muitas vezes fica ele sem nada, os quais estão todos em cócaras, com a vasilha em que comem todos no chão no meio deles, e enquanto comem não bebem vinho, nem água, o que fazem depois de comer.

Quando os Tupinambas comem à noite, é no chão como está dito, e virados com as costas para o fogo, e ficam todos às escuras; e não praticam em coisa alguma quando comem, senão depois de comer; e quando têm quê, toda a noite não fazem outra coisa, até que os vence o sono; e por outra parte mantém-se este gentio com nada, e anda logo dois e três dias sem comer, pelo que os que são escravos dão pouco trabalho a seus senhores pelo mantimento, antes eles mantêm os senhores fazendo-lhes suas roças, e caçando, e pescando-lhes ordinariamente.

Este gentio não come carne de porco, dos que se criam em casa, senão os escravos criados entre os brancos; mas comem a carne dos porcos-do-mato e da água; os quais também não comem azeite, senão os ladinos; toda a caça que este gentio

---

608. Em Varnhagen (1851 e 1879), "e como comem com eles".

come, não a esfola, e chamuscam-na toda ou pelam-na na água quente, a qual comem assada ou cozida e as tripas mal lavadas; ao peixe não escamam nem lhe tiram as tripas, e assim como vem do mar ou dos rios, assim o cozem ou assam: o sal de que usam, com que temperam o seu comer, e em que molham o peixe e carne fazem-no da água salgada que cozem tanto em uma vasilha sobre o fogo, até que se coalha e endurece, com o que se remedeiam; mas é sobre o preto, e requeima.

Este gentio é muito amigo de vinho, assim machos como fêmeas, o qual fazem de todos os seus legumes, até da farinha que comem; mas o seu vinho principal é de uma raiz a que chamam aipim, que se coze, e depois pisam-na e tornam-na a cozer, e como é bem cozida, buscam as mais formosas moças da aldeia para espremer estes aipins com as mãos, e algum mastigado com a boca, e depois espremido na vasilha, que é o que dizem que lhe põem a virtude, segundo a sua gentilidade; a esta água e sumo destas raízes lançam em grandes potes, que para isso têm, onde se este vinho coze, e está até que se faz azedo; e como o está bem, o bebem com grandes cantares, e cantam e bailam toda uma noite às vésperas do vinho, e ao outro dia pela manhã começam a beber, bailar e cantar; e as moças solteiras da casa andam dando o vinho em uns meios cabaços, a que chamam cuias, aos que andam cantando, os quais não comem nada enquanto bebem, o que fazem de maneira que vêm a cair de bêbados por esse chão; e o que faz mais desatinos nestas bebedices é o mais estimado dos outros, em os quais se fazem sempre brigas; porque aqui se lembram de seus ciúmes, e castigam por isso as mulheres, ao que acodem os amigos, e jogam às tiçoadas uns com os outros.

São costumados a almoçar primeiro que se vão às suas roças a trabalhar, onde não comem enquanto andam no trabalho, senão depois que se vão para casa.[609]

[159] Em que se declara o modo da granjearia dos Tupinambas e suas habilidades Quando os Tupinambas vão às suas roças, não trabalham senão das sete horas da manhã até ao meio-dia, e os muito diligentes até horas de véspera; e não comem neste tempo senão depois destas horas, que se vêm para suas casas; os machos costumam a roçar os matos, e os queimam e alimpam a terra deles; e as fêmeas plantam o mantimento e o alimpam; os machos vão buscar a lenha com que se aquentam e se servem, porque não dormem sem fogo, ao longo das redes, que é a sua cama; as fêmeas vão buscar a água à fonte e fazem de comer; e os machos costumam ir lavar as redes aos rios, quando estão sujas.

Não fazem os Tupinambas entre si outras obras-primas que balaios de folhas da palma, e outras vasilhas da mesma folha ao seu modo e do seu uso; fazem arcos e flechas, e alguns empalhados e lavrados de branco e preto, feitio de muito artifício; fazem cestos de umas varas que chamam cipós,[610] e outras vasilhas em lavores, como as de rota-da-Índia; fazem carapuças e capas de penas de pássaros, e outras obras de pena de seu uso, e sabem dar tinta de vermelho e amarelo às penas brancas; e também contrafazem as penas dos papagaios com sangue de rãs, arrancando-lhes as verdes, e fazem-lhes nascer outras, amarelas; fazem mais estes índios, os que são principais, redes

---

609. Em Varnhagen (1851 e 1879), "que se vem para casa".
610. Em Varnhagen (1851 e 1879), "fazem cestos de varas, a que chamam samburá".

lavradas de lavores de esteiras, e de outros laços, e umas cordas tecidas, a que chamam muçuranas, de algodão, que têm o feitio dos cabos de cabresto que vêm de Fez.

Quando este gentio quer tomar muito peixe nos rios de água doce e nos esteiros de água salgada, os atravessam com uma tapagem de varas, e batem o peixe de cima para baixo; onde lhe lançam muita soma de umas certas ervas pisadas, a que chamam timbó, com o que se embebeda o peixe de maneira que se vem acima da água como morto; onde tomam às mãos muita soma dele.

As mulheres deste gentio não cozem, nem lavam; somente fiam algodão, de que não fazem teias, como puderam, porque não sabem tecer; fazem deste fiado as redes em que dormem, mas não são lavradas, e umas fitas com passamanes e algumas mais largas, com que enastram os cabelos. As mulheres já de idade têm cuidado de fazerem a farinha de que se mantêm, e de trazerem a mandioca das roças às costas para a casa; e as que são muito velhas têm cuidado de fazerem vasilhas de barro a mão como são os potes em que fazem os vinhos, e fazem alguns tamanhos que levam tanto como uma pipa, em os quais e em outros, menores, fervem os vinhos que bebem; fazem mais estas velhas, panelas, púcaros e alguidares a seu uso, em que cozem a farinha, e outros em que a deitam e em que comem, lavrados de tintas de cores; a qual louça cozem em uma cova que fazem no chão; e põem-lhe a lenha por cima; e têm e creem estas índias que se cozer esta louça outra pessoa, que não seja a que a fez, que há de arrebentar no fogo; as quais velhas ajudam também a fazer a farinha que se faz no seu lanço. As fêmeas destes gentios são muito afeiçoadas a criar cachorros para os maridos levarem à caça, e quando elas vão fora levam-nos às costas; as quais também folgam de criar galinhas e outros pássaros em suas casas. As quais, quando andam com seu costume, alimpam-se com um bordão que têm sempre junto de si, que levam na mão quando vão fora de casa; e não se pejam de se alimparem diante da gente, nem de as verem comer piolho, o que fazem quando se catam nas cabeças umas às outras; e como os encontra a que os busca, os dá à que os trazia na cabeça, que logo os trinca entre os dentes, o que não fazem pelos comer, mas em vingança de as morderem.

[160] **Que trata de algumas habilidades e costumes dos Tupinambas**   São os Tupinambas grandes flecheiros, assim para as aves como para a caça dos porcos, veados e outras alimárias, e há muitos que matam no mar e nos rios de água doce o peixe à flecha; e desta maneira matam mais peixe que outros à linha; os quais não arreceiam arremeter grandes cobras, que matam, e a lagartos que andam na água, tamanhos como eles, que tomam vivos a braços.

Costumam mais estes índios, quando vêm de caçar ou pescar, partirem sempre do que trazem com o principal da casa em que vivem, e o mais entregam a suas mulheres, ou a quem tem o cuidado de os agasalhar no seu lanço.

Têm estes índios mais que são homens enxutos, mui ligeiros para saltar e trepar, grandes corredores e extremados marinheiros, como os metem nos barcos e navios, onde com todo o tempo ninguém toma as velas como eles; e são grandes remadores, assim nas suas canoas, que fazem de um só pau, que remam em pé vinte e trinta índios, com o que as fazem voar.

São também muito engenhosos para tomarem quanto lhes ensinam os brancos, como não for coisa de conta, nem de sentido, porque são para isso muito bárbaros; mas para carpinteiros de machado, serradores, oleiros, carreiros e para todos os ofícios de engenhos de açúcar, têm grande destino, para saberem logo estes ofícios; e para criarem vacas têm grande mão e cuidado.

Têm estes Tupinambas uma condição muito boa para frades franciscanos, porque o seu fato, e quanto têm, é comum a todos os da sua casa que querem usar dele; assim das ferramentas, que é o que mais estimam, como das suas roupas, se as têm, e do seu mantimento; os quais, quando estão comendo, pode comer com eles quem quiser, ainda que seja contrário, sem lho impedirem nem fazerem por isso carranca.

Também as moças deste gentio que se criam e doutrinam com as mulheres portuguesas, tomam muito bem o cozer e lavrar, e fazem todas as obras de agulha que lhes ensinam, para o que têm muita habilidade, e para fazerem coisas doces, e fazem-se extremadas cozinheiras; mas são muito namoradas e amigas de terem amores com os homens brancos.

São os Tupinambas grandes nadadores e mergulhadores, e quando lhes releva, nadam três e quatro léguas; e são tais que, se de noite não têm com que pescar, se deitam na água e como sentem o peixe consigo, o tomam às mãos de mergulho; e da mesma maneira tiram polvos e lagostins das concavidades do fundo do mar, ao longo da costa.

[161] Que trata dos feiticeiros e dos que comem terra para se matarem Entre este gentio Tupinamba há grandes feiticeiros, que têm este nome entre eles, por lhes meterem em cabeça mil mentiras; os quais feiticeiros vivem em casa apartada cada um por si, a qual é muito escura e tem a porta muito pequena, pela qual não ousa ninguém entrar em sua casa, nem de lhe tocar em coisa dela; os quais, pela maior parte, não sabem nada, e para se fazerem estimar e temer tomam este ofício, por entenderem com quanta facilidade se mete em cabeça a esta gente qualquer coisa; mas há alguns que falam com os diabos, que os espancam muitas vezes, os quais os fazem muitas vezes ficar em falta com o que dizem; pelo que não são tão cridos dos índios, como temidos. A estes feiticeiros chamam os Tupinambas pajés; os quais se escandalizam de algum índio por lhe não dar sua filha ou outra coisa que lhe pedem, e lhe dizem: "Vai, que hás de morrer", ao que chamam "lançar a morte", e são tão bárbaros que se vão deitar nas redes pasmados, sem quererem comer; e de pasmo se deixam morrer, sem haver quem lhes possa tirar da cabeça que podem escapar do mandado dos feiticeiros, aos quais dão alguns índios suas filhas por mulheres, com medo deles, por se assegurarem suas vidas. Muitas vezes acontece aparecer o diabo a este gentio, em lugares escuros, e os espanca de que correm de pasmo; mas a outros não faz mal, e lhes dá novas de coisas sabidas.

Tem este gentio outra barbaria muito grande, que se tomam qualquer desgosto, se anojam de maneira que determinam de morrer; e põem-se a comer terra, cada dia uma pouca, até que vêm a definhar e inchar do rosto e olhos, e morrer disso, sem lhe ninguém poder valer, nem desviar de se quererem matar; o que afirmam que lhes ensinou o diabo, e que lhes aparece, como se determinam a comer a terra.

[162] Que trata das saudades dos Tupinambas, e como choram e cantam Costumam os Tupinambas que vindo qualquer deles de fora, em entrando pela porta, se vai logo

deitar na sua rede, ao qual se vai logo uma velha ou velhas, e
põem-se em cócaras diante dele a chorá-lo em altas vozes; em
o qual pranto lhe dizem as saudades que dele tinham, com sua
ausência, e os trabalhos que uns e outros passaram; a que os
machos lhes respondem chorando em altas vozes, e sem pronunciarem nada, até que se enfadam, e mandam às velhas que
se calem, ao que estas obedecem; e se o chorado vem de longe,
o vêm chorar desta maneira todas as fêmeas mulheres daquela
casa, e as parentas que vivem nas outras, e como acabam de
chorar, lhe dão as boas-vindas e trazem-lhe de comer, em um
alguidar, peixe, carne e farinha, tudo junto posto no chão, o que
ele assim deitado come; e como acaba de comer lhe vêm dar as
boas-vindas todos os da aldeia um e um, e lhe perguntam como
lhe foi pelas partes por onde andou; e quando algum principal
vem de fora, ainda que seja da sua roça, o vêm chorar todas as
mulheres de sua casa, uma e uma, ou de duas em duas, e lhe
trazem presentes para comer, fazendo-lhe as cerimônias acima
ditas.

Quando morre algum índio, a mulher, mãe e parentas o
choram com um tom mui lastimoso, o que fazem muitos dias;
em o qual choro dizem muitas lástimas, e magoam a quem as
entende bem; mas os machos não choram, nem se costuma
entre eles chorar por ninguém que lhes morra.

Os Tupinambas se prezam de grandes músicos, e, ao seu
modo, cantam com sofrível tom, os quais têm boas vozes; mas
todos cantam por um tom, e os músicos fazem motes de improviso, e suas voltas, que acabam no consoante do mote; um
só diz a cantiga, e os outros respondem com o fim do mote,
os quais cantam e bailam juntamente em uma roda, em a qual
um tange um tamboril, em que não dobra as pancadas; outros

trazem um maracá na mão, que é um cabaço, com umas pedrinhas dentro, com seu cabo por onde pegam; e nos seus bailes não fazem mais mudanças, nem continências mais que bater no chão com um só pé ao som do tamboril; e assim andam todos juntos à roda, e entram pelas casas uns dos outros; onde têm prestes vinho, com que os convidar; e às vezes anda um par de moças cantando entre eles, entre as quais há também mui grandes músicas, e por isso mui estimadas.

Entre este gentio são os músicos mui estimados, e por onde quer que vão, são bem agasalhados, e muitos atravessaram já o sertão por entre seus contrários, sem lhes fazerem mal.

[163] Que trata como os Tupinambas agasalham os hóspedes Quando entra algum hóspede em casa dos Tupinambas, logo o dono do lanço da casa, onde ele chega, lhe dá a sua rede e a mulher lhe põe de comer diante, sem lhe perguntarem quem é, nem de onde vem, nem o que quer; e como o hóspede come, lhe perguntam pela sua língua: "Vieste já?", e ele responde "Sim", as quais boas-vindas lhe vêm dar todos os que o querem fazer, e depois disso praticam muito devagar. E quando algum hóspede estrangeiro entra em alguma destas aldeias, vem pregando, e assim anda correndo toda a aldeia até quando dá com a casa do principal, e sem falar a ninguém, deita-se em uma qualquer que acha mais à mão, onde lhe põem logo de comer, e como acaba de comer, lhe manda o principal armar uma rede junto da porta do seu lanço de uma banda,[611] e ele arma a sua da outra banda, ficando a porta no meio para caminho de quem quiser entrar, e assim os da aldeia lhe vêm

---

611. No manuscrito da BGJM, "ninguém, deita-se em uma rede junto da porta do seu lanço de uma banda".

dar as boas-vindas, como acima está declarado; e neste lugar se põe a praticar o principal com o hóspede muito devagar, em redor dos quais se vêm assentar os índios da aldeia, que querem ouvir novas, onde ninguém não responde, nem pergunta coisa alguma, até que o principal acabe de falar, e como dá fim às práticas, lhe diz que descanse de seu vagar; e depois, se o principal despede do hóspede, vêm outros falar com ele, para saberem novas daquelas partes de onde o hóspede vem; e ao outro dia se ajunta este principal em outra casa, onde se ajuntam os anciãos da aldeia, e praticam sobre a vinda do índio estrangeiro, e sobre as coisas que contou de onde vinha; e lançam suas contas se vem de bom título ou não; e se é seu contrário, de maravilha escapa que não o matem, e lhe façam seu ofício com muita festa e regozijo; ao qual hóspede choram as velhas também antes que coma, como atrás fica declarado.

[164] **Que trata do uso que os tupinambas têm em seus conselhos e das cerimônias que neles usam**   Quando o principal da aldeia quer praticar algum negócio de importância, manda recado aos índios de mais conta, os quais se ajuntam no meio do terreiro da aldeia, onde em estacas que têm para isso metidas no chão, armam suas redes derredor da do principal, onde também se chegam os que querem ouvir estas práticas, porque entre eles não há segredo; os quais se assentam todos em cócaras, e como tudo está quieto, propõe o principal sua prática, a que todos estão muito atentos; e como acaba sua oração, respondem os mais antigos cada um por si; e quando um fala, calam-se todos os outros, até que vêm a concluir no que hão de fazer; sobre o que têm suas alterações, muitas vezes. E alguns dos principais que estão neste conselho, levam algumas

cangoeiras de fumo, de que bebem; o que começa de fazer o principal primeiro; e para isso leva um moço, que lhe dá a cangoeira acesa, e como lhe toma a salva, manda a cangoeira a outro que não a tem, e assim se revezam todos os que não a têm, com ela; o que estes índios fazem por autoridade, como os da Índia comem o bétele, em semelhantes ajuntamentos; o que também fazem muitos homens brancos, e todos os mamelucos; porque tomam este fumo por mantença, e não podem andar sem ele na boca, aos quais dana o bafo e os dentes, e lhes faz mui ruins cores. Esta cangoeira de fumo é um canudo que se faz de uma folha de palma seca, e tem dentro três e quatro folhas secas de erva-santa, a que os índios chamam petume, a qual cangoeira atam pela banda mais apertada com o fio, onde estão as folhas de petume, e acendem esta cangoeira pela parte das folhas de petume, e como tem brasa, a metem na boca, e sorvem para dentro o fumo, que logo lhe entra pelas cachagens, mui grosso, e pelas goelas, e sai-lhe pelas ventas fora com muita fúria, como não podem sofrer este fumo, tiram a cangoeira fora da boca.

[165] **Que trata de como se este gentio cura em suas enfermidades**   São os Tupinambas mui sujeitos à doença das boubas, que se pegam uns aos outros, mormente enquanto são meninos, porque se não guardam de nada; e têm para si que as hão de ter tarde ou cedo, e que o bom é terem-nas enquanto são meninos, os quais não fazem outro remédio senão fazê-las secar,[612] quando lhe saem para fora, o que fazem com as tingirem com jenipapo; e quando isto não basta, curam-lhes estas

---

612. No manuscrito da BGJM, "uns aos outros, mormente enquanto são meninos, aos quais não fazem outro remédio senão fazê-las secar".

bostelas das boubas com a folha de caraoba, de cuja virtude temos já feito menção, e como se estas bostelas secam, têm para si que estão sãos deste mau humor, e na verdade não têm dores nas juntas como se elas secam.

Em alguns tempos e lugares, mais que outros, são estes índios doentes de terçãs e quartãs, que lhes nascem de andar pela calma, sem nada na cabeça, e de quando estão mais suados se banharem com água fria, metendo-se nos rios e nas fontes, muitas vezes ao dia pelo tempo da calma; ou quando trabalham, que estão cansados e suados; às quais febres não fazem nenhuma cura senão comendo uns mingaus, que são uns caldos de farinha de carimã, como já fica dito, que são muito leves e sadios; e untam-se com água do jenipapo, com o que ficam todos tintos de preto, ao que têm grande devoção.

Curam estes índios algumas postemas e bexigas com sumo de ervas de virtude, que há entre eles, com que fazem muitas curas muito notáveis, como já fica dito atrás; e quando se sentem carregados da cabeça, sarjam nas fontes, e aos meninos sarjam-nos nas pernas, quando têm febre, mas em seco; o que fazem as velhas com um dente de cotia muito agudo, que têm para isso.

Curam as grandes feridas e flechadas com umas ervas, que chamam embayba,[613] que é milagrosa, e com outras ervas, de cujas virtudes fica dito atrás no seu título; com as quais curam o cano, que se lhes enche muitas vezes de câncer; e as flechadas penetrantes e outras feridas, de que se veem em perigo, curam por um estranho modo, fazendo em cima do fogo um leito de varas largas umas das outras, sobre as quais deitam os feridos, com as feridas boca abaixo em cima deste fogo, pelas quais com

613. Em Varnhagen (1851 e 1879), "cabureíba". Embaíba ou embaúba.

a quentura se lhes sai todo o sangue que têm dentro e a umidade; e ficam as feridas sem nenhuma umidade; as quais depois curam com óleo e o bálsamo, ou ervas, de que já fizemos menção, com o que têm saúde poucos dias; e não há entre este gentio médicos assinalados, mas são-no muito bons os recuchilhados.

Destes índios andarem sempre nus, e das fregueirices que fazem dormindo no chão, são muitas vezes doentes de corrimentos, a que eles chamam caruaras,[614] de que lhes doem as juntas; das quais são os feiticeiros grandes médicos, chupando-lhes com a boca o lugar onde lhes dói, onde às vezes lhes metem os dentes, e tiram da boca algum pedaço de ferro, ou outra coisa, que lhes metem na cabeça tirar daquele lugar onde chupavam, e que quando lhes doía lhes saíra fora, onde lhes tingem com jenipapo, com que dizem que se acha logo bom.

[166] **Que trata do grande conhecimento que os Tupinambas têm da terra** Têm os Tupinambas grande conhecimento da terra por onde andam, pondo o rosto no sol, por onde se governam; com o que atinam grandes caminhos pelo deserto, por onde nunca andaram; como se verá pelo que aconteceu já na Bahia, de onde mandaram dois índios destes Tupinambas degredados pela justiça por seus delitos, para o Rio de Janeiro, onde foram levados por mar; os quais se vieram de lá, cada um por sua vez, fugidos, afastando-se sempre do povoado, por não ser sentidos por seus contrários; e vinham sempre caminhando pelos matos; e desta maneira atinaram com a Bahia, e chegaram à sua aldeia, de onde eram naturais a salvamento, sendo caminho mais de trezentas léguas.

---

614. Em Varnhagen (1851 e 1879), "caivarás".

Costuma este gentio, quando anda pelo mato sem saber novas do lugar povoado, deitar-se no chão, e cheirar o ar, para ver se lhe cheira a fogo, o qual conhecem pelo faro a mais de meia légua, segundo a informação de quem com eles trata mui familiarmente; e como lhe cheira a fogo, se sobem às mais altas árvores que acham, em busca de fumo, o que alcançam com a vista de mui longe, o qual vão seguindo, se lhes vem bem ir onde ele está; e se lhes convém desviar-se dele, o fazem antes que sejam sentidos; e por os Tupinambas terem este conhecimento da terra e do fogo, se faz muita conta deles, quando se oferece irem os portugueses à guerra a qualquer parte, onde os Tupinambas vão sempre adiante, correndo a terra por serem de recado, mostrando à mais gente o caminho por onde hão de caminhar, e o lugar onde se hão de aposentar cada noite.

[167] Que trata de como os Tupinambas se apercebem para irem à guerra Como os Tupinambas são muito belicosos, todos os seus fundamentos são como farão guerra aos seus contrários; para o que se ajuntam no terreiro da sua aldeia as pessoas mais principais, e fazem seus conselhos, como fica declarado; onde assentam a que parte hão de ir dar a dita guerra, e em que tempo; para o que se notifica a todos que se façam prestes de arcos e flechas, e alguns paveses,[615] que fazem de um pau mole e muito leve, e as mulheres entendem em lhes fazerem a farinha que hão de levar, a que chamam de guerra; porque dura muito, para se fazer a dita guerra, de onde tomou o nome; e como todos estão prestes de suas armas e mantimentos, à noite antes da partida anda o principal pregando ao redor das casas,

---

615. Pavês: escudo longo e largo que protege o corpo.

e nesta pregação lhes diz onde vão, e a obrigação que têm de ir tomar vingança de seus contrários, pondo-lhes diante a obrigação que têm para o fazerem e para pelejarem valorosamente;[616] prometendo-lhes vitória contra seus inimigos, sem nenhum perigo da sua parte, do que ficará deles memória para os que após eles vierem cantar em seus louvores; e que pela manhã comecem de caminhar. E em amanhecendo, depois de almoçarem, toma cada um seu quinhão de farinha às costas, e a rede em que há de dormir, seu pavês e arco e flechas na mão, e outros levam além disto uma espada de pau a tiracolo. Os roncadores levam tamboril,[617] outros levam buzinas, que vão tangendo pelo caminho, com que fazem grande estrondo, como chegam à vista dos contrários. E os principais deste gentio levam consigo as mulheres carregadas de mantimentos, e eles não levam mais que a sua rede e armas às costas, e arco e flechas na mão. E antes que se abalem, faz o principal capitão da dianteira, que eles têm por grande honra, o qual vai mostrando o caminho e o lugar onde hão de dormir cada noite. E a ordenança com que se põe a caminho, é um diante do outro, porque não sabem andar de outra maneira; e como saem fora dos seus limites, e entram pela terra dos contrários, levam ordinariamente suas espias adiante que são sempre mancebos muito ligeiros, que sabem muito bem este ofício; e com muito cuidado, os quais não caminham cada dia mais de légua e meia até duas léguas, que é o que se pode andar até as nove horas do dia, que é o tempo em que aposentam seu arraial, o que fazem perto d'água, fazendo suas choupanas, a que chamam tejupares, as quais fazem arru-

616. No manuscrito da BGJM, "lhes diz onde vão, e a obrigação que tem para o fazerem e para pelejarem valorosamente".
617. No manuscrito da BGJM, "flechas na mão, e os roncadores levam além disto uma espada de pau a tiracolo, outros levam tamboril".

adas, deixando um caminho pelo meio delas; e desta maneira vão fazendo suas jornadas, fazendo fogos nos tajupares.

[168] **Que trata de como os Tupinambas dão em seus contrários**   Tanto que os Tupinambas chegam duas jornadas da aldeia de seus contrários não fazem fogo de dia, por não serem sentidos deles pelos fumos que se vê de longe;[618] e ordenam-se de maneira que possam dar nos contrários de madrugada, e em conjunção de lua cheia para andarem a derradeira jornada de noite pelo luar, e tomarem seus contrários desapercebidos e descuidados; e em chegando à aldeia dão todos juntos tamanho urro, gritando, que fazem com isso e com suas buzinas e tamboris grande espanto; e desta maneira dão o seu salto nos contrários; e no primeiro encontro não perdoam a grande nem a pequeno, para o que vão apercebidos de uns paus à feição de arrochos, com uma quina por uma ponta, com o que da primeira pancada que dão na cabeça ao contrário, lha fazem em pedaços. E há alguns destes bárbaros tão carniceiros que cortam aos vencidos, depois de mortos, suas naturas, assim aos machos como às fêmeas, as quais levam para darem a suas mulheres que as guardam depois de mirradas no fogo, para nas suas festas as darem de comer aos maridos por relíquias, o que lhes dura muito tempo; e levam os contrários que não mataram na briga, cativos, para depois os matarem em terreiro com as festas costumadas.

No despojo desta guerra não tem o principal coisa certa, e cada um leva o que pode apanhar, e quando os vencedores se recolhem, põem fogo às casas da aldeia em que deram, que são cobertas de palmas até o chão. E recolhem-se logo andando

---

618. Em Varnhagen (1851 e 1879), "que se vêm de longe".

todo o que lhes resta do dia, e toda a noite pelo luar com o
passo mais apressado, trazendo suas espias detrás, por se ar-
recearem de se ajuntarem muitos do contrário, e virem tomar
vingança do acontecido a seus vizinhos, como cada dia lhes
acontece. E sendo caso que os Tupinambas achem seus contrários apercebidos com a sua cerca feita, e eles se atrevem a os
cercar, fazem-lhes por derredor outra contracerca de rama e
espinhos muito liada com madeira que metem no chão, a que
chamam caissá,[619] pela qual enquanto verde não há coisa que
os rompa, e ficam com ela seguros das flechas dos contrários,
a qual caissá fazem bem chegada à cerca dos contrários, e de
noite falam mil roncarias, e jogam as pulhas de parte a parte,
até que os Tupinambas abalroam a cerca ou levantam cerco, se
se não atrevem com ele, ou por lhes faltar o mantimento.

[169] **Que trata de como os contrários dos Tupinambas dão sobre eles quando se recolhem**   Acontece muitas vezes aos Tupinambas, quando se vêm recolhendo para suas casas, dos assaltos que deram em seus contrários, ajuntar-se grande soma deles, e virem-lhes no alcance até lhes não poderem fugir; e ser-lhes necessário esperá-los, o que fazem ao longo da água, onde se fortificam fazendo sua cerca de caissá; o que fazem com muita pressa para dormirem ali seguros de seus contrários, mas com boa vigia; onde muitas vezes são cercados e apertados dos contrários; mas os cercados veem por detrás desta cerca a quem está de fora, para empregarem todas as suas flechas à vontade, e os de fora não veem quem lhes atira; e se não vêm apercebidos para os abalroarem, ou de mantimentos, para continuarem com

---

619. Em Varnhagen (1851 e 1879), "caiçá".

o cerco, se tornam a recolher, por não poderem abalroar aos Tupinambas como queriam.

E estes assaltos, que os Tupinambas vão dar aos Tupinaes e outros contrários seus, lhes acontece também a eles por muitas vezes, do que ficam muito maltratados, se não são avisados primeiro, e apercebidos; mas as mais das vezes eles são os que ofendem a seus inimigos, e são mais prevenidos quando veem nestas afrontas de mandar pedir socorro a seus vizinhos, e lho veem logo dar com muita presteza.

Quando os Tupinambas estão cercados de seus contrários, as pessoas de mais autoridade dentre eles lhes andam pregando de noite para que se esforcem e pelejem como bons cavaleiros, e que não temam seus contrários, porque muito depressa se verão vingados deles porque lhes não tardará o socorro muito; e as mesmas pregações costumam fazer quando eles têm cercado seus contrários, e os querem abalroar; e antes que deem o assalto, estando juntos todos à noite atrás, passeia o principal derredor dos seus, e lhes diz em altas vozes o que hão de fazer, e os avisa para que se apercebam, e estejam alerta; e as mesmas pregações lhes faz, quando andam fazendo as cercas de caissá, para que se animem, e façam aquela obra com muita pressa.

E quando os Tupinambas pelejam no campo, andam saltando de uma banda para outra, sem estarem nunca quedos, assobiando, dando com a mão no peito, guardando-se das flechas que lhes lançam seus contrários, e lançando-lhes as suas com muita fúria.

[170] Em que se declara como o Tupinamba que matou o contrário toma logo nome, e as cerimônias que nisto fazem Costuma-se, entre os Tupinambas, que todo aquele que mata contrário, toma logo nome entre si, mas não o diz senão a seu tempo, que manda fazer grandes vinhos; e como estão para se poderem beber, tingem-se à véspera à tarde de jenipapo, e começam à tarde a cantar, e toda a noite, e depois que têm cantado um grande pedaço, anda toda a gente da aldeia rogando ao matador, que diga o nome que tomou, ao que se faz de rogar, e, tanto que o diz, se ordenam novas cantigas, fundadas sobre a morte daquele que morreu, e em louvores do que matou, o qual, como se acabam aquelas festas e vinhos, se recolhe para a sua rede, como anojado, por certos dias, e não come neles certas coisas, que têm por agouro se as comer dentro daquele tempo.

Todo Tupinamba que matou na guerra ou em outra qualquer parte algum contrário, tanto que vem para casa, e é notório aos moradores dela da tal morte do contrário, costumam, em o matador entrando em casa, arremessarem-se todos ao seu lanço e tomarem-lhe as armas e todas as suas alfaias de seu uso, ao que ele não há de resistir por nenhum caso, e há de deixar levar tudo sem falar palavra.

E como o matador faz estas festas deixa crescer o cabelo por dó alguns dias, e como é grande, ordena outros vinhos para tirar o dó; ao que faz nas vésperas cantadas, e ao dia que se hão de beber os vinhos, se tosquia o matador e tira o dó; tornando-se a encher e tingir de jenipapo, o qual também se risca em algumas partes do corpo com o dente de cotia, em lavores; e dão por estas sarjaduras uma tinta com que ficam vivas, e enquanto o riscado vive, o têm por grande bizarria; e há alguns índios que tomaram tantos nomes, e se riscaram tantas vezes que não têm parte onde não esteja o corpo riscado.

Costumam também as irmãs dos matadores fazerem as mesmas cerimônias que fizeram seus irmãos, tosquiando-se e tingindo-se do jenipapo, e darem alguns riscos em si; e fazem o mesmo pelos primos a que também chamam irmãos, e fazem também suas festas com seus vinhos, como eles; e para se não sentir a dor do riscar, se lavam primeiro muito espaço com água muito quente, com que lhes entesa a carne, e não sentem as sarjaduras; mas muitos ficam dela tão maltratados que se põem em perigo de morte.

[171] Que trata do tratamento que os Tupinambas fazem aos que cativam, e da mulher que lhes dão Os contrários que os Tupinambas cativam na guerra, ou de outra qualquer maneira, metem-nos em prisões, as quais são cordas de algodão grossas, que para isso têm mui louçãs, a que chamam musuranas,[620] as quais são tecidas como os cabos dos cabrestos de África; e com elas os atam pela cinta e pelo pescoço, onde lhes dão muito bem de comer, e lhes fazem bom tratamento, até engordarem, e estão estes cativos para se poderem comer, que é o fim para que os engordam; e como os Tupinambas têm estes contrários quietos e bem seguros nas prisões, dão a cada um por mulher a mais formosa moça que há na sua casa, com quem se ele agasalha, todas as vezes que quer, a qual moça tem cuidado de o servir, e de lhe dar o necessário para comer e beber, com o que cevam cada hora, e lhe fazem muitos regalos. E se esta moça emprenha do que está preso, como acontece muitas vezes, como pare, cria a criança até idade que se pode comer, que a oferece para isso ao parente mais chegado, que lho agradece muito, o qual lhe quebra a cabeça em terreiro com as cerimô-

---

620. Em Varnhagen (1851 e 1879), "muçuranas".

nias que se adiante seguem, onde toma nome; e como a criança é morta, a comem assada com grande festa, e a mãe é a primeira que come desta carne, o que tem por grande honra, pelo que de maravilha escapa nenhuma criança que nasce destes ajuntamentos, que não matem; e a mãe que não come seu próprio filho, a que estes índios chamam cunhambira, que quer dizer filho do contrário, têm-na em ruim conta, e em pior, se o não entregam seus irmãos ou parentes com muito contentamento. Mas também há algumas que tomaram tamanho amor aos cativos que as tomaram por mulheres, que lhes deram muito jeito para se acolherem e fugirem das prisões, que eles cortam com alguma ferramenta, que elas às escondidas deram e lhes foram pôr antes de fugirem no mato mantimentos para o caminho;[621] e estas tais criaram seus filhos com muito amor, e não os entregaram aos parentes para os matarem,[622] antes os guardaram e defenderam deles até serem moços grandes, que como chegam a essa idade logo escapam da fúria dos seus contrários.

Muitas vezes deixam os Tupinambas de matar alguns contrários que cativaram por serem moços, e se quererem servir deles, aos quais criam e fazem tão bom tratamento que andam de maneira que podem fugir, o que eles não fazem por estarem à sua vontade; mas depois que este gentio teve comércio com os portugueses, folgam de terem escravos para lhes venderem; e, às vezes, depois de os criarem, os matam por fazerem uma festa destas.

[172] Que trata da festa e aparato que os Tupinambas fazem para matarem em terreiro seus contrários Como os

621. Em Varnhagen (1851 e 1879), " às escondidas lhes deram, e lhes foram pôr no mato, antes de fugirem, mantimentos".
622. Em Varnhagen (1851 e 1879), "entregaram a seus parentes".

Tupinambas veem que os contrários que têm cativos estão já bons para matar, ordenam de fazer grandes festas a cada um, para as quais há grandes ajuntamentos de parentes e amigos, que para isso são chamados de trinta e quarenta léguas, para a vinda dos quais fazem grandes vinhos, que bebem com grandes festas; mas fazem-na muito maiores para o dia do sacrifício do que há de padecer, com grandes cantares, e à véspera em todo dia cantam e bailam, e ao dia se bebem muitos vinhos pela manhã, com motes que dizem sobre a cabeça do que há de padecer,[623] que também bebe com eles. E os que cantam suas cantigas vituperando o que há de padecer e exalçando o matador, dizendo suas proezas e louvores; e antes que bebam os vinhos untam o cativo todo com mel de abelhas, e por cima deste mel o empenam todo com penas de cores, e pintam-no a lugares de jenipapo, e os pés com uma tinta vermelha, e metem-lhe uma espada de pau nas mãos para que se defenda de quem o quer matar com ela, como puder; e como estes cativos veem chegada a hora em que hão de padecer, começam a pregar e dizer grandes louvores de sua pessoa, dizendo que já estão vingados de quem os há de matar, contando grandes façanhas suas e mortes que deram aos parentes do matador, ao qual ameaçam e a toda a gente da aldeia, dizendo que seus parentes os vingarão. E começam a levar este preso a um terreiro fora da aldeia, que para esta execução está preparado, e metem-no entre dois mourões, que estão metidos no chão, afastados um do outro por vinte palmos, pouco mais ou menos, os quais estão furados, e por cada furo metem as pontas das cordas com que o contrário vem preso, onde fica preso como touro de cordas,

---

623. No manuscrito da BGJM, "pela manhã, que dizem sobre a cabeça que há de padecer".

onde lhe as velhas dizem que se farte de ver o sol, pois tem o fim tão chegado; ao que o cativo responde com grande coragem, que pois ele tem vingança da sua morte tão certa, que aceita o morrer com muito esforço. E antes de lhe chegar a execução, contemos como se prepara o matador.

[173] Que trata de como se enfeita e aparata o matador
Costumam os Tupinambas, primeiro que o matador saia do terreiro, enfeitarem-no muito bem, pintados com lavores de jenipapo todo o corpo, e põem-lhe na cabeça uma carapuça de penas amarelas e um diadema, manilhas nos braços e pernas, das mesmas penas, grandes ramais de contas brancas sobraçadas, e seu rabo de penas de ema nas ancas e uma espada de pau de ambas as mãos muito pesada, marchetada com continhas brancas de búzios, e pintada com cascas de ovos de cores, assentado tudo, em lavores ao seu modo, sobre cera, o que fica mui igualado e bem feito; e no cabo desta espada têm grandes penachos de penas de pássaros feitas em molho e dependuradas da empunhadura, a que eles chamam embaguadura.[624]

E como o matador está prestes para receber esta honra, que entre o gentio é a maior que pode ser, ajuntam-se seus parentes e amigos e vão-no buscar à sua casa; de onde o vêm acompanhando com grandes cantares e tangeres dos seus búzios, gaitas e tambores, chamando-lhe bem-aventurado, pois chegou a ganhar tamanha honra, como é vingar a morte de seus antepassados, e de seus irmãos e parentes; e com este estrondo entra no terreiro da execução, onde está o que há de padecer, que o está esperando com grande coragem com uma espada de pau na mão, diante de quem chega o matador, e lhe diz que se

---

[624]. Em Varnhagen (1851 e 1879), "embagadura".

defenda, porque vem para o matar, a quem responde o preso com mil roncarias; mas o solto remete a ele com a sua espada de ambas as mãos, da qual se quer desviar o preso para alguma banda, mas os que têm cuidado das cordas puxam por elas de feição que o fazem esperar a pancada; e acontece muitas vezes que o preso, primeiro que morra, chega com a sua espada ao matador que o trata muito mal, sem embargo de lhe não deixarem as cordas chegar a ele; por mais que o pobre trabalhe, não lhe aproveita, porque tudo é dilatar a vida mais dois credos, onde a rende nas mãos do seu inimigo, que lhe faz a cabeça em pedaços com sua espada; e como se acaba esta execução, tiram-no das cordas e levam-no para onde se costuma repartir esta carne.

E acabado o matador de executar sua ira no cativo, toma logo entre si nome algum,[625] o qual declara depois com as cerimônias que ficam ditas atrás; e vai-se do terreiro recolher para o seu lanço, onde tira as armas e petrechos com que se enfeitou; e a mesma honra ficam recebendo aqueles que primeiro pegaram dos cativos na guerra, do que tomam também nome novo,[626] com as mesmas festas e cerimônias que já ficam ditas; o que se não faz com menos alvoroço que aos próprios matadores.

[174] Em que se declara o que os Tupinambas fazem do contrário que mataram Acabado de morrer este preso, o espedaçam logo os velhos da aldeia, e tiram-lhe as tripas e fressura, que mal lavadas, cozem e assam para comer; e reparte-se a carne por todas as casas da aldeia e pelos hóspedes que vieram de fora a ver estas festas e matanças, a qual carne se coze

---

625. Em Varnhagen (1851 e 1879), "entre si algum nome".
626. Em Varnhagen (1851 e 1879), "também novo nome".

logo para se comer nos mesmos dias de festa, e outra assam muito afastada do fogo de maneira que fica muito mirrada, a que este gentio chama moquém, a qual se não come por mantimento, senão por vingança; e os homens mancebos e mulheres moças provam-na somente, e os velhos e velhas são os que se metem nesta carniça muito, e guardam alguma da assada do moquém por relíquias, para com ela de novo tornarem a fazer festas, se se não oferecer tão cedo matarem outro contrário. E os hóspedes que vieram de fora a ver esta festa levam o seu quinhão de carne que lhe deram do morto, assada do moquém para as suas aldeias, onde como chegam fazem grandes vinhos para, com grandes festas, segundo sua gentilidade, os beberem sobre esta carne humana que levam, a qual repartem por todos da aldeia, para a provarem, e se alegrarem em vingança de seu contrário que padeceu, como fica dito.

Acontece muitas vezes cativar um Tupinamba a um contrário na guerra, onde o não quis matar para o trazer cativo para a sua aldeia, onde o faz engordar com as cerimônias já declaradas para o deixar matar a seu filho quando é moço e não tem idade para ir à guerra, o qual mata em terreiro, como fica dito, com as mesmas cerimônias; mas atam as mãos ao que há de padecer, para com isto o filho tomar nome novo e ficar armado cavaleiro, e mui estimado de todos. E se este moço matador, ou outro algum, se não quer riscar quando toma novo nome, contentam-se com se tingir de jenipapo, e deixar crescer o cabelo e tosquiá-lo, com as cerimônias atrás declaradas; e os que se riscam quando tomam nome novo, a cada nome que tomam fazem sua feição de lavor, que para eles é grande bizarria, para que se veja quantos nomes tem.

[175] **Que trata das cerimônias que os Tupinambas fazem quando morre algum, e como os enterram** É costume entre os Tupinambas que, quando morre qualquer deles, o levam a enterrar embrulhado na sua rede em que dormia, e o parente mais chegado lhe há de fazer a cova; e quando o levam a enterrar vão-no acompanhando mulher, filhos e parentes,[627] se os tem, os quais o vão pranteando até a cova, com os cabelos soltos sobre o rosto, e estão-no pranteando até que fica bem coberto de terra; de onde se tornam para sua casa, onde a viúva chora o marido por muitos dias; e se morrem as mulheres destes Tupinambas, é costume que os maridos lhes façam a cova, e ajudem a levar às costas a defunta, e se não tem já marido o irmão ou parente mais chegado lhe faz a cova.

E quando morre algum principal da aldeia em que vive, e depois de morto alguns dias, ao qual antes de o enterrarem fazem as cerimônias seguintes.[628] Primeiramente o untam com mel todo, e por cima do mel o empenam com penas de pássaros de cores, e põem-lhe uma carapuça de penas na cabeça com todos os mais enfeites que eles costumam trazer nas suas festas; e têm-lhe feito na mesma casa e lanço onde ele vivia, uma cova muito funda e grande, com sua estacada por derredor, para que tenha a terra que não caia sobre o defunto, e armam-lhe a sua rede embaixo, de maneira que não toque o morto no chão; em a qual rede o metem assim enfeitado, e põem-lhe junto da rede seu arco e flechas, e a sua espada, e o maraqua[629] com que costumava tanger, e fazem-lhe fogo ao longo da rede para se aquentar, e põem-lhe de comer em um alguidar, e a

---

627. Em Varnhagen (1851 e 1879), "mulher, filhas e parentes".
628. Em Varnhagen (1851 e 1879), "alguns dias, antes de o enterrarem".
629. Em Varnhagen (1851 e 1879), "maracá".

água em um cabaço;[630] e como esta matalotagem está feita, e
lhe põem também sua cangoeira de fumo na mão, lançam-lhe
muita soma de madeira igual no andar da rede de maneira que
não toque no corpo, e sobre esta madeira muita soma de terra,
com ramas debaixo, primeiro, para que não caia terra sobre o
defunto; sobre a qual sepultura vive a mulher, como dantes. E
quando morre algum moço, filho de algum principal, que não
tem muita idade, metem-no em cócaras, atados os joelhos com
a barriga, em um pote em que ele caiba, e enterram o pote na
mesma casa debaixo do chão, onde o filho e o pai, se é morto,
são chorados muitos dias.

[176] **Que trata do sucessor ao principal que morreu, e
das cerimônias que faz sua mulher, e por morte dela também**[631] Costumam os Tupinambas, quando morre o principal
da aldeia, elegerem entre si quem suceda em seu lugar, e se o
defunto tem filho que lhe possa suceder, a ele aceitam por seu
cabeça; e quando não é para isso, ou o não tem, aceitam um
seu irmão em seu lugar; e não os tendo que tenham partes para
isso, elegem um parente seu, se é capaz de tal cargo, e tem as
partes atrás declaradas.

É costume entre as mulheres dos principais Tupinambas,
ou de outro qualquer índio, a mulher cortar os cabelos por dó,
e tingirem-se toda de jenipapo; as quais choram seus maridos
muitos dias, e são visitadas de suas parentas e amigas; e todas
as vezes que o fazem, tornam com a viúva a prantear de novo
o defunto, as quais deixam crescer o cabelo até que lhes dá

---

630. Em Varnhagen (1851 e 1879), "e a água em um cabaço, como galinha".
631. Em Varnhagen (1851 e 1879), "sua mulher, e as que se fazem por morte dela também".

pelos olhos, e se não casa com outro, logo faz sua festa com vinhos, e torna-se a tosquiar para tirar o dó, e tinge-se de novo do jenipapo.

Costumam os índios, quando lhes morrem as mulheres, deixarem crescer o cabelo, no que não têm tempo certo, e tingem-se do jenipapo por dó; e quando se querem tosquiar, se tornam a tingir de preto à véspera da festa dos vinhos, que fazem a seu modo, cantando toda a noite, para a qual se ajunta muita gente para estes cantares, e o viúvo tosquia-se à véspera, à tarde, e ao outro dia há grandes revoltas de cantar e bailar, e beber muito; e o que neste dia mais bebeu fez maior valentia, ainda que vomite e perca o juízo. Nestas festas se cantam as proezas do defunto ou defunta, e do que tira o dó, e o mesmo dó tomam os irmãos, filhos, pai e mãe do defunto, e cada um por si faz sua festa, quando tira o dó apartado, ainda que o tragam por uma mesma pessoa. Mas este sentimento houveram de ter os vivos dos mortos, quando estavam doentes; mas são tão desamoráveis os Tupinambas que, quando algum está doente, e a doença é comprida, logo aborrece a todos os seus, e curam dele muito pouco; e como o doente chega a estar mal, é logo julgado por morto; e não trabalham os seus mais chegados por lhe dar a vida, antes o desamparam, dizendo que pois há de morrer, e não tem remédio, que para que é dar-lhe de comer, nem curar dele; e tanto é isto assim que morrem muitos ao desamparo; e levam a enterrar outros ainda vivos, porque como chega a perder a fala dão-no logo por morto; e entre os portugueses aconteceu muitas vezes fazerem trazer de junto da cova escravos seus para casa, por as mulheres os julgarem por mortos, muitos dos quais tiveram saúde e viveram depois muitos anos.

[177] **Que trata de como entre os Tupinambas há muitos mamelucos que descendem dos franceses, e de um índio que se achou muito alvo** Ainda que pareça fora de propósito o que se contém neste capítulo, pareceu decente escrever aqui o que nele se contém, para se melhor entender a natureza e condição dos Tupinambas, com os quais os franceses, alguns anos antes que se povoasse a Bahia, tinham comércio; e quando se iam para França com suas naus carregadas de pau de tinta, algodão e pimenta, deixavam entre os gentios alguns mancebos para aprenderem a língua e poderem servir na terra, quando tornassem da França para lhes fazer seu resgate; os quais se amancebaram na terra, onde morreram, sem se quererem tornar para a França, e viveram como gentios com muitas mulheres, dos quais e dos que vinham todos os anos à Bahia e ao rio de Serigipe, em naus da França, se inçou a terra de mamelucos, que nasceram, viveram e morreram como gentios; dos quais há hoje muitos seus descendentes, que são louros, alvos e sardos, e havidos por índios Tupinambas, e são mais bárbaros que eles. E não é de espantar serem estes descendentes dos franceses alvos e louros, pois que saem a seus avós; mas é de maravilhar trazerem do sertão, entre outros Tupinambas, um menino de idade de dez anos para doze, no ano de 1586, que era tão alvo, que de o ser muito não podia olhar para a claridade; e tinha os cabelos da cabeça, pestanas e sobrancelhas tão alvas como algodão, com o qual vinha seu pai, com quem era tão natural, que toda pessoa que o via, o julgava por esse sem o conhecer; e não era muito preto, e a mãe, que vinha na companhia, era muito preta; e pelas informações que se então tomaram dos outros Tupinambas da companhia, achou-se que o pai deste índio branco não descendia dos franceses, nem eles foram àque-

las partes, de onde esta gente vinha, nunca; e ainda que este menino era assim branco, era muito feio.

Nesta povoação onde este índio branco veio ter, que é de Gabriel Soares, aconteceu um caso estranho a uma índia Tupinamba, que havia pouco viera do sertão, a qual ia para uma roça a buscar mandioca, levando um filho de um ano às costas, que ia chorando, do qual se enfadou a mãe de maneira que lhe fez uma cova com um pau no chão, e o enterrou vivo; e foi-se a índia com as outras à roça, que seria dali distância de um bom tiro de bombarda; e arrancou a mandioca, que ia buscar; e tornou-se com ela para casa, que seria de onde a criança ficava enterrada, outro tiro de bombarda; sobre o que as outras índias, que viram fazer esta crueldade de mãe,[632] estando fazendo farinha, se puseram a praticar, maravilhando-se do caso acontecido, o que ouviram outras índias da mesma casa ladinas, e foram-no contar a sua senhora, e logo se informou do caso como acontecera, e sabendo a verdade dele mandou a toda pressa desenterrar a criança, que ainda acharam viva, e por ser paga a fez batizar logo, a qual viveu depois seis meses.

DAQUI POR DIANTE SE VAI CONTINUANDO COM A VIDA E COSTUMES DOS TUPINAES, E OUTRAS CASTAS DE GENTIO DA BAHIA QUE VIVE PELA TERRA DENTRO DO SEU SERTÃO, DOS QUAIS DIREMOS O QUE PUDEMOS ALCANÇAR DELES; E COMEÇANDO LOGO NOS TUPINAES

[178] **Que trata de quem são os Tupinaes**   Tupinaes é uma gente do Brasil semelhante no parecer, vida e costumes dos Tupinambas e na linguagem não têm mais diferença uns dos outros, do que têm os moradores de Lisboa dos de entre Douro e Minho; mas a dos Tupinambas é a mais polida; e pelo nome

---

632. Em Varnhagen (1851 e 1879), "que viram esta crueldade".

tão semelhante destas duas castas de gentio se parece bem claro
que antigamente foi esta gente toda uma, como dizem os índios
antigos desta nação; mas têm-se por tão contrários uns dos
outros que se comem aos bocados, e não cansam de se matarem
em guerras, que continuamente têm, e não tão somente são
inimigos os Tupinaes dos Tupinambas, mas são-no de todas
as outras nações do gentio do Brasil, e entre todas elas lhes
chamam "tabayaras",[633] que quer dizer contrários. Os quais
Tupinaes nos tempos antigos viveram ao longo do mar, como
fica dito no título dos Tupinambas, que os lançaram dele para o
sertão, onde agora vivem, e terão ocupado uma corda de terra
de mais de duzentas léguas; mas ficam entressachados com eles,
em algumas partes, alguns Tapuyas, com quem têm também
contínua guerra.

São os Tupinaes mais atraiçoados que os Tupinambas, e
mais amigos de comer carne humana, em tanto que se lhes
não acha nunca escravo dos contrários que cativam, porque
todos matam e comem, sem perdoarem a ninguém. E quando
as fêmeas emprenham dos contrários, em parindo lhes comem
logo a criança, a que também chamam cunhamebira;[634] e a
mesma mãe ajuda logo a comer o mesmo filho que pariu.[635]

[179] **Que trata de alguns costumes e trajes dos Tupinaes**
Costumam entre os Tupinaes trazerem os homens os cabelos da
cabeça compridos até lhes cobrirem as orelhas, muito aparados
sobre elas, e desafogado por diante; e outros o trazem copado
sobre as orelhas, como crenchas;[636] e alguns tosquiam a dian-

633. Em Varnhagen (1851 e 1879), "tapuras".
634. Em Varnhagen (1851 e 1879), "cunhãembira".
635. Em Varnhagen (1851 e 1879), "comer o filho que pariu".
636. Crencha: trança de cabelo.

teira até as orelhas sobre pentem, por detrás o cabelo comprido; e a seu modo, de uma maneira e outra, fica muito afeiçoado.

São os Tupinaes mais fracos de ânimo que os Tupinambas, de menos trabalho, fé e verdade;[637] são músicos de natureza, e grandes cantores de chacotas, quase pelo modo dos Tupinambas; bailam, caçam e pescam como eles, e pelejam em saltos, como eles; mas não são pescadores no mar, como se acham nele, pelo não haverem em costume, por ser gente do sertão, e esmorecerem; e não pescam senão nos rios de água doce.[638]

Estes Tupinaes andaram antigamente correndo toda a costa do Brasil, de onde foram lançados sempre do outro gentio,[639] com quem ficavam vizinhando, por suas ruins condições; do que ficaram mui odiados de todas as outras nações do gentio.

Traz este gentio os beiços furados, e pedras neles e no rosto, como os Tupinambas; e, ainda, se fazem mais furos nele, e se fazem mais bizarros; e quando se enfeitam o fazem na forma dos Tupinambas, e trazem ao pescoço colares de dentes dos contrários como eles. E na guerra usam dos mesmos tambores, trombetas, buzinas que costumam trazer os Tupinambas; os quais são muito mais sujeitos ao pecado nefando do que são os Tupinambas, e os que servem de machos se prezam muito disso, e o tratam, quando se dizem seus louvores.

Quando este gentio anda algum caminho, ou se acha em parte onde lhe falta fogo, esfregando um pau rijo que para isso trazem com flechas fendidas, fazem acender esfregando muito com as mãos até que se levanta labareda; o qual logo pega

---

637. Em Varnhagen (1851 e 1879), "de menos trabalho, de menos fé e verdade".
638. No manuscrito da BGJM, "por ser gente do sertão; e não pescam".
639. Em Varnhagen (1851 e 1879), "foram sempre lançados".

nas flechas, e desta maneira se remedeiam; do que também se aproveitam os Tupinambas, quando têm necessidade de fogo.

Estes Tupinaes são os fronteiros dos Tupinambas, com os quais foram sempre apertando até que os fizeram ir vizinhar com os Tapuyas, com quem têm sempre guerra sem entenderem em outra coisa, da qual saem como lhes ordena a fortuna. Deste gentio Tupinae há já muito pouco, em comparação do muito que houve, o qual se consumiu com fomes e guerras que tiveram com seus vizinhos, de uma parte e da outra. Costumam estes índios nos seus cantares tangerem com um canudo de uma cana de seis a sete palmos de comprido, e tão grosso que cabe um braço, por grosso que seja, por dentro dele; o qual canudo é aberto pela banda de cima, e quando o tangem vão tocando com o fundo do canudo no chão, e toa tanto como os seus tambores, da maneira que os eles tangem.

[180] Em que se declara quem são os Amoypiras e onde vivem Convém arrumarmos aqui os Amoypiras,[640] porque descendem dos Tupinambas e por estarem na fronteira dos Tupinaes, além do rio de São Francisco; e passamos pelos Tapuyas, que ficam em meio para uma das bandas, por estarem espalhados por toda a terra, de quem temos muito que dizer ao diante, no cabo desta história da vida e costumes do gentio.

Quando os Tupinaes viviam ao longo do mar, residiam os Tupinambas no sertão, onde certas aldeias deles foram fazendo guerra aos Tapuyas, que tinham por vizinhos, a quem foram perseguindo por espaço de anos tão rijamente que entraram tanto pela terra adentro que foram vizinhar com o rio de São Francisco. E neste tempo, outros Tupinambas fizeram despejar

---

640. Em Varnhagen (1851 e 1879), "Amoipiras".

aos Tupinaes de junto do mar da Bahia, como já fica dito, os quais os meteram tanto pela terra adentro, afastando-se dos Tupinambas, que tomaram os caminhos àqueles que iam seguindo os Tapuyas, pelo que não puderam tornar para o mar por terem diante os Tupinaes, que como se sentiram desapoderados dos Tupinambas,[641] que os lançaram fora da ribeira do mar, e souberam destoutros Tupinambas que seguiram os Tapuyas, deram-lhes nas costas e apertaram com eles rijamente, o que também fizeram da sua parte os Tapuyas, fazendo-lhes crua guerra, ao que os Tupinambas não podiam resistir; e vendo-se tão apertados de seus contrários, assentaram de se passarem à outra banda do rio de São Francisco, onde se contentaram da terra, e assentaram ali sua vivenda, chamando-se Amoypiras, por o seu principal se chamar Amoypira; onde esta gente multiplicou de maneira que tem senhoreado ao longo deste rio de São Francisco, a que o gentio chama o Pará, mais de cem léguas, onde agora vivem; e ficam-lhe em frontaria, destoutra parte do rio, de um lado os Tapuyas, e de outro os Tupinaes, que se fazem cruel guerra uns aos outros, passando com embarcações ao seu modo à outra banda, dando grandes assaltos,[642] nos contrários, os Amoypiras aos Tapuyas, que atravessam o rio em almadias, que fazem da casca de árvores grandes, cujo feitio fica atrás declarado.

[181] **Que trata da vida e costumes dos Amoypiras**   Têm os Amoypiras a mesma linguagem dos Tupinambas; e a diferença que têm é em alguns nomes próprios, que no mais enten-

---

641. Em Varnhagen (1851 e 1879), "se sentiram desapressados dos". No manuscrito da BGJM, "se sentiram desapercebidos, digo desapoderados dos".
642. No manuscrito da BGJM, "grandes faltos".

dem-se muito bem; e têm os mesmos costumes e gentilidades; mas são atraiçoados e de nenhuma fé, nem verdade.

Na terra onde este gentio vive estão mui faltos de ferramentas, por não terem comércio com os portugueses; e apertados da necessidade cortam as árvores com umas ferramentas de pedra, que para isso fazem; com o que, ainda que com muito trabalho, roçam o mato para fazerem suas roças; do que também se aproveitavam antigamente todo o outro gentio, antes que comunicasse com gente branca.

E para plantarem na terra a sua mandioca e legumes, cavam nela com uns paus tostados agudos, que lhes servem de enxadas; os quais Amoypiras trazem o cabelo da cabeça copado e aparado ao longo das orelhas, e as mulheres trazem os cabelos compridos como os Tupinambas. Pesca este gentio com uns espinhos tortos que lhe servem de anzóis, com que matam muito peixe, e a flecha, para o que são mui certeiros, e para matarem muita caça.

Trazem os Amoypiras os beiços furados e pedras neles como os Tupinambas; pintam-se de jenipapo e enfeitam-se como eles; e usam na guerra tambores que fazem de um só pau, que cavam por dentro com fogo, tanto até que ficam mui delgados, os quais toam muito bem; na mesma guerra usam de trombetas que fazem de uns búzios grandes furados, ou da cana da perna das alimárias que matam, a qual lavram e engastam em um pau. Em tudo o mais seguem os costumes dos Tupinambas, assim na guerra como na paz, dos quais fica dito largamente no seu título.

Estes Amoypiras têm por vizinhos no sertão detrás de si outro gentio, a que chamam ubirajaras, com quem têm guerra ordinariamente, e se matam e comem uns aos outros com muita crueldade, sem perdoarem as vidas, quando se cativam.

[182] **Que trata brevemente da vivenda dos ubirajaras e seus costumes**   Pelo sertão da Bahia, além do rio de São Francisco, partindo com os Amoypiras da outra banda do sertão, vive uma certa nação de gente bárbara, a que chamam ubirajaras, que quer dizer "senhores dos paus", os quais se não entendem na linguagem com outra nenhuma nação do gentio; têm contínua guerra com os Amoypiras, e cativam-se, matam-se e comem-se uns aos outros, sem nenhuma piedade.

Estes ubirajaras não viram nunca gente branca, nem têm notícia dela, e é gente muito bárbara, da estatura e cor do outro gentio, e trazem os cabelos muito compridos assim os machos como as fêmeas, e não consentem em seu corpo nenhuns cabelos que, em lhes nascendo, não arranquem.

Fazem estes ubirajaras suas lavouras, como fica dito dos Amoypiras, e pescam nos rios com os mesmos espinhos e com outras armadilhas, que fazem com ervas; e matam muita caça com certas armadilhas que fazem, em que lhes cai facilmente.[643]

A peleja dos ubirajaras é a mais notável do mundo, porque a fazem com uns paus tostados muito agudos,[644] de comprimento de três palmos, pouco mais ou menos cada um, e são agudos de ambas as pontas, com os quais atiram a seus contrários como com punhais; e são tão certos com eles que não erram tiro, com o que têm grande chegada; e desta maneira matam também a caça, que, se lhes espera o tiro, não lhes escapa, os quais com estas armas se defendem de seus contrários tão valorosamente

---

643. Em Varnhagen (1851 e 1879), "lhes facilmente cai".
644. Em Varnhagen (1851 e 1879), "notável do mundo, como fica dito, porque a".

como seus vizinhos com arcos e flechas; e quando vão à guerra, leva cada um seu feixe destes paus com que peleja, e com estas armas são muito temidos dos Amoipiras, com os quais têm sempre guerra por uma banda, e pela outra com umas mulheres, que dizem ter uma só teta, que pelejam com arco e flechas, e se governam e regem sem maridos, como se diz das amazonas, das quais não podemos alcançar mais informações, nem da vida e costumes destas mulheres.

COMEÇA A VIDA E COSTUMES DOS TAPUYAS

Como a atenção com que nos ocupamos nestas lembranças foi para mostrar bem o muito que há que dizer das grandezas da Bahia de Todos os Santos,[645] cabeça do Estado do Brasil, é necessário que não fique por declarar a vida e costumes dos Tapuyas, primeiros possuidores desta província da Bahia, de quem começamos a dizer o que se pode alcançar deles, começando no capítulo que se segue.

[183] Que trata da terra que os Tapuyas possuíram e possuem hoje em dia Até agora tratamos de todas as castas de gentio que vivia ao largo do mar da costa do Brasil, e de algumas nações que vivem pelo sertão, de que tivemos notícia, e deixamos de falar dos Tapuyas, que é o mais antigo gentio que vive nesta costa, do qual ela foi toda senhoreada, desde a boca do Rio da Prata até a do Rio das Amazonas, como se vê do que está hoje povoado e senhoreado deles; porque da banda do Rio da Prata senhoreiam ao longo da costa mais de cento e cinquenta léguas, e da parte do rio das Amazonas senhoreiam para contra o sul mais de duzentas léguas e pelo sertão vêm

645. Em Varnhagen (1851 e 1879), "há que dizer da Bahia de Todos os Santos".

povoando por uma corda de terra por cima de todas as nações do gentio nomeadas, desde o Rio da Prata até o das Amazonas, e toda a mais costa senhorearam nos tempos atrás, de onde por espaço de tempo foram lançados de seus contrários; por se eles dividirem e inimizarem uns com os outros, por onde se não favoreceram, e os contrários tiveram forças para pouco a pouco os irem lançando na ribeira do mar de que eles eram possuidores.

Atrás fica dito como foram lançados os Tapuyas da Bahia e seu limite pelos Tupinaes, os quais se foram recolhendo para o sertão por espaço de tempo, onde até agora vivem divididos em bandos, não se acomodando uns com os outros, antes têm cada dia diferenças e brigas, e se matam muitas vezes em campo; por onde se diminuem em poder, para não poderem resistir a seus contrários, com as forças necessárias; por se fiarem muito em seu esforço e ânimo, não entendendo o que está tão entendido, que o esforço dos poucos não pode resistir ao poder dos muitos.

[184] **Que trata de quem são os Tapuyas, quem são os Maraquas**   Como os Tapuyas são tantos e estão tão divididos em bandos, costumes e linguagem, para se poder dizer deles muito, era necessário de propósito e devagar tomar grandes informações de suas divisões, vida e costumes; mas, pois ao presente não é possível, trataremos de dizer dos que vizinham com a Bahia, sobre quem se fundaram todas estas informações que neste caderno estão relatadas; começando logo que os mais chegados Tapuyas aos povoadores da Bahia são uns que se chamam de alcunha os Maraquas,[646] os quais são homens robustos e bem acondicionados, trazem o cabelo crescido até

646. Em Varnhagen (1851 e 1879), "Maracás".

as orelhas e copado, e as mulheres os cabelos compridos atados detrás, o qual gentio fala sempre de papo tremendo com a fala, e não se entende com outro nenhum gentio que não seja Tapuya.

Quando estes Tapuyas cantam, não pronunciam nada, por ser tudo garganteado, mas a seu modo; são entoados e prezam-se de grandes músicos, a quem o outro gentio folga muito de ouvir cantar. São estes Tapuyas grandes flecheiros, assim para a caça como para seus contrários, e são muito ligeiros e grandes corredores, e grandes homens de pelejarem em campo descoberto, mas pouco amigos de abalroar cercas; e quando dão em seus contrários, se se eles recolhem em alguma cerca, não se detêm muito em os cercar, antes se recolhem logo para suas casas, as quais têm em aldeias ordenadas, como costumam os Tupinambas.

Estes Tapuyas não comem carne humana, e se tomam na guerra alguns contrários,[647] não os matam; mas servem-se deles como de seus escravos, e por tais os vendem agora aos portugueses que com eles tratam e comunicam.

São estes Tapuyas muito folgazões e não trabalham nas roças, como os Tupinambas, nem plantam mandioca, nem comem senão legumes, que lhes as mulheres plantam, e granjeiam em terras sem mato grande, a que põem o fogo para fazerem suas sementeiras; os homens ocupam-se em caçar, a que são muito afeiçoados.

Costuma este gentio não matar a ninguém dentro em suas casas, e se seus contrários, fugindo-lhes da briga, se acolhem a elas, não os hão de matar dentro, nem fazer-lhes nenhum agravo, por mais irados que estejam; e esperam que saiam para

---

647. No manuscrito da BGJM, "e se tomam alguns contrários".

fora, ou, se lhes passa a ira e aceitam-nos por escravos, ao que são mais afeiçoados que a matá-los, como lhes fazem a eles.

São os Tapuyas contrários de todas as outras nações do gentio, por terem guerra com eles ao tempo que viviam junto do mar, de onde por força de armas foram lançados; os quais são homens de grandes forças, andam nus, como o mais gentio, e não consentem em si mais cabelos que os da cabeça, e trazem os beiços furados e pedras neles, como os Tupinambas.

Estes Tapuyas são conquistados, pela banda do rio de Seregipe, dos Tupinambas que vivem por aquelas partes; e por outra parte os vêm saltear os Tupinaes, que vivem da banda do poente; e vigiam-se ordinariamente de uns e dos outros; e está povoado deste gentio por esta banda cinquenta ou sessenta léguas de terra; entre os quais há uma serra,[648] onde há muito salitre e pedras verdes, de que eles fazem as que trazem metidas nos beiços por bizarria.

[185] **Em que se declara o sítio em que vivem outros Tapuyas, e de parte de seus costumes**   Pelo sertão da mesma Bahia, para a banda do poente oitenta léguas do mar, pouco mais ou menos, estão umas serras que se estendem por uma banda e por a outra, e para o sertão mais de duzentas léguas, tudo povoado de Tapuyas contrários destes de que até agora tratamos, que se dizem os Maraquas, mas todos falam, cantam e bailam de uma mesma feição, e têm os mesmos costumes no proceder da sua vida e gentilidades, com muito pouca diferença.

Estes Tapuyas têm guerra por uma banda com os Tupinaes, que lhes ficam a um lado muito vizinhos, e por outra parte a têm com Amoipiras, que lhes ficam em fronteira da outra banda do

---

648. No manuscrito da BGJM, "há umas serras".

rio de São Francisco, e matam-se uns aos outros cruelmente, dos quais se vigiam de contínuo, contra quem pelejam com arcos e flechas, o que sabem tão bem manejar como todo o gentio do Brasil. São estes Tapuyas grandes homens de fazer guerra a seus contrários, e são mais esforçados que conquistadores, e mais fiéis que os Tupinaes.

Vivem estes Tapuyas em suas aldeias em casas bem arrumadas e tapadas pelas paredes de pau-a-pique,[649] a seu modo, muito fortes, por amor dos contrários as não entrarem e tomarem de súbito, em as quais dormem em redes, como os Tupinambas, com fogo à ilharga, como faz todo o gentio desta comarca.

Não costuma este gentio plantar mandioca, nem fazer lavouras senão de milhos e outros legumes, porque não têm ferramentas com que roçar o mato e cavar a terra, e por falta delas quebram o mato pequeno às mãos, e às árvores grandes põem fogo ao pé de onde está lavrado até que as derruba, e cavam a terra com paus agudos para plantarem suas sementeiras; e o mais tempo se mantêm com frutas silvestres e com caça, a que são muito afeiçoados.

Costuma este gentio Tapuya trazerem os machos os cabelos da cabeça tão compridos que lhe dão pela cinta,[650] e às vezes os trazem entrançados ou enastrados com fitas de fio de algodão, que são como passamanes, mas muito largas; e as fêmeas andam tosquiadas e trazem tingidas derredor de si umas franjas de fio de algodão, que têm os cadilhos tão compridos que bastam para

---

649. Em Varnhagen (1851 e 1879), "bem tapadas pelas paredes, e armados de pau-a-pique".
650. Em Varnhagen (1851 e 1879), "Costume deste gentio Tapuia é trazerem aos machos os cabelos".

lhes cobrirem suas vergonhas, o que não trazem nenhumas mulheres do gentio destas partes.

[186] Em que se declaram alguns costumes dos Tapuyas destas partes   Estes Tapuyas que vivem nesta comarca são muito músicos, e cantam pela maneira dos primeiros; trazem os beiços debaixo furados, e neles umas pedras verdes roliças e compridas, que lavram devagar, roçando-as com outras pedras tanto até que as aperfeiçoam à sua vontade.

Não pescam estes índios nos rios à linha, porque não têm anzóis; mas, para matarem peixe, colhem uns ramos de umas ervas como vides, mas mui compridos e brandos, e tecem-nos como rede, os quais deitam no rio e tapam-no de uma parte à outra; e uns têm mão nesta rede e outros batem a água em cima, de onde o peixe foge e vem-se descendo até dar nela, onde se ajunta; e tomam às mãos o peixe pequeno,[651] e o grande matam às flechadas, sem errarem um.

Costumam estes Tapuyas, para fazerem sal, queimarem uma serra de salitre, que está entre eles, de onde tomam aquela cinza; e a terra queimada, lançam-na na água do rio em vasilhas, a qual fica logo salgada, e põem-na ao fogo, onde a cozem e ferve tanto até que se coalha, e fica feito o sal em um pão; e com este sal temperam seus manjares; mas o salitre torna logo a crescer na serra para cima, mas não é tão alvo como o que não foi queimado.

Entre estes Tapuyas há outros mais chegados ao rio de São Francisco, que estão com eles desavindos, que são mais agrestes e não vivem em casas, e fazem sua vivenda em furnas onde se

---

651. Em Varnhagen (1851 e 1879), "pequeno peixe".

recolhem; e têm uma destas serras mui áspera onde fazem sua habitação; os quais têm os mesmos costumes que os de cima.

Corre esta corda dos Tapuyas toda esta terra do Brasil pelas cabeceiras do outro gentio, e há entre eles diferentes castas, com mui diferentes costumes, e são contrários uns dos outros; entre os quais há grandes discórdias, por onde se fazem guerra muitas vezes e se matam sem nenhuma piedade.

DAQUI POR DIANTE SE DECLARA O GRANDE CÔMODO QUE A BAHIA TEM PARA SE FORTIFICAR, E OS METAIS QUE SE NELA DÃO

Não parece despropósito arrumar à sombra do que está dito da Bahia de Todos os Santos, os grandes aparelhos e cômodos que tem para se fortificar, como convém ao serviço de el-rei nosso senhor e ao bem da terra, para se poder resistir a quem a quiser ofender; o que começamos a declarar pelo capítulo que se segue.

[187] **Em que se declara a pedra que tem a Bahia para se poder fortificar** A primeira coisa que convém para se fortificar a Bahia é que tem pedra de alvenaria e cantaria, de que há em todo o seu circuito muita comodidade, e grande quantidade para se poder fazer grandes muros, fortalezas e outros edifícios; porque derredor da cidade há muita pedra preta, assim ao longo do mar como pela terra, a qual é de pedreiras boas de quebrar, com a qual se fazem paredes mui bem liadas; e pelos limites desta cidade há muita pedra molar, como a de alvenaria de Lisboa, com que se faz boa obra; e ao longo do mar, meia légua da cidade, e em muitos lugares mais afastados, há muitas lajes de pedra mole como tufo,[652] de que

652. Em Varnhagen (1851 e 1879), "há muitas lagoas de pedra".

se fazem cunhais em obra de alvenaria, com as quais se liam os edifícios que se na terra fazem, e se afeiçoam os cunhais destas lajes com pouco trabalho, por estarem cortados pela natureza conforme o para que são necessários.

Quando se edificou a cidade do Salvador, se aproveitaram os edificadores e povoadores dela de uma pedra cinzenta boa de lavrar, que iam buscar por mar ao porto de Itapitanga, que está sete léguas da cidade na mesma Bahia, da qual fizeram as colunas da Sé, portais e cunhais e outras obras de meio relevo, e muitas campas e outras obras proveitosas; mas depois se descobriu outra pedreira melhor,[653] que se arranca dos arrecifes que se cobrem com a preamar das marés de águas-vivas ao longo do mar, a qual pedra é alva e dura, que o tempo nunca gasta, mas trabalhosa de lavrar que gasta as ferramentas muito; de que se fazem obras mui primas e formosas, e campas de sepulturas mui grandes; e parece a quem nisto tem atentado que esta pedra se faz da areia congelada; porque ao longo dos mesmos arrecifes, bem chegados a eles, é tudo rochedo de pedra preta, e estoutra é muito branca, depois de lavrada; mas não é muito macia, a qual quando a lavram faz sempre uma grã areenta, e acham-se muitas vezes no âmago destas pedras cascas de ostras e de outro marisco, e uns seixinhos de areia, pelo que se tem que esta pedra se formou de areia e que se congelou com a frialdade da água do mar, o que é fácil de crer, porque se acham por estas praias limos enfarinhados de areia, que está congelada e dura como pedra, e alguns paus de ramos de árvores também cobertos desta massa tão dura como se foram de pedra.

---

653. No manuscrito da BGJM, "depois de se descobrir".

[188] **Em que se declara o cômodo que tem a Bahia para se poder fazer muita cal, como se faz**   A maior parte da cal que se faz na Bahia é das cascas das ostras, de que há tanta quantidade que se faz dela muita cal, e que é alvíssima, e tão boa como a de Alcântara;[654] e fazem-se dela guarnições de estuque mui alvas e primas; e a cal que se faz das ostras é mais fácil de fazer que a de pedras; porque gasta pouca lenha e com lhe fazerem fogo que dure dez, doze horas, fica muito bem cozida, e é tão forte que se quer caldeada, e ao caldear ferve em pulos como a cal de pedra de Lisboa. Quanto mais que, quando não houvera este remédio tão fácil, na ilha de Taparica, que está defronte da cidade, estão três fornos de cal, onde se faz muita, que se vende a cruzado o moio; a qual cal é muito estranha, porque se faz de umas pedras que se criam no mar neste sítio desta ilha e em outras partes, as quais são muito crespas e artificiosas para outras curiosidades, e não nascem em pedreiras, mas acham-se soltas em muita quantidade. Estas pedras são sobre o leve, por serem por dentro organizadas com alfebas. Esta pedra se enforna em fornos de arcos, como os em que coze a louça, com sua abóbada fechada por cima da mesma pedra, mas sobre os arcos está o forno todo cheio de pedra, e o fogo mete-se-lhe por baixo dos arcos com lenha grossa, e coze em uma noite e um dia, e coze muito bem; cuja cal é muito alva, e lia a obra que se dela faz como a de Portugal, e caldeiam-na da mesma maneira; mas não leva tanta areia como a cal que se faz das ostras e de outro qualquer marisco, de que também se faz muito alva e boa, e para todas as obras. Quanto mais que, quando não houvera remédio tão fácil para se fazer infinidade de cal, como o que está dito, com pouco trabalho se

654. Em Varnhagen (1851 e 1879), "alvíssima, e lisa também, como".

podia fazer muita cal, porque na Bahia, no rio de Jaguaripe, e em outras partes, há muita pedra lioz,⁶⁵⁵ como a de Alcântara, com umas veias vermelhas, a qual pedra é muito dura, de que se fará toda obra-prima, quanto mais cal, para o que se tem já experimentado e coze muito bem; e se se não valem dela para fazerem cal é porque acham estoutro remédio muito perto, e muito fácil; e para as mesmas obras e edifícios que forem necessários, tem a Bahia muito barro de que se faz muita e boa telha, e muito tijolo de toda a sorte; do que há em cada engenho um forno de tijolo e telha, em os quais se coze também muito boa louça e formas que se faz do mesmo barro.

[189] Em que se declara os grandes aparelhos que a Bahia tem para se nela fazerem grandes armadas Pois sobejam aparelhos à Bahia para se poder fortificar, entenda-se que lhe não faltam para se poder fazer grandes armadas com que se possa defender e ofender a quem contra o sabor de Sua Majestade se quiser apoderar dela, para o que tem tantas e tão maravilhosas e formosas madeiras, para se fazerem muitas naus, galeões e galés, para quem não faltarão remos, com que se eles possam remar, muito extremados, como já fica dito atrás; pois para se fazer muito tabuado para estas embarcações sobeja cômodo para isso, porque há muitas castas de madeiras, que se serram muito bem, como em seu lugar fica dito; para as quais o que falta são serradores, de que há tantos na Bahia escravos de diversas pessoas, que, convindo ao serviço de Sua Majestade trabalharem todos e fazer tabuado, ajuntar-se-ão pelo menos quatrocentos serradores escravos mui destros, e duzentos es-

---

655. Lioz: pedra calcária branca e compacta que é utilizada em estatuária e em construções arquitetônicas.

cravos carpinteiros de machado; e ajuntar-se-ão mais quarenta carpinteiros da ribeira, portugueses e mestiços, para ajudarem a fazer as embarcações, os quais se ocupam em fazer navios que se na terra fazem, caravelões, barcas de engenho e barcos de toda a sorte. O que resta agora de madeira para fazerem estas naus e galés são mastros e vergas; disto há mais aparelho na Bahia que nas províncias de Flandres; porque há muitos mastros inteiros para se emastrearem naus de toda a sorte, e muitas vergas, o que tudo é mais forte do que os de pinho e de mais dura, mas são mais pesados, o que tudo se achará à borda da água.

Bem sei que me estão já perguntando pela pregadura para essas armadas, ao que respondo que na terra há muito ferro de veias para se poder lavrar, mas que enquanto se não lavra será necessário vir de outra parte; mas se a necessidade for muita, há tantas ferramentas na terra de trabalho, tantas ferragens dos engenhos que se poderão juntar mais de cem mil quintais[656] de ferro; e porque tarde já em lhe dar ferreiro, digo que em cada engenho há um ferreiro com sua tenda, e com os mais que têm tenda na cidade e em outras partes se pode juntar cinquenta tendas de ferreiros, com seus mestres obreiros.

[190] Em que se apontam os quais aparelhos que há para se fazerem estas armadas Parecerá impossível achar-se na Bahia aparelho de estopa para se calafetarem as naus, galeões e galés que se podem fazer nela, para o que tem facílimo remédio; porque há nos matos desta província infinidade de árvores que dão embira, como temos dito quando falamos da propriedade delas, a qual embira lhe sai da casca que é tão grossa como

---

656. Quintal: antiga medida de massa que equivalia a quatro arrobas.

um dedo; como está pisada é muito branda, e desta embira se calafetam as naus que se fazem no Brasil, e todas as embarcações; de que há tanta quantidade como já dissemos atrás; a qual para debaixo da água é muito melhor que estopa, porque não apodrece tanto, e incha muito na água; e as costuras que se calafetam com a embira[657] ficam muito mais fixas do que as que se calafetam com estopa, do que há muita quantidade na terra. E se cuidar[658] quem ler estes apontamentos que não haverá oficiais que calafetem estas embarcações, afirmo-lhe que há estantes na Bahia mais de duas dúzias, e achar-se-ão nos navios, que sempre estão no porto, dez ou doze, que são calafates das mesmas naus, e há muitos escravos, também, na terra, que são calafates por si sós, e à sombra de quem o sabem bem fazer.

Breu para se brearem estas embarcações não temos na terra, mas é por falta de se não dar remédio a isto; porque ao longo do mar, em terras baixas de areia, é tudo povoado de umas árvores que se chamam camasari,[659] que entre a casca e o âmago lançam infinidade de resina branca, grossa como terebentina de Beta, a qual é tão pegajosa que se não tira das mãos senão com azeite quente, a qual, se houver quem lhe saiba fazer algum cozimento, será muito boa para se brearem com ela os navios, e far-se-á tanta quantidade que poderão carregar naus desta resina; e porque se não podem brear as naus sem se misturar com a resina graxa, na Bahia se faz muita de tubarões, lixas e outros peixes, com que se alumiam os engenhos e se breiam os barcos que há na terra, e que é bastante para se adubar o breu para muitas naus. Quanto mais que se à Bahia forem biscainhos ou

---

657. Em Varnhagen (1851 e 1879), "envira".
658. Cuidar: pensar.
659. Em Varnhagen (1851 e 1879), "camaçari".

outros homens que saibam armar às baleias, em nenhuma parte entram tantas como nela, onde residem seis meses do ano e mais, de que se fará tanta graxa que não haja embarcações que a possam trazer à Espanha.

[191] **Em que se apontam os mais aparelhos que faltam para as embarcações**   Pois que temos aparelho para lançar as embarcações que se podem fazer na Bahia ao mar, convém que lhe demos os aparelhos com que estas embarcações possam navegar; e demos-lhe primeiro as bombas, que se fazem na terra muito boas, de duas peças porque têm extremadas madeiras para elas; e para navios pequenos há umas árvores que a natureza furou por dentro, que servem de bombas nos navios da costa, as quais são muito boas.

Pois os poleames se fazem de uma árvore que chamam jenipapo, que é muito bom de lavrar, e nunca fende como está seco, de que se farão de toda a sorte. Enxárcia[660] para as embarcações tem a Bahia em muita abastança, porque se faz da mesma embira com que calafetam, antes de se amassar, aberta em febras[661] a mão, a qual se fia tão bem como o linho, e é mais durável e mais rija que a de esparto,[662] e tão boa como a do Cairo; e desta mesma embira se fazem amarras muito fortes e grossas e de muita dura; e há na terra embira em abastança para se poder fazer muita quantidade de enxárcia e amarras; e para amarras tem a terra outro remédio das barbas de umas palmeiras bravas que lhes nascem ao pé, de comprimento de

---

660. Enxárcia: cordoalha que, em embarcações, sustenta os mastros e permite acesso às vergas.
661. Febra: pedaço ou fibra de madeira.
662. Esparto: arbusto nativo do Mediterrâneo usado para obtenção de fibras.

quinze e vinte palmos, de que se fazem amarras muito fortes e que nunca apodreçam, de que há muita quantidade pelos matos para se fazerem muitas quando cumprir. Pelo que não falta mais agora para estas armadas que as velas, para o que há facílimo remédio, quando as não houver de lonas e pano de breu, pois em todos os anos se fazem grandes carregações de algodão, de que se dá muito na terra; do qual podem fazer grandes teais de pano grosso, que é muito bom para velas, de muita dura e muito leves, de que andam velejados os navios e barcos da costa; e dentro da Bahia trazem muitos barcos as velas de pano de algodão que se fia na terra, para o que há muitas tecedeiras, que se ocupam em tecer teais de algodão, que se gastam em vestidos dos índios, escravos de Guiné e outra muita gente branca de trabalho.

[192] Em que se aponta o aparelho que na Bahia tem para se fazer pólvora, e muita picaria e armas de algodão
Pois temos dito o aparelho que a Bahia tem para se fortificar e defender dos corsários, se a forem cometer; saibamos se tem alguns aparelhos naturais da terra com que se possam ofender seus inimigos, não falando nos arcos e flechas do gentio, com o que os escravos da Guiné, mamelucos e outros muitos homens bravos naturais de terra sabem pelejar, do que há tanta quantidade nesta província; mas digamos das maravilhosas armas de algodão que se fazem na Bahia, geralmente por todas as casas dos moradores, as quais não passa besta, nem flecha nenhuma; do que se os portugueses querem antes armar que de cossoletes, nem couraças; porque a flechada que dá nestas armas resvala por elas e faz dano aos companheiros; e deste es-

tofado de algodão armam os portugueses os corpos e fazem do mesmo estofado celados para a cabeça, e muito boas adargas.

Fazem também na Bahia paveses e rodelas de copaiba, de que fizemos menção quando falamos da natureza desta árvore, as quais rodelas são tão boas como as do adargueiro, e d'avantagem por serem mais leves e estopentas, do que se farão infinidade delas muito grandes e boas.

Dão-se na Bahia muitas hastes de lanças do comprimento que quiserem, as quais são mais pesadas que as de faia, mas são muito mais fortes e formosas; e das árvores de que estas hastes tiram, há muitas de que se pode fazer muita picaria, e infinidade de dardos de arremesso, que os Tupinambas sabem muito bem fazer.

E chegando ao principal, que é a pólvora, em todo o mundo se não sabe que haja tão bom aparelho para ela como na Bahia, porque tem muitas serras que não têm outra coisa senão salitre, o qual está em pedra alvíssima sobre a terra, tão fino que assim pega o fogo dele como de pólvora mui refinada; pelo que se pode fazer na Bahia tanta quantidade dela que se possa dela trazer tanta para a Espanha, com que se forneçam todos os Estados de que Sua Majestade é rei e senhor, sem esperar que lhe venha da Alemanha, nem de outras partes, de onde trazem este salitre com tanta despesa e trabalho, do que se deve de fazer muita conta.

[193] **Em que se declara o ferro, aço e cobre que tem a Bahia** Bem por culpa de quem a tem não há na Bahia muitos engenhos de ferro, pois o ela está mostrando com o dedo em tantas partes, para o que Luís de Brito levou aparelhos para fazer um engenho de ferro por conta de Sua Alteza e oficiais

deste mister; e o porquê se não fez, não serve de nada dizer-se; mas não se deixou de fazer por falta de ribeiras de água, pois a terra tem tantas e tão capazes para tudo; nem por falta de lenha e carvão, pois em qualquer parte onde os engenhos de ferro assentarem há disto muita abundância. Também na Bahia, trinta léguas pela terra adentro, há algumas minas descobertas sobre a terra de mais fino aço que o de Milão; o qual está em pedra sem outra nenhuma mistura de terra nem pedra; e não tem que fazer mais que lavrar-se em vergas para se poder fazer obra com ele, do que há muita quantidade que está perdido, sem haver quem ordene de o aproveitar; e desta pedra de aço se servem os índios para amolarem as suas ferramentas com ela a mão.

E cinquenta ou sessenta léguas pela terra adentro tem a Bahia uma serra muito grande escalvada, que não tem outra coisa senão cobre, que está descoberto sobre a terra em pedaços, feitos em concavidades, crespo, que não parece senão que foi já fundido, ou, ao menos, que andou fogo por esta serra, com que se fez este lavor no cobre, do que há tanta quantidade que se não acabará nunca. E nesta serra estiveram por vezes alguns índios Tupinambas e muitos mamelucos, e outros homens que vinham do resgate, os quais trouxeram mostras deste cobre em pedaços, que se não foram tantas as pessoas que viram esta serra se não podia crer senão que o derreteram no caminho de algum pedaço de caldeira que levavam; mas todos afirmaram estar este cobre daquela maneira descoberto na serra.

[194] Em que se trata das pedras verdes e azuis que se acham no sertão da Bahia
Deve-se também notar que se acham também no sertão da Bahia umas pedras azuis-escuras

muito duras e de grande fineza, de que os índios fazem pedras que metem nos beiços, e fazem-nas muito roliças e de grande lustro, roçando-as com outras pedras, das quais se podem fazer peças de muita estima e grande valor, as quais se acham muito grandes; e entre elas há algumas que têm umas veias aleonadas que lhes dão muita graça.

No mesmo sertão há muitas pedreiras de pedras verdes coalhadas, muito rijas, de que também o gentio faz pedras para trazer nos beiços,[663] roliças e compridas, as quais lavram como as de cima, com o que ficam muito lustrosas; do que se podem lavrar peças muito ricas e para se estimarem entre príncipes e grandes senhores, por terem a cor muito formosa; e podem se tirar da pedreira pedaços de sete e oito palmos, e estas pedras têm grande virtude contra a dor de cólica.

Em muitas outras partes da Bahia, nos cavoucos que fazem as invernadas na terra, se acham pedaços de finíssimo cristal, e de mistura algumas pontas oitavadas como diamante, lavradas pela natureza que têm muita formosura e resplandor. E não há dúvida senão que entrando bem pelo sertão desta terra há serras de cristal finíssimo, que se enxerga o resplandor delas de muito longe, e afirmaram alguns portugueses que as viram que parecem de longe as serras da Espanha quando estão cobertas de neve, os quais e muitos mamelucos e índios que viram essas serras dizem que está tão bem criado e formoso este cristal em grandeza, que se podem tirar pedaços inteiros de dez, doze palmos de comprido, e de grande largura e fornimento, do qual cristal pode vir à Espanha muita quantidade para poderem fazer dele obras mui notáveis.

663. Em Varnhagen (1851 e 1879), "de que o gentio também faz".

[195] **Em que se declara o nascimento das esmeraldas e safiras** Em algumas partes do sertão da Bahia se acham esmeraldas mui limpas e de honesto tamanho, as quais nascem dentro em cristal, e como elas crescem muito, arrebenta o cristal; e os índios quando as acham dentro nele, põem-lhe o fogo para o fazerem arrebentar, de maneira que lhe possam tirar as esmeraldas de dentro, com o que elas perdem a cor e muita parte do seu lustro, das quais esmeraldas se servem os índios nos beiços, mas não as podem lavrar como as pedras ordinárias que trazem nos beiços, de que já falamos. E entende-se que assim como estas esmeraldas se acham sobre a terra são finas, que o serão muito mais as que se buscarem debaixo dela, e de muito preço, porque a que a terra despede de si deve ser a escória das boas que ficam debaixo, as quais se não buscaram até agora por quem lhe fizesse todas as diligências, nem chegaram a elas mais que mamelucos e índios, que se contentavam de trazerem as que acharam sobre a terra, e em uma das partes onde se acham estas esmeraldas, que é ao pé de uma serra, onde é de notar muito o seu nascimento; porque ao pé desta serra, da banda do nascente, se acham muitas esmeraldas dentro no cristal solto onde elas nascem; de onde trouxeram uns índios amostras, coisa muito para ver; porque, como o cristal é mui transparente, trespassam as esmeraldas com seu resplandor da outra banda, às quais lhes ficam as pontas da banda de fora, que parece que as meteram a mão pelo cristal. E ao pé da mesma serra, da banda do poente, se acham outras pedras muito escuras que também nascem no cristal, as quais mostram um roxo cor de púrpura muito fino, e tem-se grande presunção de estas pedras poderem ser muito finas e de muita estima. E perto

desta serra está outra de quem o gentio conta que cria umas pedras muito vermelhas, pequenas e de grande resplandor.

Afirmam os índios Tupinambas, os Tupinaes, Tamoios e Tapuyas e os índios que com eles tratam neste sertão da Bahia e no da capitania de São Vicente, que debaixo da terra se cria uma pedra do tamanho e redondeza de uma bola, a qual arrebenta debaixo da terra; e que dá tamanho estouro como uma espingarda, ao que acodem os índios e cavam a terra, onde toou este estouro, onde acham aquela bola arrebentada, em quartos como romã, e que lhe saem de dentro muitas pontas cristalinas do tamanho de cerejas, as quais são de uma banda oitavadas e lavradas mui sutilmente em ponta como diamante, e da outra banda onde pegavam da bola, tinham uma cabeça tosca, das quais trouxeram do sertão amostras delas ao governador Luís de Brito, que quando as viu teve pensamento que seriam diamantes; mas um diamante de um anel entrava por elas, e a casca da bola era de pedra não muito alva, e ruivaça, por fora.

[196] Em que se declara a muita quantidade de ouro e prata que há na comarca da Bahia Dos metais de que o mundo faz mais conta, que é o ouro e prata, fazemos aqui tão pouca, que os guardamos para o remate e fim desta história, havendo-se de dizer deles primeiro, pois esta terra da Bahia tem dele tanta parte quanto se pode imaginar; do que podem vir à Espanha cada ano maiores carregações do que nunca vieram das Índias Ocidentais, se Sua Majestade for disto servido, o que se pode fazer sem se meter nesta empresa muito cabedal de sua fazenda, de que não tratamos miudamente por não haver para quê, nem fazer ao caso da tenção destas lembranças, cujo fundamento é mostrar as grandes qualidades do Estado do

Brasil, para se haver de fazer muita conta dele, fortificando-lhe os portos principais, pois têm tanto cômodo para isso como no que toca à Bahia está declarado; o que se devia pôr em efeito com muita instância, pondo os olhos no perigo em que está de chegar à notícia dos luteranos parte do conteúdo neste *Tratado*, para fazerem suas armadas, e se irem povoar esta província, onde com pouca força que levem de gente bem armada se podem senhorear dos portos principais, porque não hão de achar nenhuma resistência neles, pois não têm nenhum modo de fortificação, de onde os moradores se possam defender nem ofender a quem os quiser entrar. E se Deus permitir por nossos pecados, que seja isto, acharão todos os cômodos que temos declarado e muitos mais para se fortificarem, porque hão de fazer trabalhar os moradores nas suas fortificações com as suas pessoas, com seus escravos, barcos, bois, carros e tudo mais necessário, e com todos os mantimentos que tiverem por suas fazendas, o que lhes há de ser forçado fazer para com isso resgatarem as vidas; e com a força da gente da terra se poderão apoderar e fortificar de maneira que não haja poder humano com que se possam tirar do Brasil estes inimigos, donde podem fazer grandes danos a seu salvo em todas as terras marítimas da Coroa de Portugal e Castela, o que Deus não permitirá; de cuja bondade confiemos que deixará estar estes inimigos de nossa santa fé católica com a cegueira que até agora tiveram de não chegar à sua notícia o conteúdo neste *Tratado*, para que lhe não façam tantas ofensas estes infiéis, como lhe ficarão fazendo se se senhorearem desta terra, que Deus deixe crescer em Seu santo serviço; com o que o Seu santo nome seja exalçado, para que Sua Majestade a possa possuir por muitos e felizes anos com grandes contentamentos. Amém

APÊNDICES

O Testamento de
Gabriel Soares de Sousa

Antes de embarcar para a Europa, Gabriel Soares de Sousa deixou, em 10 de agosto de 1584, um testamento, cuja abertura se deu em 10 de julho de 1592. Inscrito no Livro do Tombo do Mosteiro de São Bento, em Salvador, o texto foi editado pela primeira vez, em 1866, pelo historiador Alexandre José Mello Moraes (Vide A.J. Mello Moraes, Brasil Histórico. Rio de Janeiro, 2ª série, 1, 1866, pp. 248 e 251–52). Varnhagen, no "Aditamento" à edição de 1879, publicou algumas cláusulas do documento (Cf. Gabriel Soares de Sousa, Tratado Descritivo do Brasil em 1587. Rio de Janeiro, Tip. de João Inácio da Silva, 1879, pp. XIII–XXVIII.)

JESUS MARIA,

Em nome do Padre e do filho e do Espírito Santo, amém. Saibam quantos este instrumento virem que, no ano do nascimento de nosso Senhor Jesus Cristo de mil e quinhentos e oitenta e quatro anos, aos dez dias do mês de agosto, na cidade do Salvador, estando eu, Gabriel Soares de Souza, de caminho para Espanha,[1] disposto, são e bem valente em todo o meu entendimento e perfeito juízo, assim e da maneira que a Deus em mim pospondo o pensamento em meus pecados, temendo a estreita conta que deles hei de dar a nosso Senhor, determinei fazer este

---

1. Gabriel Soares lavrou seu testamento pouco antes da viagem que fez à Espanha, onde solicitou ao rei Filipe II permissão e mercês para realizar uma expedição pelo sertão baiano em busca de pedras e metais preciosos.

meu testamento em o qual declaro minha derradeira vontade, o que se cumprirá e guardará inteiramente como abaixo e ao diante vai declarado, sem lhe pôr dúvida ou embargo algum.

Primeiramente, encomendo minha alma agora e sempre e quando deste corpo se apartar a nosso Senhor Jesus Cristo, a quem humilde peço perdão de todos os meus pecados à honra das cinco chagas que ele padeceu na árvore da Cruz Santa e à honra de todos os mistérios de sua sagrada morte e paixão; a quem peço que não julgue minhas culpas com aquela ira que pela graveza delas estou merecendo, senão com a grandeza de sua divina misericórdia, em a qual ponho a esperança de minha salvação, em o favor e a ajuda da sacratíssima Virgem Maria Nossa Senhora sua Majestade, a quem afincadamente peço que se lembre deste seu devoto à honra daqueles quinze mistérios que se encerram no seu santo Rosário, de quem fui sempre devoto, ainda que o não rezasse com aquela limpeza e devoção a que sou obrigado, mas confio na sua santa piedade que não será isso parte para deixar de ser minha advogada, pois a ela sempre foi e é dos pecadores; mas, como me eu conheço por maior que todos, com toda eficácia lhe peço me não desampare, pois sempre socorreu as pessoas dos que por ela chamaram.

Tomo por meu advogado ao Anjo Gabriel, cujo nome tenho, do qual não fui capaz, pois me entreguei tanto aos pecados ao qual peço, à honra e louvor do paraíso, de que ele tanto goza, e à honra daquela Santa embaixada que ele levou à Virgem nossa Senhora, que seja terceiro para com ela para que ela seja diante de seu precioso filho e deste me alcance perdão de meus pecados. Outrossim, tomo por advogado o anjo da minha guarda para que com o favor da Virgem Madre de Deus defenda esta alma pecadora do inimigo tentador, para que me não tente nem perturbe na hora da morte, em a qual protesto de acabar como fiel cristão firme e forte com a esperança que tenho nas santas chagas de Cristo, em cuja fé protesto de morrer e viver. Tomo por advogado a nosso glorioso Padre São Bento, de cuja ordem sou irmão, mas na vontade sou frade professo, a quem humildemente peço me não desampare e me recolha debaixo do seu amparo, pois tamanha vontade tenho de o servir e ajudar a aumentar sua religião. Outrossim, tomo por advogado ao santíssimo Padre São Francisco e ao Senhor São Domingos, de cujas ordens sou irmão há muitos anos, ainda que ruim, pois tão mal os tenho servido, de que lhes peço perdão e que não bastem minhas culpas para deixarem de ser meus advogados diante de Deus; aos quais peço que eles me alcancem, que eu possa gozar das indulgências, sacrifícios, orações, esmola de que gozam os seus frades e irmãos, assim na morte como na vida. Outrossim, tomo por meu advogado ao bem-aventurado Santo Alberto, da ordem da Madre de Deus monte do Carmo, em cuja irmandade entrei, do que me não quis nunca aproveitar e andei sempre como ovelha perdida, mas, já que Deus me chegou a este tempo, peço ao bem-aventurado Santo que terce por mim diante desta Senhora e me alcance dela perdão dos erros passados para que me deixe gozar, do que gozam os seus frades e irmão da sua Santa Ordem, com o que tenho grande esperança de me salvar. Encomendo mais minha alma ao bem-aventurado São João Batista e a todos os santos apóstolos, aos gloriosos mártires São Lourenço e São Sebastião e a todos os santos e santas da Corte do Céu, aos quais peço que todos juntos e cada um por si roguem por mim a nosso Senhor e lhe peçam perdão de meus pecados por mim a nosso Senhor, e lhe peçam perdão de meus pecados por mim, e me leve a sua santa glória, para que foi criado. Donde quer que eu falecer, me enterrarão no hábito de São Bento, e havendo ali mosteiros de sua ordem, onde me enterrarão; não havendo maneira deste hábito, e havendo Mosteiro de São Francisco, me enterrarão no seu hábito, e os religiosos destas duas ordens me acompanharão, e a cada um darão de esmola cinco mil Réis, e pelo hábito dez cruzados.

Se Deus for servido que eu faleça nesta cidade e capitania, meu corpo será enterrado em São Bento da dita cidade na capela-mor, onde se me porá uma campa[2] com um letreiro que diga *aqui jaz um pecador*, o qual estará no meio de um escudo que se lavrará na dita campa; e, sendo Deus servido de me levar no mar ou em Espanha, todavia se porá na dita capela-mor a dita campa com o dito letreiro, em a qual sepultura se enterrará minha mulher Anna de Argollo. Acompanhará meu corpo, se falecer nesta Cidade, o cabido,[3] a quem se dará a esmola costumada, e aos Padres de São Bento levarão de oferta um porco e seis almudes[4] de vinho e cinco Cruzados. Acompanhar-me-ão dois pobres, com cada um a sua tocha ou círios[5] nas mãos, e darão de aluguel à confraria de onde forem um Cruzado de cada uma e, a cada pobre, pelas levarem, dois tostões; não dobrarão os sinos por mim e somente se farão os sinais que se fazem por um pobre quando morre. Deixo à Casa da Santa Misericórdia desta cidade quarenta mil Réis de esmola para se dourar o retábulo e, por me acompanhar, cinco mil Réis. Deixo à Confraria do Santíssimo Sacramento cinco mil Réis e à de Nossa Senhora do Rosário dois mil Réis; far-me-ão no mosteiro de São Bento, quer faleça nesta capitania, quer em outra qualquer parte, três

2. Pedra que se coloca na superfície de sepulturas.
3. Conjunto de clérigos.
4. Medida de capacidade equivalente, no Brasil, a 32 litros.
5. Grande vela de cera.

ofícios de nove lições em três dias a fio, tanto que eu falecer ou se souber a certeza de minha morte; em cada ofício se dará de oferta um porco e cinco alqueires[6] de farinha; e não me farão pompa nenhuma, somente me porão um pano preto no chão com dois bancos cobertos de preto, e, em cada um, cinco velas acesas em cada ofício; destes me dirão cinco missas rezadas à honra das cinco chagas de nosso Senhor Jesus Cristo, com seus responsos sobre a sepultura. Nos outros dias seguintes, me dirão em três dias a fio cinco missas cada dia, rezadas as primeiras cinco à honra dos gozos de nossa Senhora e, a outro dia, as outras cinco à honra dos cinco passos dolorosos da Madre de Deus e, ao terceiro dia, outras cinco à honra dos cinco mistérios gloriosos da Madre de Deus conforme a contemplação do Rosário. Medirão na mesma casa, acabados os ofícios, mais cento e cinquenta missas rezadas e quinze cantadas, e as cantadas darão de oferta a cada uma sua galinha e canada[7] de vinho, e umas e outras sairão com seu responso sobre minha sepultura, e as missas se repartirão pela maneira seguinte: nos primeiros cinco dias se dirão em cada dia dez missas rezadas e uma cantada, como acima fica dito, à honra dos prazeres que se contemplam no Rosário de Nossa Senhora; em os outros cinco dias logo seguintes se dirão em cada dia outras dez missas rezadas e uma cantada à honra dos cinco mistérios gloriosos da Virgem Nossa Senhora da Madre de Deus, e, se não houver padres no dito mosteiro que bastem para dizer estas missas juntas humildemente, peço ao Padre Dom Abade que ordene com os

---

6. Medida de capacidade, de volume variável, que equivalia a aproximadamente catorze litros em Portugal.
7. Antiga medida para líquidos que equivalia a aproximadamente dois litros.

padres do Colégio[8] ou da Sé com que se possam dizer estas missas juntas como tenho declarado, porque tenho confiança na Madre de Deus que, no cabo destas missas, saia minha alma do purgatório. Como se acabarem de dizer estas missas, como tenho declarado, a outro dia seguinte se me diga um ofício de nove lições como os que acima tenho declarado. Mando que se digam pela alma de meu pai e mãe cinquenta missas rezadas, as quais se dirão como se acabarem, as que acima tenho declarado.

Mando que se tomará de minha fazenda valia de quinhentos Cruzados, e se partirão por cinco moças pobres a cem cruzados por cada uma, para ajuda de seus casamentos, o que repartirá o Padre Dom Abade com informação do provedor da Santa Misericórdia. Eu tenho duas irmãs viúvas, uma se chama Dona Margarida de Souza e outra Maria Velha, ambas moradoras em Lisboa, e não tenho herdeiro forçado, e darão a cada uma delas, de minha fazenda, do rendimento dela, vinte mil Réis a cada uma, e, falecendo alguma delas ou sendo falecida, darão à que ficar viva cada ano quarenta mil Réis em sua vida, tão somente os quais lhe mandarão por letra à Lisboa, de maneira que lhe seja paga a dita quantia. Declaro que tenho um livro das contas que tenho com as pessoas a quem devo, pelo qual se fará conta com as pessoas a quem estou em obrigação, ao pé de cujo título fica assinado por mim, ao qual livro se dará inteiro crédito, porque pelas declarações dele deixo desencarregada minha consciência. Nesse mesmo livro, de minha razão tenho escrito o que tenho de meu, assim de fazenda de raiz como escravos, bois de carro e éguas e outros móveis e índios forros, e nele tenho em lembrança os encargos em que estou, assim às pessoas que me servem e serviram, como a outras pessoas,

8. Jesuítas.

ao qual dará outrossim inteiro crédito, porque o fiz só a fim
de consertar minha consciência, o que não posso tratar nem
esmiuçar neste testamento pelas mudanças que o tempo faz e
eu não saber qual há de ser a derradeira hora em que o Senhor
há de chamar-me, para a qual não achei melhor remédio que
este. Depois de meu falecimento se ordenará o inventário de
minha fazenda, e se fará conta do que devo, e se porá em ordem
de se pagarem minhas dívidas para o que se venderão os móveis
de casa, bois e éguas e açúcar que se achar, e para o que restar
se concertarão meus testamenteiros com os credores para se
pagarem pelos rendimentos de minha fazenda, se disso forem
contentes, o que se há de negociar de maneira que minha alma
não pene na outra vida por isso; e, não querendo eles esperar em
tal caso, se arrendará o engenho de antemão ou se venderão as
novidades dele; enquanto isto bastar, se venderão as terras que
tenho no Jaqueriça,[9] que, com as éguas e fazenda, que valem
muito, por serem muitas e boas, em tudo farão meus herdeiros,
de maneira que fique desencarregado.

    Declaro por meus testamenteiros ao Reverendo Padre Frei
Antonio Ventura e a minha mulher Anna de Argollo, para que
ambos façam cumprir este meu testamento como nele se contém, e, sendo caso que ela ou por não poder estar presente na
cidade ou por suas indisposições, possa acudir e fazer cumprir
este meu testamento, que tudo o feito pelo Reverendo Padre somente seja valioso; e, porque o tempo faz grandes mudanças que
com elas há morrer e ausentar, não podendo por algum lícito
impedimento cumprir o Reverendo Padre este meu Testamento,
digo que em tal caso seja meu testamenteiro o Reverendo Padre
que lhe suceder no cargo de Abade no dito Mosteiro de São

---

9. Jequiriçá.

Bento, mas, ainda que o Reverendo Frei Antonio Ventura não seja Abade, quero que sempre ele seja meu testamenteiro.

Como Nosso Senhor não foi servido que eu tivesse filhos de minha mulher, nem outros alguns, nem sobrinhos filhos de meus irmãos, nem tenho herdeiros forçados a quem pertença minha fazenda; e, porque não herdei de meu pai, nem de meus avôs, e adquiri por minha indústria e trabalho e porventura alguns encargos de consciência que ora não sei; e declaro por meu herdeiro de toda a minha fazenda ao Mosteiro de São Bento da Cidade do Salvador da Bahia de Todos os Santos, com condição que eu e minha mulher Ana de Argollo nos enterremos ambos na dita capela-mor, que ora é; e, falecendo antes que se faça a capela-mor da Igreja nova, passarão a nossa ossada à dita capela-mor, onde estava a minha sepultura com a campa no meio da capela com o letreiro que está atrás declarado.

Serão obrigados o Abade que agora é, e o diante for, e religiosos me dizer, em cada dia, uma missa rezada por minha alma, para enquanto o mundo durar com o seu responso sobre a sepultura, e, cada ano, pela semana dos santos, um ofício de nove lições. E, sendo caso de Deus se sirva de me levar para si no mar ou em Espanha, de onde meus ossos não podem ser trazidos a este Mosteiro, digo que, sem embargos disso, se me ponha esta sepultura na capela-mor dele, para lembrança de se me dizer o responso; sob ela espera se enterrar minha mulher tão somente. Declaro que os chãos que tenho nesta cidade, que houve de Antonio da Fonseca, de Anna de Paiva, de Pedro Fernandes e de Braz Afonso, e a terra que tenho valada no caminho da Vila Velha da banda do mar e da outra banda, que foi de Antonio de Oliveira, queria que ficasse tudo a meu quinhão, por tudo ser mui necessário para o Mosteiro, onde se podem fazer muitas tercenas[10] ao longo do mar pelo alugar e, pelo caminho acima, muitos foros de casas e muitas casas ao longo da estrada, que, tudo pelo tempo em diante, virem a render muito para o convento; e, porque hei este testamento por acabado, pelo qual hei por revogados todos os que dantes tenho feito, este só quero que valha porque esta é minha derradeira vontade; o qual fiz por minha mão, assinado por mim, *Gabriel Soares de Souza.*

---

10. No original, "terisinas". Tercenas ou terracenas são armazéns construídos na beira de rios ou junto de cais, para guardar cereais, armamentos e munições.

Ao Instituto Histórico do Brasil

Senhores:

Sabeis como a presente obra de Gabriel Soares, talvez a mais admirável de quantas em português produziu o século quinhentista, prestou valiosos auxílios aos escritos do padre Cazal e dos contemporâneos Southey, Martius e Denis, que dela fazem menção com elogios não equívocos.

Sabeis também como as *Reflexões críticas* que sobre essa obra escrevi foram as primícias que ofereci às letras, por intermédio da Academia das Ciências de Lisboa que se dignou, ao acolhê-las no corpo de suas memórias, contar-me nos do seu grêmio. Sabeis como aquela obra corria espúria, pseudônima e corrompida no título e na data, quando as *Reflexões críticas* lhe restituíram genuinidade de doutrina e legitimidade de autor e de título, e lhe fixaram a verdadeira idade. Sabereis, finalmente, como nada tenho poupado para restaurar a obra, que por si constitui um monumento levantado pelo colono Gabriel Soares à civilização, colonização, letras e ciências do Brasil em 1587.

Essa restauração dei-a por enquanto por acabada; e desde que o Sr. Ferdinand Denis a inculcou ao público europeu, com expressões tão lisonjeiras para um de vossos consócios, creio que devemos corresponder a elas provando nossos bons desejos, embora a realidade do trabalho não vá talvez corresponder à expectativa do ilustre escritor francês quando disse:

Ce beau livre [...] a été l'objet d'une [...] (permiti-me, Senhores, calar o epíteto com que me quis favorecer) [...] dissertation de M. Adolfo de Varnhagen. Le [...] écrivain que nous venons de nommer a soumis les divers manuscrits de Gabriel Soares à un sérieux examen, il a vu même celui de Paris, et il est le seul qui puisse donner aujourd'hui une édition correcte de cet admirable traité, si précieux pour l'empire du Brésil.

Sem me desvanecer com as expressões lisonjeiras que acabo de transcrever do benévolo e elegante escritor, não deixo de me reconhecer um tanto habilitado a fazer-vos a proposta que hoje vos faço de imprimirdes o códice que vos ofereço.

Não há dúvida, Senhores, que foi o desejo de ver o exemplar da Biblioteca de Paris o que mais me levou a essa capital do mundo literário em 1847. Não há dúvida que, além desse códice, tive eu ocasião de examinar uns vinte mais. Vi três na Biblioteca Eborense, mais três na Portuense e outros na das Necessidades em Lisboa. Vi mais dois exemplares existentes em Madri; outro mais que pertenceu ao convento da congregação das Missões e três da Academia de Lisboa, um dos quais serviu para o prelo, outro se guarda no seu arquivo, e o terceiro na livraria conventual de Jesus. Igualmente vi três cópias de menos valor que há no Rio de Janeiro (uma das quais chegou a estar licenciada para a impressão); a avulsa da coleção de Pinheiro na Torre do Tombo, e uma que em Neuwied me mostrou o velho príncipe Maximiliano, a quem na Bahia fora dada de presente. Em Inglaterra deve seguramente existir, pelo menos, o códice que possuiu Southey; mas foram inúteis as buscas que aí fiz após ele, e no Museu Britânico nem sequer encontrei notícia de algum exemplar.

Nenhum daqueles códices porém é, a meu ver, o original; e baldados foram todos meus esforços para descobrir este, seguindo as indicações de Nicolau Antônio, de Barbosa, de Leon Pinelo e de seu adicionador Barcia. Na Biblioteca de Cristóvão de Moura, hoje existente em Valência e pertencente ao Príncipe Pio, posso assegurar-vos que não existe ele, pois que, graças à bondosa amizade desse cavalheiro, me foi permitido desenganar-me por meu próprio exame. A livraria do conde de Vila-Umbrosa guarda-se incomunicável na ilha de Malhorca, e não há probabilidade de que quando nela se ache ainda o códice que menciona Barcia, possa ele ser o original. A do conde de Vimieiro foi consumida pelas chamas, as quais pode muito bem ser que devorassem os cadernos originais do punho do nosso colono.

Graças, porém, às muitas cópias que nos restam, a uma das de Evora, sobretudo, creio poder dar no exemplar que vos ofereço o monumento de Gabriel Soares tão correto quanto se poderia esperar sem o original, enquanto o trabalho de outros e a discussão não o aperfeiçoem ainda mais, como terá de suceder.

Acerca do autor talvez que o tempo fará descobrir na Bahia mais notícias. Era filho de Portugal, passou à Bahia em 1570, fez se senhor-de-engenho e proprietário de roças e fazendas em um sítio entre o Jaguaribe e o Jequiriçá. Voltando à península, dirigiu-se a Madri, onde estava no 1º de março de 1587, em que ofertou seu livro a Cristóvão de Moura, por meio da seguinte carta:

Obrigado de minha curiosidade, fiz, por espaço de 17 anos que residi no Estado do Brasil, muitas lembranças por escrito do que me pareceu digno de notar, as quais tirei a limpo nesta corte em este caderno, enquanto a dilação de meus requerimentos me deu para isso lugar; ao que me dispus entendendo convir ao serviço de El-Rei Nosso Senhor, e compadecendo-me da pouca notícia que nestes reinos se tem das grandezas e estranhezas desta província, no que anteparei algumas vezes, movido do conhecimento de mim mesmo, e entendendo que as obras que se escrevem têm mais valor que o da reputação dos autores delas. Como minha tenção não foi escrever história que deleitasse com estilo e boa linguagem, não espero tirar louvor desta escritura e breve relação (em que se contém o que pude alcançar da cosmografia e descrição deste Estado), que a V. S. ofereço; e me fará mercê aceitá-la, como está merecendo a vontade com que a ofereço; passando pelos desconcertos dela, pois a confiança disso me fez suave o trabalho e tempo que em a escrever gastei; de cuja substância se podem fazer muitas lembranças à S. M. para que folgue de as ter deste seu Estado, a que V. S. faça dar a valia que lhe é devida; para que os moradores dele roguem a Nosso Senhor guarde a mui ilustre pessoa de V. S. e lhe acrescente a vida por muitos anos. Em Madri o 1º de março de 1587, *Gabriel Soares de Sousa*.

Para melhor inteligência das doutrinas do livro acompanho esta cópia dos comentos que vão no fim. Preferi este sistema ao das notas marginais inferiores, que talvez seriam para o leitor de mais comodidade, porque não quis interromper com a minha mesquinha prosa essas páginas venerandas de um escritor quinhentista. Abstive-me também da tarefa, aliás enfadonha para o leitor, de acompanhar o texto com variantes que tenho por não-legítimas.

Esta obra, doze anos depois, já existia em Portugal ou por cópia ou em original; e em 1599 a cita e copia Pedro de Mariz na segunda edição de seus *Diálogos*. Mais tarde, copiou dela Fr. Vicente de Salvador, e, por conseguinte, o seu confrade Fr. Antônio Jaboatão. Simão de Vasconcellos aproveitou do capítulo 40 da 1ª parte as suas Notícias 51 a 55, e do capítulo 70 a Notícia 66.[1]

Assim, se vós o resolverdes, vai finalmente correr mundo, de um modo condigno, a obra de um escritor de nota. Apesar dos grandes dotes do autor, que o escrito descobre, apesar de ser a obra tida em conta, como justificam as muitas cópias que dela se tiraram, mais de dois séculos correram sem que houvesse quem se decidisse a imprimi-la na íntegra. As mesmas cópias por desgraça foram tão mal tiradas, que disso proveio que o nome do autor ficasse esgarrado, o título se trocasse e até na data se cometessem enganos!

Pesa-nos ver nos tristes azares desse livro mais um desgraçado exemplo das injustiças ou antes das infelicidades humanas. Se essa obra se houvesse impresso pouco depois de escrita, estaria hoje tão popular o nome de Soares como o de Barros.[2] Nosso autor é singelo, quase primitivo no estilo, mas era grande observador, e, ao ler o seu livro, vos custa a descobrir se ele, com estudos regulares, seria melhor geógrafo que historiador, melhor botânico que corógrafo, melhor etnógrafo que zoólogo.

Em 1825 realizou a tarefa da primeira edição completa a Academia de Lisboa; mas o códice de que teve de valer-se foi infelizmente pouco fiel, e o revisor não entendido na nomenclatura das coisas da nossa terra. Ainda assim muito devemos a essa primeira edição; ela deu publicamente importância ao trabalho de Soares, e sem ela não teríamos tido ocasião de fazer

---

1. Varnhagen se refere aqui às obras de Frei Simão de Vasconcellos, *Notícias curiosas e necessárias das cousas do Brasil* (1668); de Frei Antonio de Santa Maria Jaboatão, *Novo orbe sefárico brasílico* (1761); e de Frei Vicente do Salvador, *História do Brasil* (1627).
2. Referência a João de Barros (c. 1496-1570). Ver nota 18 da Primeira Parte do texto.

sobre a obra os estudos que hoje nos fornecem a edição que proponho, a qual, mais que a mim, a deveis à corporação vossa coirmã, a Academia Real das Ciências de Lisboa.

F. A. de Varnhagen   *Madri, 1º de março de 1851*

Breves comentários
à precedente obra de Gabriel Soares

INTRODUÇÃO

Quando em princípios de março deste ano escrevíamos em Madri a dedicatória que precede a presente edição da obra de Gabriel Soares, e lhe serve como de prefácio, não podíamos imaginar que tão cedo veríamos em execução a nossa proposta, e menos podíamos adivinhar que concorreríamos até para realizar, sendo ao chegar à corte chamado a desempenhar as funções do cargo de primeiro-secretário do nosso Instituto Histórico, cargo a que, pelos novos estatutos, anda anexa a direção dos anais que há catorze anos publica esta corporação.

    Animados pelo voto da maior parte dos nossos consócios, entregamos ao prelo o manuscrito da obra sobre que tanto tínhamos trabalhado, e seguimos com igual voto sua impressão, sem desfeiteá-la com interrupções. E dando-nos por incompetente para a revisão das provas de um livro que quase sabemos de cor, tivemos a fortuna de alcançar nessa parte a coadjuvação do nosso amigo e consócio o Sr. Dr. Silva, que se prestou a esse enfadonho trabalho com o amor do estudo que o distingue. Ainda assim, tal era a dificuldade da empresa, que nos escaparam na edição algumas ligeiras irregularidades e imperfeições que se levantarão na folha de erratas ou se advertirão nestes comentários que ora redigimos, com maior extensão do que os que havíamos escrito em Madri, e que mencionamos na dedicatória. É mais difícil do que parece a empresa de restaurar um códice antigo do qual existem, em vez do original, uma infinidade de cópias mais ou menos erradas em virtude de leituras erradas feitas por quem não entendia do que lia.

O tempo fará ainda descobrir algumas correções mais que necessitar esta obra, já pelo que diz respeito a nomes de lugares que hoje só poderão pelos habitantes deles ser bem averiguados, já por alguns nomes de pássaros, insetos, e principalmente de peixes não descritos nos livros, e só conhecidos dos caçadores, roceiros e pescadores.

Nos presentes comentários não repetiremos quanto dissemos nas *Reflexões críticas*, escritas ainda nos bancos das aulas com o tempo que forrávamos depois de estudar a lição.

Além de havermos em alguns pontos melhorado nossas opiniões, evitaremos aqui de consignar citações que pudessem julgar-se nascidas do desejo de ostentar erudição; desejo que existiu em nós alguma vez, quando principiantes, por certo que já hoje nos não apoquenta.

Alguém quereria talvez que aproveitássemos para esta edição muitas notícias que, por ventura deslocadas, se encontram nas *Reflexões críticas*. De propósito, porém, não quisemos sobrecarregar mais estes comentários; além de que as notícias úteis que excluímos serão unicamente algumas bibliográficas de obras inéditas, cuja existência queríamos acusar aos literatos, e esse serviço já está feito. Muitos dos nossos atuais comentos versarão sobre as variantes dos textos, e sobre as diferenças principais que houver entre a nossa edição e a da Academia das Ciências de Lisboa (Tomo 3º das *Memórias ultramarinas*.)

Não faltará, talvez, quem censure o não havermos dado melhor método ao escrito de Soares acompanhando-o de notas que facilitassem mais a sua leitura. Repetimos que não ousamos ingerir nossa mesquinha pena em meio dessas páginas venerandas sobre que já pesam quase três séculos. Nem sequer nelas ousamos introduzir o título — *Tratado descritivo do Brasil* — que adotamos no rosto para melhor dar a conhecer o conteúdo da obra; pelo contrário, conservamos efetivamente em toda esta o título com que já ela é conhecida e citada de — *Roteiro geral* — que, aliás só compete à primeira parte. O que sim fizemos a benefício dos leitores foi redigir um índice lacônico e claro, introduzindo nele, por meio de vinte títulos, a divisão filosófica da segunda parte, sem em nada alterar a ordem e numeração dos capítulos. Cremos com este índice, que será publicado em seguida destes comentários, ter feito ao livro de Soares um novo serviço.

O público sabe já como este livro corria anônimo, sendo que Cazal, Martins e outros o iam quase fazendo passar por obra de um tal Francisco da Cunha, quando as *Reflexões críticas*, para acusar dele o autor, idade e título, chamaram a atenção dos literatos sobre o que haviam consignado: 1º) a *Biblioteca Lusitana* (Tomo 2º, p. 321); 2º) a obra de Nicolau Antônio (Tomo 1º, *Comentários*, p. 509 e Tomo 2º, p. 399); 3º) a do adicionador do americano Pinello, o espanhol Barcia (Tomo 2º, col. 680 e Tomo 3º, col. 1710); e 4º) o próprio autor, que consignou seu nome na sua obra (Parte 1ª, cap. 40 e Parte 2ª, caps. 29, 30, 127 e 177).

Como sobre cada um dos capítulos de Soares temos alguma reflexão a fazer, para não introduzirmos nova numeração e adaptarmos melhor os comentários à obra a que se destinam, os numeraremos sucessivamente, segundo os capítulos; assim, desde o 1º até o 74º, serão eles referentes aos respectivos capítulos da 1ª parte; os 75, 76, 77, etc, pertencerão aos 1º, 2º, 3º, etc, da 2ª parte; de modo que a numeração do capítulo desta última a que se refere o comentário será conhecida logo que ao número que tiver este se abater o mesmo 74. E vice-versa; adicionando-se 74 ao número do capítulo da 2ª parte, se terá o do comentário respectivo. Assim o índice da obra, com os seus títulos etc., poderá também consultar-se como índice destes.

COMENTÁRIOS

1. O princípio desta obra contém na parte histórica muitos erros, nascidos de escrever o autor só talvez por tradição, tantos anos depois dos sucessos que narra. A costa do Brasil foi avistada por Cabral aos 22 de abril, e não aos 24. A missa de posse teve lugar no dia 1º de maio, e a 3 já a frota ia pelo mar afora. Coelho voltou à Europa logo depois, e não quando já reinava D. João III, o que equivalia a dizer uns vinte anos mais tarde. Cristóvão Jacques foi mandado por este último rei como capitão-mor da costa, mas não foi o descobridor da Bahia, que estava ela descoberta mais de vinte anos antes. Pero Lopes passou a primeira vez ao Brasil com seu irmão Martim Afonso em 1530 e, por conseguinte, depois de Jacques, a respeito de quem se pode consultar a memória que escrevemos, intitulada *As primeiras negociações diplomáticas respectivas ao Brasil*.

2. O texto da Academia de Lisboa nomeia erradamente Clemente VII como autor da bula em favor dos reis católicos, o que deve ter procedido de nota marginal, de algum ignorante possuidor de códice, que o copista aproveitasse.

3. Acerca das informações que dá o autor dos terrenos ao norte do Amazonas, cumpre advertir que essa parte da costa era então pouco frequentada pelos nossos; e, portanto, neste capítulo, como no que diz respeito à doutrina do 1º, o nosso A. não pode servir para nada de autoridade.

4. O descobrimento do Amazonas por Orellana foi em 1541; a sua vinda da Espanha em meados de 1545; e a expedição de Luís de Melo por 1554. A ida deste cavalheiro à Índia, em 1557, e seu naufrágio, em 1573. — Consulte-se Diogo de Couto, *Década* 7ª, livro 5º, cap. 2º, e *Década* 9ª, cap. 27; e Antônio Pinto Pereira, Parte 2ª, p. 7 e 58.

5. À vista da posição em que se indicam os baixios, deduz-se que o A. se refere à baia de São José; e, portanto, a ilha em que naufragou Aires da Cunha deve ser a de Santa Ana, que terá a extensão que lhe dá Soares, quando a do Medo ou do Boqueirão não tem uma légua. Macaréu é o termo verdadeiramente português para o que nós chamamos, como na língua dos indígenas, *pororoca*. É o fenômeno chamado *Hyger* e *Bore* no Severn e Parret. Na França também o tem a Gironda, com o nome cremos que de *Mascaret*. A do Amazonas é descrita por Condamine, e também nos *Jornais* de Coimbra n. 30 e 87.

6. Este Rio Grande é o atual Parnaíba.

7. O Monte de Li, talvez assim chamado porque se parecia ao de igual nome na Ásia, será o de Aracati. Os atlas de Lázaro Luís e Fernão Vaz Dourado e outros antigos manuscritos trazem aquele nome.

8. Este nome de Cabo Corso aqui repetido vem em muitas cartas antigas e modernas; o que se não dá a respeito do outro do capítulo 3.

9. Neste capítulo se contém a história do castelhano feito botocudo, que se embarcou para a França, e deu talvez origem a unir-se este fato ao nome de Diogo Álvares, o Caramuru. Veja a nossa dissertação sobre o assunto, que o Instituto se dignou premiar.

10. É hoje sabido pelos documentos que encontramos na Torre do Tombo, como esta capitania de Barros era mista, sendo ele donatário ao mesmo tempo que Fernão Álvares de Andrade e Aires da Cunha de 225 léguas de costa, e não de cinquenta separadas só para ele. A expedição teve lugar por outubro de 1535.

11. Baer, vulgarmente chamado Barleus, chama à baía da Traição *Tebiracajutiba*, o que corresponde talvez ao nosso *Acajutibiro*, que Cazal leu (Tomo 1º, p. 197) *Acejutibiró*.

12. A respeito da colonização da Paraíba deve consultar-se a obra especial mandada escrever pelo Pe. Cristóvão de Gouveia; dela temos por autor o Pe. Jerônimo Machado.

13. *Pitagoares*, diz aqui o nosso autor. Outros escrevem *Pitaguaras*, o que quereria dizer que estes índios se sustentavam de camarões. *Tabajaras* significa os habitantes das aldeias, e era o nome que se dava a todos os indígenas que viviam aldeados.

14. *Aramama* deve ser o mesmo rio *Guiramame* mencionado na *Razão do Estado do Brasil*, obra citada por Morais no *Dicionário*, e que hoje temos certeza de haver sido escrita pelo próprio governador D. Diogo de Menezes. *Abionabiajá* há de ser a lagoa *Aviyajá* citada na conhecida *Jornada do Maranhão*.

15. Rio de *Igaruçu* ou de *Igara-uçu* quer dizer rio da Canoa Grande ou rio da Nau. Este nome denuncia que o sítio era frequentado por navios europeus.

16. A doação de Duarte Coelho era de sessenta léguas de costa, e não de cinquenta.

17. Ponta de *Pero Cavarim*, P. Lopes (*Diário*, p. 11) disse: *Percauri*. Pimentel escreveu (p. 215) *Pero Cabarigo*, a mesma ortografia seguiu Antônio Mariz Carneiro. O nome era naturalmente de objeto indígena, e degenerou em outro que se poderia crer de algum piloto europeu.

18. As notas que o texto acadêmico admitiu a este capítulo que trata do litoral da atual província de Alagoas, são evidentemente estranhas a ele, pois uma até refere um fato de 1632. — Aqui as daremos corretas, para evitar ao leitor o trabalho de as ir ler onde estão: "Neste rio Formoso, por ele acima quatro léguas, está o lugar de Serenhém. Foi sondá-lo Andrés Marim, tenente de artilharia, com pilotos, o ano de 1632. A melhor entrada da barra é pela banda do sul, pela qual entra por sete, seis braças, e pela banda do norte entra por cinco e quatro; e não se há de entrar pelo meio, porque tem de fundo braça e meia. O porto está da banda do sul. "Tamanduaré é uma enseada

oito léguas ao sul do cabo de Santo Agostinho, e uma légua ao sul do rio Formoso, e duas ao norte do rio Una; desemboca nela o rio das ilhotas ou Mambucaba; está cercada da banda do mar com arrecifes, e uma barra de sete braças de fundo na boca, em baixa-mar de águas vivas; e logo mais dentro seis, na maior parte dela cinco, e bem junto à terra quatro; tem bom fundo; cabem nesta enseada cem navios e mais."

19. A serra da Aquetiba será talvez a que hoje se diz da *Tiúba*.

20. São curiosas as informações que Soares, só por noções dos indígenas, nos transmite dos gentios de além do Rio de São Francisco que se ataviavam com joias de ouro. Trata-se dos habitantes do Peru.

21. A correção da palavra indígena — *manhana* — para significar "espia" se colige do *Dicionário brasílico*, que na palavra "vigia" traz o significado *manhane*.

22. Do nome "Rio do Pereira" se faz menção no famoso Atlas de Vaz Dourado, do qual existe na biblioteca pública de Madri um exemplar mais aprimorado ainda do que o que se guarda com tanto recato no arquivo chamado da *Torre do Tombo* de Lisboa. O nome de Torre do Tombo, para que de uma vez satisfaçamos em assunto sobre que algumas pessoas nos têm por vezes pedido informações, veio de que o tombo e arquivos da Coroa portuguesa se guardavam antigamente em uma torre do Castelo de Lisboa (onde estavam também os paços de Alcáçova), e por isso os papéis se diziam guardados na *Torre do Tombo*.

O terremoto de 1755 destruiu a tal Torre, e o arquivo passou para as abóbadas do (hoje extinto) mosteiro de São Bento, onde ainda está com o antigo nome, pelo hábito.

23. No lugar onde se lê: "Até onde chega o salgado" expressão esta mui frequente no nosso autor para designar o mar, diz o texto acadêmico, quanto a nós menos corretamente, a *salgada*.

24. O rio *Itapocuru* diz-se hoje *Tapicuru*. V. *Tab. Perpet. Astron.* p. 217; *Paganino*, p. 21; Mapa de José Teixeira (de 1764) etc. Parece ter sido o que nos mapas de Ruysch (1508), de Lázaro Luiz e Vaz Dourado se chamou de *S. Jerônimo*.

25. O texto da academia não mencionava o nome Real onde, na linha 8ª, se diz: — porque toda esta costa do rio Real etc.

26. *Jacoípe* se lê nos códices que vimos; temos porém por melhor ortografia o escrever *Jacuhipe* ou *Jacuhype*, com a *Corografia brasílica*, porque o nome quer dizer o esteiro ou igarapé do jacu.

27. Pimentel, Paganino e as *Tábuas perpétuas astronômicas* escreveram *Tapoã*; Mariz Carneiro, *Tapoam*; porém mais conforme à etimologia fora dizer-se e escrever-se *Itapuã*: *Ita*, pedra, *puã*, redonda.

28. No final deste capítulo 28 se encontra a notícia que melhor se desenvolve no cap. 2º da 2ª parte (com. 76), acerca do fato que deu lugar a ser Diogo Álvares apelidado de Caramuru. Cosulte-se a dissertação que citamos (com. 9), impressa no tomo 3º da 2ª série da *Revista* do Instituto, p. 129.

29. *Boipeba*, como escreve Soares, é nome mais correto do que o de *Boypeda*, usado por Pimentel, e seguido nos roteiros ingleses. *Boi-peba* significa cobra achatada.

30. Confirmamos não haver alteração na palavra *Amemoão* ao lermos *Memoam* na viagem de Luiz Thomaz de Navarro (1808) e *Mamoam* no mapa de Baltazar da Silva Lisboa.

31. Deixamos o nome de *Romeiro* aportuguesado, por assim o acharmos nos melhores códices; mas o homem chamava-se *Romero*, que é ainda hoje nome de famílias castelhanas.

32. Os *aimorés* são talvez os *puris* de hoje, raça esta que, pelas palavras que se conhecem de sua língua, ainda não podemos classificar entre as desta América Antárctica. — Os antigos pronunciavam às vezes *gaimurés*, e quando faltavam com o acento na última sílaba, o nome se apresentava como muito diferente do que é, lendo-se *gaimures*.

33. *Patipe* quer dizer "esteiro do coqueiro" (paty). Assim, melhor se escreverá, como faz Cazal (tomo 2º, p. 101), *patype*. O amanuense do exemplar que serviu à edição anterior

escreveu na última sílaba um f em vez de p. Cremos piamente que sem má intenção arranjou a palavra que daí resultou.

34. *Sernambitibi* ou *Sernambitiba*, segundo a etimologia, é o verdadeiro nome do rio que de tantos modos se tem escrito, segundo dissemos nas *Reflexões críticas* (n° 26, p. 22). Cazal (ou o escrito que o guiou) chegou a adulterar este nome, não só em *Simão de Tyba* (II, p. 71), como logo depois (II, p. 78) em *João de Tyba*! Estas e outras hão de chegar a convencer os nossos governos de que o conhecimento de um pouco da língua indígena é para nós pelo menos tão importante, para não escrevermos disparates, como o de um pouco de grego e latim. A língua guarani já está reduzida à escrita, e salva de perecer de todo, graças sobretudo ao *Tesouro* e à *Arte e Vocabulário* de Montoya. E se não tratarmos de reimprimir estes livros e de os estudar, um dia os vindouros o farão, e nos chamarão a juízo por muitos erros em que houvermos caído por nossa ignorância; e porventura por um pouco de filáucia em termos por línguas sábias e aristocráticas unicamente o grego e o latim. Veja-se a nossa dissertação "Sobre a necessidade do estudo e ensino das línguas indígenas" no tomo 3° da *Revista*, p. 53.

35. Novo exemplo dos inconvenientes de ignorar inteiramente a língua indígena nos dá o nome de um rio do fim deste capítulo 35, que foi interpretado *Insuacoma*, em vez de *Juhuacema*, que Luiz Thomaz Navarro escreveu Juassema. O príncipe Maximiliano de Neuwied, em sua *Viagem* (tomo 1°, p. 295), diz *Jaússema*; e o Dr. Pontes, na

sua carta geográfica pôs *Juacein. Juacê* quer dizer sede, e *eyme*, sem; de modo que o nome do rio significa talvez "rio que não tem sede" nome que está muito no gosto dos que davam os indígenas, que no sertão chamam a outro — o *Igareí*, rio da sede, ou sem água.

36. Deste capítulo aproveitou Cazal no tomo 2°, p. 70 e 72. A mulher do donatário chamava-se Inês Fernandes e seu filho Fernão do Campo.

37. Por *Jucuru* se nomeia o rio que no mapa 3° da *Razão do Estado* se diz *Jocoruco*, e numa grande carta do *Depósito hidrográfico* de Madri, *Jucurucu*.

38. *Maruípe* é quanto a nós um erro que se repetiu nos códices. Deve-se ler *Mocuripe* com Pimentel (p. 239) e com Laet, numa das cartas do *Novus orbis*, impresso em 1633. Laet, nesta obra, que depois se publicou em francês, consultou sobre o Brasil os escritos do paulista Manuel de Morais. Esta edição latina foi a 3ª, sendo as primeiras, holandesas, 1625 e 1630, de Leyden. O rio mencionado diz-se hoje *Mucuri*; e Neuwied (I, 236) escreveu *Mucury*.

39. *Tupiniquim* ou *Tupin-iki* quer dizer simplesmente *o tupi do lado* ou vizinho lateral; *Tupinae* significa *tupi mau*.

40. Este capítulo 40 foi o que Vasconcelos transcreveu quase na íntegra nas suas *Notícias* (51 a 55), e que nos serviu para confirmar que ele tivera conhecimento da obra de Soares. *Aceci* há-de ser o *Guasisi* da *Razão do Estado*, *Aceci* de Brito Freire.

41. A doação da Ilha a Duarte de Lemos teve lugar em Lisboa, aos 20 de agosto de 1540, pelos serviços que o mesmo Lemos prestara ao donatário, na defesa da capitania. A confirmação régia é datada de Almeirim aos 8 de janeiro de 1549 (*Chanc. de D. João III*, fol. 108 v).

42. Neste capítulo, faltam ao texto acadêmico umas cinco linhas, aliás importantes, que no nosso se encontram no fim do 2º parágrafo e princípio do 3º.

43. Deve ler-se acentuando *Goarapari*, que Vasconcelos na *Vida de Anchieta* (p. 338) escreve *Goaraparim*, e a *Razão do Estado*, *Goaraparig*. O texto acadêmico dizia *Goarapira*. *Leritibe* é adulteração de *Leritiba*, que em guarani significa "a ostreira".

44. Tivemos ocasião de consultar e de conservar em nossas mãos uma carta autógrafa de Pero de Góis para Martim Ferreira, de quem se faz menção neste capítulo 44; e por ela conhecemos que é de letra sua o texto do códice do *Diário* de Pero Lopes existente na Ajuda, que demos à luz; e isso se confirma com o asseverar aqui Soares que Góis acompanhara sempre o mesmo Pero Lopes, e com ele se perdera no Rio da Prata, isto é, na ilha de Gorriti do porto de Montevidéu, segundo sabemos. As emendas feitas nas primeiras páginas do dito texto do *Diário* são de letra de Martim Afonso, que hoje distinguimos perfeitamente. Fiquem estas advertências aqui consignadas, enquanto não temos para elas melhor lugar.

45. O texto da Academia diz *tapanazes*, em vez de *papanazes*. Este nome ou alcunha derivou, quanto a nós, da *Zygaena*, chamada pelos indígenas *papaná* e pelos nossos antigos de "peixe-martelo".

46. Ainda que o autor, no capítulo precedente, havia dito que o gentio goitacá tem a linguagem diferente dos seus vizinhos tupiniquins, não podemos entender essa afirmativa muito em absoluto, à vista do que assevera agora — de que os papanases se fazem entender do mesmo gentio goitacá e do tupiniquim. Isto vai conforme com a ideia sabida de que os invasores que dominavam o Brasil na época da colonização eram geralmente da mesma raça, havendo que excetuar os aimorés, que depois apareceram acossados talvez do oeste. Remetemos a tal respeito o leitor para o que dizemos num escrito impresso no tomo 5º da 2ª série da *Revista* do Instituto, p. 373 e ss.

47. O texto da Academia dá 22°3/4 ou 22°45' S. à latitude da ilha de Santa, que em outros códigos achamos 22 1/3 ou 22°20', o que mais se aproxima da de 22°25' S., que hoje se lhe calcula.

48. O *Cabo Frio* jaz, segundo Roussin, em 23°1'18" S., e, segundo Livingston (1824), em 23°1'2" S., do que não se estava longe no tempo do nosso autor, que o arruma em 23°.

49. *Saquarema* se diz hoje, e não *Sacorema*.

50. Conservamos a palavra *Viragalhão* dos códices, pois seria adulterá-los o substituí-la pela mais correta *Villegagnon*, que aliás é menos eufônica para nós. O ilhéu de *Jeribatuba*, que quer dizer "do coqueiral" (de jeribás), é o que hoje se diz ilha dos Coqueiros.

51. Por este capítulo se confirma que a primeira fundação de uma colônia nesta baía do Rio de Janeiro teve lugar na Praia Vermelha; e que o saco do Botafogo se chamava de Francisco Velho, por pertencerem essas terras ao talvez tronco primitivo da família Velho, no Brasil. As palavras — que se chama da Carioca — não se leem no texto da Academia, mas sim no importante códice mais antigo de Évora, e em outros.

52. Porto de Martim Afonso era o esteiro que vai ter ao Aterrado. Chamou-se daquele nome, não, quanto a nós, por via do célebre capitão de igual nome, mas sim da aldeia do principal Arariboia, que no batismo se chamou Martim Afonso. A descrição da enseada desta nossa baía não pode estar mais exata. Os nomes *Inhaúma*, *Sucuruí*, *Baxindiba* e *Macucu* são hoje quase os mesmos. A ilha da *Madeira* é a das Cobras.

53. Mem de Sá foi nomeado por provisão de 23 de julho de 1556. Partiu da Bahia para a conquista do forte de Villegagnon em 16 de janeiro de 1560. Chegou ao Rio a 21 de fevereiro; rendeu o inimigo a 15 de março.

54. Salvador Correia governou tanto tempo o Rio de Janeiro que a sua ilha se ficou chamando até hoje do *Governa-*

dor. Antes tinha-se denominado *Parnapicu, do Gato, dos Maracaiás* e *dos Engenhos.*

55. Apesar de todas as diligências, até hoje ainda não nos foi possível encontrar o manuscrito de Antônio Salema sobre a *Conquista do Cabo Frio.*

56. Do texto da Academia consta que Salvador Correia foi nomeado governador por provisão de 10 de setembro de 1557. Isto parece verdade, mas não cremos que fosse escrito por Gabriel Soares, se não erudição de algum copista. Nos melhores códices não se encontra essa cláusula.

57. O primeiro sesmeiro da Ilha Grande foi o Dr. Vicente da Fonseca, por carta de 24 de janeiro de 1569. À Ilha de São Sebastião chamavam os indígenas, segundo Hans Staden, *Meyembipe*; e a dos Alcatrazes, *Uraritan.* O morro e ponta de *Caruçu* chama-se vulgarmente de *Cairuçu* e já assim escreveram Vasconcelos (p. 286) e Frei Gaspar da Madre de Deus (p. 17).

58. *Tamoio* quer dizer "avô", "ascendente", "antepassado". Era o nome com que os indígenas de São Vicente designavam os desta província fluminense, o que comprova as nossas fortes conjecturas de que a emigração tupi marchou do norte para o sul. Os tamoios chamavam-se a si tupinambás, segundo Staden; e aos vizinhos do sul apelidavam os *temiminós*, isto é, seus netos ou descendentes.

59. A ilha da barra do porto de São Vicente, que Soares diz parecer moela de galinha, chama-se ainda hoje *da Moela*. Os Esquertes de Flandres eram uma família flamenga que se estabeleceu em São Vicente. Um dos indivíduos chamava-se Erasmo Esquert, segundo Pedro Taques.

60. Martim Afonso recebeu cem léguas da costa por doação, e não cinquenta; e ainda assim a sua capitania saiu uma das mais pequenas, em braças quadradas. Esse grande capitão não voltou a São Vicente, depois de ser donatário; mandou, sim, providência, lugar-tenentes etc.

61. Tampouco nos consta que Pero Lopes voltasse mais ao Brasil depois de ser aqui donatário, e temos quase certeza que não.

62. É sem verdade que Soares afirma que não havia noutro tempo formigas em São Paulo. Já Anchieta dá delas conta. E São Paulo é, desgraçadamente, terra proverbial, quanto às tanajuras, às saúvas e às tocas de cupins.

63. Em vez de *Guainá* ou antes *Guaianá*, escreve Staden *Wayganna*.

64. Ilha *Branca* é talvez adulteração de ilha do *Abrigo*, que é a mesma fronteira à ponta do padrão, de que no capítulo seguinte se trata.

65. O Cabo do Padrão chama-se hoje Ponta de *Itaquaruçá*. Segundo o exame que aí fizemos pessoalmente em janeiro de 1841, esse padrão ou padrões (pois existem três iguais) foram aí postos por ordem de Martim Afonso, cuja armada (segundo P. Lopes) se demorou 44 dias no vizinho porto de Cananea. O leitor pode consultar o que ponderamos a tal respeito no Tomo 5º da 2ª série da *Revista* do Instituto, p. 375.

66. A baía das *Seis Ilhas* é naturalmente a enseada formada pelo rio Itajaí.

67. O nome de ilha de Santa Catarina foi dado pelos castelhanos da armada de Gabeto, em 1526. Antes, chamavam-lhe *Ilha dos Patos*, e já lemos que os indígenas a denominavam *Xerimerim*.

68. Diz aqui Soares que a linguagem dos Carijós é diferente da de seus vizinhos; mas isso não se deve entender muito restritamente, porquanto no capítulo 63 assevera que com eles se entendem os guaianás.

69. O nome de porto de D. Rodrigo proveio de aí ter estado o infeliz D. Rodrigo da Cunha, que tão tristes episódios passou nesta costa.

70. Porto da *Alagoa* é o da *Laguna*. Não sabemos se a adulteração veio da pena do autor, ou se a causou algum copista que não quis admitir em sua cópia aquelas palavras espanholadas.

71. Chama-se aqui rio de Martim Afonso ao Mampituba; mas entenda-se que não foi neste rio, mas sim, no pequeno Chuí, que aquele capitão naufragou, o que se deduz da leitura atenta do *Diário* de P. Lopes. A lagoa dos Patos chamavam alguns antigos de *Tibiquera*, ou "dos cemitérios" talvez em virtude de alguns dos indígenas que ainda hoje por ali se encontram, segundo nos assegura o Sr. Conselheiro Batista de Oliveira.

72. Nas últimas linhas deste capítulo 72 confirma Soares a geral opinião de que os indígenas de toda esta costa, ainda quando vivendo a grandes distâncias uns dos outros, "são todos uns e têm quase uma vida e costumes". De expressões quase idênticas se serve o seu contemporâneo Pedro de Magalhães Gandavo, o amigo de Camões.

73. Monte de Santo Ovídio é o conhecido cerro da baía de Montevideu, o que Pero Lopes quis infrutuosamente chamar de monte de São Pedro.

74. O texto da Academia arruma, com manifesto erro, o cabo das Correntes em 36° de latitude S.; outros textos que seguimos dão 39°; mas cremos que houve neste número também engano, e que Soares poria com os pilotos do tempo o cabo em 38°.

75. O texto da Academia põe a saída de Tomé de Sousa de Lisboa a 1° de fevereiro, e não a 2, como os mais códices.

76. Volve Soares a ocupar-se do célebre Caramuru, a cujo assunto parece que dedicava certa predileção. As notícias são ainda mais minuciosas que as que chamaram nossa atenção no com. 28.

77. O primeiro assento da povoação da cidade era próximo à barra, e, segundo a tradição, onde está hoje o bairro da Vitória.

78. Às sábias providências da metrópole em favor da colonização da Bahia, deveu talvez Portugal a conservação de todo o Brasil, segundo melhor desenvolveremos em outro lugar.

79. No texto da Academia se dão mais as seguintes informações acerca do governador D. Duarte: "Fidalgo muito ilustre, filho de D. Álvaro da Costa, embaixador del-rei D. Manuel ao imperador Carlos v". Não as admitimos, por não se acharem nos melhores códices.

80. A explicação de Porto Seguro até o cabo Santo Agostinho, com que se conclui o § 1º, não se contém no texto acadêmico.

81. Ao lermos esta parte da descrição da cidade, quando aportamos na Bahia em princípios de maio deste ano, quase que acompanhávamos o autor passo a passo, tanta verdade há em sua descrição.

82. Quase no fim do capítulo, em vez de "capelães da misericórdia ou dos *engenhos* diz, incorretamente, o texto da Academia "capelães da misericórdia ou dos *enjeitados*".

83. A respeito do colégio dos padres da Companhia na Bahia parece-nos que o leitor levará a bem que lhe demos aqui outra descrição, ainda quando não seja senão para lhe fazer constar a existência de um curioso livrinho como é a obra do pe. Fernão Cardim, que imprimimos em 1847. Diz esse escritor, em 1585: "Os padres têm aqui um colégio novo, quase acabado; é uma quadra formosa, com boa capela, livraria e alguns treze cubículos, os mais deles têm a janela para o mar; o edifício é todo de pedra e cal destra, que é tão boa como a pedra de Portugal, os cubículos são grandes, os portais de pedra, as portas de angelim forradas de cedro; das janelas descobrimos grande parte da Bahia, e vimos os cardumes dos peixes e baleias andar saltando na água, os navios estarem tão perto que quase ficam à fala; a igreja é capaz, bem cheia de ricos ornamentos de damasco branco e roxo, veludo verde e carmesim, todos com tela de ouro, tem uma cruz e turíbulo de prata etc." [...] "A cerca é mui grande, bate o mar nela, por dentro se vão os padres embarcar, têm uma fonte perene de boa água com seu tanque, aonde vão se recrear; está cheia de árvores de espinhos etc. [...]"

84. Corrigimos *hortas* onde no fim do capítulo dizia *outras* o texto acadêmico; e, também, segundo a lição dos melhores códices, *vinte religiosos* em vez de *doze*.

85. Também aqui seguimos os melhores códices, escrevendo duas vezes Sua Majestade, e não Sua Alteza.

86. Este capítulo foi bastante retocado à vista das cópias mais dignas de fé, como o leitor pode deduzir pela confrontação. A observação de Soares de melhorarem de sabor e

aroma os vinhos fortes que passam a linha é hoje tão admitida como é verdade que da Europa se mandam vinhos a viajar através da zona tórrida, só para os beneficiar.

87. Na antepenúltima linha do 1º § do capítulo 13 dizia erradamente o primitivo texto "por civilidade" em vez de "possibilidade", como escrevemos.

88. Chamamos a atenção do leitor sobre a relação de 1:2:3 entre as classes dos defensores da Bahia em 1587, a saber: dois mil colonos europeus, quatro mil africanos, e seis mil índios civilizados.

89. O nosso autor, que tanto entusiasmo e predileção mostra pelo Brasil, não contente com o haver dito no proêmio que este Estado era "capaz para se edificar nele um grande império", repete esta sua aspiração à nossa independência e nacionalidade, dizendo neste capítulo que já D. João III, com mais alguns anos de vida, poderá ter aqui edificado "um dos mais notáveis reinos do mundo". É sabida a anedota referida pelo autor dos *Diálogos das grandezas do Brasil* (obra escrita no século seiscentos) da profecia do astrólogo que, ao chegar a Lisboa a nova do descobrimento da terra da Vera Cruz, vaticinou que havia ela de ser abrigo e amparo da metrópole. Depois da aclamação de D. João IV tratou a Espanha de lhe ceder o Brasil, e tornar a reunir a si Portugal, o que se teria realizado se a França não se metesse de permeio. O marquês de Pombal ideou trazer ao Pará a sede da monarquia; depois dele, o poeta Alvarenga convocava para o Brasil a rainha Maria I (*Florilégio da poesia brasileira*, tomo 2º, p.

37) e o alferes Lisboa (em 1804) desejava que em Minas o príncipe D. João fosse estabelecer seu império (*Florilégio*, p. 574). Estes fatos são, pelo menos, curiosos.

90. Na doação da ilha de Taparica, ou Itaparica, como agora se diz, se compreendia a de *Tamarantiba*. Receberam ambas foral em 1556.

91. Onde se diz — "da parte do Padrão" — parece-nos que houve salto de uma palavra e se deve entender "da parte da ponta do Padrão".

92. A ilha de Maré, de que se faz aqui menção, é a mesma que inspirou o poeta baiano Manuel Botelho de Oliveira, que tão belamente a descreveu em sua *Musa do Parnaso* (Lisboa, 1705, p. 127).[1] Essa bonita composição foi reproduzida no *Florilégio*, tomo 1º, p. 134.

93. O texto da Academia contém, depois da palavra "Pirajá", do 3º § deste capítulo, as seguintes linhas, que não encontramos nos melhores códices, e devemos julgar introduzidas por curiosos: "Esta enseada tem na barra de fundo duas braças de preamar; cabem até oitenta navios de força, os quais entram descarregados e hão de sair na mesma forma. Tem na boca duas fortificações, uma maior de uma banda, e outra mais pequena de outra."

94. O texto a que nos temos referido trazia "Alteza" onde outra vez admitimos "Majestade"

---

[1]. Varnhagen refere-se ao livro de poemas *Música do Parnaso*, de Manuel Botelho de Oliveira, publicado pela primeira vez em 1705, no qual se destaca o poema "À Ilha da Maré".

95. Diz o mesmo texto *Ponta do Toque* em vez de *P. do Toque-Toque*, como sabemos que se chama.

96. *Aratu* lemos num dos códices, e admitimos a lição, ao saber que havia por ali um engenho com tal nome; o que se não dá, segundo nos asseveram vários baianos entendidos com o nome *Utum* do texto acadêmico. *Otuim* e *Utuim* se lê, porém, em alguns manuscritos. No texto mencionado lê-se também *Curnuibão* em vez de *Carnaibuçu* ou *Carnaybuçu* como lemos no *J. de Coimbra*, n° 86, p. 67. No mesmo texto se lê, ainda erradamente, *Sacarecanga* e *Pitanga* em vez de *Jacarecanga* e *Petinga*.

97. A palavra *Tayaçupina*, a que pusemos um ponto de interrogação, não nos foi possível decifrar adequadamente.

98. *Caípe* ou *Cahype* quer dizer "o esteiro do mato". Tratando do engenho de Antônio da Costa, lê-se no texto da Academia, depois da frase "que está muito bem acabado" as seguintes palavras, evidentemente anacrônicas para o livro de Soares: "Que depois foi de Estêvão de Brito Freire, que Deus perdoe, e fez outro engenho por nome São Tiago, bem no fim de Pernamerim, para a banda da freguesia Tamarari de água das melhores que hoje no Brasil há". De Itapitanga volve o autor a ocupar-se no cap. 187.

99. Notam-se grandes variantes entre o nosso texto e o da Academia. Além de linhas que lá faltam, leram-se errados os bem conhecidos nomes de *Paraguaçu*, *Acu*, *Cajaíba* e *Tamarari*. Farreirey foi erro que escapou ainda no nosso texto: leia-se Tareiry.

BREVES COMENTÁRIOS

100. No mesmo texto acadêmico lê-se Antônio Penella e Rodrigo Muniz, em vez de Antônio Peneda e Rodrigues Martins, como encontramos nos códices mais dignos de crédito.

101. Aqui temos um novo rio de *Igaraçu*, o que prova que habitualmente ali chegavam, como fica dito (com. 15), as naus dos europeus.

102. *Pujuca* é o nome que dá o nosso texto à ribeira que, entre outros, o da Academia escreveu *Puinqua*.

103. O rio *Irajuhí* é o que hoje se diz *Pirajuhia*. No texto da Academia encontram-se *Irayaha*, o que procedeu naturalmente de má leitura do copista.

104. Jiquiriçá é o nome que hoje se dá ao rio que Soares designa por *Jequeirijape*.

105. Conclui Soares com a sua minuciosa descrição de todos os recôncavos da Bahia, cuja extensão, sem meter os rios de água doce, avalia em 53 léguas; e nessa extensão conta 39 ilhas, além de dezesseis do interior dos rios. A topografia do Recôncavo ainda até hoje não teve melhor, nem mais exato aluno.

106. São curiosas as notas estatísticas da Bahia (em 1587), e permita-se que as recapitulemos: 36 engenhos, que exportavam anualmente para cima de 120 mil arrobas de açúcar; 62 igrejas, entrando dezesseis freguesias e três mosteiros, e 1.400 barcos de remo.

107. Algumas variações encontrará o leitor no nosso texto, graças à confrontação de tantos códices. As primeiras éguas valiam a 60$ rs. e ficaram depois a 12$; e não eram a 100$ e ficaram a 20$; os cavalos que por negócio se levavam embarcados a Pernambuco eram lá pagos a 200 e 300 cruzados, e não a 20 e a 30, o que quase equivalia aos preços da Bahia etc.

108. No exemplar da Academia diz-se (p. 135), acerca das plantas de soca — "que são as que rebentam e brotam das primeiras cortadas". Foi por certo explicação de algum copista animado de excesso de zelo.

109. No último §, tratando-se dos inhames trazidos das ilhas da África, vem no texto da Academia, em vez daquele nome, o de taiobas, que é o nome indígena, e não se encontra nos mais códices, mas sim, inhames.

110. Hortaliças que já se cultivaram na Bahia em tempo de Soares, e por este já apontadas no capítulo 36: *Cucumis sativus — Cucurbita pepo — C. citrulus — Sinapis nigra — Brassica napus — Raphanus sativus — Brassica oleracea crispa — B. o. miliciana — Lactuca sativa — Coriandrum sativum — Anethum graveolens — A. focniculum — Apum petroselinum — Mentha sativa — Allium cepa — Allium sativum — Solanum melongena — Plantago — Mentha pulegium — Sisymbrium nosturtium — Ocimum minimum — O. basilicum — Amaranthus blitum — Portulaca oleracea — Cichoneum endívia — Lipidum sativum — Daucus carota — Beta vulgaris — Spinacea oleracea* etc.

111. Não respondemos pela devida exatidão da ortografia dos nomes das espécies de mandioca apontadas no capítulo 37. No texto acadêmico vem diferentemente, e Marcgraf e Vasconcelos trazem outras denominações. O mesmo faz José Rodrigues de Melo, que escreveu em verso latino o melhor tratado que conhecemos acerca desta raiz alimentícia; este tratado em dois cantos foi traduzido pelo Sr. Santos Reis, e publicado na Bahia, com outras composições análogas, em um tomo, com o adequado título de *Geórgica brasileira*.

112. A tapioca de que Soares trata era preparada um pouco diferentemente do que hoje se usa no comércio. Este nome e o da mandioca são puros guaranis; e foram ambos adotados pela Europa, como tantos outros nomes indígenas, segundo iremos vendo.

113. Não deixou Rodrigues de Melo de escrever com elegância acerca das propriedades venenosas do sumo da mandioca crua:

Fac procul hinc habeas armenta, omnemque volucrum
Atilium gentem, positos neque tangere succos
Permitias: namque illa quidem niveoque colore
Innataque trahit pecudes dulcedine captas
Portio: mortiferum tamen insidiosa venenum
Continet: et fibris ubi pestem hausere, furore
Huc illuc actae pecudes per prata feruntur,
Et gyros agitant crebos, & c.

114. A pronunciação *tipeti* ou, aportuguesadamente, *tipitim*, temo-la por mais conforme à dos indígenas do que a de *tapeti, tapetim* etc. Moraes adotou aquela primeira; mas esta última parece-nos mais eufônica. *Urupema* (segundo o *Dic. Bras.*, p. 27) era qualquer crivo: a ortografia de Soares é a seguida por Moraes. Há, porém, quem escreva *gurupema* (Cunha Matos), *garupemba* (*Mem. da Acad. de Lisboa*, Tomo 7º), *goropema* (João Daniel, P. 5ª, p. 24), e *oropema* (Antonil, p. 117 da 1ª ed.).

115. Diz Rodrigues de Melo a respeito da *carimã*:

> *Quae succo nocuit radix, feret ipsa salutem*
> *Jam praelo domita elicitoque innoxia succo.*

116. As palavras — "algumas jornadas" — no princípio do capítulo, faltam no texto acadêmico.

117. É curiosa a variedade de ortografia com que se tem escrito o nome que adotamos dos indígenas para a planta de raiz amilácea que Pohl denominou *Manihot Aypi*, seguindo para esta denominação da espécie da ortografia de Lery (p. 135 da edição da Rochelle, de 1578), do *Tesoro guarani*, de Martinière (T. l.º, p. 120), que adotaram Denis e St. Hilaire; Vasconcelos também uma vez assim escreve (not. 140), bem que em geral seja nisso irregular (V. Liv. lº, not. 71, 73 e 74). — Soares com o seu contemporâneo Gandavo (fl. 16 da ed. 1576) parece ter preferido a mais aportuguesada de *aipim*, seguida por Antonil (p. 69), por Vandelli, alferes Lisboa, Rebelo (p. 110) e os viajantes Spix e Martius (T. 2º, p. 526). Botelho de Oliveira escreveu *aypim* (*Floril.*, p. 142) e Cazal (I, 115) igualmente; Marc-

graf *aipii*, e assim se lê no *Coro das musas* (T. 1º, p. 143), e nos dicionários portugueses, que também dão *impim*. O autor do *Caramuru*, (C. 4º, est. 19) escreveu *aipi*. Esperamos que o leitor nos desculpe a digressão que fizemos sobre essa palavra, acerca da qual desejávamos que se assentasse em uma ortografia. Apesar da preferência que já a ciência deu a *aipi* nós em linguagem preferiríamos, com os clássicos Gandavo e Soares, *aipim*.

118. No capítulo 44 descreve Soares várias *Convólvulus*, a *Dioscorea sativa*, o *Caladium sagittifolium* (Vent.) e talvez o *C. Poecile* de Schott.

119. Ao *Zea Mais L.* se diz no texto que chamavam os índios *ubatim*; cremos que diria Soares *abatim*, pois *abaty* e *avaty* encontramos em muitos autores.

120. Abbeville (fl. 229) refere que os indígenas do Maranhão chamavam às favas *comandá*, e o pe. Luiz Figueira na sua gramática da língua geral (p. 87 da 4ª ed.) dá o mesmo significado.

121. À conhecida planta leguminosa *Arachis hypogoea* L. chama Soares, à portuguesa, *amendoí* como se proviesse de amêndoa. O nome é degenerado do *mandubi* ou *manduí* indígena. Abbeville escreveu (fl. 226 v.) *mandou*. Na Espanha chamam-lhe *avellanas* (avelãs) *americanas*.

122. No capítulo 48 trata Soares das pimentas que dão várias solaneias capsicinas do Brasil, das quais não se esqueceu de tratar Fingerhuth na sua monografia impressa em 1832. Cremos que o nosso autor menciona sucessivamente o

Capsicum cerasiforme, cordiforme, baccatum, longum e *frutescens.* — Montoya (*Arte y Bocab.*, p. 141) chama à pimenta *quíyí*; o *Dic. Bras. kyynha*; Monteiro de Carvalho, com Piso, *quiya. Jukiray* quer dizer "molho de sal", *jukyra*, sal (*Dic. Bras.*, p. 70), e *ay* molho (idem, p. 52). No códice da Bib. Portuense (1019/6) lê-se mais no fim deste capítulo o seguinte:

"Há outra casta de pimenta, a que chamam *cuiemirim*, por ser mais pequena que todas; da qual se usa como das demais e tem as mesmas qualidades, cuja árvore é pequena. Há outra pimenta, a que chamam *cuiepiá*, que na feição é mais redonda e pequena da qual se usa como das mais e tem as mesmas qualidades, cuja árvore não é grande.

Há outra pimenta, a que chamam *cuiepupuna*, do tamanho de um gravanço muito redondo. Esta em verde é muito preta e depois de madura faz-se vermelha, e queima a seis palmos, e dá fruta em todo o ano; todas estas pimentas são cheias por dentro de umas sementes brancas da feição da semente de mastruços, que queima mais que a casca, e delas nascem as pimenteiras quando as semeiam.

E já que dissemos das pimentas que queimam, digamos agora das que o não fazem e que são muito doces, uma das quais se chama *Saropó*, que é tamanha como uma avelã, a qual como é madura se faz vermelha, e de toda a maneira é muito doce, cuja árvore é de cinco a seis palmos, e dá todo o ano novidade; estas pimentas se fazem em conserva em açúcar.

A outra casta, a que chamam *ayo*, que é da feição de uma bolota, e do seu tamanho, a qual se faz vermelha como é madura, e sempre é muito doce, a qual se faz também em conserva em açúcar e se faz árvore grande, que em todo o ano dá fruto.

Não é bem que se faça pouca conta da pimenta do Brasil, porque é muito boa e não tem outro mal que queimar mais que a da Índia, e quem muito a tem em costume folga mais com ela, e acha-lhe mais gostoso que à da Índia, da qual por esse respeito se gasta pouca no Brasil, onde os franceses vão buscar a natural da terra, porque da casca vermelha se aproveitam nas tintas da mesma cor, e se quando vão resgatar a essa costa acha-se muita dela, estimá-la-iam muito mais que o pau-brasil; e das sementes de dentro se aproveitam pisando-as bem e lançando por cima das pimentas da Índia, com o que a refinam e abatem; ainda que se faz este benefício a esta pimenta, poderá entrar na Espanha muita soma, se Sua Majestade der a licença para isso; de tal massa é esta terra da Bahia, que se lhe lançarem a semente do cravo o dará, como noz-moscada, que tem o sabor dela, e dá outras árvores que dão canela; se for à terra quem a saiba beneficiar será como a de Ceilão, de que se dirá adiante."

123. Soares dá notícia de mais espécies de anacárdios do que as conhecidas dos naturalistas; mas no sertão vimos nós ainda uma espécie (talvez gênero) mas cuja planta é rasteira. O caju oriental é descrito pelo conhecido botânico português Loureiro, na *Flora cochinchinensis* (Ed. 1790, II, 248; e Berlim, 1793, p. 304). A palavra *catinga*, no sentido

de mato canasquento ou charneca de moitas e matagais é de origem indígena e deriva de *ca* e *tinga*, mato brancacento. Catinga no sentido de "mau cheiro" se não derivou desta mesma acepção, deve ser voz africana.

124. Deste capítulo parece deduzir-se que já antes da introdução no Brasil das bananas da África e da Ásia, havia na terra pelo menos duas espécies de pacobas: grandes e pequenas.

125. *Mamão (Carica Papaya* L.) não é fruta indígena do Brasil; porém outro tanto não sucede à papaiácea *jaracatiá* a que nosso Veloso chamou (*Flora flum.*) *Carica dodecaphylla*.

126. As árvores frutíferas indígenas com que se ocupa Soares no capítulo 52 estão hoje todas conhecidas e descritas pelos naturalistas. A *mangaba* é a *Hancornia speciosa* de Gomes; os *araçás* pertencem, bem como as guaiabas, ao gênero *Psidum*; o *araticu* é uma *Anona*; vem depois o *abajeru* (Abbeville, fol. 224, escreve *Ouagirou*), que parece um *Chrysobalanus*; segue talvez a rosácea *Rubus idaeus* ou *occidentalis* (Veloso v, est. 81 e 82); notamos depois entre outras a *Byrsonima Crisophylla*, de Kunth; a *Vilex Taruma* e *Inga edulis* de Martius; a *Spondias myrobalanus* de Veloso (*Flora flum.* iv, est. 185); a *Moronobea esculenta* de Arruda ou a *Platonia excelsa* de Martius, o *Caryocer Pequi* etc. Tudo isso, salvo engano.

127. O ambu, imbu, ombu ou umbu (que para todas as ortografias há autoridades) é a notável planta que o nosso Arruda (*Discurso dos jardins*) denominou *Spondias tuberosa*.

128. Das frutas do sertão da Bahia que Soares reúne no cap. 54 há menos conhecimento. Trata-se de um *Lecythis*, segue-se talvez uma planta rizobolácea, outra apocínea (talvez outra *Cariocarácea*), um *Genipa* e o conhecido *oiti*, de que Arruda fez o novo gênero *Pleragina*. Cazal (II, 60) escreve *goyty*, Vasconcelos (II, 87), *gutti*, Abbeville *ouity*. — Este capítulo necessita mais estudo.

129. Para melhor se identificar o leitor com a sinonímia das primeiras remetemo-lo ao exame da magnífica monografia desta família, do célebre Martius, precedendo a ele, se for possível, o conhecimento prático das mesmas. Nas *Reflexões críticas* enganamo-nos a tal respeito em várias de nossas conjecturas, feitas sem fundamento e só quase inspiradas, como em outros lugares da seção 4ª desse escrito, pelo desejo de acertar.

130. Bem conhecida é a passiflora *maracujá-açu*, com que se começa o capítulo das ervas frutíferas. Não nos acontece outro tanto com a planta de que se trata depois, e que nos parece alguma *solanácea*. Segue um *Cactus*, com o nome indígena por nós conhecido, logo depois um *Astrocarium* e termina o capítulo em duas plantas bem conhecidas: uma bromeliácea e um *Piper*, segundo cremos; talvez o *unguiculatum* de Ruiz e Pavon. No nosso texto se escrevem elas *carautá* e *nhamby*. Esta última palavra escreve Piso e a Farmacopeia tubalense *nhambi*. Quanto àquela, Vasconcelos (II, not. 70) diz *caragoatá*; Antonil (p. 113), *caravatá*; Piso e Brotero, *caraguatá*; Bluteau *caragoatá* e também *caraoatá*; Fr. Antônio do Rosário *carauatá* e

Morais *carahuatá;* mas, hoje, mais geralmente, em quase todas as nossas províncias, se adotou *gravatá.*

131. O ananás oferece exemplo de mais uma palavra indígena nossa que passou às línguas da Europa, e à linguagem das ciências, depois que Thunberg formou o gênero *Ananassa.* Vamos registrando estes fatos para decidir se para nós a língua guarani é ou não digna, a par da grega, de ser cultivada como língua sábia, necessária para dar esclarecimentos não só na etnografia e na botânica, como nos diferentes ramos da zoologia. Só na botânica, além do mencionado gênero *Ananassa,* temos com nomes brasileiros os gêneros (não falando nas espécies) *Andira, Apeiba, Jacaranda, Icica* e *Inga.*

132. A cabureíba está hoje designada como *Miroxylon cabriuva.* Não sabemos qual espécie de copaífera é mais geral na Bahia, à qual se referia Soares. As virtudes do seu óleo foram já em 1694 apregoadas pelo Dr. João Ferreira da Rosa no *Tratado da constituição pestilencial de Pernambuco,* p. 51 a 56.

133. *Embaíba* (ou, segundo outras ortografias *embaúba, imbaíba, ambaíba* e *ambayva*) é a conhecida *Cecropia,* árvore urticácea de cujas folhas se alimenta a preguiça (animal, se entende). Quando às *caraobas,* os indígenas davam este nome a várias plantas bignoniáceas, e não nos é fácil acertar quais delas são as duas de que se ocupa Soares, bem que imaginemos a primeira a da estampa 50 da *Flora* de Veloso, e em tal caso é a que Martins classificou como *Cybistas antisyphilitica.*

134. A árvore da almécega ou *icica* (*ygcyca* no *Dic. bras.*) é do gênero que Aublet designou com o próprio nome guianense (e que também é nosso) de Icica. — *Corneíba* é a *Schinus aroeira*, de Veloso; *Geneúnia* é uma *Cassia*, não nos é fácil saber qual; *cuipeúna* parece um *Myrtus*; seguem dois cipós leguminosos e o conhecido *Rhizophora mangle* L., ou mangue-vermelho.

135. As plantas descritas no capítulo 61 são todas de uso comum, e por isso mui conhecidas; vêm a ser: a nicociana, o rícino ou mamona, a batata-de-purga ou jalapa (*jeticuçu*) e a rubiácea ipecacuanha, que o nosso autor escreve *pecauem*, e os antigos jesuítas *ipecacoaya*, de onde derivou o nome poaya, que muitos lhe dão. Ao tabaco chama Soares *petume*; segundo Montoya (*Voc.*, p. 203), dizia-se em guarani *petyma*, ou, como traz o *Dic. bras.*, *pytyma*. Damião de Góis (*Crônica de D. Manuel*, Parte I, cap. 56) e com ele Baltasar Teles (*Crônica da Companhia de Jesus*, Parte I, Livro 3º, cap. 3º, p. 442), chamam-lhe *betum*. O cronista do rei D. Manuel narra como essa planta foi levada à Europa por seu irmão Luís de Góis, que ao depois foi jesuíta, e de quem nenhum botânico tem feito caso até hoje, apesar do serviço que fez, muito maior do que Nicot. As minuciosas informações sobre o como se fumava são hoje mui curiosa prolixidade, por isso mesmo que todos sabem o que é "beber fumo" como Soares chama ao fumar.

136. *Manyú* deve entender-se o nome indígena do algodoeiro (*Gossypium vitifolium* de Lam.). O *Dic. bras.* diz *amanyú*; o Montoya (p. 151) *Amandiyú*; em Abbeville (fol. 226 v.)

lemos *amonyiou*. A *Lantana aamara* é hoje conhetida por toda a parte; *ubá* ou taboca é o *Ginerium sacharoides* de Kunth; não sabemos se há engano na palavra *jaborandi* ou na última, *jaborandiba* quando nos diz o autor que o nome dado pelos indígenas às duas plantas era o mesmo; o último é evidentemente o *Piper jaborandi* de Veloso. Não afiançamos a correção ortográfica em *caaplam*; deveria talvez ler-se, com Piso, *caaopiá*, planta do gênero que Vandelli denominou *Vismia*, em honra do seu amigo M. de Visme.

137. Aos fedegosos (*Cassia sericea* Sw.) chamavam os jesuítas *tareroguy*, de onde se pode ver que não haverá erro no nosso texto em *tararucu*; bem que nos inclinemos mais à desinência em *quy*, e seríamos de opinião que a preferíssemos para a nossa língua em todos os casos idênticos, pois até parece que os muitos *u u* tornam a linguagem tristonha. Para reduzir as outras plantas, apesar de terem alguns nomes conhecidos, até na botânica, encontramos contrariedades, as quais todas só poderá aplainar algum naturalista que se ache na província em que o autor vivia.

138. O cedro, chamado *acayaca* pelos indígenas (*Dic. bras.*, p. 23), é, segundo se nos assegura, do gênero *Cedrela*.

139. Não respondemos pela correção do nome da segunda árvore que o nosso texto chama de *guaparaíba*, e, menos ainda, pela do da Academia, *quoapaiju*; pois nem sabemos o que seja. Da jutaipeba propôs-se Baltasar Lisboa a fazer um novo gênero com o nome de *Jatahypeba valenciana*.

140. Também quis o mesmo Baltasar criar um novo gênero com o nome de *Massaranduba*, talvez sem saber se esta sapotácea, embora no Brasil cientificamente desconhecida então, não pertencia a algum velho gênero. Para se classificar de novo na botânica é necessário ter sobretudo muita erudição dos escritos da ciência: muitos gêneros se contam hoje que se hão pouco a pouco ir reduzindo a espécies de outros. Quanto às espécies, principalmente na América, onde as fisionomias naturais têm tanta semelhança umas com outras, apesar das distâncias, estamos persuadidos que mais de metade delas se verão reduzidas a simples variedades, quando haja viajantes naturalistas que percorram todo este continente, e tratem de harmonizar os trabalhos dispersos de tantos, cada qual a querer-se fazer célebre e aos seus protetores. Um classificador de plantas deve ser exclusivamente botânico. Segundo o nosso texto, chamavam os índios *andurababapari* ao angelim, que Piso chama *Andira ibacariba*, e Martius reduziu sob o título *Andira rosea*. A palavra andira faz crer que alguma coisa tinham os morcegos que ver com esta árvore. O códice acadêmico diz *andurababajari*, e o coronel Carlos Julião (últ. núm. do *Patriota*, p. 98) o teria visto em manuscrito. No *Dic. bras.* (p. 12) chama-se-lhe *pobura*. Arruda tinha denominado o angelim *Sholemora pernambucensis*. Lamarck havia já proposto o gênero *Andira*, de que é sinônimo e *Geoffroya* de Jacquin. O jequitibá não sabemos que esteja reduzido. Ubiraém é naturalmente o *burayén* de Antonil (p. 57), que o Sr. Riedel classificou como *Crysophyllum buranhe*. Sepepira é a sicopira (assim escreve Moraes); talvez a

mesma que Baltasar queria designar com o nome de *Joannesia magestas*. Antonil (p. 51, 56) escreve sapupira, e o autor do poema *Caramuru*, supopira. A *Bowdichia major* de Martius é uma sicopira; a *urucurana* do Rio de Janeiro foi reduzida pelo Sr. Dr. Freire Alemão a um gênero novo, a que deu o nome de *Hyeronima alchorneoides*. Não sabemos se a da Bahia é diferente.

141. Antonil (p. 57) escreve *camassari* e Cazal *camaçari*. O autor pondera mais adiante (cap. 191) o valor desta árvore, da qual seria fácil extrair alcatrão. Guanandi é talvez uma clusiácea, e poderá ser a mesma *Moronobea coccinea* que encontrou Aublet na Guiana Francesa.

142. Das árvores que dão embira mencionadas no capítulo 68 é mais conhecida a que Veloso (IX. est. 127) designou por *Xylopia muricata*.

143. Das madeiras de lei que neste comentário cabe tratar, só nos consta que estejam classificadas a do pau-ferro, e a que Soares diz ubiraúna, se é a braúna vulgar (*Melanoxylon brauna*, de Schott). *Ubira-una* significa "madeira preta" e *ubira-piroca* "madeira cascuda" ou "escamosa".

144. *Tatajiba* ou antes *Tatajuba* (*juba* significa amarelo) é a *Broussonetia tinctoria* Mart.; Sereíba a *Avicenia nilida* L.; e a terceira árvore, cujo nome não podemos ainda justificar é a *Laguncularia rucemosa* de Gaertner.

145. À apeíba, com este mesmo nome, deu ciência um gênero, na ordem natural das Tiliáceas. Aqui trata-se da *jangadeira*, ou árvore das jangadas, que Arruda apelidou *A. cimbalaria*. Sobre as outras árvores não nos atrevemos a fazer reflexões sem mais conhecimento especial delas; deixamos essa tarefa para os que forem botânicos de profissão; o fim deste comentário é outro, e ainda quando estudássemos toda a vida das ciências, que abrange hoje o livro de Soares, em alguns pontos deixaríamos de ser juízes competentes. O nome da árvore com que começa o capítulo deveria etimologicamente, talvez, ser *calamimbuca*, isto é "pau de cinza". *Ubiragara* quer dizer "árvore de canoas". — Cremos que seja a figueira do mato ou gameleira (*Ficus doliaria* Mart.) — Se soubermos algum dia a língua tupi ou guarani e estudarmos bem os seus nomes de árvores, animais etc., acharemos que todos eles terão como este sua explicação das propriedades e usos dos respectivos objetivos; o que já advertimos com a palavra *andira* no com. 140.

146. *Carunje* parece-nos palavra adulterada. *Inhuibatan* escreve J. André Antonil (p. 57). *Jacaranda* é já um gênero botânico criado por Jussieu; não sabemos se a ele pertence o de Soares. *Mocetayba* escreve o jesuíta Vasconcelos (II, 80), e *messetaúba* Antonil (P. 56 e 57). *Ubirataya* é talvez a *ubiratai* ou *urutai* descrita por José Barbosa de Sá (fol. 361 v.), num extenso livro manuscrito do século passado, obra feita no sertão quase com tantas informações filhas da própria observação do autor, como esta de Soares que ora comentamos. *Tangapemas* lemos em Vasconcelos (II, nº 18). Referimo-nos, deste jesuíta, quase

sempre às *Notícias curiosas*, que tiveram terceira edição no Rio de Janeiro em 1824, num volume de 183 páginas de 4°.

147. *Ubiratinga* quer dizer "madeira branca".

148. *Anema* significa — "cheirar mal" — (*Dic. bras.*, p. 40); de modo que *ubirarema* quer dizer — "madeira fedorenta" — *Guararema* se lê no *Patriota* (III, 4°, 8); outros dizem *ibirarema*.

149. A leguminosa de que primeiro se trata, com o nome *comedoy*, é naturalmente do gênero *Ormosia*. *Araticupana* (como diz o texto da Academia e vem de Moraes) é a *Annona palustris* L. *Anhangakybaba* seria mais corretamente a tradução de "pente do diabo". *Cuié-yba*, ou "árvore das cuias", é a conhecida *Crescentia cujete* L. Da *jatuaíba* ou *jutuaíba* trata também Barbosa de Sá, fol. 365 v.

150. O timbó-cipó é a *Paullinia pinnala* de Lineu; o cipó-imbé o *Philodendron imbê* de Schott (Veloso, *Flora flum.*, IX, est. 109).

151. Tocum, segundo é sabido, é uma espécie de *Astrocarium*.

152. A ave que Soares designa por águia *Caburé-açu* é, pelos indícios que nos dá, a *Trachypetes aquilas* de Spix. — *Nhandu* ou ema é a *Struthia rhea* de Lineu. — Abbeville (fol. 242) escreve *Yandou*. — O *tabuiaiá*, que Baena (*Corogr.*, p. 100) diz *tambuiaiá*, pela etimologia se julgaria um *Anser*, pois que *aiá* quer dizer pato; mas a descrição conforma-se mais a que seja algum *Cassicus*.

153. O *macucaguá* descrito por Soares não é o macuco vulgar; parece antes a *Perdix capoeira* de Spix, e por conseguinte não *Tinamus*; Abbeville escreve *macoucaua*, e Staden *mackukawa* (P. 2ª, cap. 28). O *motum* de Soares é exatamente o *Crax rubirostris* de Spix (*Av.* II, Tab. 67). O *jacu* por ele descrito não nos parece nenhum dos galináceos classificados no gênero *Penélope*; cujos nomes brasílicos para as espécies *jacupema, jacutinga* etc, a ornitologia já admitiu. *Tuiuiu* é reconhecidamente o *Tantalus loculator* de Lineu. Em Cayena, chamam porém *Touyouyou* à *Micteria americana*.

154. O *Canindé* de Soares é uma variedade da *Aratinga luteus* de Spix (*Av.* Tom. 1º Tab. 16). Confronte-se também a descrição de Buffon (*Hist. nat.*, Tom. 7º, p. 154 e 155, edic. 4º gr.). — A arara e tucanos são bem conhecidos. — *Embagadura*, entre os indígenas, era o punho da espada, segundo melhor se explica no capítulo 173.

155. *Uratinga* (*Ouira-tin* de Abbeville, fol. 241) é a *Ardea egretta* de Lineu; *Upeca, Vpec,* de Abbeville (fol. 242), *Ipecu* no *Dic. bras.* (p. 59), é árvore do gênero *Anas*. *Aguapeacoça* ou *Piassoca* a *Palamedea cornuta* de Lineu; *Jabacatim* a ribeirinha que Moraes (no voc. Papa-peixe) designou por *jaguacati*. Os *gariramas* são do gênero *Tringa*. *Jacuaçu* é evidentemente a *Ardea soclopacea* de Gmelin, para a qual Viellot propôs o gênero *Aramus*, havendo sido por Spix denominada *Ralus ardeoides*.

156. O *nhambu* é conhecidamente o *Tinamus plumbeus* de Temnink. *Picaçu, parari, juriti* e *piquepeba* parecem as

Colombinas griseola, strepitans, caboclo e *campestris* de Spix.

157. Papagaio é voz africana; era o nome dado em Guiné aos cinzentos, primeiros que se levaram a Portugal. O nome brasílico é *ageru* ou *ajuru* como admite Moraes (*Dic. port.*) — Abbeville (fol. 234) escreveu *juruue.* — Assim, *ageru-açu* (que outros escrevem *juru-assu*) significa papagaio grande, e *ageru-eté* papagaio verdadeiro. O primeiro, bem como *corica*, parecem do gênero *Ara*. Thevet (fol. 93 das *Singul.*) escreveu *Aiouroub*. Tuim será um dos *Psitaculus gregarius* de Spix. — Soares escreveu, com Gandavo, *maracaná*; outros, porém, dizem *maracanã.* — Consulte-se Marcgraf (p. 20); Johnston, *Avi*, p. 142; Willugby, *Ornithol.*, p. 74, e Brisson, *Ornithol.*, Tom. 4°, p. 202.

158. O capítulo 84 ocupa-se de várias aves ribeirinhas; talvez da *Ardea garzetta* de Gmelin; da *Sterna magnirostris* de Spix; de uma *Procellaria*; da *Micteria americana*; de alguns *Ibis, Triaga* etc. — *Socori* deve ser *Socó-boi* ou *Ardea cocoi* de Lath. — Em vez de *margui* lemos em uns códices *margusi*, e talvez se devesse ler *majuí*, que é o nome dado às andorinhas (*Dic. bras.*, p. 12). — *Pitchuão* parece que se diz no *Peregrino da América* (p. 48) que era o *bem-te-vi*; mas a descrição de *pitaoão* não se conforma.

159. *Urubu* é o *Vultur jota* de C. Bonaparte; *cará-cará* o *Polyborus vulgaris* de Vieillot; *toacaoam* o *Astur cachinans* de Spix (Tom. 1°, Tab. 2°): — *Urubutinga*, à vista da descrição não pode deixar de ser o *Cathartes papa*, e impropriamente chamou Lineu a uma águia negra *Falco urubutinga*

quando esta última palavra quer dizer "urubu branco"; mas igual troca já se fez com a *araraúna*. Difícil será reduzir a espécie de *Falco* ou *Milvius* de que trata o autor com tão pouca explicação.

160. A primeira e terceira aves parecem *Strix*. A segunda cremos que será o *Trogon curucuí* de Lavaillant. — Desculpe-se a Soares ocupar-se, a par destes, de um quiróptero, seu companheiro de noite. — Quanto à ortografia dos nomes, Souza Caldas escreveu (*Canto das aves*) *Jacorutu*, e Abbeville, em francês, *Joucouroutou*.

161. *Uranhengatá* é o passarinho do Brasil que substitui no canto o canário e o pintassilgo. *Gorinhatá* escrevem alguns; e Nuno Marques Pereira, no *Peregrino da América* (Lisboa, 1760, p. 48), *Guarinhatão*. Hoje diz-se *Grunhatá* (Cazal I, 84, e Rebelo, *Cor. da Bahia*, 1829, p. 56). — Parece o *Icterus citrinus* de Spix. *Sabiatinga* (que ainda hoje em algumas partes se chama sabiá-branco) é o *Turdus orpheus* de Spix. *Tié-piranga* é o nosso mui conhecido tié (*Tangara nigrogularis* de Spix). — *Guainambi* é o nome indígena dos beija-flores, que hoje constituem vários gêneros; e *Aiaiá* o da linda colhereira que Vieillot designou como *Platalea aiaia*. *Jaçanã*, pelo nome, deve ser o gênero *Parra*; e neste caso talvez a de que trata Soares seria encarnada por metamorfose que essa espécie sofra, como acontece aos guarás (*Ibis ruber*). — Segue-se a *Tangara coclistis* de Spix, e mais duas aves que também podem ser do mesmo gênero, se alguma não é antes *Muscicapa* ou *Lanius*. A última ave é da família dos psitácidas.

162. Os pássaros que melhor conhecemos, além do que primeiro tratou no capítulo anterior, e torna a ocupar-se, são: o *sabiapoca* ou *sabiá-da-praia*, que Spix denomina *Turdus rufiventer*, e do qual diz (p. 69 do texto) ser "*cantu melódico uti philomela europaea insignis*", e o *querejua* ou *crejoá* que é a *Ampelis cotinga* de Lineu.

163. *Nhapupé* é o *Tinamus rufescens* de Temnink. A *saracura* pertence ao gênero *Rallus*; Spix descreve-a como *Galinula saracura*. *Oru* é o *Trogon sulphureus* de Spix, o *anu* (que Moraes diz *anum*), o *Crolophaga ani* de Lineu. Segue-se a *Ardea maguari* de Vieill, e talvez um *Tinamus*, vários *Turdus*; e conclui-se o capítulo com um trepador pica-pau (*Picus*), manifestamente o que Spix denominou *P. albirostris*, e que, segundo Cuvier julga, tem analogia com o *P. martius* de Lineu.

164. Ocupa-se o autor se dar notícia geral dos ortópteros e lepidópteros. No *Dic. bras.* (p. 42) lemos *tucuna*, e em Abbeville (fol. 255 e 255v.) *pananpanam* e *arara*.

165. Seguem vários himenópteros da família melífera. Da *canajuba* trata Baena (*Corog.*, p. 121) e da *copueruçu*, Carvalho (cap. 351) e Piso (p. 287), que também se ocupa da *taturama* (p. 289).

166. Outros da família diptóptera de Latreille — e alguns dípteros etc. — Abbeville escreve (para ser lido por franceses), *lururugoire* e *merou* ou *berou* por *terigoá* e *meru*, p. 167.

167. Mais dípteros, um ortóptero e um coleóptero da família dos longicórnios de Latreille, ou cerambicinos de Lamk.

168. *Tapir-eté* ou simplesmente *tapir* era o nome que davam os indígenas ao conhecido paquiderme *Tapir americanus*, que Buffon descreve no tomo undécimo de sua obra (Edic. de 4º, p. 464). — Os castelhanos lhe chamaram *ante* e *danta* e os portugueses *anta*, porque designavam a esse tempo com tal nome (derivado do arábico, que é semelhante) o búfalo (*Bos bub alus* de Lineu) que havia na África e no sul da Europa, e cujas peles curtidas de cor amarela, que muito se empregavam nos vestuários e armaduras no século xvi, puderam substituir pelas do nosso tapir, com mais vantagem ao menos no preço. A resistência das couras de anta à estocada era proverbial.

169. *Jaguareté* ou *jaguar-verdadeiro* é a *Felis onca* de Lineu.

170. Há talvez engano em supor um animal *Felis* habitador dos rios ou anfíbio; no tamanho das presas também deve haver engano, pois não podem ser de um palmo.

171. Julgamos mais acertado não querer reduzir, sem bastante segurança, as três espécies de cervos de que se ocupa Soares, se bem que uma nos pareça o *C. rufus* de Cuvier, e outra o *C. tenuicornis* de Spix.

172. Ocupa-se o autor do *tamanduá-açu* ou *Myrmecophaga jubata*. Segue-se talvez uma espécie de *aguarachaí* ou *Canis azaroe*; e depois o quati, espécie de *Nasua*, o maracajá ou *Felis tigrina* e o *seriguê* ou gambá, que no Rio da Prata chamam *micuré*, espécie do *Didelphis* de Lineu. Gandavo (fl. 22v) escreveu *cerigoês* e Vasconcelos (Liv. 2º, not. 101) *çarigué*. — Ao bolso do abdome chamavam os indígenas *tambeó*.

173. *Jaguarecaca* (talvez antes *jaguatecaca*) diz Soares ter sido o nome do conhecido *Mephitis foeda* de Ill., que Cazal (i, 64) designou por *Jaraticaca*.

174. Os paquidermes que se descrevem todos parecem *dicotyles* e nenhum *sus*. Deixemos a redução das espécies aos que tenham à vista bons exemplares adquiridos nas imediações da Bahia. — Os nomes nos manuscritos não sofreram adulteração; mas hoje alguns variam em *caititu*, *taiatitu* e *tiririca*.

175. Poucas palavras terão sofrido entre nós mais variedades na ortografia do que a da *capivara*, que assim se pronuncia e escreve hoje quase geralmente o nome do *Hydrochoerus capibara* de Cuvier. Os outros anfíbios não podemos determinar só pelos nomes: um pode ser a *Mustela lutra brasiliensis*; os outros, talvez, *Viverras*.

176. Chama se *tatu-açu* ao *tatu-aí* ou *Dasypus unicinclus*; *tatu-bola* é o *D. tricinctus*; os dois últimos parecem ambos da espécie *D. novemcinctus*.

177. As pacas e cotias bem conhecidas são, assim do vulgo como dos naturalistas. — *Cotimirim*, ou antes, *coatimirim* é o estimado *caxinguelê*, do gênero *Sciurus*.

178. O capitulo 104 dá razão de cinco animais da ordem dos quadrumanos, cada um de seu gênero. O guipó é *Callitrix*; o guariba, *Mycetes*; os saguis da Bahia, *Jacchus*; os do Rio, *Midas*; e os anhangás ou diabos são evidentemente *Nocthora*.

179. Se o autor andou tão sistemático no capítulo que acabamos de comentar, não sucedeu assim no imediato, onde ajuntou vários animais mui diferentes: *saviá* (ou talvez *sauiá*) e seus compostos *S. tinga* e *S. coca*, são espécies dos gêneros *Mus* e do *Kerodon* de Neuwied. — *Aperiás* são os *preás* ou *Anoema cobaia* L.; *Tapotim* é a *Lepus brasiliensis* de Gmelin; e *jupati* um marsupial, provavelmente a denominada marmota (*Didelphis murina*).

180. Para não interrompermos o pouco que nos falta da classe dos mamíferos, não nos deteremos com largo exame no capítulo em que Soares dá notícia de alguns répteis do gênero *Emys*, e talvez de mais algum da família dos quelônios. O nome brasílico *jabuti* já está também consignado nos tratados da ciência zoológica, e nos museus do Universo.

181. A preguiça (gênero *Bradypus* de Lineu) é pelo jesuíta Vasconcelos denominada (Liv. 2º, nº 100) *Aig*. — *Haût* dizia Thevet.

182. Não sabemos como entende Soares que *jupará* ou antes *jurupará* queira dizer noite. *Juru* significa "boca" e noite ou escuro traduz-se por "pituna". Sabemos que existe ainda nas nossas províncias do norte um animal daquele nome, que se caça de noite, quando vem comer fruta em certas árvores, e que em algumas terras lhe chamam *jurupari*. Este nome quase equivalia entre os indígenas ao de *Anhangá*. Assim talvez o animal seja algum gênero *Nocthora* (com. 178). O *cuandu, cuim* e *queiroá* são espécies de *Hystrix*.

183. Enceta-se uma das ordens dos répteis com a jiboia, mui propriamente chamada *Boa constrictor*. Atualmente há duas delas vivas no nosso museu. Veja-se a dissertação sobre ofiologia do Sr. Burlamaque na Biblioteca Guanabarense, que publica os trabalhos da "Sociedade Velosiana" (agosto de 1851).

184. São conhecidos os ofídios de que trata o capítulo. Ao último chamou Abbeville *Tarehuboy*, e Baena (*Cor. do Pará*, p. 114), *tarahiraboia*.

185. Hoje diz-se vulgarmente jararaca (*Trigonocephalus jararaca* (Cuv.). A *ububoca* ou coral, pelo nome deve ser a *Elaps marcgravii* de Spix.

186. O nome de *boicininga* caiu em desuso e só ficou o de cascavel (*Crotalus cascavella*). Os quiriguanos chamavam-lhe *emboicini* ou *boiquirá*; assim como, segundo J. Jolis (*Saggio del Chaco*, p. 350), chamavam *boitiapó* à que Soares diz *boitiapoia*, mais conhecida por "cobra-de-cipó" talvez pelo uso dos indígenas de açoitarem com ela, pelas cadeiras, a suas mulheres quando lhes não davam filhos. *Ubojara* é naturalmente a *Coecilia ibiara*, Daud, p. 63 e 64.

187. *Trigonocephalus surucucu* chama Cuvier ao ofídio que em vulgar designamos com este último nome. — O ubiracoá parece a *Natrix punctatissima* de Spix. Os outros são talvez espécies de *Xiphosoma*. *Urapiagara* ou *Guirapiagara* quer dizer "comedora dos ovos dos pássaros"

188. Na ordem dos sáurios menciona Soares um jacaré que, como se sabe, é do gênero da família dos crocodilos. — Sanambus e tijus (ou teiús) são *iguanas. Anijuacanga* talvez seja adulteração de *teju-acanga*.

189. Trata-se de alguns anfíbios da família *Ranidae* — O sapo é o *Pipa cururu* de Spix. *Juí-giá* quer dizer "rã do gemido", e por este nome é hoje conhecido em algumas províncias este batráquio.

190. Não sabemos individuar os ápteros miriápodes que Soares descreve neste capítulo, por nossa míngua de conhecimentos entomológicos, e falta de coleções que nos sirvam de guia. Piso (p. 287) escreve *ambuá*.

191. Outro tanto dizemos acerca dos pirilampos ou vagalumes que devem, naturalmente, pertencer, como os que conhecemos, à ordem dos coleópteros. Piso (p. 291) disse *memoá*.

192. Da classe aracnídea trata-se no capítulo 118, bem como dos articulados do gênero *Scorpio, Mygala* etc.

193. Não nos foi possível encontrar coleções contendo os himenópteros tratados nos quatro capítulos que seguem. Abbeville (fol. 255 v.) chama *Ussa-ouue* à formiga saúva ou tocantera.

194. A palavra *goajugoaju* parece-nos não ter sofrido adulteração; é uma *Formica destrutrix*.

195. O *Dicionário* de Moraes anda falto de um acento na segunda sílaba da palavra *içás*.

196. *Taciba* é em geral a palavra para dizer formiga na língua guarani.

197. *Copi* ou *cupim* é o conhecido *Termes fetale* de Lineu (Cuvier, t. 3°, p. 443). Neste capítulo há no nosso texto melhoramentos de variantes importantes.

198. Abbeville (fol. 256) chama *tou* ao que Soares e o pe. Luís Figueira (*Gram.*, p. 48) dizem *tunga*, e *Attun*, Hans Staden. É a *nigua* dos espanhóis, e *chique* dos franceses (Labat., *Viag.*, 1724; T. 1°, p. 52 e 53).

199. O nome *pirapuã* dado pelos indígenas ao cetáceo baleia pode traduzir-se por "peixe redondo" ou "peixe-ilha".

200. Segundo nos informa o Sr. Maia, não consta que o espadarte frequente hoje a nossa costa. E se nunca a frequentou é ele de opinião que o de que Soares trata seja antes o *Histiophorus americanus* de Cuv. O peixe monstro de que se faz menção seria naturalmente algum cachalote de extraordinário tamanho.

201. A ideia de homens marinhos era familiar aos índios. Gandavo (fol. 32) dá notícia deles, com o mesmo nome que Soares, apenas diversamente escrito, *hipupiara*. O pe. João Daniel, no *Tesouro do Amazonas* (P. 1ª, cap. 11) também se mostra, em tal assunto, crédulo. — Soares não pôde ser superior ao que terminantemente ouvia afirmar, e ao seu século; pois que era ideia antiga também na Europa, com as sereias etc. Bem conhecida é a passagem de Dante, tantas vezes citada:

Che sotto l'acqua è gente che sospira,
E fanno pullular quest'acqua al summo.

As assaltadas de que se faz menção seriam talvez obra de tubarões ou de jacarés, uma vez que por ali não consta haver focas.

202. Trata o cap. 128 de peixes dos gêneros *Pritis, Squalus* etc. Romeiro é o *Echenes remora* de Lineu. Abbeville (fol. 245 v.) escreveu *Araouaova*, e Thevet (*Singul.*, fol. 133, e *Cosmogr.*, fol. 967 v.), *Houperou*, o que comprova a exatidão nos termos *Aragoagoary* e *Uperu* de Soares, atendida naqueles a ortografia francesa.

203. *Coaraguá* ou *Guarabá* (*Dic. bras.*, p. 60) é conhecido cetáceo do gênero *Trichechus*.

204. O *beijupirá*, sem questão o mais estimado peixe do Brasil, como assevera Soares, é o escomberoide antes denominado *Centronotus*, e hoje classificado como *Elacate americana* (Cuv. e Val., *Hist. des Pois.*, 8.334). Olho-de-boi (que deve ser algum *Thinnus*) diz-se em guarani *Tapir-siçá*. Do *camoropi* tratam Laet (p. 570), Lago (p. 62), Abbeville (fol. 224), Gandavo e Pitta (p. 42).

205. Ainda que sejam mui nomeados os peixes que Soares reuniu no capítulo 131, confessamos que deles só conhecemos a cavala, escomberoide do gênero *Cybium* (Cuv. e Val., *Hist. des Pois.*, tom. 8º, p. 181).

206. Melhor acertamos acerca dos peixes cartilaginosos. *Panapaná* (nome que também nos transmitem Thevet e Abbeville) é a *Zygena malleus* de Vallenciennes, gênero da família dos *Squalidae*, bem como os cações. Os bagres são *Siluridae*, talvez do gênero *Galeichthys* e *Pimelodus*. Piso trata deles com nomes análogos, *curuí* e *urutu*. *Caramuru* é um ciclóstomo, talvez *Petromyzon*. As arraias do Brasil são de vários gêneros: *Raia, Pastinaça* e *Rhinoptera*; e os nossos pescadores desta parte da costa as distinguem com as denominações de Santa, Barboleta e Manteiga, Ticonha, Boi (a negra), Treme-treme etc. Jabibira é significado que se confirma no *Dicionário brasílico*, p. 66.

207. Preparemo-nos para encontrar em um capítulo peixes muito dessemelhantes entre si. Vereis ao lado de algum *Lobotes* (?) um *Thynnus*, uma *Coryphena*, um *Scomber*, um *Serranus*, um *Elops*. Julgamos o roncador dos cienidas, as agulhas dos esocidas, o peixe-porco dos balistidas e este último mui provavelmente *Monocanthus*. Quanto aos nomes indígenas, temos por exatos todos os do nosso texto. *Guaibi-coara* explica a denominação que menciona Piso (p. 56), porquanto guaibi ou guaimim (segundo escreveu o autor do *Dicionário brasílico*) quer dizer "velha". *Jurucuá* é, segundo Piso, o nome das tartarugas, que Soares teve a lembrança pouco feliz de arrumar neste capítulo.

208. De novo atende Soares a outros peixes, como se juntos tivessem saído de um lanço de rede. Trata-se primeiro da *Mugil albula* de Lineu, que é dos mais abundantes da nossa costa. O peixe-galo em questão é do gênero

Argyreyosus ou do *Blepharis*, ou de algum dos outros que constituíam o Zeus de Lineu, os quais se podem compreender na famílias dos escomberoides. *Pororé* é o nome que significa "enxada", porém a enxada-peixe, ou peixe-enxada, é da família quetodôntida, e do gênero *Ephippus*, quanto alcançam nossos exames. A coirimá ou corimá pertence ao citado gênero *Mugil*. Arobori deve ser dos *Clupidas*, e carapeba do gênero *Sciena*.

209. Jaguariçá é naturalmente da família dos ciprínidas; piraçaquê do gênero *Conger*. O bodião é peixe diferente, segundo os países. O nome *atucopã* verifica-se pelo de *oatucupá*, que se dá o *Dic. bras.* (p. 62) para a pescada. A palavra *guaibi-quati* tem o que quer que seja que ver com "velha" (com. 207).

210. Uramaçá ou aramaçá segundo os que seguem Marcgraf, é do gênero *Pleuronectes*. Aimoré parece um *Lophius*. O baiacu é um *Tetraodon* e o piraquiroá um *Diodon*. Estes dois peixes da família gimnodôntida servem de confirmar a propriedade que guardavam os guaranis em suas denominações: ao baiacu, que ainda hoje serve de proverbial comparação para os que imitam a rã da fábula, designarem eles por sapo; e piraquiroá, traduzido ao pé da letra quer dizer peixe-ouriço ou peixe-porco-espinho, nome dado pelos pescadores. Concluiremos o que temos a dizer sobre o cap. 136, depois de parar algum tempo admirando Soares a descrever a *Malthea Vespertilio*, que tão frequente é em nossas águas, com o nome de morcego-do-mar. Foi com um exemplar preparado, que tem o nosso Museu do Rio de Janeiro, e depois com outro que

se acabava de pescar, à vista, que tivemos bem ocasião de admirar o gênio observador e talento descritivo de Soares. *Vacupuá* é seguramente adulteração de *Baiacu-puá*.

211. Deixamos para os que venham a fazer *ex-professo* estudos sobre a nossa ictiologia, tão pouco estudada até agora, os exames que não nos é possível ultimar acerca da doutrina deste capítulo, além do muito que deixamos nos capítulos já comentados. O de que tratamos conclui com um crustáceo bem conhecido.

212. Seguem outros crustáceos. *Uçá* é o *Cancer uca* de Lineu ou *Ocypode fossor* de Latr.

213. Mais crustáceos do gênero *Cancer, Grapsus* etc. O uso já admitiu a pronúncia e ortografia de *siri* com preferência a todas as outras. O nosso autor dava-lhe novo cunho de autoridade.

214. *Leri* é o nome genérico da ostra, e ainda nos lembramos da graça que os tamoios acharam ao francês Lery de ter um nome como o deles. Abbeville (fol. 204) diz *Rery*, e desta maneira de pronunciar (mais exata visto que segundo Soares os indígenas não tinham o L de Lei) veio Reritiba (Vasconc. not. 59).

215. Os testados de que trata Soares são conhecidamente *Anodon, Unio, Mytilus*.

216. Descrevem-se a *Amputaria gigas* de Spix, alguns *Bulimus, Helix* etc. Os nomes indígenas notam-se variantes dos do texto acadêmico, que traz o *Papesi, Oatapesi* e *Jatetoasu* diferentes.

217. Compreende o capítulo vários equinodermos, parenquimatosos, pólipos etc.

218. São-nos mui familiares os nomes e o gosto dos peixes lembrados no cap. 144, os quais se encontram nos rios do sertão; mas, sem exemplares à vista, não queremos arriscar opinião sobre o lugar que eles ocupam na ictiologia, sendo mui natural que pela maior parte estejam por classificar; ainda assim, conservamos lembrança da forma petromizonida dos muçus; da ciprínida das traíras; da silúrida dos tamuatás; da pérsida dos ocris etc.

219. Vêm de novo alguns testáceos e crustáceos: são *Anodon*, *Helix*, *Unio* etc., de água doce.

220. O texto da Academia nomeava *Goachamoi* o que em outros códices lemos *Guoanhamú*; hoje dizemos *ganhamu*.

221. Não havia, e insistimos ainda nesta ideia, no Brasil, nação tapuia. Esta palavra quer dizer "contrário" e os indígenas a aplicavam até aos franceses, contrários dos nossos, chamando-lhes *tapuytinga*, isto é, *tapuia branco* (veja-se o *Dic. bras.*, Lisboa, 1795, p. 42). Antigamente, no Brasil, como atualmente ainda no Pará, chamava-se tapuia ao gentio bravo; e tapuia se iam chamando uns aos outros, os mais aos menos civilizados. Quando os tupis invadiram o Brasil do norte para o sul (e não do sul para o norte, como pretendeu Hervas e com ele Martius), chamaram *tapuias* às raças que eles expulsaram. Os tupis, que a si se chamavam tupinambás, ou tupis abalizados, foram logo seguidos de outros de sua mesma raça, que se chamavam tupinambás, e deram aos vencidos que empurraram para

o sul e para o sertão o nome de *tupi-ikis* e de *tupin-aem*, isto é, tupis laterais e tupis maus, como já dissemos (com. 39).

222. O fracionamento crescente da raça túpica, que se estendia por quase todo o Brasil, na época do descobrimento, era tal que não exageram os que creem que, a não ter lugar a colonização europeia, a mesma raça devia perecer assassinada por suas próprias mãos; como quase vai sucedendo nestes matos virgens, em que temos índios bravos fazendo-se uns aos outros crua guerra. Sem a desunião da raça tópica nunca houvera uma nação pequena como Portugal colonizado extensão de terra tão grande como a que vai do Amazonas ao Prata. Os primeiros colonos seguravam-se na terra à custa desta desunião, protegendo sempre um dos partidos, que com essa superioridade ficava vencedor, e se unia aos da nova colônia, mesclando-se com ela em interesses, e até em relações de parentesco etc. Às vezes, chegavam a fomentar a desunião política, o que não deve admirar quando vemos que isto ainda hoje é seguido, e que nações, aliás poderosas, não conquistariam muitas vezes nações fracas, se dentro destas não achassem partidos discordes em quem pudessem encontrar ponto de apoio sua alavanca terrível.

223. O nome indígena do termo da Bahia deve estar certo, porquanto os jesuítas o repetem, escrevendo-o *Quigrigmuré*. Cremos ser a mesma Bahia o local a que se quis referir Thevet (fl. 129) com o nome de Pointe de *Crouestimourou*. Não andaria, porém, já neste nome a ideia da residência do Caramuru?

224. Neste capítulo confirma Soares que o nome dos indígenas, antes de se dividirem, era o de tupinambás; e que falavam geralmente a mesma língua por toda a costa, e tinham os mesmos costumes etc.

225. O principal cacique dos tupinambás tinha (e tem ainda) entre eles o nome de *morubixaba*. No nosso museu há o retrato de um de Mato Grosso todo vestido de gala, e que no batismo se chamou (como o governador) José Saturnino.

226. A respeito da condição da mulher entre os tupinambás consulte-se o que diz o pe. Anchieta (Tom. l.º da 2ª S. da *Rev. do Inst.*, p. 254). Esse escrito de Anchieta devemos à bondade do nosso amigo o Sr. Dr. Cunha Rivara, bibliotecário de Évora, e que tantos outros serviços tem prestado às letras brasileiras.

227. As axorcas usadas pelas mulheres eram denominadas como diz o nosso autor, pois que o confirma Abbeville escrevendo (fl. 274) *tabucourá*.

228. Os primeiros apelidos derivavam, entre os tupis, segundo Soares, 1º de animais, 2º de peixes, 3º de árvores, 4º de mantimentos, 5º de peças de armas etc. É o que sucede por toda a parte com a raça humana. Nos nossos mesmos nomes não acontece isso? Vejamos: 1º, Leões, Lobos, Coelhos, Cordeiros, Carneiros, Pacas etc.; 2º, Sardinhas, Lampreias, Romeiros etc.; 3º, Pinheiros, Pereiras, Titara etc.; 4º, Leites, Farinhas, Trigos, Cajus etc.; 5º, Lanças, Couraças etc. O que dizemos dos nossos nomes pode aplicar-se aos ingleses, franceses, alemães etc.

229. *Metara* era o nome indígena dos botoques da cara; às vezes tinham a forma de uma bolota grande; outras vezes eram como uma muleta em miniatura. É claro que, com tais corpos estranhos na boca e nas faces, a fala dos gentios se dificultava, ou, antes, era mais difícil entendê-los, nem que tivessem a boca cheia, como diz Thevet. Quando tiravam o botoque saía a saliva pelo buraco, e por graça deitavam eles às vezes por ali a língua de fora. Temos visto botoques de mármore, de âmbar e de cristal de rocha.

230. O bicho em questão de pele peçonhenta é descrito por Soares no cap. 66, sob o nome de *socaúna*.

231. O parentesco mais prezado deste gentio depois do de pai a filho, era o de tio paterno a sobrinho. Pelo sangue de mãe não havia parentesco, o que também era admitido entre os antigos egípcios. Os romanos também faziam grande diferença entre o parentesco dos tios paternos e maternos, distinguindo *patruus* de *avunculus*, e sendo aquele o segundo pai, padrinho ou preceptor nato. Assim, a ideia de *fraternidade*, de que o Evangelho se serviu e se servem hoje os filantropos como protótipo dos sentimentos da piedade e caridade, não era o que grassava entre essas raças; e, na verdade, já desde Caim e Abel, os irmãos, por via de rivalidades cotidianas, nem sempre são modelos de sentimentos puros, caridosos e pios, que o cristianismo quis simbolizar com a fraternidade. Os tupis davam preferência ao parentesco do patruísmo, e diziam-se por ventura uns aos outros, tios, como nós hoje em comunhão social nos dizemos irmãos. Na Espanha e

Portugal, e mesmo entre nós, no sertão, ainda se chama *tio* a qualquer homem do campo ou do mato a quem se não sabe o nome; *irmão* diz-se aos pobres, quando se lhes não dá esmola, e *pai* ou *paizinho* aos pretos, sobretudo quando velhos. Temos ideia de haver lido que o uso antigo de chamar-se a gente por tios procede do tempo dos fenícios e dos egípcios. Sendo assim, teríamos nestes fatos mais um ponto de contato para a possibilidade de relações de outrora entre o Egito e América, acerca do que Lord Kingsborough apresentou tantas probabilidades. É certo que a mesma expressão *tupi* quer dizer tio, segundo Montoya, e pode muito bem ser que o nome que hoje damos à raça, não signifique senão tios; assim, *tupi-mbá* significaria os tios boa gente; *tupi-aem* os tios maus; *tupi-ikis* os tios contíguos etc. Os nossos africanos ainda se tratam mutuamente por tios. E talvez não só em virtude do uso europeu, como do dos tupis, e quem sabe se mesmo deles africanos. Não faltará quem ache estas nossas opiniões demasiado metafísicas; mas não são filhas de dúvidas que temos, e publicando-as não fazemos mais que levá-las ao terreiro da discussão.

232. Segundo Thevet (fl. 114 v.) para fazer o sal ferviam a água do mar até engrossá-la e ficar ela em metade, e tinham então uma substância com que faziam cristalizar esta calda salitrosa.

233. O *timbó* e o *tingui* são o trovisco do Brasil. — Quanto à criação de animais e pássaros domésticos, era ela anterior à colonização, porquanto já na carta de Pero Vaz de

Caminha se lê que com isso se ocupavam os das aldeias vizinhas a Porto Seguro.

234. Recomendamos a leitura deste capítulo 160 aos que sustentam o pouco préstimo do nosso gentio, que por "filantropia" estamos deixando nos matos tragando-se uns aos outros, e caçando os nossos africanos (a que chamam "macacos do chão") só para os comer!

235. O uso de comer terra e de mascar barro é coisa ainda hoje vista entre alguns caboclos e moleques.

236. Também chamamos a atenção sobre este capítulo. Tal é a magia da música e da poesia que a apreciam até os povos sepultados na maior brutalidade.

237. Quanto aqui se relata é confirmado por Lery, Thevet, Fernão Cardim e mais viajantes antigos. *Ereiupê* era o salamaleque da raça tupi.

238. Cangoeira de fumo era nem mais nem menos do que um cigarro monstro cuja capa exterior se fazia de folha de palmeira, em lugar de ser de papel, ou de folha de milho ou do mesmo tabaco.

239. O uso de curar feridas com fogo debaixo de si foi advertido por Pero Lopes, quando diz que se curavam *ao fumo*. O último parágrafo deste capítulo não se encontra no texto da Academia.

240. O apuro dos sentidos entre os indígenas é proverbial: e ainda nos tempos modernos se vê confirmado por todos os viajantes que têm visitado as cabildas errantes em nossas matas.

241. Em vez de *tajupares* escreveu o autor do *Dic. bras.* (p. 21) *tejupaba*, e Abbeville (fol. 3 v. e 121) *aiupawe*.

242. *Caiçá* era o nome do tapigo, tapume silvado ou sebe, que fazia a contracerca ou circunvalação das tranqueiras ou palancas. É palavra que se encontra três vezes na *Relação da tomada da Paraíba* do pe. Jerónimo Machado. *Cazia* diz o texto acadêmico.

243. Como tipo da eloquência guerreira indígena eram consideradas as declamações do célebre principal Quoniambebe, de quem trataremos em outra ocasião.

244. O apelido de nascença, de que tratamos (com. 228), só servia aos indígenas enquanto por alguma façanha não conquistavam outro mais honroso. Pode-se dizer que com este segundo nome ficavam titulares. Para memória dos novos títulos sarjavam o corpo de riscos indeléveis; o que era honra de que só usava quem a conquistava. Eram os riscos como uma farda ou condecoração, que promoveram o riso, quando trazidos por quem não as houvesse de direito.

245. *Mazaraca* dizia aqui, em vez de *muçurana*, o texto acadêmico. As relações dos prisioneiros com as gentias, que lhes davam por companheiras, poderiam talvez explicar a salvação de alguns. Deste modo encaramos o assunto do Caramuru como romance histórico.

246. Era para o gentio reputado vil covardia do prisioneiro o não afrontar a morte com arrogância, e o não exalar o último suspiro com alguma afronta contra os vencedores. Assim os indígenas deviam fazer triste ideia dos cristãos quando eles pediam a Deus a misericórdia na hora da morte, ou faziam alguma outra súplica. Foi por isso que a Câmara da Bahia, representando ao rei contra a ineficácia das Ordens régias de se levarem os mesmos indígenas por meios de brandura, disse que eles não agradeciam esses meios brandos, antes se enfatuavam mais com eles, imaginando que provinham do medo. — "Se v. Alteza quiser tomar informações por pessoas que bem conheçam a qualidade do gentio desta terra, achará que por mal, e não por bem, se hão de sujeitar a trazer à fé: porque tudo o que por amor lhes fazem atribuem é com medo e se danam com isso." — O mesmo assegura Thevet na sua *Cosmog.*, fol. 909, falando dos antigos tupinambás ou tamoios do Rio de Janeiro: "Et estiment celuy là poltron, et lasche de coeur, lequel ayant le dessus de son ennemy, le laisse aller sans se venger, et sans le massacrer". É o que ainda sucede com os dos nossos sertões. Os bugres recebem presentes de ferrinhos que no ano seguinte enviam contra o benfeitor mui aguçados, nas pontas de suas flechas; ou assassinam aqueles que, depois de lhes fazer presentes, neles confiam. Ainda temos na ideia o horror que nos causou o assassinato do sertanista Barbosa e seus dois companheiros, descrito em um número anterior (nº 19) da *Revista do Instituto.*

247. *Embagadura* é o nome do punho da espada tangapema; acha-se repetido neste *Tratado*, no cap. 80.

248. *Moquém* (de onde derivou o nosso verbo *moquear*) é a mesma expressão que na América do Norte se converteu em *boucan*, de onde veio bucaneiro.

249. Por este capítulo 175 vemos que entre os tupinambás da Bahia só os moços iam à cova dentro de talhas pintadas (*igaçabas* ou *camucins*); falta, pois, examinar se essas múmias acocoradas que se têm encontrado em talhas contêm cadáveres que se possam julgar de pessoas adultas.

250. Algumas particularidades narradas por Soares têm analogia com o que praticava a antiguidade, tanto no que respeita ao carpir os mortos, como ao desamparar ou matar os doentes em perigo.

251. O pequeno mui alvo de que dá notícia Soares, quanto a nós, é o caso de um albino na raça tupinambá. Não temos notícias de outros fatos ou exames a tal respeito. A frequência e familiaridade com que Soares se serve já em seu tempo da palavra *mameluco* faz-nos crer que ela foi adotada no Brasil com analogia ao que se passava na Europa. Sem nos ocuparmos da etimologia dessa palavra (que é árabe, língua que não conhecemos) nem das acepções diferentes em que foi tomada, sabemos que nos séculos XV e XVI chamavam vulgarmente na Espanha, e talvez também em Portugal, mamelucos os filhos de cristão e moura ou de mouro e cristã. O nome brasílico para mestiço era *curiboca*, que hoje se emprega noutra acepção.

252. *Tabuaras* dizem algumas cópias, em vez de tapuras, o que pouco dista de tapuias. Abbeville (fol. 251 v.) é de parecer que *tabaiares* quer dizer "grandes inimigos"; assim será, mas não se confunda com *tabajaras*, que quer dizer *os das aldeias* ou *os aldeões*. Talvez o nome em questão se devesse ler antes *tapurá*, e neste caso seria quase o mesmo que *tubirá* ou *timbirá*, que ainda hoje se dá a uma nação do sertão; *timbirá* é nome injurioso, como "patife"

253. Pelo que nos revela Soares a invasão dos Tupinaes devia ser muito numerosa, porquanto se diz que eles "andavam correndo toda a costa do Brasil" antes da vinda dos tupinambás.

254. Amoipiras quer dizer "os parentes cruéis", *Amôig*, parente (*Tesoro* de Montoya, fol. 32 v.) e *Pira*, cruel (fol. 297 v.). Merece, pois, quanto a nós, menos crédito a etimologia de Soares de um chefe chamado Amoipira.

255. O que Soares conta da indústria dos Amoypiras é aplicável em tudo ao que praticava o mais gentio antes de comunicar com os europeus. No nosso Museu da Corte e no do Instituto Histórico se guardam vários utensílios em tudo primitivos. As folhas dos machados eram umas cunhas de pedra esverdeada, como de sienito ou diorito, bem que pela dureza se deviam julgar de pórfiro. — De pedra usavam também grandes bordões, como as alavancas ordinárias, que lhes serviriam de arma ofensiva, e a perfeição como são feitas basta para caracterizar a paciência dos artistas, que não usavam de metais, nem de mós.

256. Vasconcelos (p. 146 e 148) dá notícia de outra nação de *igbiraiaras*, a que os nossos chamavam bilreiros, no sul do Brasil. Temos de novo que lastimar a credulidade do século: agora são mulheres de uma só teta, que pelejavam como amazonas.

257. Soares, com seu espírito penetrante, explica a verdadeira causa da vitória dos estrangeiros tupis contra as antigas raças que habitavam o nosso território pela desunião delas entre si: "Por onde se diminuem em poder para não poderem resistir a seus contrários, com forças necessárias, por se fiarem muito em seu esforço e ânimo, não entendendo o que está tão entendido, que o esforço dos poucos não pode resistir ao poder dos muitos".

258. O nome de *maracás* procedeu, talvez segundo muito bem nos lembra o nosso erudito amigo Sr. Joaquim Caetano da Silva, de temerem eles com a fala e imitarem, com isso, a bulha dos maracás.

259. Alude Soares, e só por informações gerais, a todo gentio que habitava as terras das hoje províncias de Goiás, Mato Grosso e Pará.

260. Os habitantes das serras do sertão que viviam como trogloditas seriam naturalmente os parecis.

261. A rocha que tanta admiração causa ao autor é talvez alguma de formação secundária ou terciária, abundante de incrustações.

262. As pedras de alfebas são, naturalmente, produtos zoófitos. Com as *formas* feitas de barro, sem ser louça nem telha e tijolo (se não houver erro dos copistas), queria talvez Soares designar os potes, cântaros etc.

263. Dá uma ideia da prosperidade da Bahia em 1587 o haver aí 240 carpinteiros e cinquenta tendas de ferreiros, com seus obreiros.

264. Da árvore *camaçari* tratou suficientemente Soares no cap. 67. — Cremos que até hoje não se tem ninguém aproveitado de sua lembrança para fabricar dela alcatrão e mais produtos resinosos, como a terebentina, breu e o competente ácido pirolenhoso ou água-russa.

265. A palmeira, de cujas *barbas* diz Soares que se faziam amarras, era a conhecida *piaçaba*, nome que em Portugal se adotou, pronunciando-o *piaçá*.

266. *Adargoeiro* é talvez a árvore africana que hoje se diz dragoeiro, que dá o sangue-de-drago; e o nome dragoeiro anda corrompido se acaso a madeira da árvore serviu alguma vez para adargas.

267. Soares, levado de bons desejos, acreditou na existência de minas de aço, e imaginou porventura que o aço se tirava em Milão da rocha, já pronto. Quanto ao que diz do cobre nativo, não tardou que os fatos o confirmassem, a ponto que de junto da Cachoeira saiu um dos maiores pedaços de cobre nativo conhecidos, qual é o que se guarda na História Natural de Lisboa.

268. Já dá Soares notícia que no seu tempo vinham do sertão, de mistura com o cristal, "pontas *oitavadas* como diamantes, *lavradas pela natureza*, de muita formosura e resplandor". Não teremos aqui a primeira notícia de diamantes no sertão da Bahia? — Quanto às pedras verdes dos beiços, que se tiravam das montanhas, já delas faz menção Thevet (fol. 121) em 1557. Cabral viu já dessas pedras em 1500, segundo Caminha.

269. As esmeraldas descobertas no século XVI seriam naturalmente as turmalinas. Thevet (*France antarctique*, fol. 63) diz ter visto pedras que se podiam julgar verdadeiras esmeraldas. As rochas eram evidentemente de ametista ou quartzo hialino violeta, cuja abundância em nossos sertões é tal que foi causa de que baixassem de preço no mercado tais pedras.

270. Soares, não contente com ter inculcado a um valido de Filipe II a grande importância do Brasil (no livro que por vezes ele denomina francamente de *Tratado*) receoso que essa corte, onde só se atendia às riquezas do Peru e à guerra aos hereges, não se comovesse senão por aliciantes análogos, conclui sua obra com asseverar: 1º, que das minas do Brasil poderiam quase, sem trabalhos nem despesas, tirar mais riquezas do que das Índias Ocidentais; 2º, que se não cuidavam do Brasil e os luteranos viessem a saber o que por cá havia, não tardariam em se assenhorear da Bahia, e se o chegassem a efetuar muito custaria botá-los fora.

Estas duas verdades proféticas fariam, só por si, a reputação de um homem, ainda quando ele não houvesse escrito, como Soares, um *Tratado* verdadeiramente enciclopédico do Brasil. Os holandeses vieram na América vingar-se de Filipe II e do seu Duque de Alba, e as minas de Minas inundaram o universo, do século passado para cá, de ouro e diamantes. Do homem superior que tinha entregue grande parte de seu tempo a observar, a meditar e a escrever, nenhum caso naturalmente se fez. O seu livro esteve quase dois séculos e meio sem publicar-se, e o autor naturalmente depois da dilação (como ele diz) de seus requerimentos em Madri, veio a passar vida tão obscura que nem é sabido quando, nem onde morreu. Assim aconteceu também, e ainda outro dia, ao homem que depois de Soares mais notícias deu acerca do Brasil: ao modesto autor da *Corografia brasílica*.

F. Adolpho de Varnhagen

Rio de Janeiro, 15 de setembro de 1851

HEDRA EDIÇÕES

1. *Iracema*, Alencar
2. *Don Juan*, Molière
3. *Contos indianos*, Mallarmé
4. *Auto da barca do Inferno*, Gil Vicente
5. *Poemas completos de Alberto Caeiro*, Pessoa
6. *Triunfos*, Petrarca
7. *A cidade e as serras*, Eça
8. *O retrato de Dorian Gray*, Wilde
9. *A história trágica do Doutor Fausto*, Marlowe
10. *Os sofrimentos do jovem Werther*, Goethe
11. *Dos novos sistemas na arte*, Maliévitch
12. *Mensagem*, Pessoa
13. *Metamorfoses*, Ovídio
14. *Micromegas e outros contos*, Voltaire
15. *O sobrinho de Rameau*, Diderot
16. *Carta sobre a tolerância*, Locke
17. *Discursos ímpios*, Sade
18. *O príncipe*, Maquiavel
19. *Dao De Jing*, Lao Zi
20. *O fim do ciúme e outros contos*, Proust
21. *Pequenos poemas em prosa*, Baudelaire
22. *Fé e saber*, Hegel
23. *Joana d'Arc*, Michelet
24. *Livro dos mandamentos: 248 preceitos positivos*, Maimônides
25. *O indivíduo, a sociedade e o Estado, e outros ensaios*, Emma Goldman
26. *Eu acuso!*, Zola | *O processo do capitão Dreyfus*, Rui Barbosa
27. *Apologia de Galileu*, Campanella
28. *Sobre verdade e mentira*, Nietzsche
29. *O princípio anarquista e outros ensaios*, Kropotkin
30. *Os sovietes traídos pelos bolcheviques*, Rocker
31. *Poemas*, Byron
32. *Sonetos*, Shakespeare.
33. *A vida é sonho*, Calderón
34. *Escritos revolucionários*, Malatesta
35. *Sagas*, Strindberg
36. *O mundo ou tratado da luz*, Descartes
37. *O Ateneu*, Raul Pompeia
38. *Fábula de Polifemo e Galateia e outros poemas*, Góngora
39. *A vênus das peles*, Sacher-Masoch
40. *Escritos sobre arte*, Baudelaire
41. *Cântico dos cânticos*, [Salomão]
42. *Americanismo e fordismo*, Gramsci
43. *O princípio do Estado e outros ensaios*, Bakunin
44. *História da província Santa Cruz*, Gandavo
45. *Balada dos enforcados e outros poemas*, Villon
46. *Sátiras, fábulas, aforismos e profecias*, Da Vinci
47. *O cego e outros contos*, D.H. Lawrence

48. *Rashômon e outros contos*, Akutagawa
49. *História da anarquia (vol. 1)*, Max Nettlau
50. *Imitação de Cristo*, Tomás de Kempis
51. *O casamento do Céu e do Inferno*, Blake
52. *Cartas a favor da escravidão*, Alencar
53. *Utopia Brasil*, Darcy Ribeiro
54. *Flossie, a Vênus de quinze anos*, [Swinburne]
55. *Teleny, ou o reverso da medalha*, [Wilde et al.]
56. *A filosofia na era trágica dos gregos*, Nietzsche
57. *No coração das trevas*, Conrad
58. *Viagem sentimental*, Sterne
59. *Arcana Cœlestia e Apocalipsis revelata*, Swedenborg
60. *Saga dos Volsungos*, Anônimo do séc. XIII
61. *Um anarquista e outros contos*, Conrad
62. *A monadologia e outros textos*, Leibniz
63. *Cultura estética e liberdade*, Schiller
64. *A pele do lobo e outras peças*, Artur Azevedo
65. *Poesia basca: das origens à Guerra Civil*
66. *Poesia catalã: das origens à Guerra Civil*
67. *Poesia espanhola: das origens à Guerra Civil*
68. *Poesia galega: das origens à Guerra Civil*
69. *O pequeno Zacarias, chamado Cinábrio*, E.T.A. Hoffmann
70. *Tratados da terra e gente do Brasil*, Fernão Cardim
71. *Entre camponeses*, Malatesta
72. *O Rabi de Bacherach*, Heine
73. *Bom Crioulo*, Adolfo Caminha
74. *Um gato indiscreto e outros contos*, Saki
75. *Viagem em volta do meu quarto*, Xavier de Maistre
76. *Hawthorne e seus musgos*, Melville
77. *A metamorfose*, Kafka
78. *Ode ao Vento Oeste e outros poemas*, Shelley
79. *Oração aos moços*, Rui Barbosa
80. *Feitiço de amor e outros contos*, Ludwig Tieck
81. *O corno de si próprio e outros contos*, Sade
82. *Investigação sobre o entendimento humano*, Hume
83. *Sobre os sonhos e outros diálogos*, Borges | Osvaldo Ferrari
84. *Sobre a filosofia e outros diálogos*, Borges | Osvaldo Ferrari
85. *Sobre a amizade e outros diálogos*, Borges | Osvaldo Ferrari
86. *A voz dos botequins e outros poemas*, Verlaine
87. *Gente de Hemsö*, Strindberg
88. *Senhorita Júlia e outras peças*, Strindberg
89. *Correspondência*, Goethe | Schiller
90. *Índice das coisas mais notáveis*, Vieira
91. *Tratado descritivo do Brasil em 1587*, Gabriel Soares de Sousa
92. *Poemas da cabana montanhesa*, Saigyō
93. *Autobiografia de uma pulga*, [Stanislas de Rhodes]
94. *A volta do parafuso*, Henry James
95. *Ode sobre a melancolia e outros poemas*, Keats
96. *Teatro de êxtase*, Pessoa
97. *Carmilla — A vampira de Karnstein*, Sheridan Le Fanu

98. *Pensamento político de Maquiavel*, Fichte
99. *Inferno*, Strindberg
100. *Contos clássicos de vampiro*, Byron, Stoker e outros
101. *O primeiro Hamlet*, Shakespeare
102. *Noites egípcias e outros contos*, Púchkin
103. *A carteira de meu tio*, Macedo
104. *O desertor*, Silva Alvarenga
105. *Jerusalém*, Blake
106. *As bacantes*, Eurípides
107. *Emília Galotti*, Lessing
108. *Viagem aos Estados Unidos*, Tocqueville
109. *Émile e Sophie ou os solitários*, Rousseau
110. *Manifesto comunista*, Marx e Engels
111. *A fábrica de robôs*, Karel Tchápek
112. *Sobre a filosofia e seu método — Parerga e paralipomena (v. II, t. I)*, Schopenhauer
113. *O novo Epicuro: as delícias do sexo*, Edward Sellon
114. *Revolução e liberdade: cartas de 1845 a 1875*, Bakunin
115. *Sobre a liberdade*, Mill
116. *A velha Izerguil e outros contos*, Górki
117. *Pequeno-burgueses*, Górki
118. *Primeiro livro dos Amores*, Ovídio
119. *Educação e sociologia*, Durkheim
120. *Elixir do pajé — poemas de humor, sátira e escatologia*, Bernardo Guimarães
121. *A nostálgica e outros contos*, Papadiamántis
122. *Lisístrata*, Aristófanes
123. *A cruzada das crianças/ Vidas imaginárias*, Marcel Schwob
124. *O livro de Monelle*, Marcel Schwob
125. *A última folha e outros contos*, O. Henry
126. *Romanceiro cigano*, Lorca
127. *Sobre o riso e a loucura*, [Hipócrates]
128. *Hino a Afrodite e outros poemas*, Safo de Lesbos
129. *Anarquia pela educação*, Élisée Reclus
130. *Ernestine ou o nascimento do amor*, Stendhal
131. *Odisseia*, Homero
132. *O estranho caso do Dr. Jekyll e Mr. Hyde*, Stevenson
133. *História da anarquia (vol. 2)*, Max Nettlau
134. *Eu*, Augusto dos Anjos
135. *Farsa de Inês Pereira*, Gil Vicente
136. *Sobre a ética — Parerga e paralipomena (v. II, t. II)*, Schopenhauer
137. *Contos de amor, de loucura e de morte*, Horacio Quiroga
138. *Memórias do subsolo*, Dostoiévski
139. *A arte da guerra*, Maquiavel
140. *O cortiço*, Aluísio Azevedo
141. *Elogio da loucura*, Erasmo de Rotterdam
142. *Oliver Twist*, Dickens
143. *O ladrão honesto e outros contos*, Dostoiévski
144. *O que eu vi, o que nós veremos*, Santos-Dumont

145. *Sobre a utilidade e a desvantagem da história para a vida*, Nietzsche
146. *Édipo Rei*, Sófocles
147. *Fedro*, Platão
148. *A conjuração de Catilina*, Salústio

«SÉRIE LARGEPOST»

1. *Dao De Jing*, Lao Zi
2. *Escritos sobre literatura*, Sigmund Freud
3. *O destino do erudito*, Fichte
4. *Diários de Adão e Eva*, Mark Twain
5. *Diário de um escritor (1873)*, Dostoiévski

«SÉRIE SEXO»

1. *A vênus das peles*, Sacher-Masoch
2. *O outro lado da moeda*, Oscar Wilde
3. *Poesia Vaginal*, Glauco Mattoso
4. *Perversão: a forma erótica do ódio*, Stoller
5. *A vênus de quinze anos*, [Swinburne]
6. *Explosao: romance da etnologia*, Hubert Fichte

COLEÇÃO «QUE HORAS SÃO?»

1. *Lulismo, carisma pop e cultura anticrítica*, Tales Ab'Sáber
2. *Crédito à morte*, Anselm Jappe
3. *Universidade, cidade e cidadania*, Franklin Leopoldo e Silva
4. *O quarto poder: uma outra história*, Paulo Henrique Amorim
5. *Dilma Rousseff e o ódio político*, Tales Ab'Sáber
6. *Descobrindo o Islã no Brasil*, Karla Lima
7. *Michel Temer e o fascismo comum*, Tales Ab'Sáber
8. *Lugar de negro, lugar de branco?*, Douglas Rodrigues Barros

COLEÇÃO «ARTECRÍTICA»

1. *Dostoiévski e a dialética*, Flávio Ricardo Vassoler
2. *O renascimento do autor*, Caio Gagliardi

«NARRATIVAS DA ESCRAVIDÃO»

1. *Incidentes da vida de uma escrava*, Harriet Jacobs
2. *Nascidos na escravidão: depoimentos norte-americanos*, WPA
3. *Narrativa de William W. Brown, escravo fugitivo*, William Wells Brown